国家出版基金项目
NATIONAL PUBLICATION FOUNDATION

徐旭生文集

第 九 册

中华书局

一九三三——一九四八年日記

一九三三年

二　月

十一日,早起,收拾行裝。周國亭來。與潤章、維鈞、子言商議啟行一切事項及需用物品。決定我個人今晚動身,先到開封等待維鈞啟行電報,即往鄭縣同他相會。至維鈞大約於一星期後啟行,子言則俟到西安交涉妥協後,電來再往。散會後已一點餘。昨日彥堂約往他家午餐,又少收拾行李,往時已兩點餘。至則彥堂等因等不及,已餐後出。同到後門家中,少檢什物,將門封起。慕陵、維鈞等知余尚未午餐,預備麵食,得飽餐。歸院,再理行裝。本意止帶行李四件,乃因書籍,竟裝至七件之多。潤章、聖章來送行。以汽車赴車站。海帆來送行。至車上,遇中央研究院修補古董工人李□□①,與之同行。

———————

① 編者注:原稿此處不清。

十二日，下午過彰德後，村落中時見碉樓。或可云炮樓炮臺。至濬、淇二縣境內，碉樓極多，大村中有至十數者。此段瓦房甚多，且頗整齊，餘房亦尚好，足證地方秩序不佳。但農村破產程度在此段內似尚未尖銳也。過新鄉則漸少。八點初過，即到鄭縣。因本夜無赴開封車，將行到旅館，有一高隍旅館夥計，到站內接客，我因將鋪蓋放行李車上，到開封始能取出，恐小旅館鋪蓋不潔，不願往；彼堅稱爲頭等大旅館，乃姑隨往；至則三等以下者；命取鋪蓋來看，果不潔，遂出到大金臺，宿焉。今日車中遇師大畢業或未畢業而在外服務之學生數人。

十三日，早起到恒昇明，問二哥寓處，彼言宿樓上，甚詫異。往報下樓，則係繼孺，蓋徒弟止聽見姓，未聽見名，致有此誤。同他進城到東街租房內，見二哥。始知二哥來鄭後，因受寒致下身癱瘓，不能起動，勢頗劇，幸現已愈，但出門仍須扶杖也。二哥要將書籍一部分雇馬車送到開封，今晚裝車，故二哥同繼孺明日始能同火車到開封，至馬車則由曲鳳鳴壓運。同繼孺回旅館，繼孺送我上車。中牟附近，鐵路北雖仍黃沙遍地，而柳秧到處皆是，沙因不隨風走，地較前略平，似有變爲耕地希望。到開封抵寓約兩點。

在開封住九日。我離開封已十二年餘，舊地重游，今昔多不相同，所可記者略有數事：（一）開封城內馬路多已闢寬；在土街正南又開一小南門。但馬路尚未修齊，商業亦似不振。（二）貨幣因行使當五十、一百、二百之銅元，物價昂貴。（三）龍廷及鐵塔附近均闢爲公園。相國寺闢爲商場。神像除千手千眼佛外已一掃而空。千手千眼佛亦止供人展覽，外有書畫展覽。鐵塔前銅佛尚在,新塗金,外有新建亭護之。尚有香客。(四)我到開封後,即同季芳到博物館擬參觀新鄭出土古物。至則外懸牌言因整理內部,停止游覽,爲之惘然。後見子衡,同往訪伯益,始知政府擬將北平故宮古物存於開封,爲之預備地方,故將各古物收起。至新鄭古物,則尚在陳列,因往參觀。件數大而且多,花紋精巧,實爲從前之所未見。王靜安先生因盤文而定爲楚令尹子重之器,實不足據。伯益王子頮之說,雖未知能成立否,而器屬於周之一王子,似無疑義。——博物館忙數日,復命中央,而古物又變卦不來,實屬笑話。(五)開封因外面避難之地主來者甚多,故頗擁擠;私立之中小學亦因而發達。辦理情形若何,未詳知。(六)我來開封,除訪子衡、伯益、可亭外,未訪他人。但因街上遇償生,致我此來爲芸青、戢五等所知,二十一日,芸青請在合陞號晚餐,遇齊姓一廳長、繩武、韶武諸人。芸青約次日上午十點到高中講演。

二十日,下午接維鈞來電,言本日動身。往問中國旅行社,知彼於明日到鄭時,到潼關車已過,因決定後日起身。

二十二日,早尚未起,戢武同仝崧亭來,約午後到北倉女中參觀並向學生談話。早餐後到高中講都市教育利弊。午到合陞號,應張償生之約午餐。畢到北倉女中,與學生談二事:一爲初中學生不宜全希望升學,二爲求學到處均有機會,不必一定在學校。談畢,匆促回寓。昨日在鼓樓前遇一師大畢業生趙……①

二十三日,天明時已將至閺鄉。鐵路旁黃河而行頗有曲折。

————————————

①編者注:原稿此處闕頁。

高地甚乾，無麥。低處有水澆田，然麥亦有黃者，須雨頗急。村落民居不少空者，人民似甚凋殘也。民屋多只半坡，左右兩半坡對向，院落極窄。至潼關，將十點。車站在西關，旅館皆新築，有數家，然頗簡陋。住處仍名大金臺。飯後進城，塵土飛揚，黃雲瀰漫。至汽車站，訪站長王文初君。王君爲北平大學工學院畢業生。入市中，則頗繁盛，與我十二年來時大不相同。有商場，名民樂商場。有澡堂，有較大旅館。人頗擾攘，疑逢市集及廟會，問人言每日如是。但乞丐甚多。售烟膏者公然設肆，售烟具者到處皆是，足見吸者之多。余入旅館時，即聞鴉片烟味，由簾隙窺室中，則一小兵官，正在吞雲吐霧。城中不少壯麗之舊建築，然均敝壞。屋多花脊，尤爲此地及附近特色。軍糧分局原爲城隍廟地。檐端頗壯麗。門前有鐵獅，鐵旗竿。旗竿爲嘉慶八年製，重萬六千餘斤。自北門登城頭，自東門下。城尚整齊堅固，獨門樓少破耳。甚倦，雇車回寓。

二十四日，六點舊時間過，即起，赴城西門內汽車站。汽車內實只可容十一二人，然賣票要賣到二十左右；用填鴨子法往裏填，安有填不進去者！余錶不錯，然同車人謂快一點鐘，後始知標準時已變換。八點半新時間開。路不甚平，然冬季無雨，故無泥坑，比我十二年來時已強多多。風起，黃土飛空，數丈餘即不相見，而今始知黃土威也。頗欲一望天外三峰，然華岳渺不可見。兩點至渭南少息，午餐。至新豐，汽車炸輪袋，耽誤多半點鐘。至華清池附近，多賣韭黃者。同車一人雖便裝，似屬混軍界者。帶一僕人，每吸烟捲，必令僕人先置口中點着，亦一怪現象。並沿途罵僕人。至西安城門，汽車停下，即有軍士檢查，與之護照，持至室中，良久始出。仍要登車檢查。見行李甚多，問維鈞是否商人，維鈞答以護照已呈驗，彼始恍然，大謝對不起，並他人行李而亦不檢查。至東木頭市西京籌備委員會，住下。晤陳啟明君、連定一君。陳爲秘書，連兼庶務會計。發潤章電報一封，報告已至。

二十五日，下午同維鈞到教育廳，晤周學昌廳長。周言有一教部令知省政府方妥。並言此間中山中學，學生將校長用刀刺傷，甚重。托他見楊主席，約會見期。出，步行到碑林。歸寓，再發電報與潤章，請其進行教部命令。

二十六日，聞本地因天旱斷屠。連定一約同游杜公祠，以轎車往。出門則見市肆家家門口因祈雨置一水盆，水上置木版，版上插黄褙紙龍王神位及四小旗，旗上書“油然作雲”等類字。出城，先往薦福寺，寺有塔，俗名小雁塔。明正統末，塔中裂，然時裂時合。余十二年來時塔裂，由中空可見一綫天。此次來則塔復合，僅見裂紋而已。塔門石質，上雕花紋工細雅麗，當爲隋唐舊物，惜爲自命風雅之傖父刻字於上，令人作三日嘔。寺中已無神像，殿中辦一孤兒院。（山門下有四金剛像，此在興善寺。但非如俗所塑之風調雨順像。二金剛三面六臂，亦俗所無有。）出東南行到興善寺，據碑言始建於晋。聞内藏有宋版龍藏，將入觀。和尚出言殿中因祈雨正作法事，請勿入，乃立院中小談，知宋藏不全。至近年在滬上所影印者則係藏城内圖書館中之一部，亦不全。問以如兩邊配合，是否可全，答言不知。（山門下金剛如俗所塑，此在牛頭寺。）出再進數里，見東南原上有石人石馬之屬，下車往觀，見石人二對，石馬二對，外有一對，如馬有鱗。石獅及辟邪（？）各一對，華表一對。無碑。後有多冢，似非一時一家所葬，未知此石獸爲何冢前所立。壙年月無徵，但雕像樸素壯健，似非□①以後物。再前，將到韋曲，"韋"，土音如"雨"。道旁有鴉片烟苗，但枯槁欲死。沿途麥苗均枯黃，間有用井灌者，然此杯水曷能遍救，且井頗深。韋曲頗多樹木。再前，至樊川。坡上爲牛頭寺，左即杜工部祠堂。寺額曰福昌寺，爲宋太平興國中所改名，然俗沿唐舊名，名之曰牛頭寺。杜公祠新由西京籌備委員會修葺。內頗有花木。至一堂中，出所帶之燒餅臘腸，大嚼。未畢，維鈞遇一同學郭增愷君，趨出，握手道故。同入室，後有一軍人，則楊主席也。介紹相見，握手談數語。楊君執茶壺，自斟自飲，遂去。吾等至此，尚未往拜謁，遽遇於此，心頗不寧。聞楊主席言來此爲觀下所新浚之自流井，乃亦下坡往觀。井在坡際，上覆以土，不見井口，祗見水左右流。樊川有水田，樹木暢茂，聞夏日風景佳絕，爲長安四郊最勝地。然道旁有烟苗，農夫正用水灌溉，主席過此，當易見之。歸過韋曲，下車入道左一廟，前殿爲龍王像，後殿祀佛。廟前有戲臺，檐柱間木刻雕龍，勢頗飛舞，但臺頂花脊已傾圮矣。路由來途偏東至宋園，爲本地巨紳宋鞠武氏別墅。門如村舍。內則有亭，有池，有小山，有曲徑。臘梅未謝，時聞幽香。壁間刻石甚多。園未廣而布置楚楚。但我國園林，常以狹地配置多景，令人氣塞，與余意頗不合也。再前，爲慈恩寺，即俗稱之大雁塔。寺爲奘師譯經處，在我國文化史上自有重要位置。有次來，廟貌零落，此次則由朱子樵倡議修葺，已煥然一新。有碑紀事。但對於此廟與文化之關係，毫未提及。溥泉題額，亦只曰"玄奘復興"，未能表示其應

---

①編者注：原稿此字不清。

有之重要。異日當與溥泉言，可由文化觀點撰一文，另立一碑紀
之。登塔，因係舊游，易視之，升降頗急，下後，覺心跳且熱，然少
頃即止。塔下有褚河南所書《聖教序》，石質堅硬，字畫完好，鐵
鈎銀畫，令人撫摩不欲去。塔門石上刻佛像，莊嚴妙好，傳爲吳道
子筆。然上亦被傖夫刻字。至工部、嘉州等五人之詩則無人談
及。余意此五大詩家，同時登臨，歌咏流傳天地間，自係極難得之
盛事。亦當上石，置之塔頂層，以便游人歌誦流連。此門下之金
剛亦異，然與興善之金剛又不同。二持鞭，二持蛇，神彩威光，奕
然赫然，丹青係新施，疑屬舊塑也。定一爲余及維鈞拍一照。游
畢，日已將落，遂歸。薦福、慈恩爲余舊游，餘皆係新到。聞慈恩
寺僧言，奘師、基公藏骨塔，均在城東南四十里許之興教寺，他日
當往瞻卬也。晚餐後，定一又約往易俗社觀劇。臺在一大廣場，
共二臺。一係社中未畢業學生演所，一係已畢業學生演所。觀衆
在露天處，上有席棚。前排有坐，後有立觀者，有乘轎車觀者。演
《大婚姻談》，係以自由婚姻反對權力及財産之婚姻者。定一及
啟明均謂此種新劇不佳，不如其所演之舊劇。余則謂觀一劇團，
當觀足以表現其特殊之性質者。易俗社所編之戲文藝上之位置
雖不高，而亦自有其位置。此種新劇正易俗社之特色，比舊劇當
較愈。演畢後，有烟火助興。變化美麗或有所不足，而雄奇兀突，
駭人心目，頗足代表秦人之特殊性質。歸，十點餘。

　　二十七日，周廳長來談，郭增愷來談。下午有一《益世報》記
者何君麗生來談。何係略陽人，對於關中人之壟斷政權而賦稅大
部均由陝南人負擔，至爲不平。晚同啟明、定一同到大同園洗澡，
維鈞因身體不適，未能同往。今日接潤章電一封，言已進行教部

命令矣。

二十八日，①翻閱《咸寧縣志》。《志》爲董方立及其師陸劭文作，甚有法度。到綏靖公署，回拜楊主席，因其將赴臨潼迎何成濬，少談即出。到郭增愷室中，談半點鐘。晚到周廳長公館談。今日閱報，知熱河戰爭已急。

三　月

一日，閱報，知戰事不利，湯玉麟已報告縮短戰綫。同維鈞出到炭市，觀灾民賣零物者，内以故梁柱及他種木料爲大宗。到綏靖公署，訪秘書長耿壽伯，問門房，始知其爲省政府秘書，不在此間。乃出到省政府，見耿君。談次，問余識郭厚庵否，余答以識，彼即唤僕人請郭先生。余疑……②

……③然久旱後，必有若干次試雨，始可沾足，希望無大風，雨氣不致冲散。移居後院。午後，長安縣長申伯純來訪。申君爲北大舊學生，與維鈞甚熟，亦曾聽余受課。晚餐後，翻閱《藝術叢編》。接耿壽伯信一封，送來陝西地圖一張。

三日，今日不雨，然陰沈有雨意。翻閱甲骨文各書。寫潤章及家信各一封。晚與連定一、維鈞談。室中炭火過旺，頗覺不適。將火盆移出，始得安寢。

四日，早起尚有雲，後竟杲杲日出！且起風！寫海帆及雲亭

---

①編者注：原稿此處有近二十字被作者用墨筆塗去。
②編者注：原稿此處闕頁。
③編者注：原稿此處闕頁。

信各一封。下午仍翻閱甲骨文各書。郭增愷來談。晚往訪景莘農，未遇。到曹家巷子，訪柯莘農，正在街上問他的門，他從後方過來，黑暗中未見面，且短衣，雖相招呼，且聲音甚熟，未曾想到即係他本人，故亦未下車。至室中，始知，但他亦終未着長衣。此君收藏拓片甚富，佳品甚多。勸他早日印行流傳，他尚謙讓未遑。出，步行歸。時北大街東邊頗空曠，昏黃微月，散漫朔風，頗有走到蒙古沙漠之感。接潤章信一封，張佩蒼信一封。佩蒼想讓我在他所辦的世界語書店中入股，恐怕不能應酬他了。閱……①

四 月

二十七日，今日天氣頗熱，余所居小樓上下午尤熱，室內常將三十度。終日未作事，僅晚同修五記錄此四日內所得陶片等物。因出時設備太不充分，僅一小部分包裹記地名。二人記憶參證後，尚有不少片不能定爲何地所得，只好疑以存疑，在記錄簿上記其疑點。記錄未畢。發一電與潤章，請其令維鈞速來。整理賬目。

二十八日，繼續記錄，畢之，共得六十五號。下午張一農來，少談即去。打電話，知森玉等已自鰲屋回。晚餐後，到關中旅館往訪之。並晤張撫萬。談次，知他們旅行甚苦，遠不及我們的舒服。所過村落，有闃無一人者！有很好的稻田，然均被闊人買去！彼等現在所住之旅館，亦異常悶熱。前子植言將留此，同余到西

---

① 編者注：原稿此處殘闕。

路去。今日問之，則因其頸癬甚劇，已決定後日回平療治。至陝西，不久當再來游，云云。約明早來寓看我等旅行所得，乃歸。途中乞童跟隨，心中惻然，然觀道旁無數乞丐，懲於前日之受包圍，不敢與錢。直至彼等跟隨過鼓樓，路上已無乞丐，乃各與之錢而去。

二十九日，早森玉、子植，向、王二公均來，觀吾等旅行所得，均嘖嘖稱嘆。去後，請修五往購饋楓階世兄的書籍、食物，並購書包二爲采集時用。余往訪耿壽伯，遇新到任之高等法院孟院長。孟，山東人，前在河南服務。共談頗久。午餐後壽伯來信，言郿縣有"魚洞仙音"爲該縣八景之一，距縣城三十五里，洞水涓涓流出。每年屆穀雨節前後五六日間，涌出小魚千萬尾，日夜不絕，殊爲奇觀。附近人民均極愛賞，相沿稱爲穀雨魚，因平時並無魚也。云云。並望余能研究，然余固非博物君子，奈何？奈何？接電報局通知，言電上李副院長，無住址，無法投遞，報存局。非常詫異。本院曾在電報局掛號，即爲住址，且吾等已如此發電多次，均已接到，何此次獨無法投遞耶？乃與修五同到電報局去問，彼允打電往問。同到東縣門北街，訪楓階，少談歸。

三十日，早餐後，同修五往訪楊家城。出北門，即向西北行。過賀家巷子，見西北有高地，並斷岩，乃往視。上有濠溝在周圍，大約爲近年內戰時遺迹！然因此濠溝，得知高地爲版築。上多陶片，然無繩紋者。間有紋路，乃係較深橫紋。此地或係唐代禁苑中一高臺遺址。向西下至路，轉南行。西邊原上有大冢，未及往視。路旁西邊斷崖甚高，內多墳墓，但均係近世。至紅廟坡。紅廟即昊天觀。內辦有學校。有萬曆元年立金龍四大王殿碑。嘉靖三十三年玄帝殿像記碑內載"按地志，貞觀初晋王宅，顯慶元年太宗追福，立爲觀。高宗御世，其額坊屬保寧"，下字爲人所剔去，即上邊文理亦未通順，不過意已明顯。內有一洞，祀藥王，作醫病龍像。然左右室中均爲窮人擠住。正殿祀祖師，正殿偏殿塑像均佳，而廟則零落已甚。出到村中，見破院中有石，上有字，往觀，則人家墓前石牌坊倒柱，無甚相干。有婦人言彼後面有石，讓余等進觀，余等姑隨入一觀，則見有回文字碑殘石兩塊，心中甚喜，乃以一元半之代價購之，令其明日送至城內。出至前院，又尋得兩塊，亦命其送寓內。物主王姓。此村房屋已拆至百分之八九十！幸尚有窯洞可住。再前進，至大白楊。時天甚熱，覺渴，乃進堡。東門內路北有一廟，入觀，則祀關帝及送子娘娘。院中有人除草，即請其燒茶。廟中前有學塾，現未開。廟亦零落。至全村則破敗程度，似較紅廟坡少愈。出堡向北走，不遠即至楊家城東南角。角上有一磚臺高丈餘，北邊有積破磚瓦處兩片，似係倒毀之廟前後殿，未知何年建築。但觀磚臺似非古，大約爲明清時代物。角東有路通內外，有土人就城基作磚瓦窯。循角北行，城牆及城壕均尚清楚。約行二里許，有缺口，知爲城門。下觀，則版築迹儼然。城他段未見版築迹。即門旁下層亦非版築。高丈許以上，痕迹極清楚。靠北面有人住過之窯洞三四，入內研究版築最便。當日大約以徑三寸許之圓木築成，痕迹異常清白。外牆上有圓孔，排列甚整齊，大約當年搭架子之所留遺。問土人此處何名，答言萬城門，即楊家城當年之城門，其所言與嘉慶《長安志》合，即漢之霸城門也。向西北有一路，行溝中，或即圖中之舊渠遺迹。向西里許有村，問一土人，答言村名樊圪塔子，然據一鐵鐘上文則爲樊家寨，村人亦多言樊家寨者。堡東門外有二廟，一破一新。破廟僅餘一關帝像，一鐵鐘，一照壁。土人於殿毀後，照像大小，建一小室覆像。像大室小，頗爲可哂。然像上丹青如新，精采奕奕，亦至足異。新廟題萬城庵，土人名三仙廟。廟中有山門，有亭，有過庭，有正殿，蓋成不過數年，亦自楚楚可觀。且近年來，民生凋殘，新廟極不易見，或可即此證明本村及附近村落因此廟非一村所修。之民力尚非甚急迫歟。入廟，出吾輩所帶之饅頭鹹菜，請人燒開水，在殿中大嚼。殿中甚涼爽。休息後出，仍甚倦。過破廟照壁前，見上□^①一石，石上有字，無多興趣俯觀。然一瞥間，見有"元和"字樣，乃蹲下詳讀。知爲元和十四年"知翰林學士院事宣德郎内侍省内寺伯賜緋魚袋李常暉"所書之《般若波羅蜜心經》。唐刻毫無疑義。此石不見於著録，以此知前人著録尚疏略也。問人有出土之破磚瓦否，答言無有。穿堡過，檢得破片數事，又返問村人，村人見余等撿此等破片，乃爭到家中搜尋，未多時，拿來許多，破瓦、破磚、破銅器、古錢，幾不勝收。當時無法撿擇，乃拿出三塊多錢的銅元票，完全搜得，又用七角錢雇得兩輛二把手車，送還城中。過城角豁口時，見西邊城墻中間有瓦筒，兩邊有兩小筒，異日有暇，當來發出以供研究。歸時，走頗快，甚疲倦。接潤章電報一封，言請我先一人出考查，俟決定開工時，必令維鈞前來。看後，甚不樂。因余從考查豐鎬得經驗，知一人萬無法進行，乃發電叫人。如能進行，余豈願煩勞別人乎？乃復一電，言明情形，並言如維鈞不能來，祇好另找別人。晚天氣甚熱，室中二十六七度。

----

①編者注：原稿此字僅寫一筆"丿"，不識。

五　月

一日，夜中十二點多鐘，大風起，有雷。起關窗門，且雨。然風未幾止。早起，地上尚有積水，似下的不很小。天氣仍燥。九十點鐘，有雷。復傾盆大雨，但不甚久。昨日行原上，覺已需雨，此雨固屬喜雨。雖少嫌驟，不能全浸入地中，然麥已有開花者，即雨即晴，較積雨勝也。① 下午接家信一封。往大同園，剃頭洗澡。下午天氣甚凉爽。

二日，早晨甚寒，溫度達十一度半。天陰。王楓階來，少談去。楓階言陝西辦理實業數次，無不失敗，故人以辦實業爲畏途：第一，西潼鐵路，當時汴洛尚未開車，故集款未成即中止。第二，在北山集資辦牧場，牛羊集多，瘟疫傳染，死亡甚多，且無銷路，大爲賠累。三，延長石油，集股未辦中止。四，至民國後，辦製革廠，款存於一發起人李姓生意中，每股五十元，交款時，官銀號票子與現洋通用，故大家交款均用票子，後二年，票子大跌，發還股款，每股止折銀十餘兩。五，官辦一麵粉公司，股款一二十萬。乃辦理人張姓，爲陝西狂嫖亂賭之一大流氓。購買機器時，已受人騙，將舊機上油，冒充新機。後亦開工，結果舊麵房紛紛倒閉，而他所出麵粉，生產過剩，無法運出，不久亦倒閉。六，一從美國新回國之留學生，倡辦黃渭輪船公司，由官撥款四五萬，購小輪船一隻，乃在黃河中試航，即行擱淺，亦中止。屢次失敗，兼之民生凋敝，故

① 編者注：原稿此處有二十餘字被作者用墨筆塗去。

實業遂成畏途云云。王姓來送阿拉伯文殘石。據言彼村破毀,在民國十五年。初爲楊虎臣之兵所搶,搶畢將贓物運往渭河北。至屋則爲劉鎮華軍隊所拆燒。紅廟東南有很多的回回墳云云。下午天晴,天少轉暖。接璋信一封。觀修五等試拓阿拉伯文殘碑,很成功。

　　三日,天晴,轉暖。上午學拓碑,學照像。因昨日王姓言他還有同樣的碑兩塊,下午帶着照像匣子,擬先往紅廟坡,後有暇即往楊家城角照像。至又搜得阿拉伯文碑一塊(在馬姓家),在各家搜得有字漢磚一二十塊。字大約爲工人姓名。瓦當三塊,中有一新類。□□方磚①一塊。購畢,王姓來言他還有碑數塊在井上,請我往觀。有兩三塊不很相干,有一塊頗大,仍爲阿拉伯文者!此地似阿拉伯文碑很有幾通,至少當有三通,因余共見五六塊,已有三種不同大之文字也。囑他明日送來。即歸,未往照像。歸後,修五言下午省政府有孫科員來,言隔壁保衛委員會想要財政訓練班舊址的大講堂,問我們是否可以給他。修五言須與我商量決定,他的意思覺得給他頗不方便,問我的意見如何。我説明天我們一同去見耿壽伯,把我們的原計畫,告訴他説,請他斟酌辦理,至於拒絕,却使不得。接樂夫信一封,潤章信一封,電報一封,言維鈞三日內動身。

　　四日,王姓將阿拉伯文殘碑送來,後面刻有漢字,觀其字體,大約爲清代物。然昨日所得之一塊,至少也在明代。同修五、蔚青同往見耿壽伯,談二人到陝北采集植物,請求護照事。並談保

---

①編者注:原於"方磚"前空闕約二字。

衛委員會借房事。邀壽伯與段少岩同來，看我們在豐鎬一帶搜獲物品。並決定將訓練班舊址後院東房讓與保衛委員會。寫家信一封，璋信一封，星甫信一封，石青信一封，趙春仁信一封，總辦事處信一封。終……①

……②天陰。

九日，接厚庵信，囑爲孫韞生向周學昌廳長推轂。鄭士彥同孫同容君來談。孫君近任西京籌備委員會秘書。陳啟明君未返，或不來矣。讀完《戩壽堂所藏殷虛文字》並《考釋》。又讀《鐵雲藏龜》。與樂夫寫信一封。

十日，寫周學昌一封，爲孫君推轂。續讀《鐵雲藏龜》並《鐵雲藏龜之餘》，畢之。接家信一封。維鈞昨日即當來到而今日仍不到，頗爲焦急。

十一日，因閱舊志及鄭圖，言城東有韓信冢，鄭圖作韓森冢。實爲秦莊襄王陵，鄭圖將莊襄王陵記於韓森冢下。乃於早餐後出城往觀。今日天氣甚熱。出東燒關，已望見大冢，問知即韓森冢，以爲不遠，乃走時頗有三四里。先過一小村，名金花落。村南不遠，有一堡子，不甚整齊，名康家堡子。金花落西頭，有兩石獅，後邊破磚瓦不少，大約爲一破廟。從村北高處向東行。臨崖處有二三大冢，均已被破去一半，似非古墓也。再東多半里許，有一大冢，登上一觀，無何異徵。再向東半里許，即至韓森冢，冢極大。冢足有土人所挖之濠及洞。詳察，無版築痕迹。瓦片亦不多，無特殊者。登上一觀，可謂無所得。上有一女娃，一男娃，正在割草。男娃九

①編者注：原稿此處闕頁。
②編者注：原稿此處闕頁。

歲,姓宋;女娃姓白,年十四。女娃衣履尚整整,並未纏脚,談話亦慷爽,余遂與之談。她土話頗多,余不很懂。大約她祇有一媽媽,種人家地五六畝。現在家中没有吃的,依靠賑濟。那一天得到就吃,得不到就餓着! 問他:西種余所登冢何名? 答叫楊家冢;北邊二三荒冢何名? 答叫半格冢。是否應如此寫? 遂從東南下,不遠有一大村,即名韓森冢。房屋尚整齊。余甚渴,有賣茶及醪糟者,遂喝醪糟一碗。問他:村中多少人家? 答二百家左右。有多少家有吃的? 答二三十家! 此地頗旱,棉花種上未能出,望雨頗急。村中廟頗有五六處:一玄帝行宫;一無量祖師廟;一觀音堂,未入觀;一問人言菩薩廟,但神像有長鬍子,從來未見這樣的菩薩! 一觀其對聯,似係瘟神廟,未入觀。遠望村之東南近處,有一塔,乃前往觀。至有一廟,門前題公倉,遂入觀。前殿無塑像,僅有掛軸關公像。殿後有乾隆二十五年碑。據此碑現名萬壽寺,在唐爲章敬寺,有沙門懷惲禪師主持此寺。寺東有塔,高六層,不可登,略如慈恩寺塔而小。上題藏經塔。遇一黃君,言從前塔旁有碑,現已無存。問黃君:倉中至何時始無米? 答言彼年三十餘,自記事時起,已不見有米。返過金花落。村東有大廟。東院爲藥材會館,實爲一廟,尚整齊。正殿爲倚山一洞,門緊閉,不得入。洞上有樓,外有梯可上。樓檐甚低,俯首始可入。正面供伏羲、神農、軒轅三皇像。左右有十像配享。牌位已不全。據其牌位,則爲扁鵲、淳于意、倉公、張仲景、華佗、王叔和等。尚有數名,爲予所不知,因亦未記。西院門內有道光二十一年碑。據言此爲丹陽萬壽宫,“李唐之舊家廟”也。至元二年有牛皮祖師得道於此。因其冬夏均被牛皮,故得此名。洞因之亦名牛皮洞,洞口有《太常引》

詞一首，爲仙迹遺留，字隱約可見，云云。内倚岩鑿三洞：最東者，名三元洞，石扁上有"秦府"字樣。少西爲真陽古洞，内有人居。正殿之洞在最西，顏①曰玄元幽居。門旁均有明季刻石，然因犬甚厲，且石受烟薰黑，不可讀。玄元幽居内神前有崇禎癸酉年碑，已斷。院中各處，有新題之中厠、女中厠等，似將有所住。歸後閱報，始知將以安置乞丐。然長安城内乞丐，查明五千餘。此地最大亦不過能容百餘人，報上亦未言他地收容，未知將如何辦理。進城，因時已過午，乃到西安飯店午餐，並飲燒酒二兩。歸寓，少息，讀宋敏求《長安志》及嘉慶《長安志》，始知唐城比今城較西。鄭圖將唐城東界志於韓森冢，西界志於崇仁寺及莊嚴寺，均少誤。鄭圖以今城爲處唐城東西正中，是其致誤之由。最易見者：今薦福寺塔，略當城之西南，然按宋志則在唐城中綫朱雀門大街之東開化坊。大興善寺亦在此綫上之靖善坊。興慶宫在唐城最東，現在東關内。又據《兩京道里記》言尖冢"在通化門東二里"，實即現在之韓森冢。可見此冢距城門二里。又莊嚴寺雖在城極西南隅之永陽坊，但在"半以東"。唐皇城東西各坊寬六百五十步，則城當在莊嚴寺西里許。又嘉慶志言"崇聖寺西半里許，唐西城故址宛然"，均可證唐城偏西。異日當往尋遺址一觀。接維鈞本日自洛陽來電，言路遇溥泉，請其到洛調……②

　　十四日，接長兄信一封，言家中事已作一結束。但分開後大家全很寒薄，不知將來是否能支持，亦仍可慮也。雇一轎車，同來庭出城，尋找唐城遺迹。先到崇仁寺。寺内現辦一灾童收容所，

----

①編者注："顏"，原誤作"顧"。
②編者注：原稿此處闕頁。

收養灾童五百餘人。和尚爲吾近同鄉，鎮平人。叙起鄉誼，談笑頗洽。據言東北一二里，有一大寺，名皇衷寺，字未可知，姑書其音。現已完全無存，然據土人言，仍在城內。問其是否尚有碑誌？他説或者有。問他看見有唐城遺迹否？答言未見。遍問他人，均未知。有一老人言有一點。問他方向，答言在此地東南。知其非是。乃出尋皇衷寺遺址，並冀在途中或能見唐城遺址。少西，路南有馬家寨子，上題豐盛堡。再西北一里許，村名土門，有東西二村。西村堡門題永寧堡。再西北里餘，道左即寺遺址。址並不很大，遍尋，毫無碑誌之屬。後僅剩一土墻。墻分兩節。每節離地四五尺許，相距五六尺，各有一大孔。共四孔，未知當日何用。據土人言，寺毁於回亂，是否回亂時，曾加守禦，爲炮眼之用，欲問其事而父老已盡，終未可知。地下有大石一塊，似物之坐，而頗不軌則，未知何用。繩紋瓦片甚多，拾其一二。土人言，原來寺基甚大，和尚騎馬關山門。又言西關鐵塔寺按即千佛寺。亦然。其言不近情理。且所謂騎馬關山門者，似已成廣大之象徵語，非果有此事也。再向西北望，有一村，名棗園。未往，即由原路返過馬家寨子，即轉正南，向木塔寨去。路中極目，絕無城垣痕迹。路轉南後，過一村名桃園。村北路西有黃土斷崖。內有灰土，上覆黃土，厚約二尺。灰土層，磚瓦片極多。察係唐製，取其一片以備參考。此地當係唐代城內人居。上二尺許之黃土，則爲城廢後千年所積。過桃園南里許，路向西南行。有一村，名趙家坡。此節凡遇斷崖，下均有磚瓦片層，上覆黃土，均舊日人居也。至趙家坡，因向前無法過渠，又返向東北行，過龍渠小橋，乃向南行，又向西南行，過蔣家寨子，大村也。又前過甘家寨子南。再前即至木塔寺。

寺有土圍，頗類草堂寺。叩門入，遍尋碑誌，無在康熙前者。據碑言木塔毀於元末大亂。寺至明萬曆中曾加修葺云云。問和尚木塔遺址何在，據言遍訪不得。寺前殿已全毀於回亂。後僅餘大洞三間，左右房各數間而已。大洞亦曾加修葺，但門窗各雕刻，尚係康熙年舊物。洞中佛像亦係民國後新塑。然則舊物幾絲毫無存矣！是否確係唐木塔寺遺址，亦尚有問題也。遍尋寺內，雖間有繩紋瓦片，然亦不多，不能據此下任何判斷也。時已過午，乃出所帶饅頭鹹菜，嚼之。出，西南里許，即木塔寨。寨頗小，入寨一觀，從東門入，西頭有一觀音堂，像設去年新"掛袍"。後牆畫壁新繪，山牆仍舊繪。新繪離舊繪，相差頗遠，藝術何墮落如是！問土人，無知唐城遺址者。又向西南少行，極目一望，曾無城垣痕迹！今日所尋可無①毫無所得！乃返。寨東門外有藥王廟，甚整齊。入觀，內有一私塾。學生讀《三字經》《四書》《小學韻語》等。教師係住持兼職。……②

　　……③三教祖師及其他各神！至聖母則幽處幔中，必從神龕一端開門，始有少見其麗容。殿後有洞，據道士言爲藥王洞，然木扁後磚刻字尚可見，則題"古今神洞"。道士爲本城滿洲人之遺留者。出村見東北有二高丘若闕，疑爲丹鳳門遺址，乃往觀。未至，遇一土人，與談。據言過二丘，有一村，名含元殿，即爲唐殿遺址，彼即是村人。村有堡，乃陳樹藩於民國七年爲防郭堅新修者。民十五劉鎮華圍城時，亦即住此村。蓋因此村地勢甚高，對省城

①編者注："可無"，疑"可謂"之誤。
②編者注：原稿此處闕頁。
③編者注：原稿此處闕頁。

有居高臨下之勢故也。斷崖側之土洞,亦即鎮嵩軍作戰時所挖。問以村中多破磚爛瓦否? 答以無。問有廟否? 答言均被鎮嵩軍圍城時拆去矣。因隨往村中一觀。出村登二土丘。旁有磚瓦片甚多,審視知確爲唐物。余近日對於漢唐磚瓦,因見多,頗能辨之。取回二塊以備參考。二丘版築迹,雖不如霸城門之清楚,然亦宛然可見。且通上徹下,不似霸城門之在丈許以上也。四望各方,參以舊志,知確爲丹鳳門遺址。數日尋唐城遺址,查無所得,今乃得之,爲之一快。然悟前所見之"敬德練馬臺",亦即唐城遺址,當時因知不清,故未注意。下邱,南到午門村。詢知共五六村,均名午門村。村因宮門名。村中有一菩薩三官廟,尚整齊。進內少息。時已近城東北角,見離角不遠,有大冢,疑爲古冢,問土人,乃知爲鎮嵩軍攻城時所築之炮臺。當時比城高。馮軍入城後,用炮轟平一節,乃剩此基。含元殿及此午門村,水均鹹。去東二里許,即有甜水。歸。途次……①

……②見菜園村南,有大廟,頗整齊,乃往觀。門首顏"第一工廠"。然似未辦,遂入觀,知已改爲灾民收容所,收容五百餘人。並聞共辦六七處。聞內有碑,遂入觀,灾民以婦人小孩爲多,正在吃飯。碑爲宣統二年立,內言此爲唐內家廟舊地云云。後聞有火神像,未往觀。歸,接趙春仁信一封。③ 晚天微雨。

十七日,天陰,雲頗高,以爲不雨,遂雇車同維鈞往游楊家城。本意至覆盎門,將上次所見之瓦水道(?)照下,或并作一個發掘

①編者注:原稿此處闕頁。
②編者注:原稿此處闕頁。
③編者注:原稿此處有近一行字被作者用墨筆塗去。

它的計畫。以後對於楊家城，再繼續上次的探討。乃未出城，霧絲已綫綫霏落。以爲雖難晴，大約可無大雨，仍出。乃未至紅廟坡，雨已較大，乃命車夫加上油布及篷子，繼續前行。至覆盎門，雨未止，不能照像，止下車冒雨踏泥至前一察視。中一大筒，兩側各一小筒。外露一節，已被壓破。上離地面尚有八九尺，如欲施工，尚頗費事也。前行至萬城門，維鈞因雨不願下，强之下察視版築遺迹。繼續前進，至一村，名玉女門，村旁即南北玉女門。乃下與村人少談。前幾天報上言鄉間下黑霜，此間已少感覺到，但不甚利害。村人多無食，重利竭借，麥後未知能剩若干，爲之悽然。上車，出門，門僅有豁口，不似萬城門之顯著。門外有一村，名賈家村。未過之，仍轉左，傍城墻北行。過一村，名朱紅堡。村外有一老爺廟，下車往視，無特別處。内有一人，正在彈棉花。又前進，路左有一廟，時雨正急，然亦下車往視。車夫言名“銅瓦寺”，實燉煌寺之訛變。内有二弘治碑，外清碑數通。據言晋惠帝永康年間，有燉煌菩薩譯《法華經》於此寺。隋時重修。金皇統五年，住僧政公重建。大定二年，賜額曰勝嚴禪院。明正統間繼修。成化十一年增修。後有張禪，字廷瑞，爲橫渠先生之裔孫，“助緣捨地”。嘉慶初年、道光六年均曾修補云云。現在廟雖不很破爛而房屋甚少。正殿内止佛像一尊，並無畫壁。時殿中有數涇陽人用竹簍擔鮮玫瑰花①進省城賣，正休息於此，將花①攤於地下晾水氣。據言每擔價高可至五六元，低或三四元。殿後旁有一塔，因雨甚未近觀。此地名青門口，已近楊家城東北角。嘉慶《長安志》定

①編者注：“花”，原誤作“若”。

北玉女門爲漢之宣平門，南玉女門爲漢之清明門，"但相去過近爲可疑"。余疑玉女門祇一，因有二缺口，誤分爲二，乃漢之清明門。至青門口始爲宣平，乃合情理。由口入城，時已一點餘，雨頗大。乃進一村，至一家大門下喂牲口。並請主人燒開水，將帶來之饅頭罐頭取食。去時留錢一吊，乃主人堅不肯受，盛意足感。主人蔣姓，頗患重聽，年已六十一歲，但精神尚似五十許人。村名蘆溝臺。時已三點餘，乃命歸。去時余坐車右，方向尚背雨。返時，正受雨，下身盡濕。入城時四點已過。換衣後，與滌洲同出到鹽店街口一小四川館晚餐。維鈞因少顯發熱，未能同來。餐有魚有酒，酒飲不多，但少急，很感覺到。

十八日，今日天漸晴。致一電與潤章，報告維鈞到，及緩西行。並請其將余所存於院中庶務處之箱，送交海帆。下午連定一來談。

十九日，下午陰甚，雷聲不絕，然終不雨。寫家信。下午厚庵來談。與同寓諸公約厚庵仍到四川館晚餐。終日讀金文書。

二十日，接到潤章復電，言箱已送去。終日翻閱《左傳》。近日頗覺古人"以字爲謚"，謚即生前之字。至陰陽五行之説，孕育於春秋中葉霸業成立以後，而大盛於襄昭之間。乃翻閱《左傳》求其證據。歸結覺所見無大誤。

二十一日，近日精神不佳，故未大工作。[①] 接澤普信一封，菜信一封。一人找事！二人仍是找事！事乎！事乎！從那裏找到許多以厭天下人之望乎！下午再出北門。路上購得《春秋三傳》

---

①編者注：原稿此處有近三行字被作者用墨筆塗去。

全部，殘缺之《説鈴》數本，《求志居詩文集》一部。出城，東出燒關外，北行。見田中有碑兩通，均係回教中人墓碑。一碑半爲阿拉伯文。再北有一大冢，上觀，則壕溝縱橫，一周均有土洞，想係十五年圍城藏兵之所。然此大冢當係唐舊，並非新築。稍西，過燒關，又有一大冢，與前全類。此二冢較丹鳳門偏南，似非舊城址。再西，見黃土斷岩中，白骨壘壘，均屬前人藏軀之所，而今已灘塌！出再西有燒磚瓦窰。下視。工人均係洛陽人。據言每窰一次出磚萬五六千。工資以數量計，不論月。如生意好活多，即可多挣。每年工作八九月，約可剩六七十元。每一窰一次，資本家可贏洋一二十元云云。製磚用面土，沙土不佳。製瓦則宜用盧土，盧土色較黑，粘性較大。沙土絶不能用。云云。黃土斷崖中時常挖出唐朝舊磚不少。歸，孔毅亭君到，外尚有一王君，年甚幼。晚滌洲叫來幾個唱迷胡者，實在所唱仍與秦腔大同小異也。

二十二日，寫信與澤普，並給他寫一介紹信。寫給潤章信一封。晚餐後到蓮湖公園一游。同游者三王君，一孔君。池中水較多，且正在放水。如能全夏保有這樣多的水，風景即爲佳勝。

二十三日，接喬振亞信一封。接樂夫信一封。隨便看點金石書。

二十四日，接趙春仁信一封，仍是希望我寫信給胡石青給他介紹作官，何想作官者之多耶！晚飯後，同滌洲、維鈞到南院門一游。後又同滌洲到三意社聽戲。據説該社爲比較純粹之秦腔。今晚重要戲爲《烈女奇案》，乃係以《雙烈女》爲底本而……①

---

①編者注：原稿此處闕頁。

……①催熟青乾，陝西何多災多難如是耶！下午風漸止，雨漸大，天氣變涼。四點前後，外邊溫度不及十三度。接劉士林信一封介紹其友人趙仙槎君名騫源。所著的《著述論》，寄來一本，請我批評。略翻閱一下，知道他要作一種著作的方法論，這在古代已經是很難的事；況在現代，尤困難數十百倍而未有已。趙君僅對於中國書翻閱若干，對於新科學並未能涉其藩籬，就來對於這樣的大問題發表意見，這工夫豈不是白費！

二十七日，天晴。同滁洲到省政府，訪耿壽伯，告以三兩日內決定西發考查，請其辦理護照各事。後孔毅亭、王蔚青亦往，亦為出發辦護照事。歸後，獨到西京籌備委員會，晤孫□□②、連定一，將長安、鄠縣各志還他們，又借到咸陽、興平、武功各志。歸時過書店，購到《寶雞縣志》。晚往訪景莘農，亦晤張撫萬。因為森玉曾聽莘農說武功尚有唐凌烟功臣畫像，森玉頗懷疑其說，余故往細問。據莘農言在西門外一二里之報恩寺，言之鑿鑿，似非臆說，去時定親往勘察。如真能見唐人畫像，真可為驚世之國寶也！

廿八日，今日為廢曆端午節，寓中亦循例過節。同維鈞往訪柯莘農，觀其所新得之動物殘瓦當，致為精品。但莘農謂其時在漢以上，似屬未確也。薛言武功凌烟功臣畫像，恐係宋元人補繪，參以康海《武功志》所言之明初補繪，已大約可得其近似時期。晚同滁洲出買鞋一對，鄉人所戴之大草帽一。又同到大同園洗澡。

二十九日，寫給溥泉信一封，長兄信一封，家信一封。收拾行

---

①編者注：原稿此處闕頁。
②編者注：原於“孫”後空闕約二字。

李。晚出買牙粉。回同維鈞登記殘瓦石各類物。

　　三十日,三點多鐘即醒。四點餘即起。今日本寓有兩起出發:孔毅亭、王來庭赴南五臺,先出發;余與維鈞、滁洲赴鳳翔,七點餘出發。所乘汽車爲貨車無棚。真正可乘人數,當爲十人,而堆積垛積,終至十八九人,一兒童,二嬰孩! 八點餘出城,將出北門時,因檢查行李,頗耽誤時間,然吾等車上客人,因護照甚多,僅匆匆一閱,未傾箱倒篋,猶幸事也! 雨數點,旋止。車上雖頗擁擠,然余常笑①,餘者亦多怨言,則余今日固不能有他語! 且此車固較堆積四五人之騾車較舒服,在享受上,人固不應不知足也。麥已間有收者。路旁罌粟,正在發華! 專就色彩言,牡丹芍藥,固未能遠逾耳! 前日聞景莘農言:今年罌粟生一種蟲,環根繞一周,雖可開花,不能出漿②。至咸陽,渡渭水,麥漸不佳。過興平。興平大縣,城內牌樓戲樓,尚極巍奐。以吾近日所見,陝西牌樓建築,實甲全國,北京雖牌樓,實未能有其匹也。過馬嵬驛,楊妃墓上房屋,已拆除淨盡。至武功後,路數次上下極長之大坡。此時路間備極荒凉。麥苗已極壞,且種不及半! 餘田均荒! 途中多時不見一行人! 吾等至此,疑是否尚可言灾! 民既無有,尚何灾情之可言。過扶風入岐山界,麥苗雖仍不佳,而麥田尚多,餘秋苗已出地,已大覺風景異人! 五點餘至鳳翔,宿於東關一客棧中。至一新開之□□③館晚餐,菜雖不甚佳,尚不貴,且後有稀粥甚佳。進城,到縣政府,則强縣長在省尚未返,代理之科長亦不在署,乃

---

①編者注:原稿此處有近一行字被作者用墨筆塗去。
②編者注:原稿此處有一行半字被作者用墨筆塗去。
③編者注:原於"之"後空闕約二字。

留一片子而返。

三十一日，一夜眠甚酣。早起聞常、白二公言，昨夜有唱戲者，頗爲吵鬧，然余固不聞！進城，觀數廟，均已殘毀，而殘垣斷壁上，均多現當日畫壁顏色，可異也。至第二中學，晤校長李實之君，教務主任姬德鄰君，教員樂□□[1]君。李校長約余等到校來住，余等因在客棧中太鬧，不能工作，亦遂允許。回棧算賬，往□□館[2]早餐。進城，來校，則已將校長室、教務主任室，給余等騰出，隆情厚誼，至足感荷，然太令余等不安矣。又晤田和生君。田采集植物課本頗多。並購有石斧數事，亦以見贈。〔入謁橫渠先生祠，祠內有學房。晤先生後裔伯繩、仲繩二先生，均古味盎然，不失矩矱。據言此地族人均住距城一二十里之齊村，原有四十餘家，近因連年荒旱，已餘二十餘家！灙州、郿縣均尚有若干家。祠堂內全書板尚在。外尚有明板廿二史，但不全。[3]〕午餐後少息。同常、白、李、姬、樂、田諸公同出，先往觀秦穆公冢。冢離學校東不遠。墓前有畢秋帆所建碑。再前不遠即城垣。城垣隨處可上。垣腰有土洞，[4]登城一望。城外望三良冢不遠。冢比穆公冢似略偏東。然方向並未用指南針定，亦未敢確指。鳳翔城頗大，但爲頗不軌則之三角形。土人言鳳頭在西北隅，鳳尾在東南隅，故東南城外有鳳尾橋云。城東南角曾被圍城時地雷所轟毀，現雖已修補，然垣堞不整。自東門下。出城，南行，有水涓涓南

①編者注：原於“樂”後空闕約二字。
②編者注：原於“館”前空闕約二字。
③編者注：此爲天頭文字。
④編者注：原稿此處有半行字被作者用墨筆塗去。

流,旁多浣婦。聞水出城西北鳳凰泉。東南歸東湖,灌田頗多。近數年大荒旱,城附近恃此水,救人不少。沿路多柳,風景甚殊。不久即至東湖。湖爲宋蘇東坡簽判是軍時所浚,歷經修繕。當年湖中蓮藕全滿。惜當圍城時,軍人將藕掘净,湖底土鬆,兼之連年荒旱,遂無滴水!幸樹木尚未砍伐。湖上有蘇公祠,現建設局在焉。内清人石刻甚多,兼有石刻坡老書畫數種。大約除一石上書一詩大約可靠外,餘均可懷疑。坡老像前現置一柳上生菌類,大徑逾尺。菌類大至如此,亦殊鮮見。維鈞爲拍一照,滁洲抱之,亦以便比較大小也。東院有亭,後人題喜雨亭。後尚有一臺,上有亭,内有碑,上題凌虚臺,爲郭堅所書,尚屹立。臺下郭書頗多,均被曳倒。郭書雖未工,而意態雄峻,頗具風格。今早在照像館中,見郭氏像,面長顴峻,意自雄杰。郭氏本文人,如有人能善用之,亦實一有用才。今竟人民受其荼毒,身敗名裂,郭氏自身固未能逃責任,而時勢迫人爲惡,亦殊堪悲耳。出祠,少東,有土垣,聞垣基即爲秦穆公舊城。舊城在今城東,此東湖聞原名西湖。然當日是否有湖,亦尚可疑。湖東有一經幢卧地,無人留意。余視其字體,訝爲唐物。年月不易見,大家協力轉動,遂得見經幢立年。時爲大中。其下年月空白未刻。李校長言當雇一車,運至學校中保存。到湖内亭上一立,風景殊勝,如能有水,亦各處不多見之勝地也!園東垣甚高,間有小門可登。將登垣外望,入門,見墻上鑲一石,一望知其非明清物。細視,係二詩,款題“迂翁”。詩具坡老風格。疑爲坡老自書,且係當日上石,雖尚未能明,然爲宋人書迹,絶無疑問。此石因置地甚僻,無多人注意。余無意中得見此石及唐經幢,心甚快。明日當尋工拓下,詳爲考訂。從園西南出,過鳳尾橋，往尋三良冢。里餘即至。三冢橫列，前有畢秋帆所立碑。墓附近頗有繩紋瓦磚殘片。並有雲文瓦當殘片。西行，將入南門，路旁見有一小塔，土墻圍之。東墻有門，現已用土封。尋至西南隅，得一豁口，蓋兒童時從此逾越，因亦越過。內尚存數碑，廟已全毀。有明景泰四年碑，言寺創建於三年，因時征回逆，有一番僧有功，因爲之立此寺。寺名"巚巚"，其字甚奇，未知何意。此碑甚關重要，當令人拓出以供研究。破殿後有斷碑，上係一詩。雖不完全，然玩其詩意，似當日寺中有梅花一株。歸至南門，守城武裝同志訊問頗嚴厲。城門上有迫擊炮支好外向，雖上着衣而已足令人神慄。將入校，因與文廟隔壁，便道入觀。西北角門①入內則門窗已全毀，神位已完全無存。大成殿夾墻，又破壞狼籍。西廡完全拆掉，東廡尚存，亦狼籍不堪。吾見破廟不少，未有可傷心如此者！今日聞人言：房子拆賣，未必爲人民自己拆。常有官家催逼款項，而人民已脂膏竭盡，一文不名，官家遂拆賣其房屋以充官款！嗚呼！天下竟有如此之官家！這樣的凶過强盜，而亦自稱爲官家！

六　月

　　一日，同滁洲、維鈞到縣公署，晤秘書張葆玄君。一言省城寄錢，請他代收交來。二問他是否有縣志或府志可借看。三同他們說，如果我們出城考查，請他派武裝者跟隨保護。四將令人到東

————————

①編者注：原稿此處有近二十字被作者用墨筆塗去。

湖拓字,請他派人知會他們一聲。第一、第三、第四各條均圓滿答
復,獨縣志則無有。又言李慎庵老先生品學兼優,主修縣志,家中
藏書甚多,或可借到,並可同李先生晤談。遂請李之少君在縣署
作科長者李紫若君一見。吾等願往謁李老先生,其少先生堅辭,
約今晚五點鐘來學校談。出到教育局。局爲舊武廟地。局現已
撤消,僅留一人看門。門前有牌樓,甚巍奂。内有元至正年間加
孔子夫人封號刻石。石何以存於武廟,故頗難解。文中誤孔二太
太之姓爲"并官",亦一笑話。不過事頗有趣,當令人拓出。入廟
中一觀,塑像只一關公,神牌則有關、岳二人。外關平、周倉均坐
像。神案上内書報狼籍,竟有汲古閣本十七史不少本! 如無人
問,大約要同字紙或賣掉、或燒掉了! 中國人作事,如此如此! 下
午同田和生君同出,過東關,在故攤上購得勾兵殘片、鬼竈數事。
再前進,考察所謂秦穆公舊城。沿途瓦片甚多,詳察,只見唐製。
出城門,外有石橋,上橋欄柱雕刻頗佳,惜不少均被人敲毁! 入城
向西北行,出一城門,尚有版築痕迹。……①

　　……②列細查,無灰土,無板築痕迹;瓦片亦少無特殊者,殊
未能揣想此臺之何以成。臺西有二小丘。近察北丘,亦無何異
點,爲之廢然。又北察土崖,看二有碑墳,均無發現。聞袁應泰墓
離此不遠,然未見。原上田苗已切待雨。再東北,至一村,名大柳
樹。問村人,大約地方尚平靖,不似城南之每夕鳴槍守衛。村人
三四十家,近年逃亡散失者不過四五家,已屬幸事! 村内房屋還
算整齊。有一三元宮,重修於光緒季年。尚整齊。畫壁極可觀

---

① 編者注:原稿此處闕頁。
② 編者注:原稿此處闕頁。

覽。彩色紅者尚極紅,藍者尚極藍,以故若新！思及頤和園之修,比此村廟不過早十餘年,而顏色已黯淡,益嘆陝西畫師調色能力之過人！再東南,到一村,名鳳凰頭,小息鄉人門外樹下。時頗渴。遠見一十歲許之女娃,立於門口,欒君以手招之,女娃去,以爲害羞固女娃常態。未幾女娃復來,手捧碗水飲余輩。雖涼水未敢多飲,然女娃離余輩甚遠,何以知余之渴！奇已！女娃貌亦佳,且未纏足。村東有鳳鳴寺,重修於民國成立後,然現已全毀,僅餘數碑。沿河岸走,至一菜園,想買水蘿蔔止渴,問主人,主人言太小。問他幾個錢一把,他説太小不值錢。請他揀幾個大的,歸結拔十數顆,其實亦不甚小,留銅子四枚,主人尚覺不值那樣多錢,不肯受！强爲留之！① 歸甚熱。下午未出。本意再留鳳翔一日,然維鈞對此地飲食,未能習慣,每頓均少食而已！如逗留日過多,將因餓成病,遂定於明日即赴寶鷄。此地飲食固未甘旨,然何至不能下咽！② 晚餐後,同田、欒二君及滁洲往訪李慎庵老先生,過舊日府署遺址。府署已於辛亥年一炬全空,僅餘數碑矗立。李老先生年七十二,耳頗重聽,近日頗患暈。據他説:此地之鬥鷄臺,有人傳爲築城未成,有人言袁應泰葬時,因風水而起此嶺。以余揣想,似以後説爲近。他又説:東關城人言爲秦穆公城,但亦或爲唐舊鳳翔城。此意與余相合。又言城西南陳村鎮附近,有秦諸公墓。余從寶鷄歸,當親往考查。又言東湖內小門洞內之石,爲元人所書,石原在府署內,因府署被焚,故移於此。其説甚近情理,

---

①編者注:原稿此處有一行餘字被作者用墨筆塗去。
②編者注:原稿此處有一行餘字被作者用墨筆塗去。

當可靠。歸途中，過府署舊址，見一碑，爲崇禎年所立，係□□□①告示，略言秦人之最難處者，厥惟宗室與生員二途。下臚陳他們的劣迹，後令□□□②用特別簿子，紀載他們的劣迹，隨時報告，以便會同王府及學官辦法。此碑極關史料，且有興趣，當令人拓出。後同至高小，拜王校長，參觀其學校。校址尚寬暢，但經費甚拮屈。今年因荒旱，學生止百餘人。歸，車已雇好，決定明日往寶雞。三四日歸鳳翔，即往陳村考查，畢即當往岐山矣。睡甚晚。

　　三日，早起，七點餘出城。余及維鈞共乘一車。有保衛團丁四人保護，爲之雇一車，使他們輪流休息。出城二里，過一村，名豆腐村，有教堂。離城五六里③許，一村名賴（或拉）古城。聞城名，察其地勢，似可爲一古城舊址，因比四周圍均較高也。察地上，則棄置繩紋瓦片甚多。出村南里許，路旁土崖中，灰土及繩紋瓦片及各種陶片甚多。上覆黃土尺餘，爲古代住人地，毫無疑義。路左土崖積骨極多，厚數尺，長數步，層累叠積，均骨也。初以爲人骨，疑係俗所稱之萬人坑。後維鈞因牙知非人骨，又詳察之，或無人骨。但未知古代何積骨如此多。察瓦片及陶片，似無唐代及以後者。秦穆公故城或在此，亦未可知。再進不遠，爲ㄅㄚㄊㄐ屯，村綿延頗長。雙冢在大路右，往一觀，二冢相連，有陶片，無他異徵。附近小冢頗多，然均似新冢。雙冢東北有大村一，名紀家莊。離城十三里。穴曲車夫讀音如此，穴去聲。離城二十里。過後，

─────────

①編者注：原於“係”後空闕約三字。
②編者注：原於“令”後空闕約三字。
③編者注：“里”，原脫。

下一大溝頗長。出溝至連村,有二堡。村甚長,因人均沿溝居也。下原後,過王家村。王音萬。未至時,荒地甚多。黃花遍地發華,均野花植物。此地人事勝天行者已數千年,如此境繼續不久,天行殆將戰勝人事矣!原上隨處有罌粟苗,然均係春種,雖已開花,而苗甚小,恐未能收煙。再前過于家崖,少前名王冠頭。路右有廟,下觀,門前顏"寶雞第三學區區立第十八初等小學校"。然守者言:今年大家沒飯吃,所以沒娃!廟祀聖母老爺,因光緒三年正月所鑄鐘上有此詞,非祀聖母與老爺也。內有朝陽洞,洞內有三泉。據碑言三泉味各不同,以瓦酌水試之,左邊者頗澀重,餘二分別未著。左有石刻龍像,右石刻一娃,均受供奉,未知此娃何神。過汧水,兩岸無麥,罌粟甚多,然尚不佳。近底店鎮,麥頗好。然罌粟與麥苗爭秀!鎮用四川、甘肅所鑄"大板",面值二百文,實僅值當十銅元七枚!每元換大板七十。車停下,人馬均食。道旁有一關帝廟,入觀,因柏樹陰佳①,讀碑知此地附近舊產淡巴菰,販運過此,受種種剝削。後經長官稍加整理,剝削較輕,商家即立碑以頌功德!廟前有戲樓,樓前空地,有多人負大捆柴來賣,均係從山中砍來者。砍柴處離此地四五十里。柴價百斤大板四十。見人正收阿芙蓉,因往問之,據言:本年每畝可收三十餘兩,兩價六毛餘,每畝須出煙款二十元!則交款後所餘已無幾矣!又言去年每畝交款四十元!多不夠本!吾至寶雞後,問程縣長,則言每畝止出款十元,未知何虛何實!見西邊原腰有廟,頗據風景之勝,因約維鈞同上。廟名武城觀,前臨渭川,一望麥田、稻田、罌粟田,風景

---

①編者注:原稿此處有半行字被作者用墨筆塗去,致句意不連貫。

佳勝。坡下兩株柳，輪囷高聳。有數奇石矗①立，然本原似不出石。坡上有柏不少。觀內有碑，石理堅緻，光可照人，但文理貌頗古奧而未通順。坡上有泉，上尋其源，愈上，境愈佳。乃脫襪酌泉水洗腳，酌泉者，因恐泉下供人飲料，不敢污此泉也。數日未洗，洗畢暢然。乃赤腳再上，百餘步，乃得其源。源出水頗旺。上下有二，下可灌田。下右轉入睡佛寺。寺內亦有小學，然本年亦因無食故無娃矣！前殿有睡佛像。佛目微閉未瞑。一尊者摩其腳，一尊者似將撫其頭，然手已墜。再後有佛殿及十八羅漢像。壁有懸山。再後有"觀世音老爺"像。旁有老母洞，內幃幄深閉，搴幃視之，睡像也。廟內有泉，有大樹，來此避暑，即當佳絕，有二道士正在吃麵條，問此地平安否，一道士搖首，一道士答"沒啥"。再問之，全言"沒啥"，問其搖首之故，亦不言也！廟內有一無髮和尚，然此佛寺，實由道士住持。再前至寶雞之三十里，均循渭川正西行。南望秦嶺蒼翠。後倚賈村原。原腰時出清泉。麥苗大約均佳，能收過石者不少。間有稻田。風景佳絕，令人氣爽。唯毒草似藝植過多，又未免令人皺眉耳！前五六里，路左有廟，曰臥龍寺，內樹木甚茂，亦種罌粟！據碑言，唐玄宗幸蜀時，曾過宿此。再前有路右三元宮，門閉。旁有屋，屋內有土炕，炕後有窗可通廟。屋主人已往收麥。維鈞從窗俯進。余欲隨之，將炕踏破，終因身長未能進！維鈞出，言據廟碑已西距鬥鷄臺不遠。聞車夫言隔岸有大村，名馬營。前有土匪王海山率一團之衆蟠據於此。前有軍隊逐之逃走。現軍隊已去，未知又回來否。再進至鬥鷄臺，

---

①編者注："矗"，原誤作"矗"。

即問"党跛音坡挖寶"之處，路旁人言在原半空。倩一人引上。則從原上有一水溝直下。溝東旁有百餘步，離崖數步，已較平，即爲党跛挖寶地。原崖臨溝，挖寶時，將土棄至溝中，故較平。現崖上尚有灰土不少，人居痕迹尚有全被發掘。地下棄置各種古陶片、瓦片，並有紅色帶黑花之破陶片，若仰韶陶器，惜片頗小。上車前行，路旁見破石堆中有似石器者，從車跳下，審視，果石器。揀得數片。沿途石器幾到處皆是！此地離水近，原高無水患，土厚且係"立土"，易作穴，固宜太古時即有人居。如欲真正考古，即當棄車循原畔步行，每日隨便走一二十里，二三十里，仔細考查，一定成效卓著。惜余無此暇豫，此次仍屬走馬觀花耳！再前路旁有大墓，前石人馬羊華表均存。人言"四郎"墓。下視，知爲明弘治、正德年侍郎張撫之墓，疑何以稱四郎。後數日始恍然悟陝西方音"ㄕ""ㄙ"二母不分，四郎即侍郎也。以如此單簡之事，而余竟懷疑數日，則余腦筋之奇笨可知！再前原更高，名蟠龍山，人言党閣老故宅所在。查《寶鷄志》，知爲明末①党崇雅所居。再前有北來大川，聞係金陵河川，然河止餘涓涓細流。再前過東關，入城，直至縣公署。縣長程君雲蓬，字海岑，武昌高師畢業，華縣人。相見頗歡，即宿於其署中。晚餐後，天尚未昏，程縣長言東關金臺觀風景極佳，可陪余輩往游。路頗遠，至時已黃昏。然月色極佳。月下望南山，端默静穆，意態幽絶。觀在原腰，上時出汗頗多。觀前常懸一紅燈，遠數十里可見，真可爲"歧路燈"矣。觀前鐵旗杆上懸鈴鐸頗多。微風飄蕩，響聲四徹，令人神醉。觀爲張三丰修

---

①編者注：原稿此處約二字被作者用墨筆塗去。

道處，即祀三丰。像東南向，不正視，望武當也。有三丰所用瓦罐，耳在內。因三丰食後，用舌餂之，人言汝何不翻過，三丰即將其翻過云！又有三丰所穿履。履幫已敝，底却未着土，或仙人真乘虛而行乎！聞廟中雕刻甚佳，因天黑未能詳視，異日當再來。聞此雕刻工人尚生存，只四十餘歲，以此知陝之巧工多也。飲茶一杯。出廟，廟前小立，留戀不欲去。歸後甚渴，同維鈞二人大約飲五六壺，乃解渴。

　　四日，夜中並未起小便，足徵昨日之渴。同程縣長、維鈞再往鬥雞臺。由村長引導，詳細考查。尋出石器多片。聞此溝名戴家溝。溝內看畢，登原上一觀。上原處，土崖頗深處有數磚，雇村人取出。但磚色頗新，無特殊點，未帶回，亦終未知作何用。原上有近日洛陽私掘人偷掘痕迹。此數人尚未掘得東西，現仍押在縣署。原上田層層上升。余察其二三斷崖，每一斷崖均有灰土、陶片及石器等物。則此地古代居民頗爲稠密。聞秦穆公之羽陽宮，後倚高原，前臨渭川。此其羽陽宮及其附近之遺址耶？下至人家前之大樹下少息，並飲開水。維鈞因從未入窰洞內部觀其位置及組織，約余同去，余因不惟見過，並且在內住過多時，以爲各處一定大同小異，遂不往。然維鈞觀兩家後，歸言內均有磨！並與牲畜同居一洞中！則與余所見大異。陝西人民將廟蓋得那樣好，而自己居屋竟那樣簡陋，亦屬社會病態。買得出土繩紋瓦罐三。歸。至東關，過東嶽廟前，因入觀。廟有明代碑頗多！然未悉何年創立。已稍頹壞，但建築均佳勝。正殿內二山墻上畫壁人物端肅靜穆，自是名繪。惜當日住軍隊，在畫像上釘了無數釘子！東墻上面孔並有一部分被紙糊！令人觀之，不覺氣喪！以此等名迹，竟任人隨便毀壞，中國國家尚成何等國家耶！神像下磁坐，一望而知其非近世物，乃道士强作解人，謂時尚匪遠，並指一處言有年月可稽。及細察之，則固弘治年間作品也！西邊高臺上，有月光殿，登石磴三四十級，始至巔。房稍破壞。如稍事修繕，真屬避暑勝境。然此地兵匪時擾，何人敢來避暑耶！西院即李公祠。祠爲李□□①建，李於□□□□②年回匪亂時，救鳳翔有功。但前數年全被軍隊拆去！僅餘內爲戲樓外爲大門之一建築耳！如閉大門，由外觀之，固尚巍奐也。東嶽廟大門內畫壁亦佳，與正殿或由一人所繪。歸，途中遇一武裝乘馬者，與縣長相招呼，末問一事縣長知道否，縣長答知道。過後，縣長自言：“瘟神到了，我安有不知道的呢！”余問其何事，答言：有一營兵在此經過，又將騷擾不堪！來此三月，他們過來過去，已過十次！亦不知其何作！有人言其往來販烟，亦未知底細。省上言無命令，不准支應，然縣長安敢不支應？將來報消，又報消不出去！真屬不得了之事！③ 歸已餓，以爲即將午餐，然此地固二餐。乃少眠。將五點，吃飯，則以盛筵相款。盛意優渥，至深感謝。餐時，兵差支應，紛紜無已。當此時間，固未如便飯相款之甘旨也！餐後，又同維鈞坐車出游，過火神廟前，入觀，廟已殘破。後部尚完整。考碑知最後一次修於光緒二年。二門上金龍蟠繞，正殿雕槅工細。捲棚兩墻丹艧④若新！觀此等設色，更信頤和園、三海等處之彩畫，不值一文！出東

---

①編者注：原於“李”後空闕約二字。
②編者注：原於“於”後空闕數字。
③編者注：原稿此處有近一行字被作者用墨筆塗去。
④編者注：“艧”，原誤作“雘”。

門,入東嶽廟。維鈞將戲樓照像一張。大殿壁畫將照像,因光暗中止。又將十殿神像及大門內壁畫攝照。出將往金臺觀,然途中望偏西北有廟有塔,遂中途變方向。西北行,未幾有泉,有碑,碑題空洞泉。泉上有龍王廟,有戲樓。再上,至空洞寺。寺地址不大,內有義學,今爲學校。現無學童。寺內有一小塔,顏"文筆塔"。廟中佛像壁畫平常。然有一大柏,幾可四抱。寺由道士住持。道士言有"一柏一坐廟"之諺。恐天晚城門閉,乃歸。至城內,讓車先歸,與維鈞同由南門登城。至西門下。城東西長,南北甚窄。只有東西南三門。位置在原根,前臨渭川。過河即入大散關、和尚原道,城扼其口,形勢利便。然如有兵事,不守城北廣原,城頗難守也。西街路北有城隍廟,牌樓甚好,明日當來照像。晚與程縣長決定,明早請他派人導余至渭河對面之姜城堡考查。至維鈞則在城內照像。下午即去此,往東距此五十里之虢_{土音讀如《ㄨㄟ。}鎮。姜城堡舊志名姜氏城,言爲神農生長之地,其言固絕不足信,然姜姓之歷史,實屬古史上一極有興趣的問題。地既名姜,當與姜姓或羌族均有關係,故余必往一考查。至虢鎮則因聞人言黨跋子曾在鬥雞臺東南三十里許發掘古物,如屬東南,即當在渭河南岸,然余意渭河南岸,未幾即入山,古蹟或不如北岸多,其地或在東少偏南,以距離地望準之,當在虢鎮附近,故余亦擬一往考查。至大散關、和尚原[①],然此次時間迫促,未能往游也。程言邑人李紫垣先生學問甚好,現管理圖書館。請他來談,或者可以知道黨跋子發掘的其他區域。他隨派人去請。等至將十二點鐘,尚未

---

①編者注:原稿此處有半行字被作者用墨筆塗去。

來，將就寢不再等矣，李先生來。遂談，談頗久。李先生人尚博雅。問党跛子發掘各地，彼答鬥鷄臺，他處未聞。又言城東路旁之"陳倉漢址"碑立處，亦殊難靠。陳倉真正故址，當在偏東臥龍寺附近。相傳唐玄宗幸蜀，曾宿於臥龍寺。如非城鎮，何能居住？或陳倉漢城，至唐仍留，故玄宗得宿此。羽陽宮址，即在今城，不在鬥鷄臺。民國初年，西關曾出古鼎，仍存於省城圖書館中。談至後半，余精神甚困，幾不能支。客去後，寢時已將兩點。余等來後，程縣長很高興地同我們一塊兒考查。然今午軍隊一來，頓呈手忙足亂之概。軍隊係馬隊一營，索五日給養，每馬索料七斤。後未知如何支吾過去。然聞程令言，他們只是軟纏，尚不大蠻橫。程令人頗能幹，却非强項，將來一切，還不是老百姓倒痲！到鳳翔後，氣候甚涼爽。寶鷄處盆地底，故甚悶熱。今日更熱。

五日，天將明時大雨。氣候頓涼，爲之一爽。起將九點，催維鈞起。早餐後，程縣長仍約李紫垣陪余往姜城堡。彼個人初頗躊躇，後亦同往。步行出南門，關不甚長。關盡處，道左有一龍王廟，規模頗大，已破壞，未入觀。未幾即至渭水，有數水岔，脫脚即可渡，然余等命人負而過。正流有船可渡。過正流，仍有支流，仍負渡。再前不遠，有小河，曰姜水。仍負渡。過後，路旁頗多頑石。未幾即至姜城堡。村有寨，寨濠甚深。寨外有不少人家。余望濠內似有石器，下視果石器，且甚多，大喜。遂檢出，令差役代拿。余循東濠轉南濠詳視，冀見灰土，然絕無有。內瓦片、各種陶片雖甚多，然絕無古者。然則此地所傳之神農雖不足信，而遠古時代已有人居，却已證明。又周、秦、漢、唐，或無居民，至近時乃更居住耳。差役來請余飲茶，余往，則在寨外一小藥鋪中。晤一

老人,亦徐姓。名冲霄,號扶九,邑名士也。年已七十餘而鶴髮童
顏。前清進士,曾在廣西任知縣多年,並曾護理鎮安府知府,在清
末年,早已衣錦榮歸。現在短衣赤足,不問未知其爲鄉紳。藥鋪
爲其公子所經營。少談出,余即欲歸,因恐耽誤行程。然大家均
言不遠有神農廟,宜往觀。乃出村向東南行。遠望原上地名諸葛
營。有溝,名諸葛槽。相傳地爲武侯屯兵處,故名。陳倉在望,武
侯屯兵於此間,事固可信。出村多半里,途間繩紋瓦片又甚多,拾
數片以備參考。廟近瓦峪寺村,離姜城堡一二里。廟北向,近年
重修,甚新。神像袞冕,非衣皮葉者。兩壁畫壁,左爲嘗百草像,
則仍腰圍樹葉;右鬥一野獸,未悉何故事,則衣黑色長衣。畫壁雖
仍在水平綫上,固未甚工。左角二神像,據言神農之父母。右角
二神像,男抱日,女抱月,據言太陽太陰神也。前殿祀他神。下有
浴聖九眼泉,現爲一池,據言下有九泉,神農浴三於此,故名。出
廟,將歸,問人村名瓦峪寺,果有寺否,答言有,乃又返觀。先過一
戲樓前,詳視。樓雖未魏奂,而兩壁有頗佳之壁畫;後面木槅,雕
工頗細;上有天花板,圖案均佳。此等戲臺,此地鄉間固自非乏,
然殘損者多,此村則尚整齊。瓦峪寺不過四五十家之一小村,而
有整齊之戲樓如此,足徵從前民力裕、文化高也。戲樓離寺尚遠,
蓋山中遷就地勢耳。寺西向。殿宇外有數洞,供奉娘娘。至碑上
所言極深邃可避亂之洞,現已無有。尚有一洞,現已填塞,聞因從
前所供之娘娘,給人送子後,總未能成功,鄉人號之曰"炮或泡娘
娘",恨之,乃填塞其洞云。寺亦由道士住持。據順治丙申年碑
言寺"爲古之彌羅院。唐垂拱三年重修。至宋,有異僧廣智,形
軀如童子而識行弘通。太平興國四年,封爲太師,命葬寺之北,改

院爲大興善寺"云云。此碑所言，固未全可靠，而寺屬唐舊，事頗可信。此碑文不著録於縣，現石已泐蝕。此碑一毀，寺之歷史無可考見矣！勸程縣長如有機會，可命人將碑文拓出，或設法保存碑。時已過一點，急歸。今日新晴，南山蒼翠欲滴，雞峰插雲霄，令人迷戀不忍去！過渭河，有山口南行，即爲散關道，由漢中通秦之大路。五十里爲益門鎮。再前不遠即大散關。懸想如能游此，一定步步有奇景，可引人入勝，惜乎余此行倉卒，未能飽我眼福也！途中程縣長告李紫垣言，余有意遷居於寶雞。余答："誠然！如此風景，真令人神醉欲死！但恐住此，一旦八太爺來，你這大老爺就手忙足亂，毫無辦法，我們小百姓更想不出辦法了！"歸途沿姜水行。水可灌田，亦可運磨。入磨房一觀。渡渭，登坡，入西門。坡次見兩旁斷崖，下積破磚瓦甚多，以爲必多石器，然因倉卒，未及下視。入署，見車夫，問今日還能抵虢鎮否，彼答言可。抵室，則維鈞已將行李收拾好。即命催車夫套車，然車夫又來言恐走不到，終止不行。決定明日極早起，至虢鎮一考查，晚還鳳翔。少息，翻閱《寶雞縣志》，見載有徐君詩數首，兼有一小傳。徐君爲預修縣志之一人，雖傳中尚無游詞誇美，究與體例未合。晚餐後，同維鈞出，先到圖書館，訪李紫垣，詢其西關出古鼎處所，據言在坡下向西之紙房頭。過三四十門即到。地原爲裴姓居，現爲一空院，云云。乃出往紙房頭勘查。下坡，向前，人家均依崖而居。門前樹木甚茂，有泉東西流。雖無廣遠之觀，而幽絶趣絶，住此當如法文所言之 intime 者。如有福作太平人民，在此終老，則西湖附近山中之軟美地方，當被蔑視矣！其出古鼎之約略處所，已考查明白。渭水岸上最便居住之黃土斷岩，固當爲最早人類住居地。至確爲何院,則因村中門前少男子,未能詳問。然亦不須問也。回經坡次,下兩旁細察,以爲可得不少石器。然石器固有,並不見多。岩中亦無灰土,僅有殘磚爛瓦,疑古人葬地也。入西門,過城隍廟前,問土人内有住持否? 可入觀否? 答言内已破毀,無足觀覽,亦無住持。問:有何法能進去? 據言東邊巷内,墙有一豁口,可由彼進去。乃入巷,巷内攔路有戲樓,後有廟,似尚整齊,然廟門深鎖,未能入。轉西城隍廟北墙,果有豁口,甚窄,乃側身而進。又跳短墙一二,始達正廟。廟規模甚大,破壞①殆盡。墙上體面之標語甚多,而破壞能力,竟如此大! 神像已幾無餘。城隍老爺之故頭,大約一度爲破壞偶像人取去。現雖有頭,且金塑,然一望而知其非故頭也! 神座仍爲弘治年製,與東嶽廟同時。兩廊神像已完,壁畫已破壞不少,而餘者妙相奇趣,非名手不辦! 瞻仰徘徊,神魂顛倒! 以此等藝術創作,竟能任其日加破壞,毫無留遺耶! 戲樓建築弘偉,雕刻精工,然亦破爛。出廟時不勝感慨悲愴。晚見程縣長,謝其招待盛意,兼辭行,並請其速籌畫保護此即將破壞净盡之藝術杰作。彼雖亦以爲然,然頗疑保護城隍廟有提倡迷信之嫌疑,爲人所指摘。余謂余個人城隍神,毫無信仰,即在宗教中,亦爲頂次等者。如果他的像塑得好,我可以欣賞藝術的作品;不好,我個人並不難把它攄着扔在茅厠坑裏! 但藝術名作,是文化的一種結晶,是另外一件事,萬不可不保存。歸結想出請溥泉先生用古物保管的名義,來一公事,則"吃黨飯"者即不敢再亂説。彼此皆亦爲然。別時言明早極早即行,請其千萬不必起

①編者注:原稿此處有數字被作者用墨筆塗去,旁改作"破壞"二字。

送。時晴月皎潔，空氣澄清，徘徊久之，爲之眠遲。在寶鷄據舊志言有唐馮十一娘墓志，存在縣署内。問程縣長，程不知。召詢一老吏，據云聞在當日大厨房院中放着，但他也並未見過。往舊日大厨房院内遍尋不見，蓋早已失去矣。

六日，醒，天將明，擬天定明即起。未幾即聞厨房院人行。又即聞程縣長在外問人，一點没有動靜，是否已經走了？蓋程早起相送，因未聞動靜，故有此疑，實在我輩尚未離床也。即起，呼維鈞起，食數合泡鷄子，即動身行。程縣長數日招待殷勤，殊足銘感。抵底店鎮，少休息，且進食。食後，未行時，少在店前閑立，見門上貼有禁烟局二告示。一開始即言"照得烟苗，早報肅清"。後言對於"毒汁"怎麽樣"罰款"，已覺可怪。二言"膽敢留烟偷割"，又言"重罰勿謂太苛"。哈哈，已經"早報肅清"矣，又何勞君等之"重罰"耶？如有人將此告示與附近烟苗，一同照出，聯合起來，即可見君等之絶妙好詞也！底店附近，雨似較大，但過底店不遠，即無雨。北原即爲周原，比賈村原較低，沿原風景已較遜矣。有一二里内，罌粟麗花，幾占可種地百分之七八十！光艷悦目！驚心動魄矣！過馮家嘴、水蓮村諸村。水蓮村有廟，入觀，問村人所供何神，則"玉皇菩薩"也。未幾至虢鎮。虢鎮古虢縣治。中有城，外有三堡。車停於西堡一店内。聞虢鎮有常寧宮，爲唐代古刹，勢在必游。又昨晚與程海岑談城隍廟壁畫事，程言虢鎮城隍廟建築極偉麗，萬不可不觀，亦必游。又讀舊志，知東尚有朝陽寺，北尚有真武洞，以爲如有時間，或可全游。問店家，據言不遠，覓一老漢作鄉導，而余等意固偏重常寧宮、城隍廟，然鄉導意不如是。出門即向北行，隨之往。有頃，覺路不合，問其何行，則向北

坡上真武洞去。一望尚有一二里遠，且須登陟，且天氣極熱，一往
此地，他處當皆廢，遂止不往。問朝陽寺，則言甚近，隨之往，實亦
不甚近。過北莊音业尤子，至寺，則一破廟，門爲坏封。門外尚有
數株古柏。由廟左墙豁內窺，一覽無餘。佛像尚存，已剩泥塑。
墙上亦泥糊，毫無可觀覽，爲之廢然。村中又有關帝廟、府君廟均
尚整齊，但門深鎖，執鑰者不在村內，無法入觀。南繞至東陽堡，
見路左有一廟，俗名鐵牛廟，入觀。門顔清泰宮。西南隅有一高
臺，上伏鐵牛以鎮渭河，故名。東偏有禹王宮，在高閣上。出廟，
路南有一間小廟，亦入觀。有畫壁亦如他廟。地下有數乞丐正在
犬伏抱燈吸烟！入鎮城，則商務比寶鷄較繁盛。今日又逢市集，
人尤多。見路南有一大殿背，知爲大廟。轉至前門，則門封鎖，守
廟人大約往收麥，故無人①門者，只好退出。廟名聖恩寺。再前
未遠，路北即爲城隍廟，入內一觀，大爲失望！廟重新修，規模尚
大。雖神像壁畫，應有盡有，而筆墨粗陋。又值余等連日多觀名
畫後，更覺不堪入目！最使余等印像深刻者，則每偏殿②之中，總
有不少三分像人、七分像鬼之人正在抱燈以吸！此人世耶？鬼界
耶？余固未能辨之！③ 時天已不早，而余等游虢鎮毫無所得，頗
爲懊喪。問鄉導常寧宮何在？彼辭不知。告以在南關外，彼言大
約爲玉皇廟。疑爲土名，乃隨之往。鎮有南門，然因天旱已封閉
數年，轉至西門出，循墙東行。寨濠頗深。未幾見一大廟，前有戲
樓，戲樓牌樓均頗巍免，而門不開，未能入觀。東隔大路，即玉皇

①編者注："人"，疑"閒"之誤。
②編者注："殿"，原誤作"店"。
③編者注：原稿此處有二十餘字被作者用墨筆塗去。

廟，門開，入內一視，果爲常寧宮，宋天聖碑，元至元帖，大喜。廟內無人，然破毀程度尚不太甚。神像壁畫，亦比城隍廟高明許多。虢鎮之不虛行，賴①有此耳。舊志謂"相傳秦時建"，固不足據。然據天聖碑，則唐有廟，固無疑義。出到西廟，窺門內僅以一石抵之，乃命隨從團勇以槍托掀開。進觀，則一火神廟，神像壁畫均佳。返店內，吃點東西，遂起身返鳳翔。在店內時，見鳳翔東關店掌櫃許姓，知滫洲已於今晨東行。——路初向西北行，過高家ㄌㄥ、雅子等村。車上原，坡甚多，甚勞瘁。原上均無雨。過高麗村、第一村及其他各村。村名均據車夫説。彼又不識字，所記字僅録其音。亦未全記。過紀家莊，路與來時路合。過賴古城，再察斷崖內瓦片，知村北已有。至城門時，太陽將入山矣。俟察護照，留甚久。至校已天黑。校中廚子已去。李校長派人到西北飯店買吃。余等因既往外買吃，不如自往較爲簡便。然實之校長，堅執同往，歸結鬧成他請客的局面。我們弄巧成拙，心甚不安。

　　七日，本計今日到陳村視察秦先公墓，後聞秦墓之説未盡可信，遂中止。決定今日在城內繼續考查古廟，明日東行。與維鈞及灤本朴君同出，到北街游八角開元寺。寺在路東。據碑言爲唐開元時所建。當日有王摩詰畫壁，東坡詩所謂"東塔摩詰留手痕"即此。因"寺門爲樓觀狀，重檐四注，覆以八角"（道光二十一年碑），故名八角開元寺云。寺內破壞頗甚，即所存留之一部分，工程亦未佳。惟八角亭爲一極特別之建築，大體尚完好，有保存

---

①編者注："賴"，原誤作"頓"。

之價值。亭内有畫壁，備極莊嚴，然釘刺烟熏，不久將完全損毀！裏面"住幾個乞兒餓莩"，寺中亦無住持，絶無人管理也。亭内有隆慶六年所立琉璃磚銘，字極古樸。此亭即重修於是時。此廟如不早設法保存，恐不久完全無餘矣！維鈞照像數張。出再北，路西有破廟已全毀，尚有殘碑。碑爲道光及光緒各年所立。廟名北極宫。回至西北飯店早餐。共價一元二角。問其價，則菜價雖貴，尚差不遠，吾等三人，竟吃了六角錢之家常餅，實令人大吃一驚！餐畢，同出東門。路北有縣城隍廟，——至府城隍廟，則在城内西北隅，規模甚大，因内駐軍隊，未能入觀。——入觀。廟内設有苦兒院。廟中神像之屬大部分已無存。正殿内有數苦兒，正在織席。再入内，則有一部分城隍神像尚存，並尚有香燒。有一苦兒，年十餘歲，余撫其首，問其丫ㄊㄚ人，答言城南人。問其家中有啥人，似答尚有母親。再問，則兒目中苞泪，不能再答！余已目中苞泪，不能再往下問矣！出，直走至東關東頭，再向南轉，見一廟，外顔"敬誠會館"，乃山西商人所建之會館及關帝廟。入觀，廟甚新。殿宇戲樓工程，雖未能與寶鷄之城隍東嶽等廟相比而尚極巍夬。到處畫壁，筆墨不惡。陝西畫壁不似他處。墙上多畫屏扇，其上或左右，少有空隙，仍以他畫補足。檐際斗牙間隙地，亦滿繪畫，而配置妥協，不嫌堆擠，其藝術勝也！後面有臺，可望遠。時天甚熱，大家全很渴。維鈞照像時，向年七十餘且耳重之道士乞飲，取出，則昏濁甚，然渴甚，只得少飲。出向西行，見有一廟頗大，灤君言數過其前，門不開，蓋不能入，然余頗欲入内一觀。且即不能入，而可避街道，直抵濠邊，行柳陰下，似當較勝，遂穿田隴往。至前則旁門固開，遂入。有道士在内割麥。廟名晋聖祠，亦

祠關帝。亦爲山西商人所建。廟有數碑。此廟較敬誠會館規模
頗遜,然較古。大約彼間建築後,此間稍棄置矣。但神像壁畫
亦仍整齊。維鈞照像,余從道士乞飲。彼新從井汲出,色清味
甘,雖冷飲,而清凉已入人肺腑。出余意頗欲偏南行,至東湖公
園,因今晨命工人往拓唐經幢,欲往視之。但維鈞已疲甚,不願
再遠行,乃端西行,見墻豁,逾之,則赫然東湖公園也！經幢即
在目前！然工人不在。公園前今日有牲口市,尚多買賣者！轉
北,雖多柳……①

　　……②其懶惰遁辭,乃親督之往拓,姬德鄰亦往。及上紙,碑
果尚稍熱,然尚能拓。拓第一張,全用紙條對付。再欲令拓,已無
紙,乃督其往買紙,秉燭夜拓。余等先歸。〔歸途中,姬君言宜走
正街,因校旁空地,頗有狼穴。前晚曾傷一娃！城內窟狼,竟無人
管,亦自異事！③〕與書記巨君談。巨君爲岐山縣岐陽附近人。據
言岐陽有周三王廟。岐陽東數里齊村附近有溝,溝東斷崖內常出
古物。曾出一古鼎,無字,爲一軍人用五百元購去。又曾出一樂
器,狀如犁錊,周圍有小孔,發音各不同云云。余今日翻府志,知
岐陽爲太王初遷地,至岐山後,必當往游。

　　九日,昨晚定今日絕早往考查西古城,姬德鄰、田和生、灤本
朴均願同往,余答以同行固所歡迎,但很可能毫無所得。今日五
鐘起,同步行往,一勤務爲導。初出時,太陽未上,天氣頗清凉。
出南門後,向西行,二里餘,即望見西古城村。村東田中有土埂東

①編者注:原稿此處闕頁。
②編者注:原稿此處闕頁。
③編者注:此爲天頭文字。

西橫列,亦有斷續。詢之土人,謂係回亂時所築。考地勢及陶片,均與古城無涉。村分東西。東村有殘堡,濠頗淺。細查,毫無踪迹。問土人,附近有土濠否? 有破磚瓦堆否? 均答無有。極目望之,地頗平坦,亦似無有。向西北行,不遠,即西村。有一廟,內有居人,入視,除普通神像外,毫無所有。出在村附近遍查,毫無所得,僅極小一段,稍有繩紋瓦片而已! 無意尋南古城,而所得甚佳,專來考西古城,而毫無所得,真所謂"無心插柳柳成陰,有心栽花花不發"也。向北望,有數碑,有小塔,似一廢廟。問土人,據言爲舊什方院,乃袁經略(應泰)之子出家之所。趨至,對康熙年碑,約略一視,言此處爲日心禪師墓,未言袁經略子事。然袁殉難於遼陽,其子入清出家,事固近理。土人之言當非臆造。時已將七鐘,疾歸,則維鈞已將行李一切檢好。並聞有車,少吃一點東西,即往汽車站。田和生及一□君①同行。學校教職員,很有幾位到汽車站送,力辭不獲。八點啟行。在鳳翔住數日,雖古建築多破壞,市面凋殘,民生顛沛,四郊似尚不甚靖,——每晚聞城外槍聲甚近,駐軍無論如何,不敢出城,因恐弟兄們帶槍械走掉! ——然人民淳良,山川雄勝,周秦二民族發祥之地,余深信其必尚有無限的將來。以後必當再來,必來仔細工作也! 出東關未遠,聞一槍聲,大家頗驚,然固無虞。至岐山,別大家下車。汽車站長張君,開封人。將行李暫寄在他那裏,先到縣署。縣長聞出放賑,不在署,問秘書或科長可負責者,乃無人在署。令其派人往尋縣長,久侯不至。余頗焦急。適有一老婦和一少年,吵嚷而至,

---

① 編者注:原於"君"前空闕一字。

大約係收麥時打架來告狀者。此等小口角無傷之案,固當善辭勸其歸去。乃差役等逐之去,彼等不聽,一收發中人,即高聲喝打。差人即以鞭抽之,彼等乃出。余睹狀大忿。問此收發人,有何權利可任便鞭告狀人,彼答不知。又謂,農忙時期,民事訴訟不准。余問此係法典內何條? 彼又答不懂。余斥其在此天高皇帝遠之地,無法無天,彼亦未敢再辯也。後收發人,又出一人,似[1]較負責。問余等此來任務,約略答之。問彼省政府是否有公事來招呼,彼答無有,遍查,無隻字。頗咎耿壽伯之作事糊塗,乃借縣署長途電話致秘書長,請其趕緊來公事。一縣一縣的接,異常困難。乃叫通後,話聽不清楚,命管電話人代言達意。將出午餐,餐後再來,乃傳言縣長已回,請見。縣長姓田,名惟均,字子平,興平人,人尚本色。據言民國初年,曾在北平民國大學上一短期學。後即到日本。歸在法界作事,云云。問其接耿壽伯信或公事否,答未有。問岐陽方面情形如何? 據言岐陽從前爲岐山精華,現灾情極重,人民逃餘,不過十分之一二。雖近來尚未出大亂子,而秩序不佳,如欲前往,未敢負責。又有一積匪,前有槍四十餘支,後經累剿,只餘槍數支,逃竄到西路去。近聞其又返,尚未出事,然大家全有戒心矣! 談及周公廟,據言因離城近,尚平靖能往。問以有何代步? 答言,縣中因灾重,無車。驢因正收麥,亦無有。彼前次往,即以步。來往三十里,尚不甚難也! 又言本縣從前人丁十三萬餘,現只餘八萬餘! 云云。決計住在汽車站店內,今日下午四點往游周公廟,請縣長派人引導。岐陽雖重要,只好作罷。明日

----

①編者注:“似”,原誤作“俟”。

起身直往武功，因扶風無特別目的，且灾情極重，恐離城稍遠，即不能往矣。出將午餐，問店家似城内飯館兒全未開，只好出東門。途中牌樓①立，莊嚴巍奂，與此凋殘飢餓之古城，可成極端之對照。到東關，吃畢，再打聽車驢，果不易得。歸少眠，時天極熱。起，將往游周公廟，乃先飲茶。時並不甚渴，維鈞少飲即止，余竭力多飲，知天熱，身中需水多也。雷聲殷殷，有雨意，然亦未中止。剛出，即遇縣署來人，邀至縣署一過，派人同往。至西街，見路北破院前有石礎雕刻工細。問鄉導：内是否廢廟。答言此郭姓舊宅。郭爲岐山縣四大財東之一，家極殷實，人亦謹守，現因兵亂年荒已拆房賣磚瓦矣！出西關，向西北行。過于家莊、薛家套、郭村、樊村、祝家巷、廟旺各村。樹木尚多，且茂。行至半途，雲散，然幸有風，不太熱。周公廟在一山凹中。地方甚寬。大門内尚有護法塑像數事。蓋廟數爲儒者和道士所爭，儒者終不勝道士，故廟亦受道士化矣。正殿祀周公，左殿祀太公，右殿祀召公。石刻甚多。廟中有巨楸，三四合抱。廟左有姜嫄廟，又有潤德泉。此泉時出時竭。最古者有唐大中二年崔珙碑。道光三十年碑，叙其出竭歷史頗詳。據言"唐大中元年賜名。崔珙奏謂：'泉枯竭多年，忽因大風群泉涌出。'來時②，由泉流出入渠，山邊隨出皆泉"。"其去也，則渠中及他處諸泉悉竭，而後磚甃之泉漸減至盡。""《玉海》記宋雍熙二年，'周公廟泉復涌澄'。嗣德祐原如此，"祐"當係"祐"誤。二年涸。元世祖十七年復出。正德初涸。十四年復出。萬曆十六年復涸。天啟四年出。崇禎十一年涸。""順治六年復

①編者注："蟲"，原誤作"轟"。
②編者注："時"，原誤作"來"，據徐炳昶、常惠《陝西調查古迹報告》改。

出，不知涸於何時。至乾隆五年水復洋溢。十三年又涸，十九年復出。三十三年復涸。自後隱現無常。”“（宋金）鑑生三十年中，凡見其來去三次。”“耆舊相傳卜歲之説，亦往往有驗。”據元孔尚任碑“至正之阨”“防決波潰”，則似此年有泛濫。又（至正）廿又四年“秋九月，井水忽見”，云云。此次聞竭於民國十一年，現點滴無存。土人以此泉之涌竭卜旱潦。余意關係或不如是簡單，而與旱潦有相當之關係，當屬可信。似此則泉之涌竭，頗有研究價值，故將見於碑文者詳録之以備參考。姜嫄廟上坡，尚有廟，因天晚，恐城門早關，未及游。即歸。去時見路旁有詔書寺，未及入觀。因其名甚異，歸途中乃入觀。廟有嘉慶二十三年碑，言宋元祀周公，接詔書於此，故名。廟雖小，而神像及畫壁頗有佳者。歸途中維鈞甚渴，余雖亦渴，然程度頗相差也。入城時尚早。路北有城隍廟，余欲往視，維鈞已疲極，乃獨帶差人往。叩門則因道士不在，内雖有婦人小孩，堅不開門。命差人告之以自縣署來，乃開門。廟近歲重修，據碑乃由民間捐千五百元所成者。災情如此重大，尚有餘錢修廟，陝民修廟之誠可知也。廟槅扇雖新設色，未盡叶和，而原來雕鏤固極精工。殿中神像偉大，至畫壁則天已黑，未能詳視也。出過太平寺前，寺内有塔，因天已晚，擬明早來視。歸則縣署來請往談。晚餐後往，談頗暢。談次，言及陝西牌樓之巍奐，畫壁神像之精工，田令言：“余在國内，也走過多省，日本也到過。比較我們原來陝西鄉村，外國實在並不能比。因爲陝西從前每年糧食吃不完，鄉間房子，全很高大。外省衙門房子比民間好，陝西則民間房子比衙門好。每村均有戲臺，各處均有戲班。農閑時，附近一二十里内，總無日無戲，閑時即可看戲。鄉間又有唱迷糊及各種樂器。[1] 各處均有數百年、上千年的大樹。試問那國的鄉下能比?"據吾親身所閱歷,田令所述陝西從前的情形,並不誇張。歸店。余等初到店時,將行李堆於一屋以便鎖門,乃自周公廟回後,他屋已被别人占完,不得已,乃堆行李於炕之裹面,余卧炕上,維鈞則展行軍床於炕前,斗室中已無隙地。乃十二點時,田縣長又來回拜。余等門無法開,大窘。不得已,乃將床舉置炕上,大家坐炕沿談,殊足笑人。田令送乾隆《岐山志》來,余等願備價,彼堅不受,只好感謝了。

十日,今日有從本城起身之汽車,七點即動身,故太平寺終亦未游! 車裝藥材,上又賣人坐,堆集甚高。岐山城門又甚矮。過城門時,余側伏箱上,而右臂尚一ㄘㄥ而去,亦險矣哉。今日所行路,前三二日尚有匪截汽車,故同行者頗爲戒懼。有人忽聞有匪,即急問:匪在ㄚㄊㄚ? ㄚㄊㄚ,陝西土語,意爲何處。態至足哂。然余心頗坦坦。稍一不慎,失一草帽及一蒲葵扇。自岐山至扶風,共上下四大溝。上下時費力費時,易爲匪所乘,然終無虞。不過高坐懼墜,時時以手緊握繩,殊爲費力。至武功下,住於汽車站旁隔壁。屋原爲當鋪,故尚寬廠。然因前曾住軍隊,故多無門! 余等住後,要求,始新安門。最不佳者,其屋門前所掛之"油漆"風簾也! 簾爲白布製,然今濃黑矣! 亦姑仍之。店主人言:武功百姓,餓死過半! 逃去十分之一二! 現存者不過十分之一二! 其言雖或少過,然死者亡者已過半! 證之土地荒蕪情形,當可信也! 然城内尚有飯館幾家! 到一家午餐後,吃他們所吃的玉米ㄗㄣㄗ

[1]編者注:原稿此處有十餘字被作者用墨筆塗去。

儿，甚佳。出到縣署，則大堂上暖閣斜移，無人修理！灾情排列於
大堂矣！收發處内烟燈横陳！雲霧氣尚繚繞！因帶的盤費，不足
回西安，故擬由長途電話，請民政廳金秘書，轉知滁洲，請其便宜
設法，乃晤張縣長後，談及曾接耿壽伯信，可在此通融款項，大喜。
雖電話已叫通，然中止匯款計畫。張名道芷，字濟湘，開封人。因
借款項請會計薛君來，談次，知薛君不惟爲南陽人，且居近桐河，
家居相距，不過十數里耳。甚喜。薛爲周子信學生，早聞余名。
談及子含，知已作古人數年！"訪舊半爲鬼"，爲之一嘆。談次，
知子含家已寄籍西安。人固極廉，而俸餘因儉聚集，子孫尚有飯
吃，爲之一喜。張縣長命薛君引余等游。先游城隍廟。游後出北
門，北門内有一大槐抱一徑二三寸、長三四尺之石柱，離地尺許，
頗稱奇觀。門外路西，有塔，即報本寺。廟大部已廢，僅餘一塔及
一前殿。後睡佛殿，則去年重修。從前殿已廢，睡佛卧風日中，不
知幾何年。然因黄土性粘，雖日曬雨淋，而法身不壞，土人異之，
乃復爲之起殿。佛二丈許，不止丈六。現雖未施丹青，然像尚完
整。廟據傳爲唐高祖别宅，詳查殘磚破瓦，唐製者纍纍，知古傳不
虚。北行不遠，路東，即爲鴻禧觀。前爲三清殿，後爲唐太宗祠。
祠左右壁上即繪人所盛傳之凌烟功臣像，余等之到武功必下車，
觀此畫壁爲其主因。然細察之後，殊爲失望！祠三間東向，中一
間無槅扇，光綫尚佳。中太宗像胸爲泥補，蓋有挖寶者，故太宗之
"心"，被"推""置人腹"中矣！像塑頗佳。二侍臣像較次，時亦似
後也。左（北）壁像二十四，右（南）壁像十八。房玄齡及虞世南
像，左右壁重複，而像兒不同。右壁第一人笏上書名，已爲淋痕所
毁，止留上"杜"字，未知是杜如晦，抑杜淹。如係如晦，則重複者

當有三人。蕭瑀、段志玄像均在左壁。"蕭"作"簫","玄"作
"鉉"。"鉉"字與左壁房玄齡之"玄"字,均不缺末筆。右壁房玄
齡之"玄"筆,則缺末筆！左壁像頗生動,右壁較次,亦足證其不
同時。依此推斷,左壁當可至明,右壁必爲清繪,毫無疑義。余前
讀康對山《武功志》,已知此繪之非出宋元,然對山明謂"洪武初,
都督耿忠重修,而仍圖凌烟功臣二十四人於左右壁,其上各書
《唐書》本傳",現人數既不合,又無本傳,則即左壁像,亦在對山
後矣！天祐間游世雄重建廟時之趙茂曾碑尚在。詳察碑陰,知爲
磨唐碑而刻其後者。唐碑尚遺字若干,内頗有宗楚客所造字,似
爲武氏時碑。有"天穉三秊壹"等字,查武氏建元有天授。"穉"
是否即"授"字,頗屬疑問。入城,聞有一故家藏書頗多,近亦出
賣。薛君與之相識,叩門入,則本人不在。聞其像樣書,全已帶至
省城。所餘殘缺之書,略爲翻閲,無佳者,乃出。過文廟,内駐公
安局,同入,無何特別處,惟大成殿中,孔子四配,十二哲,牌位均
在一神臺上分列,似從前即如是,與他廟不同。有一"大觀聖作
之碑",碑已斷,從新粘起。下字甚模糊,後刻有吳榮光及他人敬
觀字樣。又有一行曰:"此北海真迹也。"下略言得瞻仰此碑,眷
戀不欲去云云,甚以爲異。視其碑陰,則固宋徽宗御筆。始知大
觀碑刻在唐碑後。粘斷碑時,又前後互易！爲之一笑！所謂"北
海真迹",其李邕之所書乎？遂歸少休息,縣署請往吃便飯,乃
往。雖云便飯,亦一酒筵也。借國幣二十元,票子十元。出後,想
游姜嫄廟,維鈞已疲甚,乃獨往。廟在靠西城墙之高坡上,因武功
亦如扶風城,在山谷中,故各部分高下不平。路先向南,路欲盡,
始轉西。轉西時,有一片瓦礫,中有碑。察之,乃乾隆年碑,前爲

白衣大士庵，今已廢。登坡後，路轉北，路左高坡上，有二廟，未入觀。再前有天皇神堂，乃民國十七年新修。再前入廟。下爲后稷廟，院中有兵，正在操練。聞爲一機關槍連。因未入后稷廟。稍上，有呂純陽殿，似香火尚盛。再上則爲姜嫄廟。壁畫尚佳，但毀損頗甚。大約姜嫄、后稷二廟，香烟不佳。不參之以呂純陽，則道士即無法維持矣！廟前柏樹不少，尚細，不過百年物。因地太高，水分缺少，柏亦不茂。廟前地勢高，可觀全城。如不問屋下何若，則房拆毀尚不算多；陝西房均覆瓦，外觀尚整齊也！下，天皇神堂門閉，未入觀。前爲一藥王洞，時天已將黃昏，未能詳察。最前之廟門閉，即名亦不知。天雨，急下，然雨未幾止。回店時，東方有複虹，極爲美觀。今日店中貼出新招牌，字雖非甚佳，然尚無市井惡劣氣，問店主人是否自寫。答言爲其友人所寫。彼本欲自寫，適其友人至，自告奮勇來寫。又問字寫佳否，余盛贊之。彼言己字稍不及其友人書，然"也還幫肩兒"。以此知陝西人寫字通常比別處講究也。

　　十一日，此間甚早，即有汽車出發。車上①人，催出發甚急，而汽車夫同賣票者嚴重爭論。據汽車夫言，車載重，至多可再多二人，而賣票者不問重量，乃另賣四人票！賣票者無理可答，只言票已賣去，無可如何！汽車夫無奈何，止好載走。然因重量已過，不敢疾走，且路亦較平，比昨日較舒服也！問女子何往，答言將到開封上學，三人上小學，一人上中學。彼等前考入第一師②，然彼等頗願入普通學校，第一師乃每人每年津貼洋二百四十元云云。

_____

①編者注：原稿此處有七八字被作者用墨筆塗去。
②編者注：原稿此處有二三字被作者用墨筆塗去。

第一師何慷慨如此，是否尚有其他內幕，殊耐人深思。此等毫無經驗而頗喜浮華之女娃，極易被騙。此三四可憐之弱女將來飄零何處，殊難預知耳！上中學者自言爲常伯琦之姨甥女，又問：一在女師大畢業，現在在漢中教她們書的先生余是否認識？答言：余記不得，但可能爲我的學生。她聞我爲教授，即言"我們也是你的學生"。余自思吾未教汝等，已自縐眉。因爲中學學生而常識缺乏到可憐的程度：她似覺開封、鄭州、北平、天津，均相離不遠！又均吸紙烟！無取燈兒，即請路人代吸着再吸！吾等至興平乃下。住於一鐵姓所開前爲飯館後爲店之店內。在路上，聞此間溫縣長爲人民所反對，躲着不敢見面，擬如無必要事或不去拜訪他。至店中問人，則言新縣長已到任一二日，細思，恐留一二日內，總不免有須借重之處，乃往拜訪。興平大縣，市廛雖蕭條，然比岐山、武功、扶風諸縣較愈。至收發處，問新縣長何姓，答言姓段，疑爲段少岩。見面，果少岩，大喜。談論甚暢。閱縣志，知此地城隍廟建築弘偉，戲臺楄扇異常講究，少岩乃陪我們同往觀。途中遇縣紳張雨生君，符瑞亭君，均邀同往。門前牌樓鐵旗杆，均極巍奐。門內已建築爲商場，即由符君監修，現尚無商人。再進爲戲臺，即《興平縣志》所言之"中一臺層樓複閣，極高麗"。臺下如普通臺式，爲過道。上有兩層，頗偉麗。然已破壞，增加極不美之新牆，令人嘆息。然規模全存；余除頤和園慈壽宮之戲臺外，尚未見有其比！如有小款，恢復舊觀，尚非甚難。《志》稱"正殿扉數扇，雕刻巧工，相傳爲劉瑾家物"者，今已完全無存！據言前駐軍隊，在大殿中製炮彈。丙寅年（十五年）炮彈炸，大殿陪殿全飛去！幸不及戲臺。現在大殿係由民間募七千元重修者，規模簡陋殊甚。然非陝人之好修廟，際此巨災，即此亦不舉矣！尚有明建之石碑房等。出，少岩又來店中少坐。去後，稍眠。起，同維鈞出到塔巷，訪南塔。南塔現在一學校中。學校放麥忙假，叩門無應者，不得入。塔爲天啓年間重修，尚整齊。維鈞在外拍一照。返至保寧寺訪北塔。寺内辦一學校，現亦放假。入觀則大殿内三尊大佛像尚在，前用短墻隔之，再前爲教室，寺中亦僅有此大殿。門外有咸平三年大鐘，臥地上，即《志》所言"鐘多銅質"者，蓋銅鐵合金所聚，刻字亦古雅。據乾隆丙午碑，寺原名清梵，太平興國三年改今名。又讀宣統二年碑。碑刻李元音君一長詩。據詩言前有一石彌勒佛像，而"彌勒佛誤劉瑾尸，誰將石坐憤捶壞"？此神話如何，現尚未知。後又言他來"偶認龕圍鎸細字，大周保定五年留。學使柯公試鳳郡，陪游馬嵬古迹間。言及石龕摧殘由，深以狂舉事非韻"。後又言囑彼拓出，帶去，留備考訂云云。乃又返寺内，將石坐將大殿廊下尋出，字在坐根，八面有字，現已剩六面餘。頗欲拓出，而石熱，非俟日落後不可，維鈞遂擬秉燭夜拓！塔在大殿後，現剩七級。無限燕子亂飛，蓋均巢於塔上，與報本寺塔同。因光綫不合，未能拍照。又從塔巷轉至三清殿。《志》稱"建築弘偉"，洵非虛語。但損壞頗甚。後殿内有老君像，係一種大理石所刻，與什公舍利塔同質。世俗以爲玉，故有"銅聖賢，鐵城隍，玉石老君"之説。乃爲拍照。殿中地上住婦小孩多人，聞爲兩家，亦乞兒餓莩也！到南門内關帝廟，欲見所爲"銅聖賢"者，門閉，不得見。又到文廟中一游，無所得，知内有孔教會而已。到縣署，晤少岩，與之約定明日早同上南佐村，尋槐里及犬邱遺址。出在大堂西屋内,見天禧二年冉曾所書保寧寺浴室院鐘樓碑,及錢玷所書祈雨碑。冉碑後有字,然有泥糊未能見,請少岩令人將泥洗去。至東街,將游府君廟,乃廟已殘毀,從一鋪子進去,可隔墙一窺,已無可觀覽,惟前有一巨槐,從屋中直出房上,頗足稱異,蓋先有大樹而後建屋也。仍欲出東門看東嶽廟,維鈞已疲,不願往,乃歸店。與店主人談,知其爲明忠臣鐵鉉之後。鐵鉉乃一回教徒,余今始知之。聞尚有多家,住於西安,來興平經商,僅他一家。其實他家亦仍在西安。他説家尚有舊譜,我們想借看,答何時回西安即可。

十二日,起坐人力車到縣署。同往者,余與維鈞、少岩,外尚有一本村裴君爲鄉導,共四人。皆乘人力車。外尚有差役一二人。將出南門,聞城内駐軍走失了人,闔城以搜,南門不開[1],乃出東門。經東堡、小寨兒各村,即到南佐村境。南佐村離城約十里。將至,繩紋瓦片,已到處皆是。下車,向南行,裴君言有一井,相傳爲周秦遺井。往視,上有圓石井口,水已乾,別無異處。再東南行,有小廟,門閉,未能入。再前,路旁,即俗所盛傳之章邯上馬石。頑石一塊,裴君指上之足迹,言之鑿鑿,余以爲此等古迹,頗易附會,固不重視也。再東行,有一廟,入廟一視。廟内有學校。廟近阜寨。阜寨共四村,約二百家。據鐘銘,此地舊爲靈寶鄉百家宿仲里。察廟中梁銘,言廟"大唐年間創修,大元五年重修,大明弘治五年重修,萬曆十四年重修"云云。唐元或屬傳聞,明年數明了,當足信也。中間梁銘,係□□二十四年歲在乙丑重修時

---

[1]編者注:"開",原誤作"門"。

所立，年號年久熏黑，未能察出，以甲子計之爲康熙二十四年。余到處問土濠，斷崖也。出廟西南行，未遠，即得一極長之土濠。向前一看，灰土，繩紋瓦片到處皆是，大喜。槐里、犬邱廢邱，必屬此地，已有明證。亦有如在豐鎬村、阿房宮之回文磚片。間有十穴，童子言係兔穴。裴君堅邀到村内喝點東西，余並不渴，然因意堅，只得隨去。裴君盛張其地之御井及上馬石，余頗不重視。余所極注意者，裴君又覺到"没啥"。吃喝招待我們，裴君極整重，余則勉强敷衍，故二人意頗相左。招待在裴君之族人家。有茶有飯。茶内加糖，余頗不耐，命之去糖；然每次必須申説，一次忘説，即又加糖矣！飯則余不飢，僅少嘗。彼等或不諒余意，誤以爲余嫌飯不佳也。廳中困麥，係新收者，取視，粒不甚足，然尚好。問每畝收若干，則言水澆地，可收至四斗，餘則二斗許。主人種地六七十畝，房屋尚整齊，然數被土匪光顧矣！南佐村共三村：一東村，一西村，一高墙。此屬東村。出見鄰家門墻，土壞不整，蓋外磚已被剝賣矣！村中前有六七十家，現只剩三四十家！此地似尚比縣西好多，然已至此乎！歸途過玉清觀，原來規模不小，現已殘破。中金石之最古者爲正德五年鐵爐。前見一小廟，顔三教同源，異之，下觀，内稱四聖廟，大約老君、佛、孔子像外，前殿尚有關羽也。入城，進南門。叫開關帝廟，觀所謂"銅聖賢"，亦照一像。先到縣署，少息；即出。署前有一婦人，頭被擊破，疑余等爲縣長，磕頭呼冤不止，然余等並非縣長也！返店中。昨日余問店夥南佐村是否平靖能往，彼因疑余爲鴉片販。後始知余等爲"委員"。余今日歸，持瓦片甚多，店夥趨觀，余告之曰："汝昨以余爲販土者，現在可知不是！"答言："我知道你不是販土的，是委員。"余又言："委員也有販土的！你可告訴人説：這不是販土的委員，是販破磚爛瓦的委員，就對了！"午餐後少眠。起，又同維鈞到保寧寺。途中遇少岩派人送來縣志一部，自書紙扇一把。維鈞照北塔後，即欲拓彌勒坐銘。石摩着不覺熱，而紙貼上即乾，用冷水洗之數次，乃少愈。余先獨往縣署。今日讀《志》知隋賀若誼碑在大觀聖教之碑碑陰，而大觀碑在文廟。昨日游文廟，未留意碑陰，故未見。今日往尋果得之，已不完好，而兒童仍在上用磚石亂畫，乃建議於少岩，請其將碑移至戟門内東廊下，用木欄圍繞以資保護。少岩甚然余説。與少岩同到文廟一觀。並令人開大成殿入觀，牌位外尚有塑像，是其異點。像係舊塑，然冕旒金塑，大約係前清升大祀時所改。余本擬明日雇輀車游茂陵，晚住咸陽，後日回省。今早，少岩言：報載張溥泉來西安，三兩日即去。余頗欲見溥泉一談，即請他打長途電話一問。下午少岩接回電，言三二日即去，請余早回，乃決定中止茂陵之行，明日即歸省。即在縣署中晚餐。同坐中有一李君，自岐山來，談及吾輩宿岐山之夜，岐山南鄉民團二十餘人叛變，槍殺團總，入山爲匪，田縣長正派團往剿云云。後維鈞亦來，餐後，又談多時，少岩乃派人用燈送余等歸。

　　十三日，余意頗欲雇人力車回西安，維鈞不願，遂中止。聞武功停有汽車，今早九點可到，乃將行李整理好，静待車來，然車不來。有車在門前過，聞聲出觀，則向對方去者。明知自鳳翔來車，過此當在下午，然世界最令人倦厭事，大約無過於等待矣！又聞一點鐘有車，耐心待之。剛過十二鐘，聞車已來，即立時搬行李上車。汽車甚小，然仍"堆集"至十三四人！開車未久，車前有一二似作小官或學生之人，歪倒欲眠，致後面愈擁擠，力斥之，少愈。

過咸陽，渡渭河，下車登船。水甚淺。吾輩登船之先，有一汽車先渡，然擱淺沙內。真至吾輩船抵岸，彼船尚在對岸也。至三橋鎮，汽車因皮帶壞，卸下修理。下車吃點醪糟雞子。四五點鐘進城。路上塵土甚大。晚餐後，往大同園洗澡，剃頭，換衣，精神一爽。到西京籌備委員會，晤溥泉。在彼處遇景梅九。還寓時，已將十二點。接到香亭、澤普、海帆、潤章、春芳信各一封。春芳信去年年底發，乃今日始至。接來薰閣信一封，言寄《殷虛書契菁華》來，並討欠債。

……①觀壁畫。至已太晚，看不清楚。僅見大殿中之壁畫，已ㄑㄥ起來，塊塊落地，頗有損壞。如不早爲修理，不久即可全毀！問住持言前數年城內有火藥局爆裂，殿宇震動，以致如此。大殿建築偉麗。尚有後殿。中亦有畫壁。內現無神像，爲一教室，蓋校內設有一小學也。廟有弘治碑，言創建於宋政治②年間。住持則言創建於隋，重修於宋。住持人頗漂亮能幹，然其言固不足信。出滁洲欲往見溥泉，謝從前借寓之誼，因與他及維鈞同往，不遇而出。到南院門，購草帽、對子、花露水等物。往□□□③吃冰激冷。此處新開，往來時髦男女不少。我們隨便一吃，即花七八毛錢，足值難民十餘日之生活費矣！

十五日，早未起，王忠義來言邵主席派人來請往談，大約昨日溥泉告訴他説了。起往省政府，門前多幾個手提機關槍的衛隊，氣象固自不同。見面後，將會中各事少談即出。早餐後，同維鈞

①編者注：原稿此處闕頁。
②編者注："政治"，疑"政和"之誤。
③編者注：原於"往"後空闕約三字。

往東嶽廟拍照，始得詳觀壁畫。後殿左右壁最佳。據住持言，聞一畫師言，所畫爲東華帝君夢游泰山云云。此畫因軍人釘釘，已有損毀，但尚不至如前殿之塊塊剝落。住持言有百餘元，即可將剝落者粘補，不至再行剝落。但大殿槅扇已壞，如全換新，則須四五百元云云。[①] 將後殿照畢，時已過午，乃同到西來堂午餐。下午耿壽伯來談。又同他及滁洲同往訪李宜之。宜之住文廟偏院內療養。歸，已晚，乃同滁洲到四如春晚餐。途中談牛肉泡饃事，滁洲極厭此物，余頗以爲美味，味覺之不可以強同也如是！歸來，少談。將呈行政院擬稿改作畢，已過十二點。天氣甚熱。

十六日，天將明，大雨。至七點餘始止。近日天已患旱，如再十日不雨，又將無秋。此次可爲“喜雨”。早餐後，出，泥頗大。到西京籌備委員會，晤溥泉，並晤鄭士彥、孫尚容、陳啟明諸人。未幾壽天章來。溥泉約吃牛肉泡饃。坐壽君車，三人同往。至西來堂。溥泉以爲非是。聞係一馬姓鋪子，後亦尋得，但彼因修理爐竈，未開張，只好又到西來堂。初以爲西來堂雖未如他鋪佳，然固一回回館，總也有牛肉泡饃。乃問之，彼竟無有，只好吃普通菜。余問溥泉：亦喜牛肉泡饃乎？答言：“余認爲第一美味，一入長安，即當垂涎三尺！”彼之嗜好，又加余一等矣。午眠甚酣，以爲晚涼爽，可補到前數日日記。然晚間蚊子大利害，未能寫，止好睡去。

十七日，寫家信一封。假定二十五日起身東歸，補作日記。下午又雨。仍屬喜雨。因昨早雨雖不小，但太急，入地者尚不敷

---

①編者注：原稿此處有一行字被作者用墨筆塗去。

用。今日雨較緩，時雨時止，睡時將十一點，仍淅瀝不絶，點點入地，可喜也。

十八日，晴。補昨日記。賀□□①來談。下午壽天章君在高級中學農林學校籌備處請客，余不欲往，然亦不辭。他如不來速客，余乃托辭忘却。然彼竟來速，只好前往。至則客全已入坐。②散席時，與趙廳長約定明早九時往建設廳看爲芝加哥博覽會搜集的照片。溥泉想見滌洲談談陝西方音與古音之關係，乃邀龔君同來。入門時，滌洲、蔚青正赤背在院中乘凉。聞客至，大窘，均跳入滌洲室中，不知溥泉固專尋滌洲者。入滌洲室時，滌洲已披衫出迎，蔚青乃又乘隙跳出，歸室着衣。窘迫之狀，至可笑人。溥泉等談頗久，乃去。

十九日，同維鈞到建設廳，晤趙廳長。正擬往陳列室觀照片，遇十八年在衛生部所識之胡君，立談數語。疑爲新民政廳長，問招待之胡佩齋科長，果然。余方疑新東道主之非熟人，或有不便，乃今日知爲舊好，甚喜。照像雖不少，然均係在省中搜求，非實際調查。且其所標年月，實多未確。返與胡毓威廳長少談。趙廳長以華山名勝集見贈。出往訪薛定甫，談頗久。托其打聽老虎溝……③

……④往訪耿壽伯，未遇。同維鈞乘人力車出到大白楊尋大夏石馬。一出西門，余之車夫因買饃，讓維鈞車夫先走。買

---

①編者注：原於"賀"後空闕約二字。
②編者注：原稿此處有一行半字被作者用墨筆塗去。
③編者注：原稿此處闕頁。
④編者注：原稿此處闕頁。

饌後即轉向北，出燒關。望維鈞車，不見，只得前行。過張家村，村人正打麥，余問其一畝打幾斗？他們聽了，異常有氣，答言："還打幾斗的！種都不够！不過幾升！"吾尚以爲他們過甚其辭。及至大白楊堡門，仍未見維鈞車，問村人，亦未見；問石馬，亦不知何在。乃入堡，見有挑擔賣物者，前聚幾人，乃往問。有人言，石馬離這裏還有七八里，在ㄅㄚ寨子哩。余因他所說與壽天章所說之查家寨子合，乃詳問之。他問①這在楊家城裏，進閣老門樊圪墻ㄉㄚ北邊。乃出堡，到南邊高處望，仍未見。又遇打麥者，余又問之，此人頗幽默，言用小斗量，有好幾斗。余問何小斗，答言乃升也。余詳問之，彼答，麥正在上粒時，一場霜，以後又有一次罡風，遂完全壞掉。水澆頂好的地，間有至四五斗者，然三兩村未見有一塊！至於旱地，上斗就很不錯！他言次，並將好穗麥粒示余，裏面並沒有仁！安能望多打！我來過楊家城幾次，總以爲澆田最好的可到八九斗，平常總能到二三斗，而今竟如此！陝民之多灾多難竟至此極，真足令人酸鼻也！又問他石馬事，他答言在查寨子北，查寨子在閣老門過去二三里。他說的里數雖不同，而村名方向全對。再極目望，仍不見車來。問打場人，彼言從早在此未離，未見有車過。異常焦急。遲之又久，車乃自西南方來。問之，則他們直出西關，又在那裏等了半天，所以這樣來遲。遂前進，入閣老門，將抵一村，以爲樊圪墻也，至乃知非是。問人，知名閣老門，始知閣老門亦村名。大白楊村人所言之閣老門，乃指村，非指門。似此則二人所言，無大

①編者注："問"，疑爲"說"或"答"之誤。

差異。堡東門外有廟,名曇華庵,叩門入觀,實一頗整齊之村廟。神像不甚佳,而壁畫則頗雅潔,乃請維鈞將壁畫照一張。旁殿小屋中祀孫猴子,壁上素描《西游記》故事,亦頗精神未照。廟中有順治十五年所鑄之大鐘,焚爐,康熙廿九年所鑄之小鐘。此村人共八九十家。廟中遇有鄰村一老者,問之,答言石馬在西查寨子北,過唐家寨即到。乃遵其所指之路而行。路不甚好走,然歸結達目的地。馬在田中,離路尚有數十步。余前閱西京籌備委員會之照像,知下有字,乃埋於土中,遂用手扒。未幾見字,維鈞埋怨我先不説,致未帶拓字器具,余始悔出時之匆忙也。時字見者尚不多,兒童已漸積,一兒陳姓爲地主,乃請其找小鎊及條帚、水來。兒童去,成人知可得酒錢也,乃疾來用鎊助挖,囑其慢挖,勿觸石。陳姓娃不來,來一婦,言余等糟害她的地,余等問知爲地主,許給以錢文。她問給多少錢。余答:“毀你一升麥,包你一升麥;毀你二升麥,包你二升麥……”實則麥已收到,尚未犁種,彼固毫無損失也!她説:“一年,種多少地,納多少款!”余答:“人家毀壞你的莊稼,你可去問人家要,我們管不着!”又有一老人來,大約是其族人,説公家不准人家私挖,氣勢洶洶。我説:“我們就是公家!”他説:“你們説是公家,我們不知道,就應該先叫村長來説。”我説:“你可以叫村長來,我給他説。”他見我們來頭不小,婦人也勸他説:“他們説給錢,看他們給多少錢。”遂不再説。時字已全洗出。字共九行,每行五字,末行二字。前年月甚清楚,後損壞甚多,即有亦難辨。式如下:

大夏真興六

年歲在甲子

夏五(?)月□□

　□□三日□

　□□□□□

　□□□造兹

　□□□石馬（？）

　□□□副（？）自（？）

　□樹（？）

維鈞將下字分照二張，馬前後左右分照四張。照畢，給地主票子兩吊，三助力人每人票子五百，乃各欣然去。此次余一文不給，鄉人固無奈余等何。然不能奈何余等，將泄忿於石馬矣！返過唐家寨，路旁有一聖賢廟，陝西稱關帝廟如此。入視，有前後左右各殿。前殿祀關公，後殿祀菩薩。右殿有藥王騎虎療龍像，頗佳。前殿壁畫亦頗佳，但前爲雨淋，現房已修葺矣。時已一點餘，購食粽子三枚。歸過紅廟坡，時天微雨，然未及即止。昨日王姓來言彼井上掘見一古碑，遂便道往觀，仍一阿拉伯字碑，乃一整碑，碑頗新，大約清時物。余知那邊舊爲回回墳地，恐地中尚多，無何等重要，不願再買。維鈞同他商議，先拓一張再瞧，他們不願，乃歸。別人很想賣給我們幾個有字唐磚，余等因天已晚，未往視。至寓，王廚不在家，乃用白水鹹菜加饃三個已果腹矣。① 席中與趙友琴廳長鄰坐。趙言彼前在山西修路，曾在中陽縣軍渡附近，發現甲骨，曾以示叔平，據言與安陽所出者全同。此事頗有興趣，異日當詢叔平也。歸時坐胡廳長汽車，與胡同歸。晚鄭士彥來談，田和生來談。今日接家信一封，甚

---

①編者注：原稿此處有一行半字被作者用墨筆塗去。

喜。又發家信一封，言歸期將少延遲。

二十四日，早晨風，溫度大降。繼即大雨，至下午三四點鐘始晴。晚李委員志剛來談。

二十五日，連定一來談。同滌洲、蔚青往拜胡廳長。登錄西路所帶回瓦片等物。張一農來談。柯莘農之弟詒謀君來談。連、張、柯均爲謝下午被邀或不能來事。王昭唐來談。王草一《陝西縣政計畫大綱》，實欲謀作縣長，并請我見胡廳長爲之道地。今日自告奮勇作縣長者，恐難有作好縣長者也！晚在玉順樓請客。歸買蚊香、紫陽毛尖茶等物。

二十六日，同滌洲、濯吾到老白家吃水盆羊肉。他二人一鍋盔、一碗羊肉，未能畢之，余獨吃一個半鍋盔、一碗半羊肉，蓋彼二人不愛吃，余則以爲美味也。往西京籌備委員會，還從前所借書，并與鄭士彥談唐故城問題，并問往藍田水陸寺汽車是否能走問題。汽車夫不知水陸寺，只知竹林寺，言過藍田尚有十數里汽車不通，且道路亦不平靖。遂決定將藍田之游作罷。在委員會午餐後，歸。下午再登錄瓦片等事，畢之。晚，田和生來約到三意社聽劇。共演《慶頂珠》《斬秦英》《十王廟》三劇。《十王廟》係演《聊齋志異》中《陸判》事。

七—九月未詳①

十日，早起，吉如同香亭來。送到車站。外到車站相送者有

①編者注：此段日記前後皆闕失，具體年月未詳，據內容推測，當在一九三三年七月、八月、九月中某月。

義健和鳳山。季芳今早肚子不好，未能來車站送。開車後，遇張雲波君。張君係一日本留學生，曾到平寓晤談。余已全忘，談次始憶及。張君並言其村（滎陽鐵鑪南二三十里）旁黃土中，村人掘出龍骨，想係巨大爬蟲，擬回家一觀，如能請專家來一觀察更佳，云云。又言汜水一帶，曾掘出鴕鳥蛋，地質調查所保存一個，現另有一個，他擬收買，尚未買成。我因他的話，想起幼年在河陰，曾經聽說土人掘出一大蛋，又似石質，未辨何物，大約也就是這樣一個鴕鳥蛋了。在鄭州下車，到世界旅社休息。本擬尋一清靜房間，睡一痛快中覺，以便晚上行路，然旅館錯會吾意，給吾以較貴房間，實未清靜。然亦少眠。四點後上車。黃河水甚高，然觀灘上淤泥，及橋柱上水痕，知較前當已低一二尺矣。

十一日，夜間雖坐，然睡眠不少。車上人不擁擠，如少強梁，並不難得地方橫臥，且車上並不少如此的人，然余固不需此。沿途秋苗均佳，但低下處稍有積水。近日天晴，固不致成災。車上甚熱。正午前後，頗疲，總想打磕ィㄟ，然一磕ィㄟ，即大汗一身，故勉強支持。余素自負能耐寒熱，然今日頗爲煩悶，急於早到也！到前門時，將下午三點。至院，晤會中各同人。少息，醋眠。晚餐後，出買蒲扇，並往浴。浴後，吃冰激冷一杯，中心暢然。

十二日，晤潤章，稍談。出到海帆家，晤海帆、健功諸人。終日在那裏閑談。在健功那裏，看見①《卜辭通纂》，想借來一觀，然終未借。晚歸院。至即入廁出恭。未畢，大雨傾盆至。聽差給吾送傘。然下身仍全沾濕。將抵門前，並跌一脚！歸室，將衣脫下，

①編者注：原稿此處有七八字被作者用墨筆塗去。

自洗濯。因本昨晚所換，除泥外，無他污也。接聖章留字一張，言下午將赴鄒平開會，止好回來再談。

十三日，潤章來談。郭昭文及丁迪豪來，請其少待，彼等等待不及，先去。留下《歷史科學》一本。接歷史語言研究所送來北海公園入園券一張，《北平俗曲略》一本，《蒙古語典》改清本十二面。打電話給來薰閣，命其送來《卜辭通纂》一部，回答現書正缺，必須等四五日才能來到。余因急於翻閱，不能待，乃又往建功處借讀。在海帆家晚餐後歸，時已微雨，然旋止。歸翻閱《卜辭通纂》。未幾，又大雨淋漓。時尚悶熱，乃裸體到院中走數遭，醍醐灌頂，始解鬱悶。

十四日，翻閱《北平俗曲譜》。看維鈞在陝西所拍之照片，大體全很好。黃、丁二仲良約到長美軒晚餐。遇憩之、靜農及張紹誠諸人。

十五日，孫蘊璞來談，胡宜齋來談，張藝汀來談。下午先到古物保管委員會，晤王淑仁，爲海關扣伯希和運書事，發一電報，請叔平徑向財政部交涉放行。到北海韞壇扣門頗久，無人答應。到靜心齋，問聽差，知留所者惟徐中舒一人，彥堂亦今日始自山東返。乃晤中舒，並請彥堂來談。在仿膳齋晚餐，擾了中舒。彥堂因熱數夕不眠，精神恍惚，自疑有病，乃勸之洗濯早寢。到後門家中，晤慕陵、維鈞諸人。

十六日，先到東安市場，購紙扇二柄。到海帆家，將前賬稍結。並請建功書扇面及扇股。建功推薦碧書寫一股，她不肯，強而後可。她寫的未佳，然刻出後，當另饒真趣。歸院，與高靜濤在院中略談。今晚潤章請余陪客。主客爲英人 Z. R. Hughes，係中英賠款委員會英方代表。他在中國已二十年，近日對於中國哲學，極思用功，很能看書，其精神固極可佩服。外有欣海、孟和諸人。

十七日，張孝侯來談。潤章來談，來去匆匆。潤章對於考古，不很在行，不注意於工作自身的良否，專注意於古物的采獲，對其意見，頗覺搔首。且燕下都考古團稽至今日，報告不出，益增潤章之疑慮，考古前途，益覺茫茫。然如陝西地方之好，材料之多，如未能儘量工作，殊屬令人憤憤！打電話，問彥堂在家否，本意往談，然彥堂來，快談。他看我在陝西所購之甲骨，止有一片偽造。余前認有二片偽造，因從其刻工之粗略而斷之。然彥堂所斥之一片，刻字互相顛倒，並不成文理，與他片大不相同，一望可知。乃余當時竟未注意到，殊屬粗心。① 晚餐後，到都城隍廟街，訪侍峰，不在家，聞其在著者書店，乃又往訪。並晤静政、蘊璞諸人。問曾見雜志中，對於《教育罪言》有反動文章否，均答未見，似均未注意也。

十八日，胡宜齋來談，替他寫給援庵及競天介紹信兩封。喬□□②來談。下午希淵來談。又同到天然博物院植物學研究所訪劉士林。知陝西民廳科長馬君仍有借房事。士林贈《中國北部植物圖志》第一冊，及《植物學研究所叢刊》五本、《植物園籽種目錄》一本。晤鍾觀光先生。鍾先生年已六十五歲而好學益篤。吾等入時，正在冒暑批閱多種版本之本草，考訂古今植物名稱之同異，其精神殊可佩服。歸到北海仿膳齋，希淵派人請彥堂來談，報言出門。晚餐時已微雨，時雨時止。歸院時極悶熱。未幾大雨。余每晚洗身。今晚裸身立雨中，以代灌濯，頗痛快也！

十九日，接滁洲信一封，始知植物學研究所擬全體搬回，僅留標本重份在西安，似此則房子當商酌退一部分，始屬正辦。寫報

①編者注：原稿此處有十餘字被作者用墨筆塗去。
②編者注：原於"喬"後空闕二字。

告書。下午張孝侯來談。① 潤章來，對暑假後計畫談甚長，終未將要點講清白。去後對此事詳細思索，精神頗緊張。

二十日，夜中眠甚少，終日精神不振。到中國大辭典編纂處，晤劭西。劭西約往西單市場半畝園午餐，並言玄同亦願同談，乃同往。玄同亦來。談甚暢。劭西贈其所著之《比較文法》一本，《宋元明思想學術文選》一本，《中國大辭典編纂處第五次總報告書》一本。歸少眠。黃仲良來談。②

二十一日，子元來談；周國亭來談；胡宜齋來談，爲他寫見周梅蓀函一。下午寫報告。這幾天感覺到在城裏頭太鬧，當早到温泉去，以避煩囂。

二十二日，張藝汀來；易靜政來；周國亭來；張寶愼來③。見潤章，與他談下期經費事。有一時聞社記者陸君來，與之少談。下午張亮塵來談，晚出訪赫定博士。與之談及世界經濟恐慌，他說在美國芝加高公園内，即常遇見餓死的死尸！如四五年前有人言此，大家一定要說他是瘋子，可是現在竟如此！又言：瑞典因火柴太王克呂格爾的搗鬼，國財損失上萬萬！近日經濟亦極緊迫。云云。歸時已過十二點鐘。至運料門内，遇守夜之武裝同志，頗爲麻煩。接漱溟四信一封，言不久將赴贛鄂，下月廿日返魯云云。接家信一封，季芳言開封天氣極熱，大家全在外面睡，她近來頗想生病，最近有點發熱，並痢疾云云。頗爲焦慮。

二十三日，寫家信一封。王述人來談。出訪彥堂，本意想約

---

①編者注：原稿此處有近十字被作者用墨筆塗去。
②編者注：原稿此處有近半行字被作者用墨筆塗去。
③編者注：原稿此處有近半行字被作者用墨筆塗去。

他同建功一同吃飯，可是已經有人約他，只好作罷。天微雨，到海帆家，義詮及其婦已經回來。晚歸，①眠時，已過一點鐘。

二十四日，周國亭來，他疑惑我不久就要到山東去，送來些路上吃的罐頭，其實我的行期還完全沒有定呢。彥堂來言安陽近來鄉民大批的發掘，已近殷虛，地方官不過問，問古物保管委員會能幫點什麼忙。我請他來一正式公函，我們可以據來函擬一電稿，送給溥泉斟酌後發出。安慕陶來。全日看《子夜》，畢之。描寫尚未深刻。到大陸銀行存錢。將晚雨數陣。張藝汀在來今雨軒請客，我晚餐後始往。在坐者有孟心史、王重民。②

二十五日，劉盼遂、羅玉亭來。張佩蒼來。③ 下午胡宜齋來。郭昭文來。今晚張亮塵在玉華臺請客，亦晚餐後往。給仲魯信一封。到東安市場，購《幻滅》《動搖》《追求》各一本，價一元八角。購殺蚊香一盒，價三角。

二十六日，六點即起。睡頗少。前晚想起明日應寫給陝西省政府退房公函，並答滁州信，乃昨日百思，終追憶不起，就寢後始想起來。今早起，未穿衣服，先寫公函一封，並函士林，請其簽後代發。答滁州信一封。穿衣服，檢行李，雇車往溫泉。到西直門換車，到頤和園再換車時，則遇一熟車，即乘上。車上閱《幻滅》，畢之。沿路莊稼全好，但聞下濕地稍傷水。過十二點，至溫泉。晤石曾太太。在食堂午餐。餐後到園中，見室中人頗多，蓋皆鄰村人來看老毛，而老毛留之午餐者。餐後，皆去。乃命老毛往食堂取行

---

①編者注：原稿此處有近半行字被作者用墨筆塗去。
②編者注：原稿此處有近兩行字被作者用墨筆塗去。
③編者注：原稿此處有近一行字被作者用墨筆塗去。

李,掃除房屋,畢,少休息。晚命老毛作飯,先往洗澡。① 將黃昏,乃歸園,以爲飯已作成相候,乃尚未作! 臨時再作,餐後,不久即寢。

二十七日,夜眠仍不佳。終日雨。溫度甚低,外面降至十八度半。寫家信一封。上下午眠兩次,皆頗久,始解困乏。晚雨稍止。

二十八日,晴。日將出天際雲間,即起。南望,尚雲行山腰,山作濃綠。東方平原,則樹島浮游於霧海之上,迷茫渺遠,令人思想入幻。東北則墨雲片片波皺,日光斜照,又似透明。眯目靜觀,似見大漠中沙丘之起伏。北方則燕山欲滴;層巒叠嶂,佇立眼前。雖然東端蒼翠欲盡處,烟氛難除! 對此美景,又令人悲愴何限耶? 登高望遠,下時鞋襪均沾濡。余山居,赤足即可,何必鞋襪耶? 寫報告書。② 後觀溫泉廟中舊壁畫。大體尚佳,頗欠精細,年月已久,有保存之價值。晚往洗澡,遇士林來,③聶培元談,乃先洗澡,後亦加入談,少頃,他們晚餐,余即歸。

二十九日,早餐後,到療養院,欲尋士林談,乃④士林來看山園,乃同來。士林亦頗有來作鄰意。上登,觀園中⑤。二人歸後,仍寫報告書。晚餐後,到療養院,尋人談天。人言皆在小學中訓話。待久未出,乃先洗澡。出則大家正晚餐。人言潤章來,頗以爲異,因彼前親告我,即往南京故。入視之,則聖章也。聖章、潤章,難分辨如是!⑥ 邀入吃西瓜。談。歸園時,將十一鐘矣。

---

①編者注:原稿此處有一行字被作者用墨筆塗去。
②編者注:原稿此處有三分之二行字被作者用墨筆塗去。
③編者注:原稿此處有五六字被作者用墨筆塗去。
④編者注:原稿此處有四五字被作者用墨筆塗去。
⑤編者注:原稿此處有近一行字被作者用墨筆塗去。
⑥編者注:原稿此處有三四字被作者用墨筆塗去。

十 月

二十五日，上午到院，將所遺書籍器具均捆載歸。在院時，張孝侯來少談。歸後，海帆來。收拾行裝。老毛及杜忠來送傢俱。出到北大研究所，晤半農，商借白萬玉工作事，半農言今年不成問題，明年擬再組織團體，往西北考查，屆時白君或同去云云。並贈仿製漢居延筆，及新印出之《我的探險生涯》二本。出到中國旅行社購車票。到青雲閣內之步雲齋，購綿鞋。到商務印書館，購《小學生書庫》之預約。到西華門古物陳列所之售品所，購《西清續鑑乙編》一部。歸。季芳爲樂夫做餞，在坐者有建功、義詮、維鈞諸人。餐後，諸人及小駒、石頭同到車站，送余等行。海帆亦來。車上不擁擠。十點過後，車開。

二十六日，昨晚初不覺寒，漸晚，覺寒，漸加衣，頗多，然嫌少晚，終覺傷風，喉嚨發炎，下午遂少啞。遇一高君，①據言河間一帶，今年僅中收，而糧食之賤，爲數十年之所未有！芝麻從前價高時至六元餘，去年秋成後，價只三元二，捆積者不少，而今年竟跌至兩元一！商民叫苦不迭！現在麥價比初收時尚低！麥又未種上，人民將收穫賣完，不給賦稅！明年又將成巨災！從前地每畝價七八十元，現二十餘元，亦無人要！云云。如果這樣情形不能有所挽救，空前災亂，恐怕就在眼前了。車中略翻閱《我的探險生涯》。火車附近麥大約全出來。黃河水已落，但水面尚寬。過

---

①編者注：原稿此處有二行餘字被作者用墨筆塗去。

七點至鄭州。下車宿於大金臺旅館。晤鳳山。二哥同亮亦尚未歸。據言已將路費付彈花機定金，不足者已寫信到家中籌措，余心中頗不懌。家中何能籌措出錢，亦不過仍望之於余耳！望之於余，固亦人情，但余對作生意，已成驚弓之鳥，經季芳反對而仍固執己見，却仍望之於余，余何能無快快哉！

二十七日，昨晚恒盛明劉掌櫃來，已睡下，未能多談。今早往恒盛明回拜，並晤二哥、鳳山等。允再寫信季芳，請其再寄來八十元。幸二哥此次已不言在許作，至家後或少能騰挪幾個錢也。八十元作爲借款，請其二年內還清贖地，未知果能踐言否。八點上車，鳳山同西來。二哥及劉掌櫃送至車站。車上甚鬆散，前邊一車，幾同空車，而不去掉，亦無益浪費也。下午天氣頗陰，時霏霧絲。過十點，到潼關。進城，住中國旅行社，尚乾淨。打聽原庵家眷，則云已去。西行東歸，則無人知。

二十八日，上汽車，八點半開。天仍微陰，路無積塵，且平。余行此路已屬第五次，從前無如此好者，令人一爽。過華陰，得瞻西嶽。至渭南，少息。剛收一季秋，乞兒已幾無有，人民亦少有生機矣。時渭城微雨，輕塵全歇；柳色雖老，仍復青青；低吟摩詰之《陽關三叠》，意興絕佳。出西門外，就城一角，趁綠柳一株，攝影一張，未知能成功否。過臨潼，雨雖未大，然頗有泥，似前數日雨稍大也。此次來陝，微雨中麥色碧綠，頗似春初。但此路上，人多以人力車運機器麵至省，展轉泥中，彌增艱苦。車壞而麵袋堆積路旁者，未知凡幾！甚矣物力之浪費也。五點餘抵寓。王忠義已歸家吃飯，遣人呼之來。開門入室，則窗紙零落，氣象蕭森。西安似鳥特多，寓中有老樹，尤便棲鳥；屋無人居，鳥雀任便入室，不數日而窗紙破落矣！從外邊叫泡饃，吃畢，未久寢。

二十九日，出早餐，同樂夫往訪耿壽伯，未遇。下午同樂夫到南院門街一走。晚往大同園，則正修理池子，未開門，乃到不遠之聚合園浴。歸時月色甚佳。

三十日，同樂夫往①，見耿壽伯，並晤柯莘農。見涇陽新出土之一小銅鼎，無文字。有饕餮兼雷紋。口不甚圓，想係土內變形。聞同時出土尚有一甗，則尚留於涇陽。壽伯並贈一羿拓片。羿藏何處，並知不清。內有“子持戈”及“己”字。上雷紋似屬筆描。出到西京籌備委員會，晤龔賢明。下午閱《國聞週報》而已。

三十一日，同樂夫往訪周學昌，彼在病中，未及多談。據言邵主席下午五時始能有暇，云云。歸與潤章寫信，擬下午再訪邵主席。往拜楊虎臣主任，未遇。下午接到省政府秘書處言明早十點接見。壽伯及張羽甫同來談。接潤章快信一封，言與李子逸談論各情事。

十一月

一日，十鐘。到省政府，謁邵主席，邵對本會發掘事，甚贊成。囑余起一底子，彼閱後，即可提交政務通過，云云。歸致電與潤章，問其是否需西京籌備委員會參加，如需要，即請彼就近同溥泉接洽，否則問他樂夫薪水將由何方擔任。寫信與二哥及季芳，又寫信與聖章。

---

①編者注：原稿此處有數字被作者用墨筆塗去。

二日，翻閱《東觀餘論》。下午，龔賢明來談。① 言耀縣有北魏石刻五十餘，新近又在城東南一里許之河畔，發現二石。又柳公權爲本縣人，故其遺迹尚多。彼擬將此一切，聚在一處以便保存云云。② 出新出二石之拓片，每人送一份。飯後將陝西考古會草案交。③

三日，早未起，聞雨聲，起後漸晴。翻閱歐陽《集古錄》，趙德父《金石錄》。下午有一新聞記者來，④其人奇笨，所問多離奇足笑。又求索物件，頗如命令，至足厭人。與以報告書一份，彼見内照片甚佳，即索第二份，拒之仍索！力拒之。接聖章信一封。晚餐前同樂夫到南院門街一游。囑□□堂⑤將縣志數種送來看。晚月色極佳。

四日，早甚寒，天氣仍陰。□□堂⑥送縣志及《關中金石文字存佚考》來。田和生來談。翻閱《關中金石文字存佚考》。名包金石，實止有石無金。仍據之舊籍者多，考之實證者少。唐以後均不著錄，唐前亦當然未能完備。且現距成書時，已四五十載，則此書有重修之必要矣。翻閱《耀州志》，毫無談及北魏碑之處，可異也。將晚同樂夫到城隍廟一游，並到蘇回回古董鋪中小坐。接到省政府公函，言陝西考古會辦法，已於委員會第三十八次會議通過。通過吾院所提原文，無修改。晚餐同樂夫往訪耿壽伯，未

①編者注：原稿此處有三行半字被作者用墨筆塗去。
②編者注：原稿此處約三字被作者用墨筆塗去。
③編者注：原稿此處約三字被作者用墨筆塗去。
④編者注：原稿此處有一句雙行小字注釋被作者用墨筆塗去。
⑤編者注：原於"堂"前空闕約二字。
⑥編者注：原於"堂"前空闕約二字。

遇。訪柯莘農，則因傷風已睡。

五日，早仍陰。天氣較暖。同樂夫往訪耿壽伯，略述我方對於陝省府方委員人選之希望。遇張羽甫及程海岑。出到革命公園一游。下午，有一卞文軒君來，係汜水人，前曾在師大女附中服務。余已全忘，談次始知。彼現在臨潼華清池傍省立第二民眾教育館服務。寫給潤章及溥泉快信各一封。翻閱《貌子窩》。今日接中孚信一封，諄諄以子涵之世兄爲囑，乃命人往尋之。返言其未在家，約晚晌來，然終未來。

六日，天晴。同樂夫出到蓮湖公園，秋容初滿，寒水澄清；天光水光，掩映成趣。乃攝影二張。該園事務所內，有賽菊會。入觀，佳種亦有若干種。樂夫攝二影。出往訪廣仁寺。寺在城西北隅。過九府街，南轉，至西五臺北西轉。路北有吊忠泉碑，則順治戊戌年爲明故長安令吳從義所立。再西北轉，未遠，即至廣仁寺。寺前一片瓦礫。中有豐碑，先讀其碑陰。碑爲民國十一年所刻，略言辛亥革命時，達喇嘛包伊什金巴被逼身亡。後經張鳳崗霸占爲普雲堂理門公所。嗣經大格司貴王恩銘，法號嵩峰，字璽珊者之呼號，又經章嘉活佛及新疆舊土爾扈特汗王布彥孟庫之助，始於陸（建章）、呂（調元）在陝時，得中央政府允許恢復，云云。碑陽則爲康熙四十四年御碑。碑頭與趺皆舊，而碑甚新，據碑陰言辛亥年碑受損壞，則此碑當係以原石重刻者。入廟，中庭有一石盆。讀口內銘文，知爲乾隆壬寅內大臣將軍誠毅伯伍米泰供奉大崇聖寺佛前之蓮華寶瓮。問大崇聖寺之物何以在此，有一喇嘛來答，意旨未明。詳談後，歸納其意，大約霸占廟產之革命黨魁張君爲一哥老會首領。西門外崇聖寺之和尚當革命黨攻滿城時，曾供給糧糈於黨人。及廣仁寺官司打勝,崇聖寺和尚在逃。談時,對該寺異常鄙夷。然則該兩寺爲世仇,此瓮蓋崇聖寺和尚在逃時,廣仁寺之戰勝品也！前殿尚新,門未開。後有殿,無佛像,兩旁有極大之櫃二,聞內係藏文經。最後殿有佛像,兩旁四櫃,聞內係明板漢文經典。引導余等之喇嘛,爲一青海番人。漢語甚好。據言餘均漢人。以格司貴而兼大喇嘛者,即爲訟勝之王君,一河南新安縣人也。後院聞小兒呻唔聲,以爲招一私塾,問之,答讀藏文,乃入觀。則三五兒童正對藏文經典朗讀,均自幼出家之小喇嘛也。廟前院山門均破碎,則因重修後又經①藏火藥於近旁,民國二十年頃,火藥炸裂,廟亦受池魚之灾。返,途中登西五臺之中臺一觀,因餘臺均住兵,中臺獨否。讀臺下之嘉慶年碑,知名閆王臺。故臺上廟門上尚貼“你也來了”四字,然內實無神像。歸,知周世兄來,待甚久,未遇,言晚當再來。下午將院中風雨飄搖之老槐樹攝一影。同樂夫出到太芳照像館,請其冲洗。途中購《天方三字經》一本,價十六銅元。到翰墨堂,問是否能拓開成石經,單要補刻一份,據言今年入碑林拓碑,須納捐數十元,且生意不好,故大家全未做。現只有全份者,價五十元;至單要補刻則未能有。彼鋪前臥一經幢,疑爲仿刻。問之,據言爲近日出土而彼購得者。又言有一墓誌同出,亦歸彼家,問其拓片或本石,言均不在手下,如欲觀者,約以異日。出到文廟中,觀皇甫碑陰宋人所刻□□□②文字多爲人所磨去。孔子廟堂碑,虞世南之“世南”兩字,亦曾爲人所磨,現又重刻,此磨毀之人,何不憚煩乃爾！歸。

①編者注:原稿此處有三四字被作者用墨筆塗去。
②編者注:原於“刻”後空闕約三字。

晚餐後,周君終未來。今日下午耿壽伯來,未遇。留言所託辦事已辦到矣。

七日,同樂夫出到南院門街太芳照像館看所冲洗照片,成功者七八張。歸,復出,同再入蓮湖公園,樂夫爲菊再攝一影,即出。到薛定夫家。薛前言當顏勤禮碑在民政廳庫廳地內發現時,工人見下尚有碑,但貪省事,遂又掩之。現工人尚在,云云。問他是否能找着工人,如能找出,余可請得胡廳長的允許,將它發出。答可找出。歸。下午在寓內攝數影,練習手法。欲往見胡廳長,王忠義言彼病未能辦公,恐不能見客,乃不往,僅命王忠義持名片往問病而已。今日樂夫同鳳山往游慈恩寺,天黑未歸,恐城閉未能入,命王忠義持研究院及個人名片往城門招拂,然彼等終歸。龔賢明來。

八日,翻閱《唐代長安與西域文明》。柯莘農來談。下午同樂夫出,至建國公園攝三影。景莘農來,未遇。

九日,早,周冠五來。問其弟,則已往河南矣。又言去年同鄉有杜君鳴治,在此地中山中學教歷史,曾在楊家城內小作發掘,聞頗有所得,云云。柯莘農來談。晚到太平春浴。

十日,同樂夫出往草灘觀渭河。出北關四五里,見道右有一大冢,問人,據云名坑下圪塔子。往觀,上有漢、唐各種瓦片。再前,過十里鋪。路旁斷崖中有墳中餘磚,頗有數處。又前,路左有一更大冢;再左,纍纍者頗相連也。登大冢,上少陶片。稍有幾片繩紋瓦片,則均在冢旁下。冢上有一老人割草。問其姓,答言施。問西南村何名? 答:高寨子。東北之村何名? 答:徐家凹。問:"乂儿圪塔子叫個啥名?"答:"咱也不知道;相傳着說是王曼墳,王莽的爺老子。"田父竟知王莽的爺老子叫王曼! 心甚驚異。又問此地收成,據説麥有二斗多,秋也不過四五斗。再前,過徐家凹。再前,過池底。再前,過杜家堡。再前,即草灘矣。村南有傳教人所蓋房屋。村中有數賣飯者。見行人則爭先讓客,甚喧豗。出村北,見一戲樓,已破壞。然樓中畫壁猶在。以爲前當有廢廟,問人,則云無之。樓旁有二德政碑,一無關宏旨,一爲光緒(?)年間碑,係頌一協戎者。碑陰磨平一塊,刻字,略言,地名草灘,貧瘠可知。前任某協戎,將升糧起課,民情驚惶。正在無法,乃發大水,地成澤國,始行中止。繼任協戎,允照舊例,民情始安,乃立石頌德。後載向例每一烟户每年出錢一百文。至房屋税數目,余已忘之。此碑與民生頗有關係,來時未帶拓字器具,未能拓出,又匆匆未能抄録,至今思之,頗覺耿耿也。回飯鋪中,午餐。餐後往渭河濱,因地平,看似頗近,實尚有二三里。余此來,覺渭濱或有石器遺址可尋。至後始知南岸平灘,古時未能住人。北岸原高,原腰始便人居。如有遺址,當在彼方。今日因時已將兩點,不能渡對岸尋古,爲之廢然。河中有船,岸上堆煤,乃拍一影。歸過村南,又拍一影,遂歸。觀照相有一童,徐家凹人,徐姓。聞余亦姓徐,隨余談甚久。據言,彼村均徐姓,尚有一徐家堡。凹有數百家,堡則止百許家。草灘附近地無糧,不出什麼。將至杜家堡,始有糧,然地價甚賤。至徐家凹,則每畝三四十元矣。歸離北關二三里,路間偏東有一坑,一童言前係一古墳,内有磚,上有字,又有一大護心鏡子,均爲人取去。入視,止剩殘磚數塊,亦未能定爲何代之墳。至寓天已黄昏。今日①鄭士彦來②。今日拉余之車夫,

---

①編者注:原稿此處有四五字被作者用墨筆塗去。
②編者注:原稿此處有十餘字被作者用墨筆塗去。

乃一溫縣人。祖爲前清一廩生，祖父母、父母均健在。彼亦有子有孫女，子且在中學畢業，現教小學。彼家從前寒薄，有地十餘畝。民國八年，曾在此地拉車二三年。歸後種地黃，種山藥，已發財矣。家有地八十畝，喂騾三條。土地爲灘地，從不患旱，出麥甚多。今年尚有麥七八十石。每斗三十斤。乃秋間大水，房屋衣服器具，一掃而空。騾找回一個，麥撈出十來石，還對付能吃。因人口甚大，用度不敷。地無人要，債無人放。省政府請外國人來薄利放債，外國人須財務局長作保，而財務局長因前奉軍過境時，賠累一兩萬，事後民間抗不肯出，故此次堅不肯保，遂又中止。在家無法，乃與同鄉步行來此，想在生意中找一點管賬的事，終不可得。遂理前業。明年三月即將歸。麥已種上，麥後即有辦法云云。又言上水時，淺處亦有一丈多深。人民將木版扛[1]在樹上升之，或升在屋上，故死者尚不多。彼等曾三日不食。第四日，水稍落，在屋內撈出點麥，在房上□鍋[2]，煮麥吃。第五日始有船來救云云。又言避水時，上樹以柳爲最好，因其根能下及黃泉。榆次之。萬不可上槐椿楝等樹，水一泡，風一吹，即倒矣。且水後椿楝全死。又言地黃甚難種，大者始值錢。四枚一斤者價三錢二；六枚者二錢四；八枚者一錢六；依次遞減。最小者不過一二分銀一斤。故收地黃者，見有重四五枚一斤者，即鳴炮慶賀云云。

　　十一日，早尚未起，鄭士彥來。起略談即去，彼尚將往秦渡鎮察視繪圖工作也。十點半到省政府，想先見耿壽伯，乃壽伯不在。遇柯莘農於門次，立談少時。入見邵主席。邵謂："考古事，本省人

①編者注：原稿此字空闕右邊。
②編者注：原於"鍋"前空闕一字。

對之尚有疑忌,故對於會事,多不願參加。疑忌約有二端:一恐古物將來被拿去,此因未細閱條文之過,向之解釋,頗爲容易。二對發掘墳墓自身有所懷疑。我們對於私掘墳墓,亦曾禁止,但同一禁止,意却兩樣:我們禁止,是由文化觀點而禁止;他們的懷疑,却是由於宗教的觀念。前日同于先生同行,談及此事,他也覺得發掘帝王墳墓,似乎不甚妥當。他説:'如果一定要發掘,或者讓他們發掘秦始皇陵,其餘仍以不發掘爲是。'徐先生的意思,是否可以對於陵墓,從緩發掘? 因爲或許將來風氣少開,困難減少。"我答:"對於墳墓,我們最近三年中,並不擬發掘。我們想對於秦之遺迹,寶鷄之鬥鷄臺,鳳翔之南古城,周之遺迹,岐山之岐陽,興平之南佐村,長安鄠縣之豐鎬遺址,陸續發掘以作比較。這些工作,三年中未見能完畢。但完畢之後,或許要發掘一點墳墓。但並不願意發掘帝王陵墓,因爲我們覺得陵墓完全被發過,不如其他墳墓。比方説:周陵前面,無名氏之大冢,約一百餘。發掘起來,一定極有成績。至於帝王陵墓,我們不願作發掘,却願掃除三位①的陵墓。這並不是朝三暮四,以蘄免除反對,實在辦法不同。我們也要找着秦始皇,但與于先生意見頗不相同。于先生允許發掘始皇陵,對於始皇,頗少敬意。我們掃除他的陵,是認定他爲第一個統一中國的人②。我們要陸續把③三個帝王④:秦始皇、漢武帝、唐太宗的陵墓開出,慢慢的掃除出來,内中原有情形,一切不動。

_____

①編者注:原稿此處有四五字被作者用墨筆塗去。
②編者注:原稿此處有四五字被作者用墨筆塗去,改作"人"。
③編者注:原稿此處有二三字被作者用墨筆塗去。
④編者注:原稿此處有四五字被作者用墨筆塗去,改作"帝王"。

外面安上鐵門,留起陵户,上面種上林木。如果可能,裏面也可以安起電燈。如果有人想瞻仰他們①的遺迹者,就可以到裏面瞻仰。另外或許再掃除一個,可是意義同前三個完全不同。我們要把唐高宗、武則天夫婦的陵墓也掃除出來,因爲傳說他們的陵還沒有開過,可以作一個完整的模範。如果這樣辦起來,暑假年假,可以吸引不少的游人。至於其他陵墓,始終沒有意思開。就是這四個,需錢較多,需經驗較富,近幾年中,也辦不到。"邵言:"對於帝王墓那樣辦法,我非常的贊成……"最後決定請我到高級中學作講演,對於發掘意義,詳作解釋。並可將演說稿登於報上。另外再遲數日,于先生來省,由邵主席招待,並請幾位有名的士紳,余可當場將意義説明。歸午餐後,薛定夫來談。據言丹鳳門遺址,實在城内現在之革命亭後邊。至含元殿前之二阜,乃翔鸞、棲鳳二閣遺址。其言余頗詫異。彼所據爲《咸寧縣志》,當再考之。晚獨出到董仲舒墓,前有祠宇,現正由官家修理。

十二日,與樂夫同出北門,過菜園村,往含元殿。登二阜一望,參之以《咸寧縣志》,乃悟二阜附近少北之高地,即爲含元殿故址。余前認殿址在今含元殿村内者,誤。二阜亦如薛定夫言,爲翔鸞、棲鳳二閣遺址。然薛亦有誤,蓋丹鳳門遺址,不在城内而在午門村附近也。以此爲準,則敬德練馬臺亦非故城遺址也。過含元殿村,至一村,名孫家凹,則爲太液池遺址。地有白石一塊,疑係唐物。村旁有一高阜,下有洞,内祠藥王,亦唐太液池上臺榭遺址。登上一望。路轉西(?),又登一大阜,土人言名將臺,然含

---

①編者注:原稿此處有四五字被作者用墨筆塗去,改作"他們"。

元殿址,村童亦言名將臺,則此名不足爲典要。皐下不遠,即坑下村。村中有平臺,即所謂"坑"。以《咸寧縣志》較之,疑爲唐金鑾殿遺址。歸。樂夫拾破磚瓦,頗多,雇一村童送回,至城門,雇車歸。有北京大學畢業生馬雲程、李崇德、劉韶華,師大畢業生劉仲哲來訪未遇。又接楊遇夫信一封,介紹一清華學生王谷君來見。王君附一函言明晨九點鐘來,並寄所作兩篇來,均屬駢文。據遇夫函,言王君美才,爲叔雅及其他先生所器重。下午雨。至晚始休。寫①中孚信②一封。

十三日,王谷君來,年甫廿二,而識解明達,美才也。余對於其作六朝體文,頗加針砭。據彼言,近已厭棄,頗留意昔賢名理之作。如能努力不懈,前途成就,自難限量也。送他去後,叔威廳長來談。晚到街上古董鋪及南院門各處一走,頗有泥濘。

十四日,全日陰。時微雨。天寒,室内室外終日總在十度下。翻閱《安陽發掘報告》。報館記者張君來索陝西考古會所通過條文,許以抄錄後明日給之。下午連定一來談。接周學昌信一封,談請余在高中講演事,並言命高中校長唐得源君即日來接洽。晚唐君派人來言明早八點鐘來,請少候。

十五日,天陰,寒。有時飛雪。唐得源君來,約定十七日下午三點在高中講演,講題爲《中國史學的演變》。潤章已去滬返平,快信返回,乃又加信數張,重由快信寄出。接卞文軒信一封,問勁甫住址,並寄來《溫泉頌》一張。晚同樂夫到南院門一走,購舊照片一框。

---

①編者注:原稿此處有二字被作者用墨筆塗去。
②編者注:原稿此處有一字被作者用墨筆塗去。

十六日,下午天漸晴。終日寫講演稿,寫出字約三千字,尚未及半。

十七日,昨本擬今日繼續寫講演稿,但近日睡眠不佳,昨晚更壞,今日未能如願。上午吳世英君來談。吳字子千,前在南陽五中教書多年,今年來此地高中教書。大約從前在南陽教書見過,但余記憶不佳,已忘之。下午薛定夫來談,言昨晚巡警加崗頗多,未知何故。兩點半,步行到高中。講將及三點鐘。講,精神頗疲乏。歸晚餐後,到太平春洗澡,歸即寢。

十八日,昨晚眠稍佳。未能續寫演稿,而新聞記者所記稿,不能用,乃將前半篇與之。他們陸續刊登,並約星期一日下午多約數人來,余口述,彼等再筆記一次。

十九日,昨晚因睡前稍用記憶力,眠仍不佳。上午到耿壽伯家一談。下午同樂夫到南院門一轉,購到《榆塞紀行録》《雙桐書屋賸稿》《味蔗軒詩鈔》各一本,共一套,價四毛。晚飯後僅在院中散步,未敢看書。

二十日,昨晚睡稍佳。復卞文軒信一封。寫溥泉信一封,催其發表樂夫事。寫家信一封。省政府秘書汪維西來,言壽伯讓他來,說俟于先生來,即定宴客,人已請定云云。少頃,壽伯又派人……①

……②接子怡信一封,言將西來,問余路上情形。昨日聞景莘農言,南門甕城內,關帝廟內有畫壁,乃同樂夫往觀。至內駐軍隊,聞守門軍士,許入。殿中全住軍士,亦未見畫壁,另外有一軍人,或

---

①編者注:原稿此處闕頁。
②編者注:原稿此處闕頁。

其排長,不准參觀,乃出。到薦福寺一游。歸,晚頗疲,眠甚早。

二十二日,眠佳。早往訪寇勝浮,不遇。訪馮孝伯,談約一點鐘。又訪王卓亭、吳敬之,均不遇。接家信一封。接白滁洲通知結婚信一封。今早聞人言西京日報社長邱君昨晚在街中被六七人截擊斃命,亦殊可異。下午微雨。

二十三日,夜雨淅瀝,有兩三鐘不眠,今冬此地雨澤豐渥,荒旱其將有大轉機乎?白日雨止,然亦不晴。翻閱金文書。

二十四日,仍未晴。下午鄭士彥來談。終日翻閱金文書而已。

二十五日,晴。接省政府信一封,送來涇陽古甎拓片二。下午接潤章快信一封,言孝侯即可來。夏修五、白榕森從甘肅回,在甘肅曾遇土匪數十人,行李净盡,幸所采標本未失。寫溥泉、子怡信各一封。

二十六日,往訪耿壽伯,問其委員在邵主席返陝前,是否能定軌?答言須俟邵歸。委員人選,大約爲王友農、吳敬之、柯莘農、李子逸諸人。出到周冠五家談。返寓,胡廳長請吃午飯。

二十七日,翻閱金文書。薛定夫來談。陳國榮,字子仁,西平人,爲此間農專園藝股主任。馬天衡來談。薛言北大街、梁府街口外鋪馬路石條,因雨過沖洗,曾見有圖繪,未知何時,似頗古,非近世物。乃同定夫、修五、樂夫同往觀。定夫又借水洗出,有"大元重修……"諸字仿佛可見。左側又有"妙應祠"三字,當係元時廟宇圖,已被破兩半,他半未知失於何許。修五先歸,同樂夫到定夫家談,並觀其所藏米元暉山水橫幅。①歸。又同樂夫、榕森出到翰

──────────

①編者注:原稿此處有二行字被作者用墨筆塗去。

墨堂,觀段老所藏石。彼搜集墓志、經幢,很有數十種,殊不易得。匆匆未能遍讀,乃囑其除翻板外,遍拓一份。

二十八日,接子怡信一封。下午同修五、樂夫到翰墨堂,爲院中購得出土墓中瓦器,共八件,價十元。聞出土地爲藍田東楊家寺院。游碑林。

二十九日,同修五、樂夫出,大霧瀰漫。至東嶽廟,霧漸退。至後殿中觀壁畫,則内有製紙者,墙上釘橛縱橫！烟突熏黑！如此毀損,不日即完！心中不平,乃召其住持,斥之。出城到八仙庵。見有一扁,上題"黃帝紀元四千六百一十年朔日",下疑題"①現衛隊第二營幫帶某某敬叩"。此大約爲辛亥革命時民國未建元時所立。因有關史料,乃攝一影。此廟中尚有"民國一年"扁一,"洪憲元年"扁二,均有關史料,未攝影。出,過洪福寺門前,據道士言爲唐廟,但無一碑,規模亦小,所言未足據。入城,想訪董子墓,乃向南走。樂夫在道旁拾得瓦片多種,兼有一有文字者。字爲"貴善子"三字,多行皆同,上一字未識何字,中爲"善"字,文有北魏意。野地間有一少婦人坐地痛哭,初以爲寡婦哭墳上,乃殊不然,未知何因。董子墓上房已將修成。再前,又有一少婦坐一低地痛哭。旁不遠有老婦,亦不往勸,異矣。歸將兩點。接潤章信一封。

三十日,同修五、樂夫、榕森、鳳山出,仍大霧。後至十鐘餘,始漸散。出城至慈恩寺,觀孤兒織毛巾,欲買一條,乃不見執事人,遂已。登塔一望,霧雖散,不見南山。下時有軍士甚多,陸續

---

①編者注:原稿此處有三四字被作者用墨筆塗去。

登。當是一營人，分班登臨。問得青龍寺路，乃出廟向東北行。過侯村，至祭臺。寺即在祭臺村外東頭。寺新修理，然規模甚小。未見和尚。然聞慈恩寺僧言，此寺僧屬密宗，爲大興善寺下院云云。寺在唐頗著名。當有一日本名僧，在此寺受戒，故有二日本密宗和尚游此，在壁上題字，對於本寺零落，頗致慨嘆。有一侍立佛像，内當係石雕，背有《造定光佛造像記》。年號已泐，惟太歲甲子尚可辨，《咸寧縣志》謂當係西魏大統十年碑，理或然也。階前有經幢，字迹磨泐頗甚，未知何年月所造，然下隅尚有小字"齊國大人爲亡女⋯⋯"等字可辨，想爲劉豫時所立。出所携饅頭食之。出寺，向東南行，過鐵爐廟。村倚黄土斷岩。廟在村東頭。廟内放瓦水道二。中有私塾。再東至延興門村，亦名元興門，即唐之延興門舊址。大冢頗多，但門址何在，迄未能辨。村西頭有高臺，上有一白衣寺，小廟也。觀自在爲男像，頗形莊嚴。餘神像畫壁均佳。乃攝觀自在影。再稍東，尚有一關帝廟。歸。時腿力已疲，頗嫌遠也。至寓五點餘。接聖章信一封，龔賢明信一封。龔傳溥泉言陝西考古會委員由陝省府及研究院舉出，工作未便參加云云。前潤章堅主止由本院與陝省府定約，余即知不妥，今果生誤會。心甚不寧，乃與潤章信一封，言頗憤慨也。今日薛定夫同趙叔揚來，未遇。叔揚先生，名輨，關中大收藏家趙乾生先生之文孫也。周冠五來，亦未遇。

十二月

一日，天朗氣清。續寫潤章信；外寫石曾信一封，請其轉交。

周冠五來。下午柯莘農來。晚月色甚佳,請樂夫試拍一照。柯言西京籌備委員會得見一吳道子畫像,有照片。晚同修五往訪連定一,至時尚未九點,而彼已睡去,乃歸。叔威廳長請往觀高陵送來古物。二銅器,當係漢洗。周圍有九十乳,乳外繞以雲文,均已破。叔威廳長允明日借來照像。①

　　二日,早仍大霧。昨日發潤章信,忘將陝西省政府所來公函抄底放入信内,今日再快信寄去。寫龔賢明信一封。柯莘農來。耿壽伯來,言已與王卓亭等商議,事不久即可辦妥。下午薛定夫同趙叔揚來。晚仍大霧。

　　三日,早仍有霧。下午天晴,甚暖,乃與修五、樂夫同出城,到大興善寺,觀其墳塔,知此寺亦入臨濟宗手。入廟,則内設貧民戒烟院,聞收容烟民一二百人。大殿院中則有臘梅數株,含苞欲吐。睹此梅苞,頓覺已非復北方之酷寒。尚有一株紅花,已殘,未知何名。問和尚,則亦不知。出見舊殿基西邊,有一碑矗立,披荆棘往視之,則爲天順四年重立隋碑,碑陰有畫佛像。殿基東旁,亦有一碑,已倒地,破爲數塊。審視之,亦天順四年重刻隋碑。院中侯君見余之喜讀碑也,指前面一碑曰:"這統碑是纔從泥土中掃除出來,立起來的。寫的很好,很可以看看。"往觀,則爲王述庵撰文,書碑者爲一申□□②君,筆瘦勁有篆意。出,到薦福寺一游。歸,再到西京籌備委員會訪連定一,仍不遇。八點半後,往太平春浴,則已關門,爲之索然,乃歸。

　　四日,有霧。寫信復中孚,未完,薛定夫來談。午餐後,同定

①編者注:原稿此處有半行字被作者用墨筆塗去。
②編者注:原於"申"後空闕二字。

夫、修五、樂夫到湘子廟街，訪趙叔揚。堂構深邃，舊家也。廳中隔栅心均由本家所藏之彝器磚瓦拓片裱糊，尤爲難得。然聞民國成立以來，屢遭兵搶！大廳門窗不糊者十餘年矣。談次，言及近年鬧黑霜災事，叔揚言："農業總是勤奮才好。我聽見一位老農説，他當那個時候，夜中起來，覺到事情不妥，就趕緊叫子弟全起，並令呼村人同起。村人有聽的，有不聽的。老農就告訴他們説，叫他們找出些長繩，人各執一端，從麥穗上拉一遍。歸結黑霜落地，凡用此法者，均不成災。"又言即有黑霜，一二日内有雨，亦可不成災。今年霜後無雨，故成災云云。又看彼所藏漢碑數十種。歸，途中，定夫言北大街一鋪中，有數石斧，約明日同往觀。

五日，無霧。早起，同修五、榕森出趕小市。市在民樂園西。修五購晋咸寧皇帝臨辟雍碑，並帶碑陰，價五角，可爲奇廉。又以七毛購得一舊拓魏李超墓誌，亦廉。余購得舊地圖五張，價兩吊五百。歸，早餐後，同樂夫到定夫家。定夫拿人家貝錢八。一面磨平，中有孔，徑約二十四五公釐。已具錢形，實爲前人之所均未見。聞尚有五枚，及一大蚌殼，則爲一陳君購去，價國幣一元。余亦以一元購此八枚，爲之狂喜。同出至北大街，路東有二古董鋪緊鄰。一鋪中有粗製之石斧二，尚有數枚較精，恐已不作斧用。掌櫃不在，其子亂要價錢，定夫言，不必同他講，他不知價，仍以與彼父談爲是。從彼鋪中取回二努機一觀。一機完備，上有"元康元年"及"六石"各字。歸午餐後，又同出，修五亦加入。出到北院門路西一古董鋪内一觀，見有白石長二三寸許，作◖形，未知何用。共二十，聞係一次出土，乃以二元全購之。彼鋪中有一大角，曲屈，直徑尚有二尺餘，未知何物，聞係山南出土。擬爲拍一照，寄古生物學家研究。出，到南院門，路南有一古董鋪，蓋係城中最大者。登其後面之三層小樓，高與城齊，與薦福寺塔南北正對，可望大小二雁塔。歸後修五又爲吾購得袁安碑拓片一，晋咸寧皇帝臨辟雍拓片一，價共一元五角五分。接潤章快信一封。

六日，將中孚信寫畢，發出。柯莘農同一夏君來，夏君乃西京籌備委員會拓碑人。彼前到草堂寺，余問圭峰碑是否已移入殿內，答言未曾。髡徒可惡，乃至於是。夏言在南山內裴君洞廟中，見一吳道子畫觀音，已將照出，現正洗片。彼又持彝器拓片條幅二。言係一故家所藏，共三十餘軸，現擬出手，來問能購否，答以須全拿來，看看是否有未著錄者。其已著錄者，看看原器拓片未見者，共有幾幅，始能同當局商議。段老來，言藏石已全拓出。彼又持端午橋舊藏之磚瓦上文字拓片，三十餘張，已爲陳次園買去，因其明日始交貨，乃借來攝影。下午看修五、樂夫攝影，畢。出理髮，洗澡，積垢盡除，爲之一爽。

七日，夜中頗寒。終日陰。早晨微雨間雪，晚又雨。柯莘農、薛定夫、夏子欣來談。莘農將永徽殘石造像拓片一張見貽；定夫以西平王碑拓本一張見貽；夏君見贈魏郁久閭伏仁墓志銘拓片一張，大夏真興石馬銘拓片一張，魏定光佛造像記拓片一張，魏比丘净智師圓寂塔銘拓片一張，魏太昌薛氏墓銘一張。樂夫同王忠義到青龍寺拓魏定光佛造像記及齊國大人造經幢，未佳。①

八日，天陰。段老來，將所拓藏石片帶來。請其指示王忠義拓碑。午餐時，薛定夫來談。餐後，同出到北大街古董鋪，觀其所

①編者注：原稿此處有一行餘字被作者用墨筆塗去。

得貝殼古兵。共三件,各長二三寸,疑雖取兵器式,實爲佩帶物,因貝殼非利……①

　　……②之大角攝影,并量尺寸。歸,段老來;薛定夫來。午餐後同樂夫到段老鋪中,觀其所藏各器物及字畫。内有明太祖半身像一張,據言爲明孝陵舊物,雖未必可靠,而筆墨固屬精品。歸,到南院門打一轉。晚寫季芳及石頭信各一通。

　　十二日,同樂夫、王忠義出北門,過紅廟坡、大白楊至楊家城。入閣老門時,爲城上瓦水道攝一影。在閣老門村西見一廟,門前題初級小學,實無學校。入門,則棚下有曬糧食者,看守者鼾聲如雷,余之皮鞋底,巜ㄨㄚ ㄗㄌ、巜ㄨㄚ ㄗㄌ,在彼身旁過,然并不能傲先生之酣睡。廟内祀玄武,壁上畫頗佳,且上金處,均屬立粉,乃爲攝一影。再西,前到李家濠,時已一點餘,乃將所帶食物取出,在人場中食之。食畢,又購雲文破瓦當三,價六百。西望一村,名葉家寨,未往。向東南行,出楊家城。過小白楊,再前,見田中有許多雁栖,遇人驚飛,然未幾又止。又前過□□□③未遠,有村,名火燒碑音ㄒㄌ。神話言當時有妖精居碑中,後爲人識破,用火燒碑,故名。村前有人在彼處傳教。道旁有一廟,房已全毁,但神像三尊,尚巍然端坐。其衣褶紅緑分明,至堪詫異。過千福寺,入觀。始注意到唐太和及大中之經幢。歸寓,則孝侯已到,甚喜。接龔賢明信一封,言已與溥泉言明,請陳先生早來云云。晚叔威廳長來談。

---

①編者注:原稿此處闕頁。
②編者注:原稿此處闕頁。
③編者注:原於"過"後空闕約三字。

十三日，早冠五及其弟來。弟尚屬一小孩，見人怯於說話。囑其休息一二日，再來會工作。天陰，雪花時飛。柯莘農及薛定夫來談，段老來談。將晚同孝侯出到城隍廟。至則天已黑，殿門已閉。孝侯用手電燈上照，頗驚牌樓及建築之偉大及特異。晚餐後談，寢時頗晚，然地下已白。

十四日，雪止，雪並不大。然午間房上雪溶，檐間溜落，坐室中聽之，頗有大雨意。將晚，同樂夫、孝侯到南院門一轉。路上頗有泥濘。

十五日，天晴。柯莘農來談。同孝侯出。到新城，[①]請其幫忙允許研究鐘樓、鼓樓、各門樓，並駐軍隊之各廟。並請其保護東嶽廟畫壁，勿駐軍隊，均蒙允許。出到東嶽廟。寢宮中之造紙者已移出。孝侯謂寢宮脊上之鴟尾，或爲宋遺，門前之望柱，亦當在明以前。歸途到開元寺，孝侯言殿前柱基爲唐遺物，又在門外尋得唐故雕花望柱一截，立於土中，外一柱較高，雕花已剝落，或屬同柱。然則今開元寺，雖非唐舊寺，——在唐，此地爲皇城內，無寺院——而係一唐建築舊址，當屬可信。歸午餐後，少休息，又同出訪壽伯，談及唐建築，壽伯言舊藩庫，相傳爲唐之承天庫，規模木架，均極弘偉。脊梁銘言致和、至正重修。前二年始傾頹。因取其材建訓政樓。如前三年來，還可見之云云。惜哉，中國之舊建築也！歸，樂夫加入，同游南院門，到書鋪，購得夏曾佑之《中國歷史》第二册，價票子五百文。晚同孝侯訪叔威廳長，彼言甘肅涇川縣之大佛寺，依山築半坡樓四層，可能爲唐建築。何西北

---

①編者注：原稿此處有五六字被作者用墨筆塗去。

寶藏之多耶？請其設法將開元寺前之望柱及北大街鋪路之元碑，取出保存，亦蒙允許。請其替冠五幫忙，彼亦與子信相熟，并聞子涵之爲人，或者能有希望乎？今日接吉如信一封，言在農校中，與葛君意見衝突，現已出校云云。

十六日，夜中四點醒，遂不寐。早汪興齊來，言昨日壽伯與寇勝浮言，寇言欲與余及樂夫見面談一談，遂約定於明日正午往訪。與樂夫、孝侯同以轎車出，往游牛頭寺。出門時九點鐘大霧迷漫。本意先游大興善寺，再往牛頭寺，後因天短，恐回不來，乃決定先不游大興善寺，回時看時早晚，再作決定。五里過小寨，路旁有廟，曰普濟庵，庵內祀觀音娘娘，有壁畫。門前有石羊一對，外旁有石虎一對，北邊之虎已毀。羊虎雕刻古樸，而玲瓏有意趣，孝侯均爲攝影。再前過一過街樓，道左右有東西八里村，再前，離城十里，有吳家房，俗讀"房"若"墳"。堡在道西。道旁有作小生意人家。又有二廟。東廟爲菩薩廟，已倒塌。西廟尚整，俗名黑虎廟。門前有長延堡初級小學扁額。考《咸寧志》，此村名長延堡，吳家房蓋其異名。內無學生。呼門人，則有一媽媽守廟，廟甚整潔。院中有黃楊臘梅。後殿祀三娘娘，有畫壁。脊梁銘言光緒九年重修。前殿正位供關帝神牌，牌前有玄武像。左右神牌頗多。霧漸散。再前，道東遠處，有村名南窰。逾一小原，得一過街樓，樓已破損，上有畫壁。村名東三爻。音ㄐ丨ㄝ。路西旁有小廟，北向。祀三大士，有萬曆年銘。再西，廟較大，門前題"元敕建楊武莊公祠"，南向。內無碑，正殿中有神龕，門不能開，未知有神像否。再西有慈應祠，南向。《咸寧志》此村有慈應寺，疑即此廟音誤。內有康熙二十年碑，已漫漶，未詳讀。正殿三神，未知何名，然確非佛像。前殿有布袋和尚像，上帶磁釉。再西東向，爲聖母殿，有嘉慶十七年銘，亦因時已將午，未讀，遂出。道東又有一小廟，南向，未入觀。東望似有一頗大廟。道西又有一楊武莊公祠，東向。出村西望，有一大廟，内樹木甚茂。甚矣陝人之好修廟也！逾原，頗遠，有二三起伏。下原，至韋曲，風景一換。有廟五六，有傳道所，均未入觀。抵牛首寺，已將一點。孝侯照焚帛爐一，萬曆十九年鑄。正殿全景一，佛洞中釋迦佛一，又照十地菩薩之一。因天已晚，不能再照，止好俟諸再來。牛頭寺中有順治丙戌年造鐘，康熙六十一年碑。至隆慶五年碑則已缺右上角。後院有唐乾符經幢。時已二點半，遂歸。樊川中仍多烟苗。至寓五點餘。今日金秘書來，未遇。

十七日，天仍陰。同孝侯出到卧龍寺一游。此寺在建築上無何特點。十二點到寇勝浮家一談。彼對考古會一切計畫，詳細一問。允三兩日與諸老先生商議，云云。歸，午餐。今日下午三點，田和生在西來堂請吃飯，往。初擬不吃，隨便坐坐，然散席時，已五點餘，也吃若干以當晚餐。①

十八日，天晴。同孝侯出到城隍廟，爲牌樓照像。觀衆擁擠，攝影不易。歸途到蘇回回古董鋪一坐。歸。周薩來，囑其明日來寓工作。柯莘農來談。將晚到太平春洗澡。晚寫季芳及糜岐信各一張。今日接到潤章信一封。李實之來訪，未遇。

十九日，李實之來談。周廳長來談，言委員人選已大體規定，只差一人云云。柯莘農同蘇子真來談。蘇爲陝西古董行中之最老宿，與王文敏、陳簠齋、吳清卿諸君子，均係素識。南宮鼎及其

---

①編者注：原稿此處有一行字被作者用墨筆塗去。

他很多的古董,均曾由彼經手。彼今年七十八歲,而望之如六十許人。下午同樂夫、孝侯出到碑林、文廟,及文廟東院。在文廟中,見一琉璃獸頭棄地,高二公尺〇六。寬一公尺六四。厚二七 cm。孝侯爲照一像。又到翰墨堂少坐。

　　廿日,同孝侯、周崶出北門,過菜園村。入觀村東頭廟,孝侯發現其椽端有椽頭盤子,廟門盤子係一小兒,正殿盤子下尚有游墜。又有梁上用盧斗,亦係古制。此廟余已入二次,但因對於建築無研究,乃毫無所得。又東至午門村北,始真得唐城遺址。非在原上,而此處約丈許,均較兩邊高;距含元殿基約數百步,種種參較,當不致再誤。下到含元殿基,孝侯爲翔鳳閣基之版築及殿上之柱礎攝影,并量其厚薄長短。前進到含元殿村西堡墻外濠內,孝侯又發現唐遺紅土彩畫之石灰片。到孫家凹,觀太液池遺迹。池旁多巨石,當屬可信。登藥王洞上,得一有字①唐磚,字文爲“六王”,甚大;下有殘缺。至坑底,登坑,見上頗有帶字磚,字文不甚明,時因無法拿,亦遂置之。坑底兒童均識余,謂此……②

　　廿一日,同樂夫、孝侯、周崶出,往楊家城。今日大霜鋪地,天氣甚寒。至午後一兩點鐘,霜尚未溶。脚步少停,即冷如冰塊。吾輩抵陝兩月,今日始感冬令。過郝家村、紅廟城,登坡北高冢一觀。大約係唐禁苑中建築物之遺留,非墳墓也。進至閣老門,孝侯再量“瓦水道”,發現漢人所用之花秸泥,取出數塊,慎重包裹持歸。順城墻向北走。孝侯又在城裏面發現版築,又照一像。上次余等注意外面,故未見。城附近有煤渣塊頗多,雖未敢臆斷爲

---

①編者注:“字”,原誤作“家”。
②編者注:原稿此處闕一行。

漢人所遺，然因附近并無磚瓦窯及民居，此物堆集，頗有問題，故亦取還一片以資研究。至萬城門，觀漢代版築遺迹，樂夫、孝侯均異常高幸，乃攝影兩張。又取下一塊，量其夯錘大小。并將此塊帶歸。本意過玉女門看燉煌寺塔，始返，而時已一點餘。乃到樊家寨廟中，命人煮水，取出所帶東西，食之。廟中老婦人尚認識余。食畢，又到村中人家，量其院中所置瓦水道後，乃出萬城門，歸。途中過一破廟，名萬壽寺。殿前有斷碑，大約係明清所立。略言此爲梁太尉蕭某故宅，梁人故宅未能在此，或後梁而入臣於隋者歟。窺其詞意，大約係隋唐舊廟。中洞中供觀音，有一老婦守之。再前過范家寨，村西小廟神臺正面，有一帶花方磚，頗整齊，不知係漢製，或唐製，然非近時製，則無疑義。何、張二君愛之甚，頗欲將其取出，乃急呼之出。又過一寨，未知何名，再前，至大路。至寓，五點餘矣。

廿二日，前聞粉巷對南門大街處，有一六朝所製之石獅，乃與孝侯同出尋之。既得，出諸附近商家，答："年載多了，好幾十年了。"其言固不足信，此獅殊非近數百年物，然言六朝，亦殊無證據。欲照像，則光綫位置，均不便，乃止。到民廳尋金秘書，請其領看庫堂舊址。彼又尋得一范君子東，亦民廳秘書。因范爲此間舊人，多識往事也。談及顏勤禮碑事，彼言出土地，彼言在二門外路西。歸，柯莘農先來，未遇。薛定夫來，又談及顏勤禮碑出土地，彼言范爲人頗有精神病，其言未足據。宋芝田跋語，言在庫堂後，其言當確云云。寇勝浮來談。李實之來。

二十三日，與樂夫、孝侯、周隆同出，到薦福寺。孝侯將金明昌鐘照出。又發現其天王殿頗古，似可至元。到塔前，賞玩門楣上之唐代花紋，孝侯嘆爲未曾見之美麗。出到大興善寺。寺中之戒烟所已結束，改爲貧兒院。戒烟所嶄新之標語，現由兒童正在刷去，將來大約又將寫出新的，我國人何不憚煩乃爾！孝侯言正殿兩傍站立之二佛像，頗古，似可至唐，乃爲攝一影。至後院，則早梅已開，馨香撲鼻。天珠紅豆，傲來霜中，爲流連者久之。出，則樂夫尋出一殘碑，後面爲柱礎。大字①頗有柳誠懸風。尋其文義，乃係一道院中碑。後有"□□原民户提領班國才□□魏氏都管……"等字，就此數字研究，或可定其時代。孝侯拓出一張。出到慈恩寺。時已一鐘，日光甚佳，乃在院中"唐朝青響石"案上，取出所帶物午餐。案周圍有佛像，和尚言，從西五臺運來者。惜有兩面佛像面孔已殘毁。客堂有綠菊，正在盛開。又有一小植物，片狀無葉，色肉紅，和尚言靈芝草也。孝侯爲青響石攝一像。到塔下，賞玩四方門楣上之雕刻，對於在雕刻上刻字之妄人，太息痛恨。登塔。孝侯本意將在塔上攝一西安鳥瞰②圖，然天氣不太清，終未能攝。出，到祭臺，見村頭門前有一新塑像，尚佳，問人，知爲村中塑工所包到之活，乃尋得塑工，與談，彼極言關外東邊工藝之佳，嘆息於本地工人之笨。實在此地關外之工人藝術，惡劣已極，遠不及此地工人之尚存矩矱，彼不知也。到青龍寺一游。今日命王忠義領拓字工人來此拓造像及經幢，然彼等此時已去，往薦福寺拓政和碑。歸，已五點餘。大小雁塔門楣花紋，異日當命工精細拓，但此日則天氣太冷，天色太短，尚屬不宜。③

———————

① 編者注："字"，原誤作"家"。
② 編者注："瞰"，原誤作"噉"。
③ 編者注：原稿此後殘闕。

……①以作參考，然終未來。

二十九日，寫給壽伯信一封，請其於發出聘書後，即擬定開會日期，先徵取委員同意，再行決定。給叔威廳長②書信一封，建議將要尋出之古物四事，不保存於圖書館，先存放民廳中，俟考古會成立後，即托會保存，因恐圖書館中當局貴古賤今，對於可寶重之史料，且鄙夷視之也。柯莘農來，同往觀顏勤禮碑出土地，則言在庫堂後，與宋子仁説又不同。據言當日係打厂ㄨㄑㄧ（土坯）始發現碑，打厂ㄨㄑㄧ取土，不能正在門前。且他見碑在庫廳後，如在前出土，必無繞抬庫堂後之理，云云。似此，則此事仍有疑問，尚須審慎將事也。下午接壽伯信一封，言開會定於新正十日。接院中信，請填百二十元之收條。

三十日，早同樂天、孝侯到老白家，吃羊肉泡饃。鄭士彥請今日在南京大酒樓午餐，本答"敬陪"矣，乃因須陪孝侯出尋王曼壙，及唐版築，復作函辭之。命樂夫往問壽伯，院中委員，是否需吾等通知，且考古會址是否定在後院。同孝侯、鳳山出北門，先看菜園村南之大廟，乃已改爲工場，神像幾已全完，無可觀覽。到聖母廟，孝侯照椽頭盤子，然當時搶^{平聲}光不易成功。檐間畫半用泥塑，孝侯言此名"半渾"作法，惜人頭均被兒童打去矣。本意欲到含元殿村壕內找顏料，然因天已過十一點，恐來不及，遂不往。逕歸大路，往十里鋪。路南未發現任何材料。將至十里鋪見道西有村，村頭有二廟，乃叉路往。一廟一間西向，門已用泥封。一廟前

---

①編者注：原稿此處闕頁。
②編者注："長"，原脱。

後各三間，東向，係娘娘廟，內亦有椽頭盤子，檐畫亦半渾。乃攝二張。壁畫頗俗，乃南壁上繪兒童玩獅子龍燈等戲，意態頗佳，亦攝一張。到十里鋪，吃ㄌㄠ儿煮麻ㄏㄨ儿及掛麵。再進，到王曼墳，墳大約方形，每邊各六十餘步。攝一影。途中未遇版築，且天已晚，遂歸。過高家寨，亦名高鐵寨。村外有一聖賢廟。神像均已失頭破腹！歸途中無所見，僅烟苗數塊而已！今日因無所得，二人心均不快，且余步行甚疲。樂夫言壽伯說需余等發電，第一次開會在省政府，後即設本會後院。樂夫又言見夏子欣，詢其知何人曾在坑中拓顏勤禮碑，彼答明日當同工人來。發致潤章電一封，詢在平委員是否能於十日前趕來。

　　三十一日，寫與潤章信一封，請其購買各應用物及書籍。接省政府致院方委員函五封，則已決定於十日開會。夏子欣同一劉師付來，劉係當日在坑中拓碑者，與同往觀，則言馬公碑出前院魚池中，略當宋子仁所指；至顏碑出土，則確在庫堂後，坑子尚在今日牆外。登一碑頭上，隔牆窺知其處。夏又言東關景龍池附近，有一漢墓現出，人皆疑爲橋，彼在內拾得一半五銖錢，決爲漢墓。乃定於午餐後同往。薛定夫來談，約之同往，不願。乃同夏君、樂夫、孝侯同往。墓在一花場中。場在一黃土坑內，場主河南安陽人。現弟兄已分開，廠分屬兩家。周圍斷崖間，唐之破磚瓦甚多。一處一層磚瓦，一層土，明係建築物基址，而附……①

_____

①編者注：原稿此處闕頁。

一九三四年

一　月

　　……①以今日所見之土臺詢李，李言此地亦名鬥雞臺。晚餐後又同姬、田二君到街上一游。

　　二日，上午同田和生君、欒□□②君、歷史地理教員賀□□③君，同出西門訪鬥雞臺。西門外人家不多。向西北行。路右土崖中有積聚瓦片。未見骨木痕迹，是否古墓，未能斷定。路左有建築物，已完全倒塌。往觀，僅剩一土臺，內瓦片叢集。旁有石佛像斷段兩節。詢土人，知此地爲睡佛寺遺址，同治回亂時廢。再前進，路左有村，名石家營。鬥雞臺即在村東北不遠。臺

---

①編者注：原稿此處闕頁。
②編者注：原於“欒”後空闕約二字。
③編者注：原於“賀”後空闕約二字。

爲一土嶺，寬不及丈，高七八尺，長數百步，南北……①瓦棺及各器。借得一……②量天王殿。余獨歸。薛定夫來談。余午餐……③出到大同園浴。因其新修理畢，初開張，人特別擁擠，招呼不周。吳敬之老先生來，未遇。

三日，發一電催潤章匯款來。早出訪耿壽伯，則睡去未遇。到教育廳晤學昌廳長，借得陝西票子一百元。歸，在磚瓦鋪，購得出土瓦夫馬一，瓦甌一，均四五寸長，價二毛。余意爲宋元明物，子怡言，當不至明，係宋元物，二毛得之，可爲便宜。下午耿壽伯來，告以潤章暫時不能來，請改會期爲下月一號，彼允轉達主席。問以舊庫……④

……⑤李君蓋宛屬同鄉，去年暑假在開封曾見過一面，然余亦不復記憶矣！終日陰。接總辦事處來電，言三百元已匯來。

六日，仍終日陰，天頗寒。接家信一封，言小孩大約已全愈。寫給潤章信一封，家信一封。柯莘農來談。下午接到叔威廳長信一封，言尋出古物，不便放於廳內，仍以暫時置於圖書館爲宜云云。⑥

七日，天漸晴。同孝侯乘人力車到鐵爐廟量漢水道。下午寫澤普、穎孫、吉如信各一封。

----

①編者注：原稿此處闕頁。
②編者注：原稿此處殘闕半行。
③編者注：原稿此處殘闕數字，後又有半行字被作者用墨筆塗去。
④編者注：原稿此處闕頁。
⑤編者注：原稿此處闕頁。
⑥編者注：原稿此處有近兩行字被作者用墨筆塗去。

八日，①下午同子怡到薦福寺，看孝侯量天王殿，並再看塔。接張佩蒼信一封，言石曾先生將於世界社中辦一圖書館，希望余爲之推轂。

九日，將演詞改畢，命周薩開始抄寫。下午金秘書來談。接楊可經一封，及其所著之《文學別動論》。稍爲翻閱，還有些見解。他在平尚賦閑，希望我在這裏，給他找點鐘點。我在此地不熟，恐怕不見容易。② 晚與孝侯談。孝侯因昨日余告之以薦福寺塔石門花紋已無棱角，似難拓揭，今日再往考察，覺得門楣係雕花，不成問題，至門框則係畫花，亦未知其用何物畫。初疑刻成後用一種液體塗上，後曾用鋼尺向花紋上ㄅㄠ削，覺非後塗，實係石質。似此，則係一巨大問題，今日發現。余聞言，甚詫異。余從前看，亦頗有液體後塗的印象，然實任便模糊置之，并未深求，今日始知錯誤，明日當再往一詳觀。談塔自唐以後，是否曾加修葺問題，始悟多次往却未細讀碑文的錯誤。明日當往細讀。

十日，夜中有風，終日未息。同孝侯到薦福寺。細讀政和碑，始知塔於宋時，曾加修葺，並加白堊一層，且知塔爲藏佛牙及舍利塔。到塔底登高梯，伸首於第一層樓板上一觀，見第二層尚有殘板。第一層板口在東南，第二層則在西北。前定有梯可上，現已無存。塔外東西兩旁離地尺許，各有孔。用電燈向孔內窺，則中空處不小，且有轉折。塔內地平較高，空處在地平下。孝侯言，以理度之，此係龍窟，下即藏佛牙舍利處。再出讀明清碑。明天順

---

①編者注：原稿此處有半行字被作者用墨筆塗去。
②編者注：原稿此處有近二十字被作者用墨筆塗去。

二年戊寅碑,倪瓚撰文。内言"宋致和中,曾加修葺。歲久兵燹,寺宇毁廢,惟浮圖巋然獨存。有寶玉峰師者……又前作山門及天王殿鐘鼓之樓"。據此則天王殿確爲明建。又言"始於正統八年癸亥,至十四年己巳,凡七閱寒暑而後訖"。又言"師番號別勺思吉"。至康熙三十一年碑,則此番僧名已誤爲"勺思吉"。據此碑則重修者尚有"晋陽劉公",未知何時。至康熙時之重修者,則爲心奧和尚。和尚"號太元,芷陽之樊邑人也。施姓"。碑中又言"後屹竦寶塔十五層,高三百尺,金盤炫日,寶鐸含風,初未得日助月扶,而合尖待年久矣"。則似當時塔頂尚未壞。外尚有康熙初年李因篤所撰碑,則與文獻關係不多。抄碑文時,手爲凍僵。時已一點餘,乃先歸。

　　十一日,決定十四日出到咸陽鄠縣一帶考查。同孝侯到西京籌備委員會,問鄭、龔、連諸君,全往茂陵。晤一邵君,名履均,號季平,係會中庶務。子怡亦移入委員會,乃同往觀其古物。晤王君,即在臨潼鐵路工次,收取古物者。有多件,問其出土情形,則全不知曉。彼不過在工人手中,收取一部分古物而已。派遣如此人員,實無大用處也。

　　十二日,早餐後,將同孝侯往楊家城,研究水道,並看燉煌寺塔。子怡適來,乃携之同往。坐轎車。到大白楊,入村,見偏南,有玉皇廟一間,上吻係魚尾。西頭有三官廟,内有一小學校。吻係龍尾。東頭關帝廟,吻亦係龍尾。孝侯均爲攝影。出到閣老門,孝侯再爲水道攝影。子怡言,水道在版築起處,當在地平。登原視之,良然。上覆黄土數尺,則係新土。似此則水道高懸城半之疑,爲之豁然。再至樊家寨之萬城庵午餐。餐畢,尋藏水道人家,擬購之,彼索價五十元! 余等大笑而去。至萬城門,看版築,則一洞中墜下甚多。下車循城北行,里許,見城根平地處,積破磚瓦甚多。大約係一舊宮殿址。子怡言有破磚瓦在板築中,當係秦物,因長樂係秦故宮也。子怡又發現五棱瓦水道,較閣老門者爲小。檢得破磚瓦數包。再北,出北玉女門。孝侯獨循城走。又在城邊發現扁圓水道一處。至燉煌寺,視其塔,則甚平凡,似亦非古。惟塔磚均有刻字,作"燉煌塔磚"。外有一殘石,有數字,未知何年。然有"牒"字,"勝嚴禪院"字。據明弘治碑,則寺於金大定二年,賜名勝嚴院。疑此即金碑殘石。石上餘文尚有"塔"字可見,然則塔或亦非近世乎? 時已四點,遂歸。至城內,已六點。接前栒邑縣長謝公義晨追悼會籌備處函一封。

十三日,寫家信一封,給張佩蒼信一封。聞火車路已修到十里鋪,恐前所見石器遺迹,爲所破壞,乃與樂夫同往視之。以人力車往。至,聞路尚在北半里許。此遺迹雖未被火車路破壞,然爲鄉人取土,已取去不少,細察,無別種發現。聞鄉人言,從大溝少下,右轉,略上,有灰土坑,內有破陶片,乃循所指往。左右崖半,均有灰土不少。左崖尚有一大洞,大約爲鄉人取灰土處。內紅陶、黑陶、帶紋陶均有。鬲足、罐耳、盆沿亦均有。但遍尋不得石器。登原視,則與來時路甚近,村名米家崖。乃轉回大溝,下至滻河灘。左轉,至修路工處一視。返十里鋪,午餐。餐畢,以人力車歸。又出到太平春浴。接到總辦事處寄來匯單。又寫袁希淵信一封,聖章信一封。至匯款收條,則附聖章信中寄回。

二十二日,下午汪興齋君引二汪君來談。一名樹蕙,爲省政府參議;一名咏虁,字子淵,桐城人,年尚幼,而銳志著作,擬作

《秦制考》，作出者有敘言及分目。然茲作體大，未識此君能勝任否。鄭士彥數來，均言比公使今日來西安，明日止有一日逗留，此間留法留比同學，擬用茶點歡迎，囑余往見，並與之約鐘點。公使寓訓政樓，余乃前往，再去始晤面。公使爲 Baron Guillaume 及其夫人。並晤老同學洪光昆君，現爲隴海路總工程師，余今日始知之。尚有一周嘯潮君，江西人，爲隴海副局長。又有一浦雲君，號禹嶠，亦隴海路職員。男爵與余談及考古，言甚愛陶器，問吾何處可多見。答以此間古董店多忽視陶器，故非易易。因約之來分會參觀，但未定鐘點。余問居佑穆男爵，是否有工夫來余等之歡迎會，答言一切行動日程由浦君辦理，乃與浦君定於明日下午六時。歸後，始想到地址爲西京飯店耶，抑西北飯店耶，余已記不甚清，乃寫信問士彥，並請其知會各同學。晚布置大廳，略就次序。

二十三日，接士彥信，言地址在西北飯店大禮堂，因函告浦君，並問其分會參觀鐘點，答言五點準來。全日忙於寫標籤，定名字，始覺陶器定名之難。士彥數來。下午龔賢明來，士彥來，言下午六點爲綏靖公署及省政府公宴公使時刻，茶點歡迎已改於五點鐘，來分會參觀，大約不久即來。乃待至五點餘，仍無影響。正不耐間，乃賢明來，言大家已到西北飯店多時，客人亦到，乃待余主席而未至，始知浦君鬧錯，擬先至茶點歡迎會，後來分會。乃乘汽車往，到會者除客人外，共十人。大家推余致辭，余略談數語，然余今日神經不寧甚，殊不適意。致辭後，已將六點，公使乃先往新城赴宴。約宴後來。然彼尚欲參觀戲園，則是否有餘暇，殊未能定。晚月色頗佳。八點餘，居佑穆男爵夫婦及浦君來參觀。頗嘖嘖稱嘆。然分會開辦伊始，成績尚未足觀，希望將來能大擴充耳。接家信一封。

二十四日，夜眠不佳。上午到西京籌備委員會，晤子怡、士彥、賢明諸人，問士彥借繪圖之蠟紙蠟絹，答言可以。問余需用多少，余殊不了了，乃定請孝侯下午來談。下午子怡來，同來看古董店，在馬回回店，購得小石璧約廿，價二元。此石璧與余前所購石珪，在大雁塔寺內同一坑出土，疑爲圭璧用途太多後，大家偷工減料，暫作成此等具體而微之物，如後代用錫箔之作金銀元寶也。別子怡後，欲往洗澡，想到囊中無錢，即歸。九點餘即眠。

二十五日，昨晚已眠，乃有擊門者，問至爲送電報者，需親起蓋章，乃復起。① 一夜眠佳，但夜中覺寒。次日見氣候測候所報告，最低溫度已至零下十三度。下午到太平春洗澡。全日檢點賬目。接中孚信一封。

二十六日，今早最低溫度零下十二度。夜眠不甚好。汪子淵及梁午峰來談。午峰并請明午在北平飯館吃飯。派王忠義到大袁村購買前所見之瓦鼎及瓦鬲。寫家信。與季芳、石頭、糜岐各一通。接金源自安慶來電，請我與安大傅校長電，保他教授哲學文學。然傅校長何人耶？疑爲佩青，然亦安知非他人？何不多打兩個字耶？②

二十七日，翻閱《甘肅考古記》。到北平飯館午餐，學昌在坐，問潤章來期，告之，彼言當問農專借一汽車往接云云。出到《大公

---

①編者注：原稿此處有約一行字被作者用墨筆塗去。
②編者注：原稿此處有一行半字被作者用墨筆塗去。

報》分館,購《清代殿試考略》一本,①價九毛。歸來略一翻閱。

二十八日,上午耿壽伯來談。下午田和生來談。②

二十九日,本日天色不佳。上午省府科員涂君□□③來,係壽伯派他來詢院方委員字者。下午復來,係壽伯托我向翁、李二先生接洽講演者。《西京日報》記者文君景星來詢來會一切事宜。希淵來,喜出望外,快談。晚龔賢明來談。

三十日,夜中頗聞風聲。上午仍頗有風,但溫度不低。全日時霏雪花。上午同希淵乘人力車到十里鋪,再行考察石器時代古……④

三　月

二十七日,因今日無快車,未能動身,僅到管理局購明日快車票而已。

二十八日,晚九點鐘上火車站,十點鐘開。

二十九日,⑤下午一鐘餘到安陽,下火車,行李下到德記旅館。余已二十餘年未在彰德下車,火車站上已氣象全異矣! 稍息後,即雇一轎車往小屯去,因此地前雨雪,泥濘甚多,人力車難通行也。發掘地在小屯村北。晤石璋如及李□⑥,現在正在勘查地

---

①編者注:原稿此處有近十字被作者用墨筆塗去。
②編者注:原稿此處有近一行字被作者用墨筆塗去。
③編者注:原於"涂君"後空闕約二字。
④編者注:原稿此處闕頁。
⑤編者注:原稿此處有三行餘字被作者用墨筆塗去。
⑥編者注:原於"李"後空闕約一字。

下版築，尋建築的遺迹。並尋得柱礎多處，可知當日宮室之形狀。
聞後岡尚有一處發掘，乃往。其處即在鐵路附近高樓莊之後。監
工者，爲劉照鄰、尹子文。此處所作者，多係墓葬。亦有版築迹。
入城，到冠帶巷中央研究院辦事處，訪彥堂，適彼不在家，稍待，即
歸。談甚歡。晚即宿於辦事處。

　　三十日，早與彥堂同出，將游天寧寺。將到古物保存會，看其
所保存天寧寺古名畫，乃先到專員公署，請得其允許。街上遇許君
天民，遂同到天寧寺，廟已改爲□□□館①，餘塔在焉。塔大約爲明
重修。後同二君再到小屯、後岡工次一觀。彥堂勸帶有經驗工人
一名，甚以爲然，托其物色。歸辦事處。午餐在坐者，有中學校長
張□□②君，面貌頗熟。張君自言在河南第一師範時與吾認識，然
余記憶力差，未能憶起。餐畢，同往古物保存所。晤所長裴晉卿
君。裴君提議中央研究院、古物保存所與盜掘人等合作，所得古
物，三股均分，至爲可笑。所保存天寧寺古名畫一二十張，但絹
質已碎。想改裱，必須從北平請良工來彰德，種種費用，不下千
元，現尚無力及此。觀其三張較完整者。每張各一神像。從頂
至踵，已不下丈，而筆力飽滿酣暢，洵屬名手。相傳爲吳道子
筆，自不可靠。裴君因其神祇多沿《封神演義》，斷爲明中葉以
後物。但《演義》中神祇，亦多沿前聞，未盡臆造。且所定神名
或未盡確。如所觀之觀自在像，長衫雲履，即似不合。不過觀
其筆意，似非唐風，謂爲明中葉重修廟時名手所繪，似爲近之。
歸辦事處，晚餐後，因明早五六點鐘即須上火車，故出城仍住德記

①編者注：原於“館”前空闕三四字。
②編者注：原於“張”後空闕約二字。

旅館。彥堂帶行李同住旅館，以便送余上車。出城時帶團丁四名以備非常！至旅館一問，則早晨無車，仍須乘下午特別快，爲之廢然。晚談工作事甚詳。

三十一日，許天民來送，并送罐頭茶葉種種。上午再獨到後崗工次一看。同照鄰到洹河北一觀。河北土人私挖古物，所留痕迹極多。河北夜間工作，甚爲積極。官廳士紳均有聯絡，不願過問！至可浩嘆！彥堂在此工作，亦在四面楚歌之中。昨日訪得一河北新出甲骨地，今日往與專員交涉，前往工作矣。余始悟前聞孝侯所説小屯工人偷竊古物，中央研究院無法阻止之爲虛傳。外人以重價收買殷虛古物，固屬事實；賣古董者告外人以從中央研究院坑内漏出，亦并非虛。但小屯、後崗附近爲當日人居，不出銅器。——間亦偶出，如前日余看工後，在後崗離地面不遠地方，即得一觚，一爵，一戈頭，昨日余親見之，然此爲例外。——出銅器者，則在都城附近河北地方，爲中央院勢力之所不及。然外人買古董者亦僅知小屯；不言小屯所得，苦無售主。種種機緣湊合，而中央院監工不愼之弊端，遂騰議於人口矣！余等過彼間時，一新開過之坑，旁邊有數個半大兒童，見余等至，即逃去，其形迹固可疑也。返旅館，新選工人何國祥同辦事處管事關□□①君來。何擬下午與余同往西安。午餐時，彥堂來。言與專員交涉，甚爲滿意。未幾許天民亦來送。與何國祥同上車，坐三等。到黄河南岸，日已將入西山。宿於一小飯鋪中。有床，且無雜人，固已出余意外。此地去年黄河水大，地被沙噴。問地方秩序，則言夜可不閉户也！

---

①編者注：原於"關"後空闕二字。

四 月

一日，雇驢往廣武。驢僅馱行李，余與國祥皆步行。登坡時，見村頭有荊棘柵欄門，尚閉。趕驢童子力闢始開。問之則言去年年底，山上有匪人，故設此門。因此知此地情況，已未如理想中之佳勝矣！過午，到廣武，方將尋一飯鋪，午餐後，始往訪子昂，乃於東街正遇之。雖相別已二十年，然彼接余近日信，知余將來，故尚能識別，叫曰："這不是旭生麼?"彼雖已老，而聲音余却記憶甚清，故直答曰："子昂先生。"握手相見，皆大喜。因隨之到財務委員會。會址在舊日糧館地。見其各同事，雖年皆較稚，不能認識，然談及家庭，均相知也。問子昂年齡，則已六十，頗出余意外。但彼中年時，即覺年青，老仍如此，不足異也。最令余驚異者，問城內當日念書人，以爲大半當作古人，而差不多皆健在！且均已過七十矣！問趙少甫先生，亦健在，派國祥往送茶葉二盒。稍休息，同子昂往前日學宮，觀吾兒時游息之地。則規模大異，幾不可認！當日之二堂，已倒塌，僅餘破墻矗立！二堂後兩旁草屋，吾兒時讀書之所，已全拆毀，無蹤迹可尋！只有後院大體仍舊。① 至正室內稍坐。雖略有改變，而房子固尚仍舊！出到前日東渠書院及試院地，則前清已改成學校，現在大體無改變。惟文廟亦併歸學校；神位已無！數百年之老柏，已砍伐將盡！明倫堂雖在，而改易幾不可識！亦因兒時凡物皆覺大，今日反覺渺小。年齡日進，印象固

①編者注：原稿此處有七八字被作者用墨筆塗去。

未能相同也！最可痛者，民國初元，河陰初恢復，重修縣志，經子昂、子怡等，將闔縣之古金石，辛苦搜羅，保存於明倫堂後，又經胡巽甫大令刻石紀事，現在則黨部之黃口小兒，或毀在臺階！或用在廁所墊腳！或碎於倒屋！橫三豎四，傷心慘目！[①] 勸子昂設法再搜羅保存，尚未知遺留幾許也！歸。後又與國祥同出，謁少甫先生。先生年已七十，而尚在授徒，學生不少。步履亦尚健，但言多走幾步，稍急即喘息不已，故未能遠出也。未幾，子昂亦來，同歸。毛胡同及西街情形尚仍舊。晚宿於財務委員會。聞前日金山寺，現改爲縣立師範，隔壁爲其宿舍，初寢時頗擾攘也！晚晤毛子賢，談及房子事，言明早可同往觀。

　　二日，早同子昂、子賢往看房子。房東楊姓，前作生意，近已不作，在家教一小學。宅基窄長。四間寬。進門，南房連過車門四間。前節空地，尚可建築。後節有東房二間，暫作書房；又一間，大約爲其廚房。正間號稱五間，實四間連東頭一過道。正房後又有空院，亦可建築。正房內有暗樓。南房亦作暗樓之裝置，但尚未上板。均係瓦房。四面鄰居，聞亦甚佳。出又到少甫先生學房一坐，去時，先生正在講書。返委員會，早餐後，雇驢與王撫吾、國祥同到北山，尋敖頂遺址。出北門，過車莊、車大溝。二村中間，道左有碑樓廟，進內一觀，則係清官道所修。有厢房，有捲棚，獨無正殿。在正殿處，僅有數碑樓，以頌其教中先師之功德。此教在此一帶之重要人物，蓋爲前清秀才車超然君。車君之父即爲此教師父。此教吐濁還清，以法爲人治病，蓋道士之支流餘裔，

---

① 編者注：原稿此處有十餘字被作者用墨筆塗去。

其糅合儒佛,亦普通道教混合精神之所表現也。前進至下任莊,聞任躋甫居此村,往訪之。相見甚歡。村東頭有一寨,乃同登寨一觀。寨依山以築,下望風景甚佳,形勢亦好。但內無居民和住室。即將別去,而躋甫堅留午餐,不肯放行。午餐爲粗白麵油餅,內加粉條之麵湯二種,并無菜蔬。此等飯,吾二人固然是大飽特飽,毫無問題,可是我們到此,我敢相信躋甫之竭力勝設,然猶止此,足徵鄉間人之清苦也。餐畢,仍留住下,乃堅決辭出。躋甫送出村始返。又行數里,遇田間農夫,同他們打聽有破磚爛瓦之敖頂何在,他們説在屮乙峪——文名寨子峪——坡上,説那邊又叫龜蓋,有破磚爛瓦甚多。並言從前面可又往北下坡云云。從其言北轉,又遇農人,問之,則言在彳乃溝——實陳溝——大坡上,宜往西行云云。告以他農人如此説,他説下去再上去,也未始不可云云。遂下大坡。甚曲折斗峻。路旁即見紅沙陶片。自出城至此,路旁極目,并無一古陶片,忽然遇此,不覺大喜。但亦無多片。再下,道旁有版築,然無以證明其非出於近世。至溝底,問人敖力乙何在,答言在前面西坡上。乃留驢夫同驢下候,余與撫吾、國祥上去。撫吾體胖,上頗吃力。上後遍尋,並無陶片灰土! 即間有一陶片,亦係現代所遺! 且地方狹小,絕不似一都會遺留。轉左遍尋,路途愈險。向山外下望,見有數人挾槍以游,心中不無疑慮。昨日聞子昂等言,離城稍遠,也常有三五人夜聚明散,爲非作歹,但白日則不敢出。然此時撫吾本地人,亦不無疑慮,遂從山內下坡。愈走愈無路,終臨斗崖丈餘。撫吾言:此類地當係有路,近日因時候不好,爲居民除去云云。幸僅屬黃土,且余等登山時,携帶小鎬,國祥乃漸下漸開接腳坑子,余等因此,遂下至明路。此時仍在半山，悟來時打聽錯誤，遇來人，不問敖ㄅ乊何在，只問何處有破磚爛瓦。答黽蓋上有，宜從右轉上坡。至驢可命其俟陳溝大坡上，云云。乃命國祥下，命驢夫俟於所言處。余與撫吾轉右重上。登坡時，遇數農夫，正在鋤地，撫吾邀其一人同登。至上，見陶片甚多，瓦鬲腿片均有。此處雖鄰大溝，然地稍寬廣。且大溝必係近數千年之侵蝕，商代未必如此。時天微雨，農夫指余等以向陳溝大坡路，遂下。余等已無意尋訪，思尋途歸，而灰土陶片，絡繹不絕，而余等已精神疲倦，且天色已將晚，不敢多稽留。如余等早問居民以破磚爛瓦所在，當不至白耽誤工夫如此。雖匆匆看一遍，然所見陶片，非必殷時，亦有漢代者，疑漢初敖倉亦在此地。騎驢疾歸，入城，天尚未黑。晚餐係一盛宴。此地筵席，已比前二十年好多。晚子昂、子賢來①。

三日，早，同子昂到教育局，爲城隍廟舊地。下午雇驢到汜水火車站。子昂送至城外。至木樓，稍息。至汜水車站時，正有車向西開，問之，則止開至洛陽。至潼關通車，則夜中兩點鐘始過此。乃止宿於一飯鋪中。

四日，十二點半即起。上車者無幾人。余雖購二等臥車，下鋪，然上車後，下鋪不空，必須俟至孝義，始能空出，乃俟於頭等坐車中，過四點，始得睡。晚抵潼關，宿於旅行社。在社中洗一個澡，爲之一爽。② 偕國祥到東門外一游。

五日，昨晚起便時，天微雨，甚憂今日行程，然數點即止。今日早旅行社徐夥來言，有一坐車，可坐三人，如能出三十五元，則

上午即可至西安,馮先生可同行,未知余樂意否。余斟酌片刻,答以可行。我方出車價及酒錢廿五元,馮君出十二元。車甚新,係一軍中回頭車,偷携客人。車走頗快,沿途麥苗佳,氣象尚好。在渭南稍停即走。至華清池前,入民衆第二圖書館參觀。晤孟希天君,又問卞文軒君,然時卞君已至前,同余招呼,而余有點遺忘面孔,甚矣余記憶力之壞也!又至浴堂參觀。内宋元刻石尚多,異日當令人拓一全份。至城内,約將兩點。過灞橋後,泥頗多,因昨晚雨大也。至分會,除晤分會諸君外,又晤考古會新職員李、楊二君。張午中同一韓君來談。① 又有一新聞記者來與樂夫談,忘其姓名。馮君携鮑君②來談。③ 致一電與聖章,報告已到,并催匯款。

　　六日,早子怡來談。扶萬來談,午峰來談。吳敬老、馮孝伯來談。④ 下午有數新聞記者來。一河南大學教授饒孟侃君來談。饒君學英國文學,然對古物頗有興趣。言興善寺堆集佛像頗多,且慈恩寺塔前地下有蔡君謨書殘石,請會中派人取回。寫家信一封,中孚信一封。晚子怡同西京籌備委員會一□君⑤來,言隴海路局約明日由委員會居間,將所得古物交陝西考古會,請派人於明早八點同往接收。乃派人通知扶萬先生轉令李君往會同委員會接收。

　　……⑥任不在,乃改見周梵伯秘書,少談,⑦爲饒君介紹參觀

---

①編者注:原稿此處有半行字被作者用墨筆塗去。
②編者注:原稿此處有二字被作者用墨筆塗去。
③編者注:原稿此處有十餘字被作者用墨筆塗去。
④編者注:原稿此處有四五字被作者用墨筆塗去。
⑤編者注:原於"君"前空闕一字。
⑥編者注:原稿此處有一行字被作者用墨筆塗去。
⑦編者注:原稿此處有半行字被作者用墨筆塗去。

小碑林。歸步行，天甚熱。今日隴海路局將其所得古物點交，考古會李君往，則李段長言必有北平研究院人到方可，蓋對於考古會方面，頗含不信任意。乃命樂夫同往。下午考古會開例會，張、王、寇、李各委員均到。散會後有數新聞記者來。

八日，往見叔威廳長。① 下午饒孟侃君來談。接研究院信②。下午雷聲殷殷。寫信與天增、桂棻、長兄、二哥。

九日，今日雨，天寒。接孟和信一封，寫寄黃自芳信一封。扶萬先生來，介紹其令親鍾德昌君，往作工。鍾君年十九，曾上國民小學，在鄉下種田，許之同往。晚與孝侯、萬玉等談。孝侯……③

十一日，仍未晴。壽伯來，言扶萬先生見邵主席，請補助款項，並請將本院部分經費統一，邵答以未便説，請自商議。壽伯意謂如實質不變，形式上不妨少讓步以示接近云云。答以用款大體可隨時報告委員會，但本院經費，止限於工作，不能移作行政用。又本分會獨立會計亦未便取消云云。壽伯以爲妥，允轉告前途。托其將工作款項匯到寶雞縣政府，以便在當地支用，又請其知會汽車局減價。答以來一函，即可容易辦到。田和生來。去後請考古會李君以考古會名義去信。整理鐵路局所交來古物，撤其重複及破碎者，置於儲藏室中。扶萬先生來，言信可寫，但仍申經費統一一議，仍以前議答之。下午李□□④引一楊聯甲君來談。楊君寶雞人，民國初年在北京警官學校畢業。家居姜城堡西。因與談寶雞情形頗詳。⑤

---

①編者注：原稿此處有四五字被作者用墨筆塗去。
②編者注：原稿此處有五六字被作者用墨筆塗去。
③編者注：原稿此處殘闕。
④編者注：原於"李"後空闕二字。
⑤編者注：原稿此處有六七字被作者用墨筆塗去。

接中孚信一封，并張翼三君名軫，羅山人。救濟宛屬計劃大綱一份。

十二日，夜雨，天明，雨止，然仍未放晴。今日考古會請李樂知、龔賢明二顧問來會參觀所已陳列由鐵路局交來古物……①

……②彼間等着整理，而啟行未知何日，真令人悶損也。閱報，知前晚最低溫度，已及零度。今日室中溫度，未過九度。上午雨頗大。下午漸小。幸晚十點半鐘，已見星，天其能從此放晴乎？然亦未可知也。終日未能作事③。

十四日，今日晴，然仍有雲，且向西南行，令人心中不安。今日下午④寫彥堂、子昂、援庵、將唐郎官題名碑照片，寄與援庵。穎孫、潤章、寅恪、建功信各一封。家信一封。今早樂夫到汽車公司問汽車何日能行，答言如從此不雨，後日準可成行。六點鐘，有一新聞記者來訪。

十五日，晴，定明日啟行。令樂夫將商務書館所餘之四百元取出，留下百元自帶，餘三百元，想交到財政廳，撥到寶鷄。問人，始知今日星期，無人辦公，止好送與壽伯，請轉交，乃雇車往，則壽伯已出。歸將至門口，乃遇壽伯坐汽車上，邀之至寓，托其辦理，并請其轉托財政廳令知寶鷄縣政府，如考古會用款在五百元以內者得隨時支付，報交收條，即作正開支，將來由院還廳，壽伯慨允照辦。壽伯言少岩來省，是否可同往看他？乃坐其汽車，同往。稍談，讓壽伯先去，因不欲勞其汽車再送也。獨出，路過蓮湖公

①編者注：原稿此處殘闕。
②編者注：原稿此處殘闕。
③編者注：原稿此處有半行字被作者用墨筆塗去。
④編者注：原稿此處有三行字被作者用墨筆塗去。

園,進去一觀。花紅水綠,春色滿園矣。歸,接到扶萬先生信一封,言會中將派李君希平,同往協助工作。往見叔威廳長,談及會中諸委員因前日開會,余未將工作及款項報告,不甚滿意,故有前日統一議。前日會中,議論出發事太少,余當日事後,也覺詫異。但開會無秩序單,主席未提出,余個人亦覺無多話可説,故未特別提出報告,不料其出此誤會也。因請其隨時見面解釋。下午檢點書籍。樂夫厭煩,將書亂七八糟往箱中一堆,甚不懌,乃代爲檢清楚。稍息。李印唐來,言扶萬先生請再留一日,爲出發人員餞行。余聞之,覺甚詫異。彼又言實因戴君電,欲得一機會,見面一談。余因答應再留一日。叔威廳長來寓稍坐即去。子怡來談。接聖章信一封,言白金綫國內無有,須到國外訂購,膠片購妥即寄來云云。

十六日,檢點東西。因昨日邵主席在牛頭寺附近墜馬傷肱,乃同樂夫、孝侯往視。先晤壽伯,據言在省立醫院,不在省府,乃出到省立醫院,見着,精神甚好,醫生言内部毫無損傷,惟昨日初受傷用汽車返城時,路甚不平,痛頗劇,現一切均佳云云。歸,壽伯來一信,言所托事全已辦到,并附一三百元收條。柯莘農來談。午刻考古會正式開會,王卓亭未到。余解釋前次誤會,并報告一切。勝浮主張凡看得見的古墓,完全不動,因與原計畫無衝突,允之。勝浮又極力主張會中經濟統一,換言之,即取消分會會計,款項來時,交給考古會會計,再行領用。因其不合理,力拒之。歸結仍舊貫,而用款或欠缺有挪借時,由研究院自行負責借還,不使考古會另負責任。三點多鐘,始吃飯。寄與劉士林兩宮圖拓片一份。冠五來談。給他寫一信,介紹給叔威廳長相見。晚氣象頗燥,天亦微陰。往與叔威先生一談,以今日開會詳情告之。

十七日,五點即起。收拾行李,用電話催汽車,七點餘始到。裝車過滿,汽車夫不肯開。扶萬先生來送行,言可對壽伯一言,請其設法。乃命樂夫往,未幾孫維和來,與之言,彼仍不肯開。吾輩相信重量不小,但未過重,汽車夫不過想另搭人坐,或想多討酒錢,遂故意爲難,心中甚怒。以後汽車管理局陸君來,汽車夫覺得不妥,倩人言願開,吾輩又怕他路上掉花頭,堅不願他去。歸結,汽車局又派一車來,這個汽車夫也說太重,不得已,乃命他們兩個車都開出。孫君又派人送點心。十一點,乃開出城。後亦未見有人求搭車,怒氣全消。到興平,吾本意不停,乃汽車夫停下用午飯,也止好下來吃點飯。用飯未完,少岩聞我們來,親來店中。懇切之情,至堪感荷。至武功,稍停等後車,所帶來之煤油,路上震動筒漏,乃賠錢賣與商家。武功、扶風、岐山荒地雖較去年爲減,然仍不少。過扶風不停。離岐山一二十里,[1]行李車不來,心中甚焦急。因岐山店均爲軍隊占用。吾輩想先到鳳翔,又無行李,且恐行李車出點小差子,去遠更無從招呼。眼見太陽西落,止好枯待。日已將落,看見車已開來,大喜,乃急前開。幸此後車甚平。打了二十餘里黃昏,始至鳳翔。餐後未幾即寢。

十八日,五點多鐘起。七點餘開出。[2]直至寶雞。在溝中,與一重載牛車相遇,非牛車後退,無法開出。大家給牛車幫忙,而退數丈地,真費千辛萬苦!汧水頗洶涌。過底店,耳目一爽。但恨今日有霧,未能明見南山。至寶雞縣署,晤全仲侶縣長。全前

---

①編者注:原稿此處有三行半字被作者用墨筆塗去。
②編者注:原稿此處有一行半字被作者用墨筆塗去。

爲民廳秘書,固係舊識。談次,知仲侶縣長對預備房屋各事,已先爲籌備,甚喜。其寶賢堂前,春光已濃,海棠盛開。然未幾即聞敲撲聲以逼丁賦,心爲惻然不寧。餐後稍息,將出游長壽山,恐縣長事煩,未敢往邀,而同人至門前,縣長已追出,言事在早晨及晚間,此時無事可同往,乃同出。先游城隍廟,現時門開,内有一道人。孝侯甚賞天花板之美好。出。從縣立完全小學入游文廟。雖不若鳳翔之破壞堪悲,然門窗已全毁,神牌已無。止餘一至聖神牌,甚新,但置於累積甚危之土壘上,爲慨嘆者久之。仲侶縣長囑校長將神壇仍修起。此地各廟固多數破毁,然樹尚未拔,略爲可喜。〔仲侶縣長聞人言文廟係秦羽陽宫舊址,勸余發掘,然據宋人記載,"羽陽千歲"瓦發現於城東門外,宋城與今城非異地,則遺址當不在此。①〕出西門。過一村,忘其名。再前爲玉澗堡。玉澗河在堡東,縣志言縣城之形勝,曰"左金陵,右玉澗,後陵原,前渭川"。縣城東三四里,有水曰金陵川。川西有原曰陵原。城築於原半腰。登原則全城在望,故此城雖風景絶佳而萬不能守。西門外二三里,即玉澗河,水因流急,頗汹涌,然水量頗少。水不行溝中,沿西岸東南流。土人用巨木,空其中,下以巨木撑之,横溝上引一股水過東岸灌田。製法質樸,饒自然之趣,令人流連不置。木管間有漏處,垂泉四濆,夏日當有兒童在下洗浴矣。管北爲一木橋,上可行汽車。渭河峽口在此地西十四五里,時有要人往視察,故仲侶縣長催民夫趕將道路修平,旁植白楊。——據仲侶言,今春共植樹三十五萬株。——過河,未過堡,北轉,有原,名紫草

---

①編者注:此爲天頭文字。

原。原東端即名長壽山。原腰有廟，與金陵川旁之金臺觀形勢全似，東西相望也。登山沿河，有水磨數家。廟層累而上，神殿甚多。前院有亭。坐亭上，望南山渭河，萬象森列。一山口西南行，行四五里，即至總管川陝之大散關矣。廟有一殿，因臨峻崖，石階太逼仄，階旁置鐵鏈，可援以上下。廟内雕刻、塑象、畫壁，均可觀覽。廟有碑多通，止有一明碑。最足異者，則廟似無一正名也。有一碑，稱俗名牛頭寺，至縣志則名之曰牛頭觀。廟中神祇亦道佛雜出；守廟者爲一道人。仲侶縣長稱之曰長壽寺，亦似非典。拍一照，乃出。南到玉澗堡。途中拾得一斷石斧。堡西頭有一廟，頗整齊，門不開，未能入。稍東又有一廟，曰勝金寺，内有學校。後殿供三大士。懸山神佛，意趣橫生。出過橋轉南，到紙坊頭。此地去年曾來，然風景明秀雄勝，仍令人無限留連。今日出城所見，如以藝術眼光視之，無一不佳絕。余行地頗多，風景堪與寶鷄相比者，尚不多見。今年年境略轉，村童就學者已多。能再豐收數年，民力當可稍恢復。此縣地臨通衢，所患者，差徭繁重①。

　　十九日，與仲侶縣長偕往鬥鷄臺。至村西頭，大道北有一廟，内有第二學區區立第二十七小學。據言臨時辦公處可設於此，乃下車入觀。未幾，正區長田君、副區長韓君、前任區長□君②、村長張君、排長楊君均至。校中教員符君。問此何廟，符君言係娘娘廟。廟大門三間，無神像，畫壁剥落。正殿三間，有畫壁神像。陪殿三，各一間，内有神像畫壁，無門窗。教員住室一間，門窗全。

---

①編者注：原稿此處有半行字被作者用墨筆塗去。
②編者注：原於"君"前空闕一字。

後面有洞二。稍休息，即同往觀將來要發掘地。上原太早，至戴家溝西。下溝，細觀党ㄅㄜ盜掘處，始知溝沿西畔，亦多發掘。登東面原上，尋灰土層，知并無去年所覺之多。樂夫在岩間，尋出一頗完整之瓦鬲。村人言此類物極多，党ㄅㄜ的人不要這些，得輒碎之！下原，人言他處有一部分閑房，可設辦公處，入觀，則房止三間，雖有二洞，然太不敷用，乃返廟中，決定用廟，學校遷移他廟。村人備有午餐。餐後乃歸。遇東嶽廟前，乃下車入觀壁畫。廟中亦有學校。正殿後檐已漏，據孝侯估計，需百餘元，即可收拾。勸仲侶縣長倡首捐助，經慨然允許。晚餐時，聞仲侶縣長言明日[1]即全搬到鬥雞臺臨時辦公處。[2]

　　二十日，早起，檢點行李，以二牛車一騾車運之。余個人則偕鍾德昌步行前往。七點餘出城。東關中間有先農壇廟，入內一觀，已破損，無人守視。前有戲樓。出關外，向北稍轉折，有大乘庵三元宮，內有道光十一年碑。設有縣立第四初小。入內觀時，則兒童均正在掃地。稍前路北有一堡，名東堡子。堡外有戲樓。樓山墻外附短檐作飾，檐下又一墻附之。稍前即金陵川。去年來時，水僅餘尺許，此時寬廣，不啻十倍。過川，北原名西平原。原頭曰蟠龍山。有堡。清初貳臣党太保崇雅舊居。山根亦有堡，名金陵堡。堡外道傍，有小市肆。路北有關帝廟。內有道光二年碑，據言廟重修於乾隆四十九年。後殿嘉慶廿四年之神幔尚在，畫壁頗佳。前殿無神像，有第二學區區立卅二初小。據此前殿門對，疑曾祀介推。然僅一紙對，或未足為依據也。稍前地名崖子

为l,再前小堡子,又金升堡。實在此數處均相連。過堡,離開大路,上原,原半有一小村,名宋家窑。前有十餘家,現經荒年,已餘四五家矣！下原,到十里鋪,大村也。有廟名朝峰寺。門閉,叩之不應,撥之始開。內設有一小學。正殿祀三大士。僅有一乾隆六十年所立毛家坡、開光寺爭田畝碑。據碑則二地均在"南棧",明季,村人避亂始墾①斯土。清天下大定,人各歸鄉,田荒,遂爲流民所據。興訟累年,經官斷明,乃立此碑。再前,張家村。原坡有柏樹多株,雖水缺未茂,而已點綴風景多多。村內雜樹亦多,故風景爲此十餘里內之冠。村有太白廟。嘉慶十六年碑,載係明初"探花諱俊,鐵板大人劉公倡衆建修"。雍正十二年,則言劉爲"正統詞臣"。考縣志言劉俊,玉澗堡人,正統十年第三人及第。常"拒石亨之請,發汪直之奸,一時有鐵板之號",云云。內東院有小學,碎娃四五十。西院有小樓,名鳧飛。三層梯毀不可登。前廊有人織席。問其價,則言僅二角。問一日能織一張否？答必須二日。人工之賤,殊堪一嘆。廟油飾頗新。據民國十年碑,則新修"經始於光緒三十三年六月,落成於民國十年十月",共歷十五年之久。出村稍東,有村名張家底下。再東,有村,未知何名。再前,已爲目的地。學校已移去。廟內缺門窗床桌之屬。未幾區長、村長皆來。縣長派四團丁來任保護。匆匆掃除假借,亦遂安置。余一人住前教員室內。樂夫、希平、隆季及二勤務則住大門三間內;將大門關閉,留走旁門。孝侯、萬玉住正殿內。餘住後間。召泥水匠、木匠修理鍋竈。未幾已可舉火用飯。廟後坡上有

①編者注:"墾",原誤作"懇"。

堡,内無居民。王忠義由廟後水洞入登堡上,言上有野雞。余亦攀登在堡外西南面平地一看,則見堡寨下灰土甚多,陶片均屬漢時。疑此即漢陳寶祠地。欲尋得門入堡,則西鄰大溝,不得過,亦止好側身由水洞入。登堡,墻頗薄,難行。正北堡上,有無量廟一間,現已破毀不堪。然當日規模不惡,而額曰“因陋就簡”,以是知秦民之修廟熱也。堡有東門。出歸廟,始疑廟即爲陳寶祠。廟固無額,而神龕前顏曰“陳倉福神”,當非無故。聯曰“神降陳倉,瑞映岐陽鳴鳳;廟臨渭水,祥開郾野飛熊”,語意亦合。問符先生以陳寶祠何在,謝以不知。後向東邊各廟揣測,均似是而非。以余意告之,答言亦或然也。排長楊君則言此即陳寶祠。考陳寶之祥,劉向言其“高帝時五來;文帝時二十六來;武帝時七十五來;宣帝二十五來;初元二年以來,亦二十來”。《漢書·郊祀志》。引見縣志。則雖迷信,亦非虛構。觀“文公獲若石”及“常以夜光輝若流星”,《史記·封禪書》。及“光星赤黄,長四五丈”之語,《漢書·郊祀志》。則初來當係一隕石,後來當係流星。憶吾幼年在河陰時,聞山中人因井深,汲水不易,故井上徹夜有人,天上變異輒知之。此地地勢相同,故大流星之來,均能詳記。至童子化雉,則初期并無此説,亦只曰“野雞夜雊”,《封禪書》。“葉君神來時,天爲殷殷雷鳴,雉爲之雊”《漢書》臣瓚注。而已。亦因此地野雞甚多,故見流星出而夜雊。此神至今日,已歷二千六百餘年,在我國各神祇中,恐陳寶神外,無一神能與之爭老資格矣!決定明早分三撥出發,尋找遺迹。樂夫、希平、德昌一撥向東尋;孝侯、萬玉、忠義一撥向西尋;余與隆季、國祥爲一撥,直北到原上一觀。

二十一日,夜中聞有雨聲。早起,仍微雨。溫度十四。雲霧中看南山，峰巒隱現，濃陰欲滴，若觀小米水墨圖繪。惜吾不擅丹青，惟有對山瞻仰入幻。十點後，略晴，乃同隆季、國祥出。上原，從戴家溝西一溝上行。路旁有一兩處灰土，瓦鬲片頗多。原頂有村，名馮家崖。居民四五十家。有一堡子，未入。堡東有關帝廟，門閉未能入。廟前有戲樓，以板蔽前門。廟東有馮氏祠，内有小學。下原，至戴家溝，則樂夫、希平、德昌等在原掘一洞中找東西。下與之同下。午餐後，三隊同出，然希平留看家。登原，沿堡西大溝上。時行溝左，時行溝右。東岸上陶片不多，無灰土。溝中紅土無陶片。前日萬玉找着龍骨，當即在此附近。西岸上頗有灰土陶片。登原頂，在馮家崖西。村名楊家山，有堡，未入。楊家山西北有小村，名蘇家崖。再北有村，曰黑石溝。馮家崖北小村，曰宋家窰。從楊家山仍迤邐而上，北一二里，始至原正頂。再北則又稍下矣。下一里許，至一村，曰東河。荒年前居民過百家，今不及百。問陳村離此地若干遠，答言二十里許。問離鳳翔若干遠，則僅五十里。問北離汧水若干遠，則尚有十餘里。原上無遺迹。乃返。過宋家窰、馮家崖，均略有桃花，殆"萬綠叢中紅一點"矣。入馮家崖堡内一觀，則南臨懸崖，故無南墻。内亦少有人家。出下，遇樂夫、德昌，言東崖毫無所得。乃再向東下，樂夫等亦隨下。羊腸明滅，極難行走。幸余等膽尚大，實則人足所需地，亦極微末。如小心使不滑，即可無虞隕墜。溝中有泉。地仍屬鬥鷄臺。因溝口有寺，故亦名寺底下。將出溝，有大楊一株，已砍其半，乃又以泥封之！樹仍暢茂。貪利畏禍，村人心理，於是見之。左轉入寺，有二院，彩飾尚新。正殿左壁有懸山，右壁則止畫壁而已。問人言，廟為何年所建？答言"敬德所建"。問何所據？答曰：殿後墙外有碑。寺鐘爲嘉靖年造。出廟視碑,則金大定年一碣。是則碑縱非敬德所建,固已歷有年所。改日當派人拓取。歸,晚餐時,決定明日派樂夫進城,見縣長,商議團丁口食及地價事,并取國幣百元。歸時,順便到蟠龍山一帶考查,迤邐東來。至孝侯、萬玉則西去,期以明日將從金陵川至此地原畔,考查清楚。近日此地鬧狼,人有戒心。

二十二日,不出,止在家補作日記。接聖章快信一封,係爲彙刊催稿。孝侯、萬玉返,言考查至十里鋪,無所得。樂夫在蟠龍山半岩,得花陶片頗多。今日鬧狼愈急。有一村童臉爲狼抓破。原上一童被狼食。村人演皮影戲,請神保護。晚多人來廟請神。因余等在廟,未便入,乃於廟外東兒旮,焚香,點燭,磕頭,放炮,敲小鑼,禮畢,去時,並請余等往觀戲。今晚出恭時,令人在外守衛,亦懼狼也。接總辦事處信一封,言①片二十打,已交郵寄來矣。今日天氣甚暖。晚十點,尚在零上二十度。下午孝侯言上邊堡後,有古版築,疑爲漢遺。余乃獨往觀,遍尋不見。但近處靠北臺崖,亦稍有立土。欲自西大溝下,已將下至底,只離數尺,而崖斗懼滑,終不敢下。再上亦頗不易。稍一不慎,荊棘上小刺刺入手掌者一二十! 雖無大失手,而戒心仍懔懔也。歸問孝侯,孝侯即在祖師廟後靠着。問:何以知非築堡時之版築? 答:外出尚有丈餘,且與上層版築,厚薄不同,當非同時。其言似有理,異日當再往觀。

二十三日,早起,獨出,向西行。傍原而上,村名劉家灣。有

---

① 編者注:原稿此處有一行字被作者用墨筆塗去。

泉出岩下。上有廟，曰龍泉寺。廟中無人，有道光八年碑。民國
元年又重修。祀佛、羅漢、千手千眼佛，實只十四手，十四眼。孤魂、韋
陀、關公，極凌雜之致。門上懸第一學區第九初小扁，然因年荒娃
少，併入第二十七初小矣。歸，早餐後，派萬玉携帶兩勤務往蟠龍
山，再考查樂夫所發現古蹟。孝侯爲陳寶神照像。縣二科科長夏
日守君奉縣長命，携韓區紳同來，商議用地發價事。韓又邀楊排
長來。議決：分爲二類：第一類，用後地可恢復者，又分甲、乙兩
種，內又分麥地、烟地，甲種烟地，償十二元，麥地十元；乙種烟地
十一元，麥地九元。此款於動工前發給。如用後不易恢復者，歸
第二類。此類於完工後，再斟酌補償甲種十二元，乙種十元。下
午四點後獨出東走，至一廟，名三元宮，門閉，未能入觀。村名二
十里鋪，居民四五十家。余從此村上至原半，見原上有村，問路人
村何名，答言蘇家ㄉㄢㄅㄧㄢㄏㄚ，疑ㄉㄢㄅㄧㄢㄏㄚ爲原邊下
之訛，然未敢必。再西爲楊家ㄍㄨㄜㄅㄚ，ㄍㄨㄜㄅㄚ未知何
意。崖邊有柏頗茂。再東，爲文家村。再東，有溝，內有泉水下
注。名東溝。再東，即寺底下。早晨，隆季、國祥曾在此一帶尋得
灰土，檢得古陶片，余却未見。寺旁邊，戲正在唱，聞晚有皮影，現
則只有清唱。一班七人，四日共十元，并聞均有烟癮，然則其吃飯
錢亦僅矣！歸，萬玉等亦歸，檢得石斧、石簪、花陶片。據言其灰
坑較此間大，地面較此間小。

　　二十四日，今日有風，下午頗大，將晚始住。早起，出到河邊
一游。河身離寓所尚有一二里遠。有水鳥兩三種，未知何名。現
在河身不過三兩丈寬。灘地多積沙，間有種烟者，問其何不種麥，
答言種麥不成，故從來無種麥者。早餐後與樂夫、孝侯、萬玉、隆

季同出，尚有國祥、忠義、德昌等。將對於尋得地點，作一總勘查，再行決定地點。先西行，到劉家灣。岩邊人居上面，有灰土窑子頗不小。再上，有墓，人骨已露出。再上，小灰土坑散布各處。返從寓所東上原，先到堡中一觀。再北，覆勘前日所見灰土。轉東，下坡處，有版築一段，似頗古，然未敢定。到戴家溝，覆勘党ㄅㄛ所發掘地。再登東原上一觀。乃歸。國祥言在東邊，另發現版築一段。午餐後往觀。先到原邊上破土臺上一觀。此土臺係版築，詳細勘察，仍未能猜測其時代。抑此地名鬥鷄臺，或祀鷄臺，此或其臺基歟？東西下溝，在東南拐角處，即見版築。稍西亦有小灰坑。此為一臺基，抑或墓葬，均未能定。正在瞻望，孝侯、萬玉等先下坡，不久，即聞孝侯吹哨相招，下。孝侯言，東邊拐角縛牛處，崖上仍有版築迹。國祥先攀登，余由坡轉上，樂夫亦登。近觀，知僅剩一坡直立，下有一洞可穿過。版築迹頗明顯。偏西處有活土內填，當係古代一大墓葬。但現只剩此一坡，當無可工作者。歸，稍息。田區長、張前區長同三村長來，言將進縣，是否有事相托，答以無有。去後，再往版築處一觀。晚餐時，決定後日開工。一在堡子內，尋找漢陳寶祠遺址，樂夫監工，希平幫助。一在戴家溝東原上，可謂繼續党ㄅㄛ之工，萬玉監工，隆季助之。孝侯繪圖。余暫時來往兩地監視。再遲數日，即將版築動工，或屬余自監視。派人找楊排長來，請其明早偕同看地方，并招工人。

　　二十五日，早同同人出，先到廟北堡中，定兩坑：西橫東縱均4m×6m。後到代家溝東坡上，定兩縱坑，一南一北，均 4m5×12m。下午發價。晚同希平、忠義、德昌，往看戲。九點半始開。與灤州影戲大致相似，但唱甚多。所演為三藏取經事。看未及半點鐘，即歸。開戲前，再以電燈照讀大定五年碣，知此地金時名神泉鄉陳倉社。此寺則名靈泉寺，今日無此名，問人全無知者。〔接總辦事處信一封，命將興慶宮圖寄去十份。彥堂信一封，言彼在侯家莊開工確證爲殷墟，掘出大圓坑、地窖、土臺子之類。十一日，發現大龜版六個，互相粘着，文字甚多，考爲康祖丁時物云云。閱報，知日本外務部非正式宣布，破壞國聯與中國之技術合作，且言不惜以武力爲後盾！云云。①〕

二十六日，六點起，八點正式開工。堡中工人八，樂夫、希平、隆季三人監工。排立照一像。東坡工人二十，後加爲廿二。萬玉監南坑，國祥監北坑。照作工像一張。下午風頗大，測量未能開始。三點半，坡南坑出瓦罐一，瓦盆一，未幾又出一瓦罐。第一罐被鎬打破；第二罐口亦稍破。罐仰，盆覆。甲罐：$x = 1m80$；$y = 9m07$；$z = 0m48$。盆：$x = 3m05$；$y = 8m22$；$z = 0m43$。乙罐：$x = 2m10$；$y = 9m60$；$z = 0m42$。歸後，又出一罐，尚未量。上所出器時期不早。坡北坑內出古陶片不少。至堡內則僅橫坑出五銖錢，陶片不多。坡南坑掘自 65cm 至 55cm；北坑自 65cm 至 50cm。堡橫坑自 1m06 至 63cm②；縱坑自 1m27 至 72cm。今日爲陳寶神作聯一付，錄如下：流星耀光，兆秦族興王之運，實即啟全中國大一統之機，廟建陳倉，像設北坂，水涯於今存古祠；雛雉來格，乃宗教祀物之胤，亦可爲數千年群神衹之姊，棟宇無恙，雕繪如昨，村老歲時奉蒸嘗。寫家信一封。

二十七日，夜中大雨。天明仍霧絲紛紛。八點止。上工將九

---

①編者注：此爲天頭文字。
②編者注："cm"，原誤作"m"。

點。九點半溝東乙坑坡北坑定名如此。出人骨一架，脛股因工作不慎全碎。骨極易碎，照相時僅餘腦袋杓、左臂、脊、胯而已。自顱至胯，86cm。$x=1m26$；$y=2m28$；$z=0.50$。均從右胯尖起計。方向 N10°E。無棺木痕迹。左側附臂處有燒窰時溜出物質。附近多白土，有似漿石者。堡坑樂夫對於坑中所出之石陶各片，不重視，隨便丟棄，斥其不合。下午兩點上工。溝東甲坑坡南坑定名如此。出人骨一。頭南向，面西向。骨凌亂已甚，且不完全。蓋三瓦罐、一瓦盆之主人。額骨：$x=0.58$；$y=10m05$；$z=0.86$。骨盤：$x=0.35$；$y=10m95$；$z=0.94$。方向：N20°W 五點附近溝東乙坑中間偏西土帶灰色。今日乙坑內陶片較昨日少。堡橫坑中北有磚多塊，散亂，有燒過者，且有灰土，疑同治年築堡時所遺竈也。今日溝東甲坑1m05—0.90；溝東乙坑 0.90—0.82；堡縱坑 1m18—1m04；堡縱坑① 1m39—1m。接潤章信二封，一報告詠霓病勢，一催發掘興慶宮石報告。又接澤普信一封。報幾份。

二十八日，八點上工。八點半溝東乙坑東邊偏北，發現灰土。甲坑發現一塗紅頑石。$x=1m15$；$y=9m40$；$z=0.93$。十點半，甲坑中間發現一古墓。十點半又發現一紅陶面具，已亡其半。$x=0.80$；$y=5m60$；$z=1m00$。決定在東邊築一土室，以便看守。乙坑灰土不厚，然與黃土相間，未知何故。$x=3m20$；$y=8m50—9m20$；$z=0.90—0.80$。但此數目尚未準確，因 x，z 兩數均尚未能窮其所至。內出蚌殼、繩紋藍薄陶片、紅沙陶片、紅燒土等等。五點，乙坑西側稍偏南又見灰土。堡橫坑古竈下層出磚石不少。止下層

────────────

①編者注：兩"堡縱坑"中疑有一處爲"堡橫坑"之誤。

有三磚平列整齊。$x = 4m76$；$y = 3m19$；$z = 1m59$。溝東甲坑今日掘至 $1m50$—$1m45$；乙坑 $1m45$。

二十九日，八點上工。堡工上半天暫停，命監工人員參觀作墓葬。墓門南向。南寬 80cm，北 1m20，深 1m45。南端直下。南端東西壁各有接脚小坎二。北端以土墼封墓。土墼厚 77mm。封門兩邊各有一石，下有記墓石。$x = 1m$；$y = 1m88$；$z = 1m30$。其作法與今日大抵相同。封門内兩旁留二土柱。徑 30cm。木棺尚在，但已腐朽。土人言爲柏木，未知是否。人長 1m70，臂寬 40cm。離東壁 30cm，西壁 50cm。墓進深 2m10；高 1m。整理墓土時，東壁又見人骨，蓋另有一墓葬。至午此墓大體已作畢，下午堡工仍繼續作。溝東甲坑下午又發現一骨刀，$x = 2m20$；$y = 1m10$；$z = 1m25$。上有⊙紋二十一二。〔下午測量開始。①〕下午因村民均往修馬路，故開工較晚。其修馬路，聞係明日宋子文將西來勘查渭河峽口。道旁又補種樹，然此時樹又何能種活？樹苗何辜？遭此荼毒。今早起時，天氣甚寒，不及九度。寫一信與潤章。一信與全縣長，明日派隆季與鳳山進城取餘款。

三十日，早天氣仍寒，約十度。午隆季自城内回，言宋尚未到。下午二時許余正在溝東工次，希平、德昌等陸續喘息來，言宋、邵、楊及隨從多位，均到會中。余急歸，至則宋、楊等均已上車出發。僅有邵未上車，止談數句。問其臂傷，答言臂尚未能伸直，想不久可全愈。他問：工作成績大約很好吧？余答，開始未久，總算不太壞，云云。

---

① 編者注：此爲天頭文字。

溝東甲坑:下午出小石斧、瓦軲轆、小骨器等物。小石斧:$x=$ 3m45;$y=10$m;$z=1$m80。瓦軲轆:$x=2$m15;$y=10$m25;$z=1$m90。骨器:$x=2$m45;$y=10$m25;$z=1$m75。又發現一組紅土。

溝東乙坑:北端灰土已盡,且已無陶片,似已至生土。僅餘南半中間有熟土。下午北端兩旁各畫出 1m50 寬,南端中間畫出 1m50 寬,繼續下掘。

堡橫坑:上午出鐵標鎗頭一件。頭西南向側放。$x=2$m78;$y=$ 1m14;$z=1$m52。此標點以物件中心爲準。

今日因風未測量。

五　月

一日,今日測量仍未進行。

溝東甲坑:紅土坑:$x=0.09$;$y=6$m04;$z=1$m55。南北長 1m86。東西寬約一公尺。大約爲長方,然極不軌則。西高東下,時有斷續。中積黃土,似屬一窰。傍有釉塊多件。附近紅沙陶片頗多。并有一件,頗似燒壞鼎鬲之足。南端及北端靠東土均鬆,試行掘探下去。

溝東乙坑:止南小坑內時出陶片,東西小坑均無,繼續下做。

堡縱坑:午出鐵器一件,或係兵器之柄。$x=0.52$;$y=0.70$;$z=1.54$。下午巡工時,見堡內二坑,陶片多未檢起,力斥其謬誤。樂夫意頗不以余言爲然。樂夫思想頗不科學,可慮也。

二日,今日力催,測量進行。

溝東甲坑:八點半東側偏南發現瓦瓶、瓦盂、瓦鬲、石權、人骨

（？）及其他各小物。鬲在東。盂一仰一合。内土甚鬆。疑内有穀，但用水火試驗後，未見痕迹。至瓶則臥於盂西南，向東倒。身因發掘不慎，掘破一塊。口原缺一塊。盂合者已破。鬲有兩耳，尚完善。三器幾相接。石權在其附近。後將前日所發現之骨清出，僅餘足骨、兩小腿骨、一大腿骨而已。其他部分大約已爲後人作墓時所毀損棄置。此骨架離瓦器不遠，比較在下層，或爲瓦器之主人。

溝東乙坑：南小坑已無陶片；西小坑尚有灰土，略有陶片。下午將六點，南小坑南端，陷一坑，大約係一古墓。

堡縱坑：北端靠西，發現鐵器多件。形似車軸。三大三小。小者二立起相比，餘均平放。外六角而内圓。稍東又有鐵片多件，上有孔。晚同孝侯等往爲軸量標點。量後，取下，下尚有一小者，兼有斷片兩塊。

堡橫坑：僅有磚瓦片，不甚多。得開元錢一，五銖錢三。

昨晚睡後，孝侯同萬玉及團勇往溝東巡工。回時，忽見東方有光三。南二光微藍，視距不及尺。北一光紅，視距約二尺。三光均忽上忽下。上下視距約一尺。亦忽大忽小。忠義來告余，余起視時，則止餘一，小如明星，將十二時，但絕非星，或係燈光，忽明忽暗於天際。余重睡後，張、白繼續觀至一點餘鐘，據言比余見時更明云云。

瓦瓶：$x = 3\mathrm{m}95 ; y = 4\mathrm{m}45 ; z = 2\mathrm{m}15$。

瓦盂：$x = 4\mathrm{m}05 ; — ; —$。

瓦鬲：$x = 4\mathrm{m}30 ; — ; —$。

人骨：$x = 1\mathrm{m}95 ; y = 3\mathrm{m}50 ; z = 2\mathrm{m}70$。

人骨離三瓦器 1m75；較瓦器低 0.35。

鐵軌：一、大：$x = 0.67$；$y = 4m30$；$z = 2m16$。

　　　二、大：$x = 0.50$；$y = 4m45$；$z = 2m13$。

　　　三、大：$x = 0.70$；$y = 4m42$；$z = 2m10$。

　　　四、小：$x = 0.72$；$y = 4m60$；$z = 2m12$。

　　　五、小：$x = 0.80$；$y = 4m54$；$z = 2m05$。

　　　六、小：$x = 0.80$；$y = 4m58$；$z = 2m06$。

〔今日樂夫從一不注意之破瓦片中洗出一小瓦輪，係以帶花紋之漢磚作，始服余言。今日希平入城購物。[1]〕

三日，孝侯因昨日太疲乏，今日測量未能進行。

溝東甲坑：昨日發現瓦器附近，今日又發現料珠及小物事數件。下午專做東北小坑，其墓道向西南甚遠。向東開入，高七八尺，而下仍係鬆土，未及底。內有尺許地，散布硃砂片。標點未量，但大約如下：x 近 5m；y 近 11m50；z 近 6m30。再向東，已見骨架，但似非此墓正主人。各方面仍係鬆土。六點，入口地方，下得土墼。坑今日用十四工，最深處達 6m70。

溝東乙坑：上午南小坑向東開廣。未幾即發現一瓦罐及瓦鬲。鬲原已破，掘時不慎，更加其破。罐口有布紋遺留。後漸磨滅。罐鬲中間，有貝錢八、小圓貝片口、長圓貝片口[2]、鼠牙等事。瓦罐：$x = 3m05$；$y = 2m30$；$z = 1m80$。瓦鬲：$x = 3m10$；$y = 3m$；$z = 2m15$。貝錢：一；$y = 2m30$ 至 3m；$z = 2m$ 至 2m10。北二小坑未作。下午南小坑西邊亦展寬。內有灰土陶片。用八工。最深至四公尺二

①編者注：此爲天頭文字。
②編者注：原於“小圓貝片”和“長圓貝片”後各空闕一字。

寸,亦即昨日最深度。

堡縱坑:上午發現宋磁片及雲母片二小塊,尚有□□①數事。收工時南端及中間尚多陶片,土仍灰。北端小頑石子極多。陶片止居其十分之一。深度自 2m80 至 2m30。

堡橫坑:陶片已無,但土尚鬆。深度自 3m02 至 2m60。

二坑上午用十三工,下午用十一工。

下午一二點時,起風甚大,但後漸住。晚將十一點,溫度尚有二十一度。今日國祥入城購物。接到援庵信一封,對於郎官題名柱照片,有所訊問。研究院總辦事處信一封,訊問甯廳長之字。李印唐信一封,言扶萬先生與教育廳嘔氣,已對省府提辭呈,但尚無下文。昨晚今晚,東方仍有光。他們有時說大了,但我出去看,了無異處,不過一遠方稍大燈光而已。要之余個人連見三晚,尚未見有異處也。

四日,早晨風,測量未能進行。後漸住。下午測量,後因天陰陰欲雨,又停下。晚風息,天亦漸晴。

溝東甲坑:一方面向西南尋找墓道所至,一方面向東深探墓坑。墓封口用土壆。上午見向東又有一墓洞,下午在此墓洞下層,發現一溝,且見瓦片破痕極新,知墓已爲人盜過。盜自北方來。察破陶片,知墓大約屬漢代。得一銅和。後又分數人探掘前日出鬲盂瓶附近之熟土。今日用十四工。

溝東乙坑:南小坑左右工事,上午大致作畢;下午向下作墓葬。四點餘見顱骨及手指骨,餘無所存,蓋亦爲盜墓者所毀棄!

---

①編者注:原於"有"後空闕約二字。

顱骨剩少半,虛懸在鬆土中,未知係原來位置否。如係原來,則頭當南向,面當西向。其標點如下:$x = 2m55$;$y = 0.10$;$z = 3m75$。又有蚌殼碎片、瓦鬲碎片等。今日用八工。

堡縱坑:北端石子不久即完。下磚瓦片尚多。并有多磚似平鋪已散亂者。且突出坑外。因向北開一部分。中間灰土中出銅鐵各件。又有一兵器柄。并有蚌殼,及一瓦鬲足。深度自 2m85 至 2m50。共用六工。

堡橫坑:將坑橫切,只作其南半。南半無陶片。深度自 2m84 至 2m60。用六工。

今日雇二工築所挖之土房基。

復印唐信,並請其查總辦事處所寄來之膠片,因何久稽延不至。復援庵及總辦事處信各一封。鳳山入城,送信購物。

五日,今早風頗大,下午少小,然測量仍未進行。

溝東甲坑:再開始作東南隅墓葬。至晚收工時,達五公尺六寸深,而仍未見底,且尚未見墓洞! 東北隅墓葬,一方面繼續作墓道,已見底,由斜坡向東北下。一方面從上面坑外東北隅,開下去,徑約一公尺餘。用十四工。

溝東乙坑:去南小坑西旁未去之土。墓葬,向北掏,約一公尺餘已盡。下土甚堅,然未見底。南端硬土中,下午見狗骨及牛骨、人股骨等。狗骨:$x = 1m85$;$y = -0.30$;$z = 4m50$。後墓南端向西分支。用八工。

堡縱坑:中段灰坑內發現極多磚瓦片,及很多之大蝸牛殼。灰坑:$x = 2m75$;$y = 2m86$;$z = 3m22$。寬 1m35;長 1m44。後又發現一兵器柄。深度作到:自 2m95 至 2m81。灰坑最深至 3m03。用六工。

堡横坑:繼續下作,仍無瓦片。作至 3m34。用六工。

上午用二工運土墼,預備建室,因其不力,下午停。

今日因近三日楊排長未來,昨日共用三十六人,發了三十五工,而的確有二人未得工錢!今日溝東甲坑余與萬玉均計十四人,而大家稱十五人!乃召楊排長,發他十天的工價,——他每日三毛——囑他以後每日必來;如不來,工資即遲一日不發。

因測量進行太慢,與孝侯談,整理工作辦法。寫一信與潤章催買銅尺。

六日,昨晚寢時即微雨。夜中雨頗大。上午未已。故工作全停。接到家信一封并轉來蛟信一封。吉如信一封。李述禮寄來《探險生涯亞洲腹地旅行記》兩本。此書名加後七字,當係躲避西北科學考查團所印行之重名者。又接到《國聞周報》《獨立評論》等等。

七日,今日天晴。測量順利進行。

溝東甲坑:仍繼續開東北隅墓葬之上層,及作東南隅之墓葬。上午東北隅發現一小墓葬,已被盜過,骨殖完全無存!僅餘亂髮及棺材板四五塊。察其棺材,似爲時不遠。東南隅深至七公尺後,始見土墼。直至八公尺一寸五分始見底。用工十一。

溝東乙坑:南小坑發現墓道,在南端。未幾南端偏西發現三瓦倉:一倉原破;一倉掘時不慎,致上檐小破;一倉完好。後二倉半倒;小破者向東倒,完者向東南倒。完者在小破者西南,破者在東南,甚近。偏東發現一瓦瓶,原倒向東北,完好。下壓二豆,有破者,因未取,故尚未清楚。瓶東南斜壓一罐,大致完好。罐北立一蓋。蓋北又有一瓦鼎，已破。正當墓門，直立一鐵劍，但已斷。同層靠西壁，發現一頭，蓋一羊頭。頭頭有一瓦鬲足，想係他層混入。下午四時後，下層靠西北方，發現二狗骨、若干鳥骨及他獸骨。人骨少偏東南，似係枕狗而寢。然則此墓主人或係一鬥雞走狗之徒矣！土極鬆，骨架無法清出。人骨亦未清出，故尚未照相。用八工。

堡縱坑：中間灰坑，仍出磚瓦片無限。內出一瓦鬲足，形式頗異。用六工。

堡橫坑：繼續下作，仍毫無陶片。用五工。

用一工運土墼，備明日築土室。

八日，早晨微雨。八點多鐘似將晴，僅堡中開工。但後又大雨一陣，堡工亦停。下午全晴，開工。測量未能進行。

溝東甲坑：仍繼續昨工。東南隅墓門外有大磚。墓門取開後，發現五銖錢及缸瓦器多種。缸瓦器有豆一，已破；鑪一，完整；鼎二，皆缺一耳，一鼎缺兩足，均可粘合，但均缺蓋；大瓶一，已破；壺一，大腹，有綠花；盂一，但有覆者，無仰者。

溝東乙坑：南端墓骨今日大致作出，始悉并無人骨！僅有羊頭、鳥骨，未知何鳥。狗骨似有四架之多。而已！科學發掘家畜墓，此當尚為第一次也。且悉劍原在西南隅，并非對門直立。

堡縱坑：發理銅鏡片、鹿角等物。且下有空處，疑係一墓。

堡橫坑：出漢瓦片二，似又有少許希望矣。二坑共用工十一。

上午開始築土室。匠人外小工四名。下午因土墼不敷，又停。

九日，因款已用完，派隆季與鳳山入城，帶與全縣長函一封，預借二百元。下午取回。今日測量未進行。

溝東甲坑：仍繼續前工。東南坑忙於取土。找出鼎蓋一，仰盂一，及各種破片。又上午曾得師比一，石圭一，及不知名小銅器三四件。又瓦盂一件。又五行大布錢一。九點量，深達八公尺四五。

溝東乙坑：取瓦器畢，下層又有各物蓋兩件。瓦瓶堆下，有硃砂散布，面積尺許。西小洞已作畢，頗淺，内僅有鷄（？）骨二架。口亦有硃砂少許。又開始作西北小坑。

堡縱坑：下非墓。上午土略黑，下午土現綠色。發現一鐵犁面，及兵器柄，且有各種牙。

堡橫坑：今日毫無磚瓦片。深達四公尺一五。

今日土室大致完工。

十日，今日規定會員及勤務察視工程規則。天氣甚好。上午測量進行。上午因溝東甲坑東北隅墓葬須量及照相，測量暫停。

溝東甲坑：繼續前工。東北隅墓葬已從上開到底。東南隅墓葬又出一缸瓦盂，蓋未尋出。用十四工。

溝東乙坑：繼續前工。從下作家畜墓之墓道。坡度二升甚急，工作不便，明日大約須從上開矣。西北小坑，上午作時係生土，下午南端又遇熟土，大約又係一墓葬！用九工。

堡縱坑：出磚石仍甚多。樂夫又不耐煩，未經考察，即任便棄置！余力斥之。彼對於學術發掘性質，終不明了，奈何！奈何！

堡橫坑：今日仍無磚瓦片，深度達四公尺五五。二坑共用十一工。

下午忠義往拓靈泉寺石刻，未完全成功。少嫌模糊。

　　十一日，昨夜一點後，即醒，直到天將明，始重睡着。早起，溫度即在二十度以上。全日天熱。九點鐘許，仲侶縣長偕其第一科科長傅君往陽平鎮查烟苗，過會中稍坐。

　　上午測量進行。下午孝侯告假進城。還言患脖筋疼。

　　溝東甲坑：繼續前工。東北隅靠東壁，發現瓦罐一。離瓦罐上二尺許有黑土一道橫亘。上下均黃土。不過上層係生土，下層則係熟土，質極鬆。下午罐北側少下，又出一鬲。鬲與罐中間有貝錢九枚，中無孔。其西壁有孔，爲大塊黃土所填，或仍係一墓！甚矣墓葬之層出不窮，太超出吾等預想之外也！東南隅，瓦盂蓋已找出。向北轉之三小洞，下午已窮其底。內有磚，磚下有原鋪柴草之遺留。後又出缸瓦倉一對。收工時，則離墓後壁已不過三四尺，而骨架仍未見！萬玉初疑其在磚之下層，後試下層土甚堅，又疑其後壁或另有小洞。今日用十二工。

　　溝東乙坑：南小坑從南上面向下開尋找墓道。西北小坑，稍往下作，即向西作熟土。下午發現一種白色織成品。余疑爲席，萬玉疑爲紙，國祥疑爲漆。收工後，用放大鏡察之，似屬數層布叠成。下層有空處，內有帶硃土。上層向北熟土中有紅白黑混合物品。有銅兵斷刃一小片。向北作二公尺餘，不見幫；向西作一公尺餘，得幫，知墓道爲向北稍偏西者。將下層所露孔封住，擬明日從上做下。用九工。

　　堡縱坑：今日向平處作。用六工。

　　堡橫坑：今日深已達五公尺□□①，全不見磚瓦片，決定明日

---

①編者注：原於"五公尺"後空闕約二字。

停工。用五工。

今日接潤章電一封，言款於八日已匯出。又接李達三自柏林來信一封。

十二日，復澤普信一封，并爲之寫介紹信二封；一致雪亞主席，一致自芳秘書長。孝侯脖筋疼，是否舊病復發？如係復發，恐將稽延時日，殊堪憂慮也。測量停。然孝侯亦到工次，爲瓦鬲、瓦罐拍照，並量尺寸。

溝東甲坑：東南隅墓葬，下午收工時土已取完。棺材痕迹，骨架，完全未見！只出一緑缸瓦罐。明日當再察視，是否磚頭底下，人藏骨於彼處？但就今日情形看，已無大希望。然則誰布此疑陣耶？因何布此疑陣耶？東北隅繼續起土。將出人顱骨處及銅和處，均量尺寸。并將上層亦量過以備試作一平面圖。用十二工。

溝東乙坑：南端墓道從上作下，下午已透。舊坑墓道上層，新坑北壁又發現狗骨！西北小坑，下層停止，從上作下。用九工。

堡縱坑：繼續下作。得石磨，並有石器二件。用六工。

堡橫坑：填坑。用五工。

寫家信一封。今日天氣熱，下午起風頗大，後停。晚眠時，溫度尚有二十三度。

十三日，因膠片終不到，打電報與潤章，請其查明并電復。鳳山進城。今天因爲大家忙着割鴉片烟，來工頗少。溝東甲坑八人；乙坑九人；堡縱坑五人；橫坑三人。

溝東甲坑：東南隅墓葬，今晨萬玉再下察視，各方毫無活土痕迹，然則確係疑冢矣！東北隅作下去，上午在其南邊小洞中發現十數件瓦器，有多件已破碎。又有銅洗一，"Y"狀小銅器多件。

鐵罐一件。下午在靠北墻暗色土中,見有石灰,黑土各層。中間下層有很多的石灰,又有紅漆皮不少。在其東南隅有棺木痕迹。適希平在此坑,見棺木孔中有銅器痕迹,即欲伸手取出,余阻止不及,乃係一銅鏡。上有字,未識。此等急於取物的辦法,實屬非是。如有相關之物件,恐將於無意中鬧散亂!會當戒之。因須明日始能完全做出照像,仍還鏡於原處。其東北隅土賊所掘坑下面向西又有小洞。與此墓之關係頗爲微妙難識。

溝東乙坑:下午家畜墓墓道,已尋出南端。乃西壁又發現一灰坑,中出破碎之蚌器一件,乃向西掏孔探尋。西北小坑擴充坑繼續作下。

堡縱坑:發現石磨一扇,尚完整。

堡橫坑:尚未完全填平。

接到長兄信一封,印唐信一封。考古會信一封,附有逐日工作表格,令希平照填。今日天氣甚熱,晚寢時温度尚有二十六七度。

十四日,接到潤章信兩封,均係初七日發出,言匯來考古費五百元,我的薪水三百元。并言興慶宮、太極宮拓片已收到,張恨水將來寶鷄參觀等等。

溝東甲坑:東北隅墓葬向下作,知其東北隅下層小洞,乃係土賊所穿以向棺頭取物者。從内清出石灰土不少。棺下全用磚鋪,上鋪石灰。但棺頭上面有生土不知在何年,ㄊㄨㄌㄨ下一大批。已上取生土若干矣,然恐上面生危險,且其北壁亦有問題,乃於下午改從上面作下。其西壁靠地處有小洞,亦土賊所穿,内有瓦器可見。用十一工。

溝東乙坑：西北隅擴充坑，下午已開透。未幾其東壁發現砵畫壁一小段。南端灰坑尚大，亦改從上作。其西北隅有人骨。

堡縱坑：繼續作工。磚瓦片較前略少。用五工。

堡橫坑：尚未完全填平。用二工。

今日希平進城。

十五日，今日接到潤章復電，言郵局謂膠片已至西安，因無人收，停留在彼，已命其寄寶雞矣。郵局亦來信言有包裹寄余個人。命樂夫復一信，請其趕緊轉來，如有費須補者，轉來後即照付。又接總辦事處信一封，係寄來五百元考古會之收條。今日工人分別加工資。

溝東甲坑：繼續東北隅工。下午在擴充坑之西南隅發現一瓦罐，已破。用八工。

溝東乙坑：南端灰坑內發現一件蚌器，及紅繩紋陶片、瓦鬲片等。下午西南隅又現人骨！西北隅擴充坑之西北隅上午出一銅鼎，再東又出一瓦鬲，鬲已破。鼎鬲之間有紅漆皮，鬲東有物若木梳。用九工。

堡縱坑：繼續作下。南端發現一墻。用五工。

堡橫坑：已填平。

今日天氣甚熱。下午南方雷聲殷殷，但雲不遮山。然亦用油布及席將墓壁砵畫蔽好。收工時，密雲已布天上。未幾，大雨如注。然不久即止。村民却個個咳聲嘆氣！麥花已開過，此等時雨，而村民竟如此！乃因村中無一家不種烟，今日割烟者極多，急雨則烟全流去之故！據言經此一雨，烟將毀損一半，而款仍須出！如此則真成巨災矣！十點，到工上一巡，大約坑中不致受損失。

回時，忠義同國祥手攬烟果一看，則烟漿尚存，當不致成巨灾也！今日鳳山到馬營購木板，下午又入城購席、木桶等物。

十六日，上午起稍晚，且因昨雨，工作暫停。樂夫同鳳山進城取錢。近日花錢過多，須勤爲檢點。下午開工。

溝東甲坑：繼續下作。東北擴充坑偏東處，下又見孔。然距下層之大塊黄土填塞者相距尚遠，豈另有一墓葬耶！僅用八工。

溝東乙坑：僅來五工。僅作西北擴充坑。下午已備熬蠟取漆皮矣，乃因蠟不甚多，恐下層尚有更重要者，乃先往下作。後又因西南兩崖下層貼壁處尚有不少活土，恐其塌下，乃先將其打下繫上。後於西北隅稍下層發現帶回紋之漆皮，大約爲殘破之漆器。後又得一大片。周代之壁畫及漆器，大約以吾儕爲第一次發現矣。將它切塊取回。

堡縱坑：繼續下作。坑北端少半已到生土。生土與熟土交界處亦似一墻；東邊亦似有墻，但均較南墻低。用四工。

今日將溝東土室完成。

今日見姜慶雲正在割烟，問其下雨好否，答言很好。問何以好？答言從前旱，烟不上漿，現在可以上漿。問其已割者，是否有流去的危險，答言没有流去。然則此次竟不成灾矣！晚遇戴清喜，問之，答言吹了，從前望割六十幾兩烟土，現止割十幾兩！問未割者是否較好，答言較好。又言昨日風從西來，故刀口在西者全壞，在東者無妨。大約此次烟苗好者受虧頗大，壞者不吃大虧，乃是實情。

十七日，今日接到黄自芳回信一封，熊夢飛信一封，并其所作《冢中枯骨作祟》，是文乃痛駁戴君傳賢電，爲余等張目者。李印唐信一封,言財政廳庶務科到會問北平研究院匯來捌佰元將如何辦理。從前壽伯言已與甯廳長講明白,由財廳逕撥寶雞縣政府轉交,然則所講又不甚明白矣。明日當致甯一電,請其撥來。

溝東甲坑:用十一工。繼續下作。下午擴充坑西南隅出一顱骨,或係破瓦罐之主人乎?

溝東乙坑:南端擴充坑已達黄土,停止往下作。僅其西北隅有十四日所見之人骨一架,留住未作,其下尚有灰土,乃將骨架剔出。人體甚高。身畔有鑰匙一,銅扣十數,清朝錢數十! 最近竟有咸豐大錢! 並無棺木,大約同治年逃避回亂而死於此者! 下午又將東北坑作下。至西北擴充坑内,則帶回紋漆片,尚有數塊。并出銅戈頭一,□頭①一。下午又出戈頭一,□頭②一。其三已缺尖,餘一戈彎曲,尚未折。兵器頭均東向,是否禦晉之一武士,死後尚未忘東略呢? 又有銅甲;共人形大甲片二,大圓片一,小圓片十六。此僅屬已見者,下層或尚有未見者。至晚未能全作完,故未能照相。今日木匠本應將盛墓壁硃畫之箱作好,乃彼原拿來好板,用時却用多節之板! 且板亦刨不平! 余聞之,甚怒,斥之去,另召人作。用工□③人。

堡縱坑:一半工人在上翻土,預備在南方東方擴充坑位。另一半繼續下作,得五銖貨布錢□④枚。用八工。

今晚在工次,遇前區紳張幹臣,言寶雞全縣本年所定烟款爲

①編者注:原於"頭"前空闕一字。
②編者注:原於"頭"前空闕一字。
③編者注:原於"工"後空闕約一字。
④編者注:原於"錢"後空闕約一字。

二十一萬！且此係減額，原定爲二十七萬！並言本年擬收齊。

十八日，晨雨，下午漸晴，然工作全停。寫潤章信一封。今日鳳山入城購物。

十九日，復李印唐信一封。

溝東甲坑：用十工，繼續下作。將午擴充坑之東壁見土墼數個，其後見一小孔，且并非探鍁所掘。然下午作下去，無他痕迹。

溝東乙坑：繼續作東北坑，且將東南隅餘土下作。上午清理西北隅棺限；下午取壁畫。用七工。

堡縱坑：將東方坑位擴充三公尺。用八工。

二十日，膠片今日接到，孝侯試照一張，尚屬可用。接到總辦事處信一封，係報告命郵局轉寄膠片者。接潤章轉楊鍾健信一封，瑞典人類學及地理學學會信一封，中國教育電影協會信一封，壽伯信一封，半農寄來其所著之《西漢時代的日晷》一抽印本。

溝東甲坑：繼續下做。西壁已抵墓身。北壁當尚有一墓，已爲土賊所盜，然尚未做到。用八工。

溝東乙坑：繼續取東南隅餘土，下午得貝錢二，見骨殖。此蓋三日所見瓦鬲瓦罐之主人。西北擴充坑，上午整理；下午照相並量尺寸。尺寸尚有量完。又得一小圓片。用五工。

堡縱坑：繼續作擴充坑。

二十一日，今日鳳山入城買柴及煤油。柴每百斤九毛，加至一元一毛，仍不肯送。將晚微雨。全天頗涼爽。

溝東甲坑：繼續下作。北邊之墓已見。有被土賊打碎之缸瓦器，蓋仍係一漢墓。用九工。

溝東乙坑：今日清理西北擴充坑之墓葬，下午取下層之席紋，又得小圓片一。骨已完全成碎渣。完全作畢。給東南隅之人骨照相量尺寸。東北隅坑東壁，又見活土，或係另一墓葬。用六工。

堡縱坑：繼續下作。因土甚堅，故作已兩日，止南端達一公尺，北端尚未。用五工。

二十二日，晨天陰，然仍開工。不及一點，雨，遂停。下午仍時雨時止。寫中孚信一封。石頭信一封。

溝東甲坑：繼續下作。在北邊墓中，得銅甲圓片五六枚。用九工。

溝東乙坑：東北隅小坑繼續下作。東南隅將骨取去，再往下作。用七工。

堡縱坑：繼續下作。土甚堅。無多磚瓦片。用□工①。

晚同忠義往東邊破窰出恭，均手執電燈。入破院後，即見有一物，如狗，緩步從內出，向東行。忠義言見其尾頗長，余則未見。然是時人家之狗，均在家守夜，不外出游行，然則真屬一狼矣。

二十三日，晨仍陰。仍上工。下午微雨，忠義來問上工否，余答暫停。然樂夫往開工，萬玉亦往開。時雨時止，然甚小，無大妨礙。終天涼爽，早起時，溫度止十七度。

溝東甲坑：土已將清理畢。北墓中又得銅甲圓片及螺殼數事。然此墓已爲土賊盜盡，聞其得銅器七八件之多。土層全亂，已無研究餘地。外僅得土上粘白布硃漆數塊而已。用十二工。

溝東乙坑：東北隅之墓葬，今日始知係工人誤認，乃舍不作。向下作，土甚硬，色亦較深。內無瓦片。東南隅亦係生土，無陶

①編者注：原於"工"前空闕一二字。

片。用十工。

堡縱坑：繼續下作。磚瓦片復多。下午出一瓦罐，頗大，然已破，猶可見原形。用八工。

復楊鍾健信一封。

二十四日，天晴。上午測量進行。下午因孝侯命忠義炒饅頭，王德不服命令，與忠義相打；孝侯斥之，又嘵嘵以辯，激起孝侯大怒。余歸，嚴斥之，孝侯亦復嘵嘵不已。

溝東甲坑：東北擴充坑北邊已盜過之墓葬，東北較上層出戈頭二具相叠。其一上有刃，稍曲。下午又得斷劍。外有缸瓦鼎，及他缸瓦器，然已爲土賊擊碎，未知尚能找出原形否。

溝東乙坑：東南隅於南端開一一公尺長、二公尺寬之小坑下探。將西南隅之餘土下作。東北隅停。

堡縱坑：縱續下作，又出鐵兵器柄及鐵鏟、瓦罐等物。罐破，僅見其底。

今日溝東甲坑上午十一人，乙坑□人①，堡坑七人。然下午因鳳山到馬營買柴，水大，賣者止允送至河邊，乃選坑東工人十，堡工人三，渡河往取，且溝東又少來一工，致乙坑暫停。運過河後，仍須工人抬，遂堡坑亦停。渡河工人工資加至五角，專抬柴者，加至四角。晚散工時，廟前人聲沸騰，出視，乃因一狼向河灘奔故！

二十五日，夜眠不佳。今日大家割烟，溝東止來八工，堡中止來五工，溝東乙坑遂停。孝侯起甚早，測量至下午兩點餘，始返。

---

①編者注：原於“人”前空闕約一字。

溝東甲坑:今日東北擴充坑餘土已清理畢。東壁附近之墓葬已顯出,亦係漢墓。然亦被土賊攪亂!人骨亦碎。骨西有斷劍,與昨日所出,或係一劍。若然,則劍頗長;且即三段相湊,仍非完劍也。劍吞口處一小片金飾尚存,上有極細花紋。磚鋪底。上鋪石灰。瓦罐四,破瓦器一,均在東南隅磚之下層。瓦甖一,破瓦倉一,則在西北隅。東壁墓亦磚鋪底,上鋪石灰。東邊石灰,當在棺底;但稍西尚有石灰一條,較窄,未知何用。此三墓極爲逼近,且時代不同,乃似互不相妨,亦一異事。

堡縱坑:在破罐中得景德通寶錢一,然則此遺迹或均屬宋初以後矣。北端南端尚均有破罐。

今日天氣甚熱。

二十六日,天初明,即聞人聲鼎沸;細聆之,又因見狼奔馳於灘上。後聞因水鳥群起逐狼故。斯事也,余頗疑之。及余上工時,至溝口,又聞群鳥飛鳴,萬玉指謂鳥又逐狼,然余所見,則狼向東奔,鳥在狼前,蓋狼逐鳥,而萬玉則堅謂鳥逐狼。將黃昏時,又復鬧狼!狼患如此,而村人尚迷信,謂不傷人,將來必有苦痛使他們夢醒之一日也。今日上午甚熱,十點後,風大起,後漸息。下午天色昏沉,疑將有大風雨,然亦漸晴。

孝侯極早即出測量,未午歸。

溝東甲坑:陸續來八工,四成人,四童子。僅剩墓道內向上繫土之工,乃從坑中間開一小坑下探。上層出若干紅陶片,未幾即遇生土。至晚開約二公尺,無望,復填之。下午孝侯給擴充坑二墓葬照相。量尺寸未完。考察墓道,見上層有較深色活土一縷,或係又一墓葬,而爲墓道截斷者。萬玉下東南隅疑冢內,翻磚考察其下層,見偏南邊有鬆土一小洞,乃向内探,愈探愈大,以爲下層又遇三代墓,到磚下三四尺許,又得一缸瓦倉,然則或係另一漢墓矣。

溝東乙坑:來工五人。繼續取西南隅餘土。南端灰土坑子内出紅沙陶片不少。土爲火燒成紅色,或係一竈址乎。國祥看土,疑下層尚有三代墓,然未敢必也。

堡縱坑:南端之罐作出,雖破碎,然體積甚大。後又出一開元錢。下午北端又發現洞壁。用工七人。

接陝西郵政管理局信一封,卞文軒信一封,家信一封。家信中附來韓鴻庵自比來信一封。前半言其過錫蘭之哥侖布埠時,在其博物院中,觀中文碑一通,字文模糊,詳加辨視,乃知係永樂七年鄭和所立,云云。後半言其將從事於中國西南邊族之探討,"惟此等材料,悉在巴黎,僻處魯文,一籌莫展"。請余設法代其向中法庚款會請官費,以便轉學巴黎云云。

二十七日,午前東風大起,至晚始停。測量上午將溝東作畢。

溝東甲坑:將被墓道截斷之活土挖開,無所見,僅得碎人骨數小塊,蓋墓較墓道古,墓被挖墓道時毁掉矣。東南坑中漢墓,上午出一"博山爐",但足已斷。下午出一瓦罐,已破。用六工。

溝東乙坑:西南隅餘土下午已取完。然西壁有灰土,再從上面作下。東南隅之探坑,亦重作下。上午用六工。下午七工。

堡縱坑:繼續下作。用七工。

午餐後,見一赤足穿麻鞋之人入室,諦視之,則鄭君士彦,大喜。鄭君言許馨吾來參觀,在外邊。出迎,則尚有三兩位,外尚有一外國人,稍坐,看會中成績。許君并檢去會中棄去之老陶片若干片以爲紀念。去時均步行，乃因汽車底汧水，水大不得過，遂棄車而途也。寫仲侶縣長信一封，以備明日往取考古費。

二十八日，上午仍東風。陰。午前後微雨，後停。下午仍上工。後又微雨，遂停。今日隆季、鳳山入城取款。希平未辭，亦同往。

測量停。

溝東甲坑：東北擴充坑今日清量，又在東南隅見一瓦罐。下午又見棺木所變黑灰。初疑係東壁墓之棺灰，前日清理未到限，後細察之，與骨末不成直角，且東壁上層係生土，下層仍係熟土，似另有一墓，在此密擠矣！未幾，又出一瓦鼎，完整，惟蓋已碎。東南隅新墓，上午得一缸瓦甀，大致完整；一鼎蓋，本破，而工人不慎，使之更破，然色彩花紋俱佳。下午知其墓屬東西，萬玉因其與舊作墓平行，疑爲夫婦二人。然余細察之，知其稍向東北斜，且比舊作墓較低，當非同墓，且西壁尚未見生土，其墓道當在西方也。上午八工，下午九工。

溝東乙坑：西南隅擴充坑繼續下作，得紅沙陶片甚多，亦有紅陶片。其西北隅有土一行，疑係一甀，其端尚在坑外，然則明日又須向北擴充矣。用五工。

堡縱坑：繼續下作。得五銖錢及牙簪。簪已斷，一端有花紋，甚精細。用八工。

接壽伯信一封，家信一封，內石頭、糜信各一紙。前日家信言海帆病頭暈，絕對不能看書，已請假休息。今日樂夫接春書信，則言其一晨，至不能言動，請朱大夫打針，始稍愈。後復發，但較輕，現已往溫泉養病。德國醫院言恐成風癱，須進院打針，朱大夫則言絕無危險云云。寫給潤章信一封。

二十九日，天晴。寫給總辦公處信一封。忠義進城。接李印唐信一封，轉來詠霓信一封，係印刷品，感謝受傷後慰問者。

溝東甲坑：東北隅擴充坑，一工人向西壁活土作入。北壁前日出戈頭之下層，鋪席鋪硃，命國祥將它作出。下午西壁活土內出缸瓦瓶一，口已破，花紋甚好。又有一瓦罐，全破。後南邊出一筒瓦，已破成三塊。未幾，西邊靠墙處出瓦甕一，瓦罐二，瓦瓶二。東南隅新作墓鬆土中雜小塊石灰不少。內出一缸瓦倉，又出一瓦蓋，未知屬何物。下午靠南墙處東西各出破瓦罐一。墓道在西方。其處情形甚亂。有很多的生土，有土墼一二，磚一二，均雜亂。蓋經塌下故。東北擴大坑東壁新開處下有人骨，然甚短，疑係一童。

今日在甲坑南，又開一 1m50×17m 之丙坑。二坑上午用工十，下午用九。

溝東乙坑：西南擴充小坑之灰坑內，出紅沙陶片不少。向北再擴充作下，甕已全出。旁有窰溜。至晚，灰坑已完。東南探坑亦繼續下作，係完全生土。用八工。

堡縱坑：原坑已清理畢，又向下作一層。用八工。

今日割麥者已多，且甚快，三日之內，坡上麥恐將全完矣。烟似已完。

三十日，昨夜天氣甚熱，終夜薄被不冷。白日頗陰，且有風，故不覺熱。接甯廳長復電一封，言款已撥來。

上午測量。

溝東甲坑：東南隅之新作墓，向西作，上午南北又較寬，掘者以爲"藏物穴"已現。儘向南作,至晚,又遇土墼,掘者以爲另有一墓葬,理或然也。其上層亦係土墼爲之。

溝東乙坑:東北隅又開一 2m×2m 之擴充坑以窮灰土坑之所至。下午見灰土坑範圍甚小,乃專做灰土,出紅陶片、紅沙陶片如他坑。西南隅之竈已作出,然因下層作的過斗,十一點其東南隅土圴せ下一批,中有一瓦鬲,頗完整,然無從知其標點。下午照相。用八工。

溝東丙坑:上午北端硬土成層,疑屬古路。土內出紅陶片、紅沙陶片頗多,間有黑陶、陶環、骨籤等物。中間土較黃堅,然亦有陶片,南端陶片較少。下午中段硬土,亦復成層,又不類路土。北端陶片較少,內現人骨。南半中間靠東壁發現一破瓦罐,下有一破瓦盤盛之,另外有破陶片數事。作出照像。甲丙兩坑共用十二人。

堡縱坑:繼續清理下層。得珠一顆,及箭頭、五銖錢各物。用八工。

三十一日,昨夜蚊蚤猖獗,睡着頗晚。今早未起,聞風極大。起後微雨數點,旋止,故上工稍遲。下午天仍陰,無風頗悶熱。六點後,從堡中出,將再到溝東一觀,方彳亍溝西原上,乃見黑雲如墨,突出原頭,且南行甚快。時田中割麥者,皆互相呼喚,停止刈收,將已割者負載歸家。余遙望溝東工次,大家往來擾擾,亦即收工。時黑雲已半天,大風隨雲自北來,灘上黃沙如馬,滾滾向南飛騰。余心醉壯美,緩步歸來至原邊時,風吹人欲墜。雲已壓南山,南山禾稼林木,尚浮日光。沉黑濃綠,令人駭嘆。下原後,風已小,雨亦開始下墜,然頗有斜風細雨之致。工已全收,至廟片刻,工人已全歸,大雨乃開始傾倒,幾疑天公之有意矣!傾注片刻,雨霽日出，風亦全定；彩虹奇麗，雙懸東方。正虹極顯明之一節，紫色下，再現微綠色，微紫色，亦非常見之現象。團丁觀虹，乃言虹墜處，能將人燒死，又言某年虹墜馬營井中，將井水吸乾。余對其所言，微哂而已。

溝東甲坑：東南隅新作墓，南側之土墼，尚未全出。其正穴之浮土，逐漸取去。自土上內窺，似穴止剩四五尺深，而尚未見棺限，未見人骨。僅見棺釘數枚，石灰一層。高層亦間見碎骨，然似非主人之骨。若此則問題更屬複雜。因如無此種碎片，猶可疑下層濕重，骨已化去，而骨片固儼然在，主人之骨却全未見，豈將又演一啞謎耶？後土較上層，出缸瓦倉三，未取。

溝東乙坑：東北擴充小坑之灰土，所餘無多，未幾即盡。西南隅之擴充小坑，乃係黃土灰土之混合層。所出陶片，與他灰土坑無異。

溝東丙坑：今日陶片已較少。下午北端已無陶片，南端於昨日出瓦罐之西傍，又現一人架，及一瓦鬲。鬲口稍缺。骨頗短，當係一童。上身骨不全，顱骨不見。當顱骨處，有一黑石籤，上端長平，下端已斷，石質不堅，豈爲此童之簪歟？甲丙二坑，共用十三工。於乙坑北，本擬開丁坑三條。條均 1m×10m。乃昨晚因天太晚，僅將最西一條界出（命之曰丁一），今早開工。一公尺深土內之陶片，完全如他坑，蓋爲此地之標準陶片矣！一公尺後，似屬生黃土。晚在南端，現一墓葬。乙丁兩坑，共用八工。

堡縱坑：繼續向下清理。磚石如故。內有頑石，長寬均及尺。如此大石，絕非偶然。問樂夫、隆季，知此下層坑內，已出幾個，而數目亦未能記憶，向坑內點數，知共有四，其約略位置，僅後二尚知,餘二則在未開擴充坑前出現,故已全無影響,甚矣余等工作之草率也！大體看起,擴充坑内,當屬另一窰,時在宋以後或即宋代。本坑北端,先有亂石層,下有磚層,再下即生黄土。南端稍下,即現洞壁,似洞壁上與北端黄土上共係一層,爲時較晚。洞壁範圍内,係另一層,爲時較早。樂夫查日記本,亦言上層曾出開元錢,下層則只見五銖及□□□□錢①,但標點未量,亦未能知其詳。磚瓦紋理,亦并未能分别。如此,則複雜之問題,離解決期尚太遠。乃決少將下層理平,即再從西壁擴充開下。一因南壁之端尚在西壁接脚下,二因西壁較上層破磚瓦極多,前曾掏一洞,問題亦須清理也。下午西邊開始翻土。及五點許余往驗工時,樂夫、隆季又已將西接脚下原有一洞(非我輩所掏)掏出！南壁之西端已現出。西壁亦顯然可見。大約西連北爲一條,北上層,因挖時不慎毁去,下層當仍在土中。周圍土壁大約成鈍角弧三角形。雖上層壁畫處,高低未盡一致,亦恐爲塌壓所致。下雨收工時,西邊土快翻畢。用八工。

六　月

一日,晴。早晨起時止十七度。

溝東甲坑:早晨三缸瓦倉取出,一缺尖蓋。東南隅新作墓墓身已作畢。内仍未見人骨痕迹。又見棺釘三,其位置亦頗奇異:棺北旁之釘釘蓋向南,東旁之釘釘蓋向西。磚有立者,欹者,平鋪

---

①編者注:原於"錢"前空闕約四字。

者絕少。又出缸瓦倉一，倉蓋全找出。南側有土壑處，恐從門入，鬆土ㄆㄝ下，乃從生土向南穿，尚未透。

溝東乙坑：全停。

溝東丙坑：僅中間尚有瓦片。後西壁坑外，出一夫婦同棺之墓，棺已不在，僅存痕迹。内有"布泉"錢一。甲丙二坑，共用十四工。

溝東丁坑：丁二、丁三均已界出。中距一公尺半；丁二、丁三均各向北讓二公尺。丁二開工。丁一南端向丁二之墓，開出，骨架大體完全，惟無足骨。頭向北，頭傾向下。旁出一瓦罐，一灣刀。用八工。

堡縱坑：開始作西旁擴充坑。命隆季整理瓦片，爲之分類。用八工。

接馮淮西信一封，言李仲揆將結伴來游太白，打聽一切，復之。

二日，晴。孝侯往測量，但西風過大，未能工作。下午風止。

溝東甲坑：早開工未幾，即達第三墓。墓用有榫磚券，甚整齊。前節未券，但兩旁仍有磚墙。南壁另有一洞，較低，深約五六尺，其另係一墓坑乎？下層見瓦罐，瓦倉及其他瓦器。倉比常見者大的多。均未取。

溝東丙坑：繼續下作。將同棺墓從上開下以便照相，工未畢。甲丙二坑，上午用十二工；下午十三。

溝東丁坑：丁一將頭向下傾之骨架作出照相。極東北隅又現鬆土，且土色較深，或亦係一墓葬。丁二東壁偏北端，亦現一洞，或亦一墓葬也。用九工。

堡縱坑:西旁擴充坑繼續下作。陶片尚不多。有一部分紅陶片。至藍瓦片,則條紋較多,繩紋較少。隆季繼續整理磚瓦片。用七工。

三日,晴。鳳山入城購物。測量上午進行。

溝東甲坑:第三墓下午作完,仍無人骨,棺材,僅有瓦器數件,且於進門處得漆器小片,上有描花而已。鋪磚已亂。南邊墓洞中無鋪磚,亦無他物。萬玉言土墼內洞上有鬆土,當係土賊從下處,但亦非近世之土賊。理或然也,明日當自下坑察之。

溝東丙坑:繼續下作。甲丙二坑共用十四工。

溝東丁坑:繼續下作。上午九工,下午十工。

堡縱坑:繼續下作。今日之標準瓦片,爲小塊之粗繩者。用七工。

接援庵信一封。

四日,溝東甲坑:僅尋東北隅漢墓墓道之未完部分。

溝東丙坑:繼續下作。晚南端西壁見人骨,東邊土現灰色。

今日在丙坑東偏南處,又開一小坑,命曰丙附坑。此附坑爲前年土賊所發中途被阻之坑。甲,丙,丙附共用十三工。

溝東丁坑:繼續作下。丁一東北隅墓葬之墓道在東,出現於丁二,未作。墓葬向內作,未到底。用十工。

堡縱坑:繼續下作。西壁中間出一瓦罐,已破。再下,偏北端出一石臼,已穿。上午瓦片如昨。下午繩紋甚少,標準瓦片爲大塊厚片素面者。有繩紋一殘片,可看出者有斜孔五,未知何用。用七工。下午於原坑南端再開下一公尺寬。今日鄭士彥諸人乘汽車由寶雞回,過廟,未遇。

五日，今日萬玉在家剔墓壁砵畫之土，余自往監坑。

溝東甲坑：繼續作墓道之未完部分，已抵西壁，下午繼續吊土。

溝東丙坑：中間出一扁腿瓦鬲及一瓦瓮，均已破，鬲有耳。鬲瓮之西即昨日見骨殖處；下午從上作下。南邊東壁灰土中出破陶片不少。仍均紅及紅沙者。有黑陶三片；石簪已斷。此處北邊下層，仍有灰土。附坑東北隅出人股，股下有磚均已碎。西南隅黑土黃土界綫分明，棱角整齊。甲丙二坑共用工十四。

溝東丁坑：繼續作墓葬并丁二內所出現之墓道，尚未到底，用工九人。

堡縱坑：繼續下作。得五銖錢二，石臼下得銅絲一段。用工九人。

今日上午有武功農林專科學校多人到溝東一過。接寶雞縣政府公函一封，言撥款事。

六日，今日隆季、鳳山入城取款。與仲侶縣長函一封，言廢曆端午前後，大約仍需款二三百元。晚接答書，言似宜先由本會函達財廳轉令照辦爲妥。此一小事，而糾纏不清，輾轉往復，令人廢時如此。上午測量進行。

溝東甲坑：停。

溝東丙坑：正西擴充坑，下午已全作畢，命國祥剔骨架。骨已成末。向北。昨日開此部分時，因孝侯對夫妻同棺墓尚未量畢，故北旁尚留尺餘未去。今日國祥正作骨架，孝侯來工，言昨已量畢，餘土柱不去，無法照像云云。昨日孝侯量畢，始將骨殖各物取去，余竟未覺察，則余之忽也。土柱取去後，於頭西北隅，又出瓦罐一，瓦鬲一。罐破鬲完。此墓稍南東壁有灰土。余於離壁尺餘處,親掘得石斧一,尚完整。正午持歸後,萬玉以放大鏡察其面,見有金綫數條,以鐵劃之,不能見此光,且余親用鐵鍁掘出,放在腰間,無緣有金綫光,其古之試金石乎?地上黃土中,有黑土一條,蜿蜒甚長,若河若湖,尚未知何緣能成此。再南,東偏有灰土,疑仍係一窰。下午工人修理接脚,出白灰甚多。附坑,早晨命工人楊魁向東北穿入探人骨,既入後,除外露之股骨外,毫無所有。楊魁言此方被土賊亂過,乃舍不作。令之從西南隅向下作。下午下遇黃土,以爲已抵生土,再往下探,土色尚雜。再往下作,工人宣言已完全抵生土,乃命中止下作,向南壁西壁活土內探。後工人言南西兩壁,亦抵生土,可停止不作。余與孝侯下視,則均係雜色土,雖土質頗堅,但較古墓土時復如此,乃命繼續下挖。用工十二人,下午十三人。

溝東丁坑:丁一北已抵墻,墻土全黑,當係此地潮濕,葬墓前用土燒過者。出五銖錢及銅器數件,玉器一件,均隨便取出,未知方位!南壁見有土墼,似墓道在南矣。丁二,北端中間出一瓦罐,上畫硃紋。下午在瓦罐稍南東壁根得蚌殼六七,再進,有脚骨。疑此係另一墓葬,爲硃畫瓦罐之主人,與丁一之墓葬無干,乃禁止其向內探,俟將他工作畢,再作此墓。用工九人。

堡縱坑:繼續下作。下午未去驗工。樂夫言磚瓦坑之東北,又有一小段洞壁出現。用工九人。

七日,昨晚天熱蚊多,多時不得眠,故今日精神不佳。寫給仲侶縣長信一封,甯廳長信一封,壽伯信一封。

上午測量進行。後風甚大,遂歸。下午風止,頗悶熱。晚陰,後又起風。

　　溝東丙坑:整理西壁墓葬,又得石簪一支,僅寸許。再北有大石塊二,未知與墓有關否。東南隅灰坑下做,已抵黃土。附坑,向西壁掏作,下午見人骨,但觀棺板磁片,似近世墓葬。用十三工,下午十四工。

　　溝東丁坑:丁一東北隅墓葬南壁所見土墼,僅一塊,并非墓道。工人又亂取出銅器多件,見之,心甚不懌。昨日余見其亂取,雖略言之,但并未嚴厲申斥,則余亦不能不負一部分責任,而國祥徒負熟練工人之名,亦太不勝任矣! 命其以後再不可如是。丁二在瓦罐下所留土柱北方下層,將罐帶袱盡之蓋找出。下午察工,見丁一墓葬已清理出,骨已全變粉末,難看出方向。未亂之銅器尚多,心中稍慰。定再從上作下。用十工。

　　堡縱坑:繼續下作。西旁擴充坑內之磚瓦坑,量畢取去。內之帶紋磚瓦片,不及十分之一。下層已及黃土,磚瓦片已極稀。至小段洞壁,則在原坑接腳下層。恐係洞壁之一段,其餘部分為前些時發掘不慎毀去者! 用□工①。

　　八日,今日天氣甚熱。三四點鐘以後,稍有風,較愈。鳳山入城買柴送信。下午再寫給壽伯信一封,請其轉知財廳,對於在寶雞撥款事,不要再起誤會,以致輾轉貽誤。

　　測量進行,但因天太熱,早收工。

　　溝東丙坑:北端附東壁開一長坑,向下探視。中間鬲罐南,出一骨架,頭向西,腿尚在東壁內。附近有鐵釘,似非鬲罐之主人。南端東壁小坑,亦再向下探。附坑已無工作,即行填塞。用十

────────────

①編者注:原於"工"前空闕約一字。

二工。

溝東丁坑：丁一墓葬，繼續從上向下作。丁二北端暫停。中間向下探，又出一墓葬。墓正東西，南北墻已出。南端亦係活土，恐尚有問題。用八工。

堡縱坑：繼續清理西旁擴充坑。擴充坑與原坑相接處之中間，有數石排列，似有意，似無意，因命暫留之。用□工①。

九日，有雲，然全日悶熱。

溝東甲坑：清理東南隅三墓，向上吊土。東北隅三代墓中散硃土一塊取下。余下東南隅之墓察視第三墓內所云古代盜墓賊入墓之洞，殊不足信。然則此三墓葬之疑竇，殊難解決矣。

溝東丙坑：北端探坑向下作。偏東骨架已作出，因不便照相，量尺寸後取去。再南有黑色土，向下作。甲丙二坑共用十四工。

溝東丁坑：丁一墓葬上層土已取透。西壁見瓦罐一，未取。丁二北端東壁之墓葬，下午從上近地面發槨處打開。向東發現墓道，頗窄。中間墓葬繼續下作。晚收工時下探四尺餘，尚未至底，則此墓尚需工甚多。丁二南端上午出一瓦鬲，口破。繼續做，收工時尚未見骨架。丁一、丁二北墻上層尚有黑灰土一道。預計此坑，即半月尚未知能完工否。用十一工。

堡縱坑：西旁擴充坑上午工已完。南旁擴充坑下午亦大體完畢。下午再開始清理中間弧三角坑。用十工。

今日因取丙坑骨，想到前日（或係四五日）丁二北端之人骨，未量尺寸，而余即命取去！實屬荒謬！近日余精力太差，其將即

①編者注：原於"工"前空闕約一字。

此以終古耶！恨恨！幸痕迹尚在,尚可得其大約尺度,然此已作出工作上不可補救之損失矣！

十日,坡上灘上麥已全割完。天陰,有微風塵霧彌天。早晨霏雨數點,終日不熱。鳳山入城購柴。接潤章信一封。孟釗寄來前年之《大陸雜誌》二本,蓋鄹齋所命寄。

溝東甲坑:將東北擴充坑西北隅所見之黑土囊,從上開下。下午至底,發現向東北之墓道一,或又一漢墓乎？

溝東乙坑:下午孝侯量西壁之灰土坑痕迹,以便作切面圖。始想到周墓上之灰土層未量,無法辦理！孝侯又將西南隅之窰量繪後,破下,取出其陶片。此類陶片,余疑即此窰中所燒,故特命保存之。北端中間所餘土梁上西邊尚有灰土。此灰土或與西壁之灰土完全相連,現已無可證！吾儕工作之"貪多嚼不爛",亦太甚矣！

溝東丙坑:北端探坑繼續向下作,無所見。繼續探南半之黑色土,晚已見底,似非一墓,然此黑土何因以成？又成一頗難解決之疑問矣。甲丙二坑,共用工十三。

溝東丁坑:丁二南端瓦鬲南現骨架,頭向北。因丁一、丁二間之橫梁,北端已掘斷,中間墓葬又將下層掏空,未免太危險,決定從上拆除。以土填丁一南端墓葬。丁二北端及中間之墓葬,均繼續向上吊土。用十一工。下午在橫梁中間,清理出一窰,與乙坑者全不類,僅有橢圓曾經塗抹及燒過之土,然前掘丁二時,未慎,已去其半！

堡縱坑:余自執小鏟清理弧三角坑之北墙,完全顯出。且見上層發綠色土尚在,知北墙較他二墙原低,并非前發掘不慎損壞,甚喜。弧三角形甚規則。內磚石甚多。東北隅內層,有土甚堅,黑黃色。弧坑上西北之成角小段洞壁，下有土，余疑此土與弧坑壁無干，欲去之，乃土極堅，色微紅，似燒過者。再下，土白，亦堅。大約係人工築成，或係竈址。然則此段洞壁或亦尚完全，未被損毀。弧坑內出錢、小鐵器等。間有猩紅數小片。莽錢一。下午清出長七八寸至尺許之大石塊二三十！正西及東北兩角不遠，均有亂磚一堆，其有意耶？其無意耶？用工九人。

十一日，晴。有微風。下午天色甚清朗，不甚熱。

上午測量進行。但因有風，上原晚，下原早。

溝東甲坑：繼續作墓道，晚收工時至墓門。

溝東丙坑：北端東壁小坑停止，在西壁再作小坑下探，下午亦停止。繼續探南端之黑色土，上下土雜色。工人言四圍均係熟土。下午在底得一小玉刀，長寸許。甲丙二坑共用工八人。

溝東丁坑：仍繼拆中梁，并丁二之北中二墓葬。將午在梁中間前日所取骨架之西南方，出一瓦鬲。然似與此骨架無干。丁二北小坑於前日出蚌殼之附近處，又出蚌殼頗多。尚未見人骨。中小坑下午於東邊離墓門尺餘處，見頑石南北列若墙，兩頭高，中低。再西出一瓦壺。工十一。

堡縱坑：一面平做，一面靠東壁掘一小坑下探。正西及東北二隅之磚堆，已漸作出，似非無意。中間大亂石尚多。坑深作至五公尺六十。小坑一尺下，磚石漸少。晚作至一公尺二十。仍未見底，尚有整磚在下層。今日仍出小鐵器、錢等物。工七。

鳳山到馬營買柴，無所得。

十二日，晴。雖有微風，然天氣甚熱。遣鳳山進城，打給潤章一電，請再匯五百元來。并買柴。十點鐘保衛團副團長董君輯五來。

上午測量進行。

溝東甲坑：昨晚實未至墓門，乃因上面有土劣卋下，可以從上面進去，致誤傳。晚收工時，土尚多。今日雖遇土墼一，然係亂置，非封門也。

溝東丙坑：南小坑繼續下作，午刻收工時，至底，毫無所見。下午停止。因中間東墙尚屬活土，稍取土內探，於下面見一顱骨，乃又從上開下。收工時尚未清出。甲丙二坑，共用八工。

溝東丁坑：三項均續作。中坑墓葬已至底。墓門內石僅南邊三四塊，北邊一塊，并不成列。除瓦壺外，有瓦鼎、倉、竈、碗之屬，但多數已破。一破倉內滿盛穀粒，色白。僅有骨末，未知死者首何向。偏西似有棺限，人或屬南北葬。工十。

堡縱坑：小坑底磚五六，傾攲橫斜。取去頗不易還原，不取不能下作，乃停止下探。將上層亂磚石清出。下午照相後取去。又下做半公尺。下層磚石甚少，與探坑內情形相同。工八。

十三日，晴，風向轉東，天氣不如昨日之清朗。

上午測量進行，原頭已畢。

溝東甲坑：黑土囊之墓葬，無土墼封門。上午得瓦器蓋二，上有黑藍白花紋。其藍色頗似近日渾色所配，頗足詫異。下午又見一瓦罐，色彩亦同；瓦倉無花。又於坑外西南隅開一直坑，探求東南三墓之墓道，得墓道二。

溝東丙坑：中間東墙骨架上午已現出，頭向西。臉略向南，口張。腿屈向南方，幾與身合。下午清理結果，知其腰脊曾中一箭。骨盤亦略現綠色，蓋因與銅箭鏃觸接故。甲丙二坑，共用工十一。

溝東丁坑：中梁工停。丁二中間墓葬已作畢。北端墓葬出蚌殼頗多，成一土柱。骨架散亂，間與蚌殼混。墓門內南北各有一小洞，南洞內下午出一小底小口之瓦甕。丁北坑外東北亦開一南北坑。尋求墓道。用工九。

堡縱坑：繼續下作。磚石仍多。石且多較大者。外仍出鐵器、錢、猩紅等類。用工十。

十四日，上午有卷層雲，無風，悶熱。下午雲變高層，風向西南，後轉西北。八點鐘許風頗大，後漸小。天完全晴。

溝東甲坑：黑土囊墓內又出一瓦罐，亦有花。下午出一瓦器蓋，亦有花。探溝續作。

溝東丙坑：整理受傷骨架，孝侯以指南針量，知其向正東西。此地一切瓦鬲墓，向均正南北。孝侯假定其爲一定律。但此墓不同。然古人謂凶死者爲橫死，豈橫死者須橫葬乎？因風大，且天氣不清，尚未能照像。甲丙二坑共用十工。

溝東丁坑：探坑續作。丁二北端，照像後，將物取去，繼續下作。將午在前日出描花瓦罐之西南，出一漆器。然已爲工人毀壞過半！吾等不求嚼爛，只務貪多，結果應如是也！下午探坑中稍偏北又出一瓦罐及一瓦鬲。罐因工人不慎，破一孔。鬲質甚厶乂，故亦破。用九工。

堡縱坑：繼續下作。石較少，磚仍不少。下午磚亦較少。但從西墻向東，有一列磚，緊集，尚未清出。今日出錢、小鐵器、猩紅片，與前數日相似。外出一銅箭鏃。用工十。

寫家信一封，仲侶縣長信一封以備明日取錢。

十五日，終夜大風，然溫度不減。剛天明，因蚊擾不能再睡，乃起向東面灘上一游。灘上石子，頗多半透明者，始知堡縱坑內所出小石子，仍係本地所出。有四卵較鷄蛋稍小，灰黑雜色，未知何物所遺。有一卵已破，內浸血水，乃以木枝撥視之，見小鳥羽翼已見而生命已絕，然則此豈一種水鳥所遺耶？余非動物學家，當不擾此可憐小動物之生命耳。終日奇熱。上午仍大風，仍由西來。下午漸止。天氣晶明，徒增炎燒之感。隆季、鳳山入城取錢。歸，接到壽伯電一封，言車輛照辦，“車價本擔任”，（本下當落一字！）款項則財廳已令本地縣政府准余借五百元至千元。接本院總辦事處信一封，係報告規定經費僅餘三百餘元者。世界文化合作中國協會信一封，內附孟釗信一封，係徵集民衆藝術品者。王心正信一封。

溝東甲坑：黑土囊墓上午已作完。共有瓦器十餘件，大體有花紋。碎銅零星若干件。小錫器（或鉛）一件。無人骨，無棺限。有一鐵器，亦不甚似釘。墓門左右各有儲物小洞一。探坑續作。

溝東丙坑：下午東壁南端作二小洞，內探灰坑，得陶片不少，斷石簪二件。整理骨架，照像。甲丙共用工十一。

溝東丁坑：探坑內瓦鬲墓之骨架，下午已作出。丁二北坑墓續作。工九。

堡縱坑：中間列磚已清出，作半圓形，并不與西壁連。餘一半大約已經毀壞。昨日希平據咸陽興平間“唐王馬跑泉”之例推斷其爲一泉水池之遺址。當時尚未敢深信，以今日觀之，大約近是矣。若然則圓井周圍，工當已不甚多。工十。

十六日，今日爲廢曆端午節，停工一日。天仍奇熱，風甚微。七八點鐘時，外邊已二十七度！下午最高達四十度！然各人仍繼續在寓工作。拓石磨紋。將午同忠義到靈泉寺,命忠義拓其焚帛爐上文字,因其有關於戴家灣村名之文獻也。余詳讀嘉靖二十一年二月鑄鐘,內各村施主姓名數百,近地著姓,若張、文、劉、蘇、馮、姜均有,而尤以楊姓爲最多。乃獨無一姓戴者。余因此推定當明中葉,此地不名戴家灣,亦無戴姓。焚帛爐鑄於乾隆二十年,乃有戴家灣之名,然所列人名,戴姓仍不若楊姓之多,余因此疑戴姓係明末清初,由外移來,人口不甚多而頗富有,占地頗多,故獨擅村名也。晚大風又起。然熱度不減。

十七日,早起,溫度尚有三十二度!全日有微雲,最高三十七八度。前閱《寶雞縣志》知隔河馬營,有廣濟寺,內有宋度牒碑,當爲唐宋舊剎,因同鳳山往訪之。出廟,向西行。旋下河灘,行約三四里,至張家村南渡口,有渡船。渡後向東南行。路右旁有原,名姜太原。稍前,過一小溪,名西沙河。上設有水磨,但現因水小,不轉動。再進,有大村,名郭家崖。村雖以"郭家"名,實無一郭姓。村中樹木茂美,溪水環流。見一廢院,門前有拴馬石,正廳雖已敝舊,而軒窗刻製精美。以爲一破廟,及入院視之,則內積麥草,門前大書"光前裕後",始知爲一財東而子孫降爲破落戶者。村有堡,在西南原上,頗完整。村東有聖母宮,門前有第六學區第十八小學扁,然內空無人。只有參天之老楊:一不及三合抱,一二合抱。有道光二十三年鑄鐘及修建人名扁額。再東,村名小莊。西頭有廟,曰松林庵,實無一松,僅有桐樹多株。有咸豐年鑄鐘。正殿祀祖師,大門閣上,祀關公及觀自在菩薩。稍東有小廟一間,內祀未知何神,門前黃紙書"劉世藥王"。四字字體照原書。二廟均在路北南向。村東路南有更小廟,南向,曰五聖宮。再東南二三里,即抵馬營。村西路北有北極宮。内有雍正三年鑄鐘。正殿内有烟民三四,殆成鬼矣!再進至街内,路南有火神廟,尚不小。内有嘉慶廿、廿二及光緒年碑,嘉慶二十二年鑄鐘。問人廣濟寺在何處,答言向南轉有廟向東即是。乃南轉,路西有廟。門前有道光十三年"萬古精志"扁額,入内則祀娘娘!神壇上有嘉靖四十一年鐵磬,而按磬文乃屬於"三官位下"!入南院,有鐘高懸,向上審視,依稀有咸豐年字樣。此院正殿神緑袍,威風奕奕,而僅有鬚痕,未知何神。出廟遍問,人均言聖賢。陝言"聖賢",即指關二爺。細思,始恍然悟:門扁雖對送子菩薩殿,實爲此"聖賢"而懸!此"聖賢"之美髯,大約已爲村童摘去!故令人無限納悶也!至菩薩送子,則陝人所公有,且不限於陝人,更不足異矣。路東轉,再左轉,入堡南門。門前有團丁荷槍守護,答以閑游,并告以住鬥雞臺,始准入視。背後隱約聞言此挖寶人也!堡内有團部駐扎。堡小,比外面地勢較高,尚完整。然房址多廢棄,蕭條已甚。仍出南門,轉東,至堡東,始知堡尚有東門。門前亦有團丁荷槍守護。余等過門前,非問余等何來何作不可。告以從北平來,不可;告以在鬥雞臺住,不可!後鳳山告以汝等所熟聞之挖寶人,即余等是也,乃准余等過!門前有"杜氏祠",北向,外觀尚巍奕。思一進視,有一人迎問,詢知其爲杜姓,亦不阻余等進視。門内樹一碑,質係一種具山水紋理之大理石。正面無碑文,僅詰屈數篆字,似曰"神鼎富貴圖"也!碑文在後面,未讀,僅知其爲婦人立及立以民國年而已。從中門内視,知正殿中絶無神位。問:何以無神位?答曰ㄇㄛ,ㄇㄛ。再問:没有神位,我們已經知道;因爲啥没有神位?仍答ㄇㄛ!ㄇㄛ!無論何問,仍均答曰ㄇㄛ,ㄇㄛ。余等無法，只好避出。再東，又轉北，未遠，路西，即抵廣濟寺。寺在大路南北向。寺前有一戲樓，已破。且亦不似此間普通戲樓之具雕楣與天花板也。宋度牒碑，即在廟前西側。字尚清楚，但僅剩下半。《志》中所載《侯公行記跋》，似即在此碑陰。閱讀匆匆，未敢確指。然廟中無第三碑，"政和四年"字樣，即在碑陰。指爲《行記跋》，似屬無誤。東旁亦有一短碑，前後均有字。前面字幾無一可識。仔細辨認，僅約略見"冬十一月"數字，餘均不能辨。碑陰可識字較多，然亦未能連讀，且無年月。廟有前後兩殿，外有配殿數坐。有成化九年鐵鐘，萬曆二十二年鐵磬。配殿中神像，似尚有明舊塑。前殿觀自在像，塑工精嚴，神彩生動，即非宋塑，亦當爲元明製。兩壁有佛像上懸，疑爲懸山壞後所遺。正殿兩壁懸山，山已壞，用黃泥抹過。但上下層佛像尚在。下層作菩薩羅漢渡海像，像着彩色，雕塑生動，顧盼生姿。上層各佛正坐，完全金塑，頗呆板，似與下層塑非一時。正面三世佛像，雖或屬舊胎，但修理上色，總屬清代。佛像後之壁畫，則端嚴偉麗，頗有燉煌佛洞畫風，不能自宋以後。余又登神壇細視，乃知後人因原繪模糊，又上石灰一薄層，依舊勾抹，原筆迹尚隱約可辨。新繪雖矩矱未失而筆意不全同。廟尚有一東院，則神像壁畫，全係近人作品，毫無足觀。出寺後，甚渴且微餓，乃入一飯鋪飲茶，并買炸糕食之。飢渴稍愈，乃從原路歸。至渡口時，有二村婦一娃一驢亦將渡。二婦已登船，乃驢不肯止，費不少力，將船撐至上流處稍平處以便驢登。乃驢將登矣，船人索船錢，而村婦之錢，全由"他爹"帶着，"他爹"又在後未至，村婦一錢莫名，又堅欲先渡。不知如果她獨先渡，人家又何由認識誰是"他爹"而向之要船錢？"他爹"又何由知"他媽"已先渡而向人償船錢耶？麻煩半天，始下船。歸，一點餘。飯後稍息，至工次察視。

測量極早進行。

溝東甲坑：將東南三墓之餘土吊上，并尋墓道。工十二。

溝東丁坑：丁二北端出硃紅漆片若干，上有花紋。并有金片，成小獸樹葉等形。工□①。

堡縱坑：磚石已大減。出小片漆皮及錢不少。決定在北附壁處再作探坑。晚泉水券桶之北半已找出。下探八公寸，仍不見底。工九。

晚大雨一陣，頓覺清涼。整理工作：決定堡縱坑從明日起一面上作，一面下探；以五日爲限，即不至底，亦必停工，俟暑假後再作。又因溝東丁坑吊土位置太危險，決定請萬玉指揮，改變位置。且將甲丙坑熟練工人多撥丁坑工作，以便能早日收工。又定明早國祥早上工，命工人先翻丁一西北隅上層之土，翻畢，即將此西北隅開下。

十八日，早起，溫度二十七度。今日鳳山入城買柴以便拴梯。接潤章復電，言寄來三百五十元。

測量極早進行，八點收工。

溝東甲坑：上午工人均撥丁坑工作。下午分數人回續探墓道。

溝東丁坑：將中梁完全拆去；將西北隅上層土翻去後稍展寬長，從上開下。北端墓土已取至底。甲丁二坑共用工人。

---

①編者注：原於"工"後空闕一字。

堡縱坑:泉水券桶北半上午已清出。但與南半不作全圓,而由北向東作螺綫以出。再下層,螺綫口爲磚封。下午續作,桶外石幾無,磚亦極少。桶內出整磚五十許。探坑作下一公尺六,尚未見底。工十二。

十九日,晚東風頗大。測量進行。

溝東甲坑:繼續探尋墓道。

溝東丁坑:繼續拆中梁並開西北隅。西北隅灰坑內大片紅陶片頗多,有幾件可以猜出原形。以後發現前些天孝侯爲畫墓券所釘之釘子,被人拔去。孝侯頗急,余亦怒甚。因如此下去,工作即無法進行也。因責楊排長及國祥必須將拔釘者查出。遷延至晚,終未查出。限其本夜查出。甲丁二坑共用工□①。

堡縱坑:繼續作下,大致如昨日,但出零物較少。井桶中出整磚五十餘,不整者三塊作一塊計,數目也差不多。用工十一。

二十日,今早仍查不出拔釘者,因丁坑工人嫌疑過重,乃全斥退不用。各看夜之勤務,每人罰錢二毛,王德罰一毛,國祥罰五角;看夜工人以後不准再看。全日東風。有高層雲。溫度不甚高而頗悶熱,恐爲大雨前侯。測量進行。

溝東甲坑:繼續前工。北邊墓道已探畢。孝侯給東南三墓照像。

溝東丁坑:繼續拆中梁,已畢。西北隅亦開畢。北端墓底亦繼續作。西北隅離出瓦罐附近處又出瓦鬲一。但附近絕無人骨痕迹。甲丁二坑共工人十九。

---

①編者注:原於"工"後空闕一字。

堡縱坑：繼續工作，略如前二日。探坑已探至四公尺二寸，尚未至底。下午井桶內得一磚，邊上有"出先"二字。工九。

接彥唐信一封，子昂信一封。

二十一日，天陰，風仍自東來。前數日聞原上大韓村有一大寺，"爲魯般所修"，今日同鳳山往觀。上原，過馮家崖，東壕。再前，過小韓村。村東頭有小廟，名繼隆寺，門閉。大韓村爲一大村，入村，有水池，浣婦頗多。村之最大廟，曰興隆寺。問村人，并不知魯般修之説，且非大廟。寺在村東頭。據道光①五年碑，言"相傳前後廟僅六楹，自雍正九年從關帝廟與大佛寺合一。……迨乾隆五十年，復遷火神於寺右"云云。現關帝殿在前院，火神廟在西院，且有雍正年碑及焚帛爐，則道光碑言可信。"樂樓"建於嘉慶十一年，有碑。廟內有萬曆四十六年鐵磬，但不著獻於何神。廟前後三殿：除前關帝殿外，中殿一佛，後殿三世佛，及羅漢。佛像尚佳，可至明。中殿前有一松，傾斜於殿上，下以石支之，石爲道光年立。欲爲松照一像，而地方逼窄，無法全收影，乃止。僅爲中殿佛攝一影。出問村人，言今年麥好者可至石一二，次者到七八斗。又問此地離老虎溝若干遠，答言十里。乃復前往。出廟，入村，另有一火神廟，內設學校，大小與興隆寺相若，未入觀。出村，稍偏向西北。過廣福村。村頭有二小廟，未入觀。問人，言老虎溝在村東北不遠。乃向東行，村東頭有廟，名觀音寺。據道光二十二年碑，言"相傳明萬曆年間重修"。寺院落寬廠，但僅有二殿。前殿觀音，後殿三世佛。後院有芍藥池。出廟，路向東，屢

----

① 編者注："光"，原誤作"正"。

越田中尋向東北路,終不獲。問人,答言前面坡間即是。行里餘,
已至原邊。下臨河,即爲汧水。無路,即下原,頗不易行。見原根
有人家,疑係老虎溝,復下,漸得山徑。遇一行人,問之,則言下係
高家坡。問以老虎溝何在,彼知党ㄅㄛ在彼間挖寶事,但未知地
方何在。時天已午,余飢且渴,急欲得人家,乃初所遇,僅有空窰,
人已逃去!後遇人家,問之,答言老虎溝在西不遠,乃往。過一小
溝,遇人家,復問之,答言即在上邊不遠。答言者爲一十五六之童
子,告以可給我們引路,我可以給他幾個錢,推言忙甚。不得已,
乃上,不遠,見有土,似經發掘過,但未敢確定,乃復下,至所遇人
家,告以飢且渴,此童允爲我們取湯。後出一老人,劉姓,復申前
意,答言,現在還可以有吃的,至今年春間,可是幾乎餓死。取出
扁豆茶兩碗,花饊饃四,余二人分食之。再索湯,則僅餘半碗,余
又盡之。談次,知此地在光緒二十六年左右,有人在地旁見有小
物發光,路人多見之,并不注意。有人發之,得一提梁卣,下尚有
銅器數件。此外并未聞有人得物。党ㄅㄛ因之,遂派多人來此發
掘三四個月,毫無所得,云云。至老虎溝,則在坡間,已無人居。
吃東西的時候,有一鄰娃來,約三四歲,赤身。披髮如女娃,面孔
亦似女也。招之以手,即來前不懼。見面,即揖,又以手向地作磕
頭狀。又向鳳山作揖磕頭。問以言,不應。與以大板,即受而玩
之。據旁人所言,似亦非來討錢者,然見人即作揖磕頭,可異也。
食後留錢兩毛。再强童子引路,然止引余等至村頭,指示其地,即
向所見似發掘者。問何以不肯前往,則答言狼很利害。乃獨往。
此地無灰土,無舊陶片,無墓道墓身之鬆土外現,而党ㄅㄛ乃在彼
發掘,宜其無所得也。再上,不很遠,則坡旁居然有一灰土坑。內

頗有舊陶片、瓦鬲足等物，乃取十餘件，帶歸。再上，有一溝，内多廢窰，當即老虎溝矣。坡間又見有灰土坑二，未近視。此處亦有舊陶片少許。時天陰甚，不敢多逗留。然就大勢揣測，固遠不及鬥鷄臺古時人居之多，且時間久長也。返仍過廣福村。出村，正南行，以爲可不過韓村矣。過一村，名燕家河。出村，路仍向東，無南行路，仍非過大韓村不可！出大韓村，再向南，仍過小韓村西頭。再南，過小村，名范家莊，則在東壕之西。過村不遠，雨至，余且奔且走，單衣盡沾濡。過楊家山，下原，至寓。洗濯換衣。

溝東甲坑：今日仍尋墓道。

溝東丁坑：吊土。仍開西北隅及中間以備照像。像全照完。二坑共用工十九人。

堡縱坑：量坑照像。

今日工全結束，再作當俟下期也。

二十二日，昨晚晚餐後，在室中少息，乃不覺睡去。及醒則寓中人全寢矣。亦未驅蚊，然亦睡着。今日時雨時止，風仍從東來。全體包裹編號，余亦稍行幫忙。

二十三日，天將明，蚊無論何法驅除，終不能去。天明即起，喚鳳山起，同進縣城。時陰晴不定，乃携雨衣。至金陵川，無橋，必須命人負渡，而余等忘帶銅子，又無人換。余又不願脱鞋韈徑渡。遲之又久，乃借得行人三大板，——行人亦係進縣城者，——乃得渡。至東門外，還行人錢，在路旁小攤上，購醪糟窩果及鍋盔，食之。進城，到城隍廟西剃頭鋪中翦髮。畢，到縣政府，晤仲侶縣長及縣署諸人。仲侶縣長蓋初起者。出示一藍釉小鼎，足已全斷。問余年代若何，余冒然答物不很古，彼似不懌。據言：按研究舊磁眼光觀察此器,器之一小部分,已裂成片,且如從日光下視之,下有極細之牛毛紋,即上推至宋,亦尚不能成此紋理,云云。余亦姑順其意,言可能是漢,并舉本會所發得之缸瓦器以實之。然余中心仍以爲器不過明耳!在彼處餐。(早乎?午乎?)到賑務會,民衆圖書館訪李紫垣不遇。訪董副團長,亦不遇。換錢一元,余嫌大版太重,向索毛票八毛。彼言:"分分洋ㄇㄚ。"余亦不知分分洋之爲何物,始漫應之。及取出,則亦係銅子,大如普通銅子,上書值洋二分,據店人言:實值洋二分。果爾,則其體積比大板小,而實值比大板大,余心甚疑,未敢受,仍索得毛票。後問多人,均言確有此幣,且并不誤。甚矣此地幣制之紋亂也!值二百之大板,與值一百之大板,大小大不相同而實值却相同!分分洋比值一百之大板還小,而大板必須七枚始換洋一毛,分分洋五枚即換洋一毛!——但大板係黃銅,而分分洋則係紅銅。——出城南門,上船過渭河,到姜城堡,訪徐扶九老先生。此老步履雖健而神明已衰。去年雖曾見一面,彼已全忘。略談,彼終疑余爲古董客,挖古董賣錢。告以不賣錢,陳列任人觀覽研究,彼又覺此等物之無用。乃與言劉原父、歐陽永叔、呂與叔、吳清卿、孫仲容、王静庵之學,彼對於此學雖不了了,而對於人名尚知幾個,故亦唯唯否否。後將考古會名譽顧問聘書送上,彼觀後,亦未辭。留飯,因剛在縣署用畢,辭之。稍談,即出。出堡,北未數步,向東轉,不過謂由河南岸走,或較近。乃走未半里,道南斷崖見灰坑。下視之,大約此處有陶器窑三四,陶片甚多。雖無完全陶器而塊頗大。紅陶、紅沙陶,極多,亦有帶黑花紋者。檢得石斧一個,雖稍破而體積大,刃亦完好,爲此間之所未曾見。尋陶片時,見一黑紋蛇,長二三尺，彼熟視余良久，始蜿蜒入室中。鄉人來觀，聞其是否見過完全者，但兩邊語言，實未能完全互相瞭解。揣其所答，似曾見過完全者，然已被打破。又言有青色完全者。問有紋否，答言無有。亦知其爲普通品，然返姜城堡一觀，果普通品。遂從原路東行。見較北斷崖，亦似有灰土坑，再下觀，則陶片較少，崖間非灰土坑，乃係墓土。又前進，沿途尋瓦片。二鄉人同行，一人言：遍地都是黃金呀！余言：黃金在丫ㄊ丫，我怎麼沒看見？我看見的，不過是破瓦渣，黃金到底在丫ㄊ丫？彼等無言而去。余等在瓦峪寺西靠原南灣着走。到九聖泉一觀，未上。過瓦峪寺，以爲路較近，不久即可至張家村南渡口。且鳳山背陶片較重，余乃自携雨衣，時天已晴，反成累贅。乃遲之又久，過一小河，至一村。村名石壩河。余問：何無石壩？答言：乃石板河。其實石板亦無，所有不過頑石而已。村小，然有鋪户。余等時飢且渴，仍購醪糟窩果食之。果亦僅尋出三個，餘無所有。然村中鴉片幌頗多，想得吸的，似尚不很難也！問馬營鬥雞臺各若干遠，答言均十五里，始知南岸路遠。出村，以爲過一村即可至張家村南渡口。穿灘東行，以爲較近，觀南邊原上，村落頗多，路亦頗遠，然尚未至。忽見大河南灣，非脫衣過水，即須仍轉南行！余無決心脫水，只好南行。河靠南岸緊邊，岸甚高，似尚向南塌。岸上即耕地，岸邊亦無草木，危險殊甚。再前，至一渡口，則尚未抵張家村南，然遂渡。渡後七里餘，始抵寓。今日余等所行路，求近反遠，且携帶東西，頗覺疲乏。然幸於無意中，發現極好之考古地點，心甚暢快。去年余過彼間，所經地，不過偏南百步許，乃交臂失之！使去年早見此地，現在即在彼間工作，亦未可知。今日孝侯畫墓圖。餘人均忙裝箱。接總辦事處信一封,係寄三百五十元收條者。

二十四日,孝侯仍畫墓圖,餘人除希平外,均忙裝箱。全日東風。下午四五點鐘,雨大至,然僅一陣。將晚,風仍從東來,下層雲行極快,然余諦視之,知上層雲確係向東行。後雲時聚時散。

二十五日,夜中微雨。上午忙裝箱,余亦幫忙。下午余帶楊三寶出,過劉家灣,登原半,向西行。初無舊陶片及灰土痕迹。將至張家村,原間有一灰坑,然已被用土者破壞。尚剩紅陶片、紅沙陶片不少。岩間亦有骨片。村中坡半路上,亦間有古陶片。過村,至一堡,爲韓家崖堡。内無居人。堡東南有一門。内地成三層,漸上。有古陶片。斷崖間均有洞密列。然洞口僅出地面。内窺,下均係鬆土。此或爲近世民居遺迹乎?抑古墓之顯現者乎?或兩者均有之乎?再西原間頗寬展。原邊一碑,爲景泰元年所立劉俊父母誥命碑。再後稍遠有二叢墳,有三碑。東南一碑,最模糊,然疑爲劉俊冢。西南一碑,萬曆□十八年,係三人墓共一碑。西北一碑,萬曆二十八年立,二墓共一碑。墓旁亦有古陶片及瓦鬲足。再西,遇一大溝,未過,即歸。今日出,頗欲對魏陳倉城故址,有所發現,然結果毫無所得。晚決定三十日回省,明日派鳳山入城拍電。今日孝侯墓圖工畢。

二十六日,昨晚睡甚晚,今早黎明即起,同孝侯、忠義、三寶、王德諸人進縣,至鳳山則後往。過金陵川,入東堡,穿堡而過。堡西小坡上有净土庵。門外流泉茂樹,風景甚佳。正殿祀三大士,前殿祀關公,塑繪甚新。廟外墙上鑲有萬曆己未所立碑,大書"古娑羅泉"四字。余在廟前石上坐,孝侯爲余拍一照。孝侯言東堡寨門楦極好,返視之,孝侯亦返拍一照。登坡,至金臺觀門外東南下坡處，得一灰土坑，內有古陶片，檢數塊。入觀，觀內最古碑爲天順六年所立《張三丰遺迹記》碑。內三清殿，房架爲明建。玄帝殿爲萬曆甲午年修。像均明塑。玄帝座旁，遺有明代花紋，孝侯拍一照。看一遍，即出，到東嶽廟。命道士燒茶，購臭皮子、饅頭、油糕，食之。孝侯留照像，余同鳳山到縣署，晤仲侶縣長，取得現洋一百元，陝票一百元。并辭行。出仍到東嶽廟。孝侯言：“大殿兩壁壁畫下又發現一層舊畫。上層畫雖係明遺，然不能到成化，想係明末所繪。至下層畫，當係成化四年建殿時所繪。”云云。余覆視，下層畫不誤。但成化四年及明末之説，尚有問題。因此廟建造，據各碑，均云未知何年。孝侯僅據正殿前所懸竪扁，定爲成化四年，實并未諦。余意建築史及壁畫之研究，在我國實尚幼稚，未達精確之區域。上層畫詢係明繪，至下層則或爲宋元所遺，亦未可知耳。稍息，同三寶先返。過金陵川，入金陵堡。入自南門，出自東北門。未出門，見堡牆下有灰土坑及古陶片。出門，勘察樂夫所發現遺迹一過，並檢陶片若干，遂返。下午陰頗重，雨止下數點遂晴。晚月色極佳。接《西安文化日報》館信一封，總辦事處信一封，爲本院派余爲中央古物保管委員會爲[1]本院代表事。

二十七日，今日大家甚忙，余則無多事，僅同楊排長及各地主到工次，規定已用地畝多少及商定包填坑工錢。填工，包給兩地主，七家窰在前岩，與坑子頗有關係者，共九家。包填工錢，彼等希望頗奢，余力斥之，乃以二十八元定議。下午寫佩青信一封。八點鐘許，又落數點雨。

---

①編者注：“爲”，疑衍。

二十八日，因前日所取一百現洋不敷用，乃寫仲侶縣長信一封，派鳳山往用票子換現洋八十元。寫家信一封。十點後，聞三汽車從門口過向西行，大家全以爲接吾等之車已來，余固不信，乃未幾時，又返，問之，果係昨日動身、今日來到者。且均係載一噸半車。信函電報，明明白白，而竟歧差如是！接壽伯電，言派車於儉日來。接春舫信一封。將午，毛君羽青，名翰。胡站長德亭名錫明。同來。毛君，係省政府委員，前在寶雞縣署見過者，此次來，係搭汽車同回省者。商議結果，決定客車一輛，裝畢後先到鳳翔。毛、胡及希平同去。大隊夜中裝車，明早起行。胡至鳳翔後，再加派來載貨車一輛。寫給他信一封以備手續。下午大家全忙着檢點東西。上好車先開走兩輛。希平、毛君、隆季、國祥等先壓車至鳳翔。今日在堡東賃地一塊，向東開坑，將發掘中所得骨殖，裝匣安葬。共十一具。餘一匣中盛各處所得散亂人骨。作工時，工人言昨日所包填坑之二十八元，均爲二地主拿去，頗有拒絕窰洞在前崖七家之意。余大怒，令人找地主來。地主楊海來，戴功不來，而戴功係一烟鬼，均彼搗亂，乃令人促之，不來即令人送縣。彼終不敢來，僅將所扣錢送來。乃交與楊排長，囑之催大家平均工作，平均發款。

二十九日，昨晚大家檢東西，直至今晨兩點許，始畢。畢前，余雖就寢，然未能睡着。後余始睡着，點鐘許，即醒。很有幾人，全夜未能眠。四點許，即起檢點行李。天大明時，即啟行。啟行前，再諄囑楊排長速催墊坑，且與地主言明，此係九家之事，非兩家之事。天陰，有風，塵極大。車中尚嫌凉。未至鳳翔即微雨數點。後又止。至鳳翔，稍吃一點東西，遂行。毛君又引二人來趁車，可謂靦顏已極。余替他羞愧，亦不之斥也。後仍時雨時止，愈下愈大。過扶風上坡時，余等所乘車頗輕，乃因路滑，上坡時，已頗費力。至武功，稍息，待王忠義、王德所壓車，良久不至，而此車又頗重，以爲彼爬不上扶風坡，留於扶風矣。那裏所停之汽車夫，紛紛討論行否。會中三車，因不甚重，全開走。雨愈下愈大。至興平，仍在鐵老店中午餐。餐後，雨稍止，復行。至咸陽，則雨比西面大的多。出東門，車又開入店中。各汽車夫幾全以爲不能再走。余等之汽車夫到河邊看，有一郵政車，一紅牌車，願渡，彼乃亦渡。渡後，國祥來灘上，言其所壓車不開，希平所壓車亦不來，以爲此二車今晚大約留咸陽矣。過河，上坡時，車時須人推，幸坡不大。五點鐘許，進城至寓。雨漸停。今日登車後，孝侯即覺身體不佳，服痧藥，及吸打嚏藥，稍愈，但全日不佳勝。樂夫則暈車，時時嘔吐。忠義、鳳山等均暈車。余個人則尚佳。將晚，希平、隆季等所壓車亦到，國祥并言忠義、王德所壓車，亦到咸陽，甚喜。斯時樂夫病莫能興，萬玉已睡。余獨與孝侯出到一小館內晚餐，泥甚大。返則鳳山言忠義所壓車亦到西門，但因城門已閉，未能進城，擬請考古會楊先生派人拿護照到西門，請開門，余二人覺辦法尚妥，乃待之，至十一點歸，則言城門不開。余因天太晚，未便與各方打電話，只好俟諸明日。寢時過十一點。

　　三十日，今日天晴。孝侯全愈，樂夫仍病，下午請省立醫院內科主任吳霽棠君名晋。來診治。余終日無事，不過晤扶萬、午峰諸君及各報記者董玉仁君、張師民君、陳維綱君、曹潔天君、蘇西銘君及一忘姓名者。①

――――――――

①編者注：原稿此處有一行字被作者用墨筆塗去。

七 月

一日，今日從學款管理處借得洋一百元。上午劉安國來，①
下午考古會爲余等接風。主人中王卓亭因病未到。客中，希平因
瘧疾未愈，未到。接家信一封。晚微雨。寫給全仲侶信一封。

二日，早晨連定一來，交來其尊人來信一封。② 到西京籌備
委員會訪子怡，亦不遇。再見定一。見龔賢明，彼腿被騾蹧傷，尚
未能行路。又遇邱□□③君。午後冠五來。張恨水來。二新聞
記者來。早晨打給潤章電一封，問路局免費運輸，是否已辦妥。
晚接潤章去電，言"路局半價現款憑單已於漾日寄寶"。并言朱
廣才將來測經緯度。

三日，前日聞劉安國言楊家城東北之惠土音作ㄙㄟ。家頭人家
後院，有漢代水道，乃今日絕早與孝侯坐轎車同往。德昌隨從。
過萬城門，孝侯又照一像，取板築兩塊。惠家頭在盧溝臺西北。
城在村中間。我們下了車，問一個賣東西的，他說他不是本村人，
不知道。一個女人搭了叉，釘着問我們要瞧那洞作啥。我們問她
洞在ㄚㄜㄚ，她堅決地説她不知道。一個有鬍子的人，從門裏面
出來，我們問他，那個女人趕緊給他使眼色，於是乎他也説不知
道。我們無法，一方面派德昌同趕車的老劉去找村長，一方面同

---

①編者注：原稿此處有四五字被作者用墨筆塗去。
②編者注：原稿此處有六七字被作者用墨筆塗去。
③編者注：原於"邱"後空闕約二字。

他們閑□天①。他們漸漸地知道我們并不是怎麼樣可怕的人，有
鬍子的人遂説："村長是再找不着的。他們剛才害怕。你們跟着
我來瞧吧。"此時德昌也回來説村長找不着。我們跟着他們去，
就在路南緊挨着的一門内。城墻就是他們的南墻，已經不很高。
水道在墻底下，多半高在現在的地平上面。眼看見的，三塊石頭，
合成上方。據言下面不深，也有一大石，合成正方。高廣約四尺
許。深一丈餘，但并未掏完。兩條道并列，中間有石頭隔着。再
西，還有小縫，土人疑惑還有一道，但從未掘過。孝侯照一像，德
昌進去量尺寸。出時，給地主錢一吊。他們説西面高廟街，附近
有磚水道在野地間。遂往。高廟附近，城墻全斷。高廟附於堡子
西南角，據言仍爲地遺址。打聽水道何在，他們全不知道。乃入
堡東門，進至高廟，上登，則廟内有小學校，似無神像。有三十幾
個娃。隔窗望之，還有幾個女娃上學。孝侯聞人言此地多天主教
民，故風氣較開通也。返。過閣老門。再下，孝侯因前所照水道
像，玻璃板太灰，乃重新照一張。再取糵煞泥兩小塊。附近土堅，
似曾燒過。此處磚窑一，瓦窑一，均正托坯。立看多時。工人均
洛陽人。今日沿途所見的磚瓦窑，均積極工作，爲自去年來陝之
所未見。蓋因鐵路快修到，車站附近大興土木，且年境轉過，亦稍
有關係也。返寓，稍休息。② 晚子怡來談。今日欲找扶萬、午峰
商議請會中抽查箱子以便早日開箱，籌備展覽，但均未來會。接
到總辦事處所寄到之半價現款運輸單。

────────────

①編者注：原於"天"前空闕約一字。
②編者注：原稿此處有近二十字被作者用墨筆塗去。

　　四日，今日上午問扶萬來會否，則聞已去。下午六點李樂知在西北飯店請客。在坐者，除本會之何、張外尚有扶萬先生、顧鼎梅、翁縣長諸人。出同到交通旅社內之□□□□①食冰激凌一杯，不佳。接劉子植信一封，爲托替北平圖書館帶墓誌石者。晚孝侯談起曾於余春間離陝時，曾與樂夫言語衝突，並罵過他。樂夫則未還罵。孝侯小孩子脾氣頗大，亦可慮也。

　　五日，今日與扶萬先生談，請他對於本會帶回箱支抽查三兩箱，以便對於陝人可作負責的說話。並請於明日開會，以便報告一切。並將複寫登錄簿子交給他。扶萬允與午峰商議。下午開兩箱，每箱不過開一兩包而已。晚子怡來談。去後與樂夫、孝侯、萬玉商定應行帶回北平研究之號數以便明日提出會議。睡頗晚。今日下午訪李樂知，未遇。

　　六日，因昨日萬玉言八日展覽，還來得及，故今日全日本分會同人忙於陳列物品。所展覽者，爲鬥雞臺所發掘、鐵路局所移交來、民政廳所發掘三部分。決定大廳內鐵路局前所移交已陳列之一部分，不大更動。將分會的一部分完全撤去，陳列溝東所得品，老虎溝、姜城堡各處采集品。至堡中所得，鐵路局所新移交來，及民廳所得，則在第二陳列室中陳列。至興慶宮石則因搬運不便，仍在原處陳列展覽。到鐵路局，見李樂知，問其運輸情形、運輸價格，及是否能辦聯運各問題。他答應代爲打聽，晚响回信。下午會議，卓亭、勝浮均未到。與扶萬、午峰將提研究物品問題略談。即作爲決議，可不致成問題。扶萬又談本會因拓碑林碑帖，致與

---

①編者注：原於"之"後空闕三四字。

教廳齟齬事，余擬見學昌廳長時，與之一談。近數日天氣甚熱，下午下一小陣，熱仍不退。晚子怡來談。今日龔賢明來。

七日，全日忙於陳列物品。天氣甚熱。下午寫品名卡片，大致就緒。孝侯忙的午飯全未吃。孝侯雖氣質尚未全脫公子氣，而工作之奮勇，工作之能力，實有常人未易到者。

八日，今日係請各機關首領來參觀，至正式展覽，則待明後二日。力子主席來甚早。後邵夫人及雷陸女士亦來。餘熟人來者，有楊叔吉、段□□①、李樂知及路局中三位、鄭士彥諸人。今日天氣極熱。下午兩三點鐘，院中溫度及四十度。晚到西京籌備委員會，晤溥泉、子怡、賢明諸人。歸將床上被褥盡撤，僅餘一毛氈、一單子。洗身後，寢。時對於睡眠，頗懷疑慮。

九日，眠尚好。夜中雖僅帶裹肚，後半夜尚有相當的涼爽。早起時，院中溫度尚將三十二度。閱報，知昨日溫度最高爲四十二度，則余輩院中，尚屬涼爽也！今日更熱。院中最高達四十一度半。上午浦泉來，賢明隨來。參觀後談多時。

十日，昨晚因太熱，睡不佳。今日熱少差。院中早起時尚有三十一度半。最高溫度四十度。今日來參觀人尚不少。各界均有，然古董界似已全體出發來參觀。接楊鍾健信一封，係索化石看者。

十一日，今日最高溫度，又達四十一度半，按測候所報告，爲四十三度。早晨往訪叔三、學昌兩廳長，均見到。訪經濟委員會劉景山主任，未遇。晚出到快活林，飲冰激凌兩杯。決定十六日

①編者注：原於"段"後空闕約二字。

北上。

十二日，今日最高温度與昨日相同，最低温度却較高。余等院中因有樹，故最高温度較測候所所報告爲低，最低者則較高。早起院中温度仍三十四度！下午與大家計算路費，知再借八百元，尚未知能到平否！前數日余已感覺到非有六七百元不可，今日始知相差甚遠！主要的原因，自然是因爲在此地無論何處，全打聽不出運輸價目的緣故。然預算超過如此多，下半年工作或將成問題矣！命樂夫與壽伯之代理張君接洽汽車，歸請考古會備公函。

十三日，今日温度更高。測度所報告，最低二十九度，最高四十四度！至余等院中則全日在三十三四度以上！寫信與學昌廳長借玖百元：陝票三百，外票三百，現洋三百。下午他派一程君將陝銀行支票送來。遣樂夫同程君往取。

十四日，早晨三點鐘許，因太熱，出院中少凉，院中及室內均仍在三十四度上！最高四十五度。寫一信與甯廳長，派樂夫往將欠財廳五十元歸還。今日孝侯到米家岩在鐵道北之灰坑中，得缺一足之大瓦鬲一，又得筒形光底殘陶器二，不知是否陶器之足。又得各骨，已經化石。晚短衣跣足，同孝侯、萬玉往飲冰。後到南院門一轉。

十五日，夜中甚熱，然頗有風。今日温度稍差，四五點鐘大雨一陣。早晨到①各處辭行。楊、周、甯未遇。有二新聞記者，來問圖書館所托帶墓誌事，竟至索閱來函！其無常識如此！力斥之。

————————

①編者注：原稿此處有一行餘字被作者用墨筆塗去。

將登記簿之第三份，與留此未提之古物號單交給撫萬、午峰。下午六鐘①主席請客，爲余等餞行。在坐者尚有撫萬、午峰、顧鼎梅及一蘇君。晚將箱件先裝好汽車，定明早黎明起行。

十一月

……②費時頗久。過臨潼，天已定黑。至中山門，檢查頗費時間，爲從前之所未有。至寓，精神困乏。同何、蘇二人出，將晚餐，而因時已晚，無賣麵食者。至油膩物及餃子等類，則余等又不願食，僅食蕎麵合羅而已。

十五日，往省立醫院掛特別號，療治頭瘡、耳瘡、手傷。拜力子主席、壽伯秘書長。下午壽伯來，拉同人往北平飯館吃飯。又約升三廳長、叔吉院長同來。席間即與升三廳長談匯款事。壽伯言：即用款過多，亦不要緊，可作爲陝西省政費云云。出，想洗澡，但時過九點，澡堂已關門矣。今早扶萬先生來談；印唐來談；午峰來，未遇。會中言星期六開會，并公餞。校改《歐洲哲學史》譯稿。

十六日，王楓階來談。拜學昌廳長，並晤午峰。拜叔威廳長，拜樂知段長。下午到聚合園浴。右手有傷，命人代洗。返繼續校改譯稿。

十七日，夜眠不甚佳。繼續校改譯稿，畢之。往訪楊叔吉，未至，下車談數語，即歸。卞文軒來談，劉安國來談。上午往訪壽

①編者注：原稿此處有約二字被作者用墨筆塗去。
②編者注：原稿此處闕頁。

伯，未遇。正午開會，卓亭、勝浮均因病未來。不具開會形式，僅
閑談而已。給引得印刷所李□□①君寫信一封，然因天晚，信及
譯稿均未能寄出，當俟後日也。今日天陰，將晚，微雨有風，葉落
簌簌。樂夫到商務印書分館問，則匯款尚未到。本擬後日動身到
寶鷄，似此又成問題。然樂夫等見壽伯，談及此事。壽伯言如單
因此事，至誤行期者，可致電話告訴財政廳，請其送數百元。公宴
時，扶萬先生亦言可由會中暫用。

　　十八日，早訪壽伯，未遇。決定先由考古會暫借三百元，明日
啟行。寫潤章信一封。午後再訪壽伯、升三廳長、叔吉院長，均不
遇。將晚，壽伯、叔吉同來。寫一信與升三，請其接款後，先還由
考古會暫借之三百元。並請其先用電話知會寶鷄縣政府准余等
隨時用款，以後同財政廳算賬。信托壽伯轉交。樂知派人送來其
所著《清代數學教育制度》一小冊，《文化建設》一本。今日天
晴，寒。

　　十九日，早起。出城時將十點。同行者除從平來諸同人外，
有隆季及考古會之顧端甫、王忠義、鍾德昌、王德。天陰。城外霜
甚重。咸陽渡口水淺，向北繞一大灣，上船，始能過去。將至興
平，遇許多壯丁背紅纓槍及大刀，聞係民團受檢閱者。後途中遇
從西開回軍隊兩起，聞係由漢中換防回者。途中無泥。至鳳翔，
天尚未定黑。汽車夫不欲行，余則因全團自八點鐘出發，有吃飯
者，有因畏暈未吃飯者，途中未停，即勉強至鬥鷄臺，而無賣飯者，
火又立時不能生，亦不欲行，遂往下。聞人言汧河水大，汽車未能

①編者注：原於"李"後空闕約二字。

過去。頗以夏間汽車尚能過水，何以此時又忽水大爲疑，人言夏間因引水灌田故水小，此時較大。晚餐甚飽。

廿日，早頗寒。野間霜華更重，積水内有薄冰。九點許至汧水濱，車不能前進，乃派鳳山、忠義到附近村落雇車及人夫，余則順汧水下行，欲觀"汧渭之會"，行二里餘，因曲折頗多，卒未能至。返。未幾，鳳山、忠義返，言村民互相推諉，車雇不到，蓋村民被軍隊官差嚇倒，現在雖拿出錢給他們，他們仍覺得是來騙他們，頗屬難以理喻。乃令樂夫同鳳山渡河到底店找民團幫忙。余等不久亦過河到底店早餐。水上一支汊無橋，余等到時，行人尚脱脚始能渡，後有人上置一板，遂可渡。水僅尺許。正流上有橋，但上未能過車，水深尺六七寸。正餐時，樂夫來，言到堡中，見一癮君子之區紳，以棉被圍足，彼仍意存推諉，强之，乃派人往尋云云。然余等不久即雇得五騾車往運，余則仍循汧南岸，往尋"汧渭之會"，約一二里，即至。路行低灘，多蘆草，不易行。有一溝，水流甚清。問割草者，據言名清水渠，大旱時，汧水量减幾絶，而此水則如故。歸時欲尋其源，則不惟數步一曲，而附近泥沼甚多，勢不可能，乃止不尋。至底店，則車已過。因覺熱且困乏，乃雇一驢，至古陳寶祠，則村人甚多，正在收拾。因前若干時，村人爲神演戲，將南房窗子全打下，重放頗非易。急派人入城購紙，匆忙至六點許，屋始像屋，不似在大氣中，而大殿窗紙，今日尚未能糊。村人送來麵條饅頭，頗佳，但麵條内置醋過多，余雖能食，然不謂佳。下午天晴，且走多路，又忙碌，覺天甚暖矣。

二十一日，晨起時温度二度，無霜。早餐後，同樂夫、秉琦、端甫進城。過張家村時，到太白廟一觀。至東關購柿食之。柿一大板四枚，每角换七大板。柿頗大，亦易剝皮，甜甚。到縣署，晤仲侶縣長及他署中人。財廳電話尚未來，然用款可不成問題。縣署內正演戲，余同縣署中人，到看棚內一觀。劇中特爲余跳加官，余乃出一元賞之。劇衣服尚新。所演者爲《北邙山》，演周襄王及子帶事。余等稍坐即出，到署前飯鋪午餐，麵條仍酸如昨日！出西門，上原，尋唐李茂貞墓。既上原，用遠鏡各處尋，不能確定何處。東北不遠有一田夫撒糞，往問村名，據言有四家原邊下、音厂丫。六家原邊下各名。問附近有大墳否？答言，西北方，離村東不遠有岐音如秦。王墳，乃越壟而往。約二三里，至則墳南向，前有石馬等兩列。僅東方一馬出地尺餘。其對面之馬，乃較北一石，則僅見石出地上，不能辨形。再進，則有清畢沅所建之“唐鳳翔節度使李茂貞墓”碑。墓凡二。東北者較高大，當屬李氏墓，然不正對碑及石獸行列。西南墓較小，或係陪葬者。時已將四點，乃急向東南歸。從金臺觀前下原，因時晚未入。至張家村，天已定黑。抵寓後則獅醒已將所攜無綫電收音機設備好。收音甚清楚。但獅醒言四點以前未能收音。晚晌得聽報告全國及世界新聞，心中甚快。倫敦電言，海軍會議，量的方面，早已失敗，質的方面，又已完全失敗云云。

二十二日，晨起，溫度在零度。決定明日開工，今日上午定坑。早餐後，先同到堡中。原坑因夏雨，邊上塪塌頗多。決定先將坑取方，再將東邊擴充一公尺，因路已塌壞也。到溝東，則原坑尚未填平。在乙坑西定一坑，長十公尺，寬六公尺，名之曰戊坑。在丁坑東定一坑，寬三公尺，長十公尺，名之曰己坑。萬玉言上層村人依崖所掘洞中，有一層薄石灰，極軌則，極可注意，乃往觀。

灰在西壁,厚約分餘,極平。取視,似抹上之石灰皮。然因時間甚古,或係撒上,壓迫成此狀,亦未可知。下一二尺,尚有一層。此係人工所作,毫無疑問。用途尚未能知。且此處附近,灰土頗多,異日必當開出。歸。決定樂夫、隆季監堡內坑,萬玉、端甫監溝東戊坑,秉琦監己坑,獅醒不照像時,幫助監己坑。堡內坑紀錄,由樂夫負責;溝東戊坑紀錄,由余負責;己坑紀錄由秉琦負責。隆季、端甫亦紀錄,晚晌同余及樂夫之紀錄相參考。萬玉、獅醒則僅紀錄量出數目。一切工程,萬玉均有干涉之權利並負責任。下午因鳳山前在門前西側發現一小洞,旁出頗遠,乃令忠義、德昌小作發掘,未幾,即看出不過是下層淤積沙土,乃停止。今晚收音,倫敦電,言海軍會議,美國專家言,今日會中未了之事,只剩握手道別而已。雖有英外相西門與日本駐英大使松平對此事,作長時間之談話,而悲觀空氣恐亦難望消除也。

二十三日,早八時開工。早晨溫度二度,最高十二度餘。

溝東戊坑:工人九。上層陶片,與前數坑仍相似,不甚多。下午得花陶一大片,標點約略如下:$x = 1m95$,$y = 3m40$,$z = 0m50$。下午收工時,不計上次工作時在地面所積浮土,北端作至90cm,南端作至80cm。

溝東己坑:工人六。陶片與戊坑亦近似。上午北端見人腿骨,身出坑外,乃於離西邊60cm處起,擴充長廣各一公尺之坑。未幾一號骨南稍低處,又現一人骨,骨橫,顧與一號骨之足部相應。一號骨:$N22°E$;長$= 1m58$,無腳骨;顱頂:$x = 1m18$,$y = 10m32$,$z = 0m45$;左踝:$x = 0m82$,$y = 8m76$,$z = 0m25$。二號骨:正東西,頭向西。頭僅餘下骹骨,下至脛,僅左脛餘9cm長而已。長$= 1m15$;下胲上：x = 0m86，y = 8m46，z = 0m43；左脛：x = 2m26，y = 8m66，z=0m45。〔按二點之 x 必有一誤。①〕下午三點，偏北離東壁不遠處，又見人跨骨。至收工②時未作出。深度北端最淺：0m49；中間最深達 1m50。

堡内坑：工人十。先清理邊上路。東邊因留路關係，再開一公尺寬。樂夫擬將四邊塌陷處全切齊，南邊已向下作，因其無益，止之。僅將南擴充坑與東西擴充坑作時所留之二隅去掉。上午十點許，在離東壁約 0m55，北壁約 0m75，深約 0m45 處得一鐵箭頭。三棱。下午將西南隅作畢，出有骨筷、旗槍頭各物。東南隅尚有一半未作。東二號擴充坑作至 1m16—1m21。

寫家信一封。

二十四日，早晨温度一度。寫仲侶縣長信一封，派隆季及鳳山入城取款二百元。

溝東戊坑：工人九。上午八點上工。中間西部頗多俗所稱之料僵石。陶片如昨。十點餘，中間近西壁處，發現人骨。頭北向。正南北。長 = 1m63，無脚骨。顱頂：x = 0m90，y = 6m10，z = 1m40；左踝：x = 0m78，y = 4m50，z = 1m30。北端作至 1m80，南端 1m。北端已無陶片，南端尚有。

溝東己坑：工人七。偏北西部，昨日下午已見黑土。九點後，在下列標點處，出貝佩小片。x = 8m40，y = 2m40，z = 70。上均係約數。黑土中出完整陶環一，陶片不少。三號骨，頗散亂，頭已轉向，膝下無有。方向 N20°E；長 = 1m15；頭端：x = 2m71，y = 8m25，

①編者注：此爲天頭文字。

②編者注：原於“工”後衍一“工”字。

z＝1m35；膝間：x＝2m31，y＝7m12，z＝1m27。四點後，黑土中又見人胯骨，然無他骨。中間最深達 1m85，北端最淺 1m30。南北二端陶片已少。

堡內坑：工人十。出鐵箭頭、瓦玩具、鐵絲、銅絲、銅錢、瓦器等物，錢文不明。晚尚未至底。

在己坑東坡邊，挖一小洞，爲看坑子者睡覺之所。工人二。

接印唐信一封。言商務書館言款已匯到，但尚未能取出云云。今日有微風，從西來。最高十一度餘。

二十五日，早晨一度。全日無風天陰。晚始起風。下午全縣長及毛委員、趙委員來，到工次參觀。

溝東戊坑：工人十。上午八點半起。將坑分爲寬各二公尺之三部，東西繼續下作，中部留下以便繫土。西北角昨日下午已見灰土。今日繼續作，內有紅陶片不少。下午三點餘，灰坑邊見一斷銅戈頭。的確尚在灰土界綫內。深爲 2m40，餘尚未量。西壁北部亦昨日下午見黑土。今日向坡下開倒土路，將它作完。內有陶片，但不多。九點三刻於下列標點處見一小瓦鬲：x＝0，y＝3m48，z＝1m。即將西壁打開，尋其主人。十一點，主人出現。方向正南北。長＝1m17，無脚骨手骨。按身長當係一童子。面微向東，張口。標點如下：顱頂：x＝－0m28，y＝3m35，z＝1m34；脛骨端：x＝－0m30，y＝2m20，z＝1m34。頭離瓦鬲 0m28。土色黑黃。下午兩點，東小坑南部近西墙，出瓦罐一，口已缺，未量。四點半收工。西小坑北深 2m80，南 1m90；東小坑北 2m30，南 1m60。

溝東己坑：工人七。南端土色深，然至下午已見黃土。內曾見人骨一塊，然無他骨。北端於 1m90 下又見深色土，內紅陶片不少。至晚見其黑土之界限分明，成圓券形，豈古人之住居歟？北端作至 3m50，南端 1m70。

堡內坑：工人十二。繼續開東壁並開始吊三角坑內土。上午十時餘於東壁得鐵錞一，彩粗瓷殘片二，上有人物。標點如下：鐵錞：$x = 10m$，$y = 6m85$，$z = 3m10$。彩粗瓷：$x = 10m$，$y = 4m86$，$z = 2m90$。三角坑內因夏日積水，內成泥濘，施工非易。

今日仍用工人二挖洞，工事完畢。上午曾分工人三修溝東上坡路。

二十六日，昨晚未眠時，已微雨。夜中雨不大。早晨溫度尚有四五度，即知天氣將變。未幾即大雪紛飛，溫度降至零度。直至將晚始止。雪落即融，故不甚厚。終日翻閱《陝西省志》《史記·秦本紀》《觀堂集林》各書，尋求秦民族發祥之地。問題頗糾紛，且旅行中書籍不備，極難董理。今日下午一鼠入網籃中尋食，余將籃中各物檢出，彼逃不脫，以皮靴將彼擊至半死，命鳳山擲於墻外，不知在冰雪中彼尚能活否也。

二十七日，天晴。早晨窗外零下四度。最高不過零度。路上頗多泥濘。

溝東戊坑：工人十一。東小坑中間，發現一三代墓。內有瓦鬲一，圓銅器一，銅戈頭一，貝器小片一，小石器一。骨只剩碎渣，且着手即碎。深不過二公尺六十五公分而已。中部橫梁取去，只剩北端一小段。瓦罐主人在橫梁中找出，亦一童子，長僅一公尺六公分而已。脛骨下段碎。稍西，尚有破瓦鬲一。均已量畢。東南角見土賊所掘一洞。稍西，土黑，內有大塊紅陶片及窯渣不少。作至北深 2m95，南深 2m15。

溝東己坑：繼續下作。東壁灰坑已畢。北壁灰坑西部亦盡，東部尚未盡。上午十一點後，靠東壁偏南，見大骨甚多，但非人骨。排列似有軌則，並非棄置。尚未完全清出。下午兩點，東壁南端，發現磚墻，大約東邊爲一漢墓，此其後壁。作至北端3m40，南端2m35。明日當向東開。

堡內坑：繼續取三角坑內土，仍甚濕，故工作頗慢。今昨兩日，取土深至1m40。

今夜始命二工人守夜。

二十八日，早晨窗外零下二度半。正午亦不過零度。然下午外邊冰融，想在冰點上矣。終日天陰。下午雲中時見日光。

溝東戊坑：工人十一。繼續作西半部及東部北頭。全坑除東南及西北二隅，均屬黃土。西南角下開，與党拐子當日所挖之坑相遇。十一點五分，西壁北頭見人骨，始悟前日北邊所出之斷戈頭，乃屬於此墓。細察，知灰坑及墓土中間尚有黃土相隔，然亦有交混處，且墓中土極似灰土，故前日誤認也。遂將西壁自上開下。下午將三點，墓上見席紋。三點半見銅兵器尖，以爲戈頭，及作出，則柄已斷，曲折幾如半圓，未敢斷定其爲句兵刺兵。三點三刻在兵器東稍北處又見一瓦鬲，沿外卷。又將原坑向北擴充一公尺，東西則三公尺，居本坑之西半，下作。四點三刻收工時，南端作至三公尺，北端至三公尺四十公分。

溝東己坑：工人八。將本坑東壁南端，擴充東西四公尺，南北三公尺四五，下作。本坑南壁土鬆，用鋼探下探，則內出白烟，頗多，有硫黃氣。每一刺即冒氣若干時。孝侯前聞西安古董商言：凡出大銅器墓，必先出白烟，其言固未可盡信，然聆聲觀土，下屬一墓,似無疑義,乃將原坑南端擴充三公尺,下作。一點五十分,東擴充坑西部出一銅圈,兩邊內卷,似一物之邊沿。豎立,向西南斜,其標點如下:x = 3m26, y = 1m39, z = 0m71。直徑二六公分,上下則二七公分,因器被土逼,已不甚圓也。邊寬 12mm。後(即東)二整磚一半磚斜立,頗似器置磚上,磚倒而器以立。前稍偏北,尚有一磚豎斜立。器取去後,向下作,尚有數磚。南擴充坑作自 0m60 至 1m,東擴充坑作自 0m80 至 1m30。

堡內坑:繼續下作,土濕如故,取土深至兩公尺二十公分。

二十九日,天晴,下午多雲。早晨窗外零下三度,下午一點零上三度。向陽處雪已融盡。

溝東戊坑:工人十一。繼續作西北擴充坑,及三四號墓下土。上午西北擴充坑及五號墓已大致作完。人骨尚可見。身上有席紋,與上層所覆之席共爲兩層。兩脅骨間各有硃紅一片,額骨及背骨間亦各有一小片。脚骨完,顱骨破。下午照相,量,均完畢。三號墓稍東較下處,上午十一點出瓦鬲一,足長,口有小缺。兩點過後,再東近壁處出完整戈頭一,圓銅器一。又向東壁掏作,三點見脚骨。東南隅見墓土限,頗分明。乃又向南擴充開下,寬暫一公尺,長約二公尺。三點五分靠東壁見瓦鬲,足破,又見硃彩瓦罐。脚骨與戈頭遠,且明器亦無放在脚頭者,然則今日所發見共三墓矣。

溝東己坑:繼續作東及南兩擴充坑。下午將收工時,東擴充坑西北隅見鐵器,未作出。東擴充作自 1m35 至 1m90,南擴充坑自 2m10 至 1m70。工人八。

堡內坑:繼續下作。土濕如故。作至二公尺八十公分,井口已見。工人十四。

三十日，早晨窗外零下二度。終日有雲。九點餘，有微風自東來。終日有風。今日鳳山、王德等進城，帶回潤章信一封，總辦事處信一封，陝西教育廳信一封，報紙多張。

溝東戊坑：工人十一。將南擴充坑擴充東西至二公尺，南北仍二公尺。東方亦擴充一坑，南北一公尺半，東西二公尺。十點半，第六號墓之主人已找出。僅餘大腿骨一節可見，餘均無存。方向仍正南北。下午均已照像量過。第七號墓（南擴充坑）收工時，已作出。內除昨日所發現之鬲罐外，有蚌器及松石小器各一。骨大致可見，方向亦似正南北。尚未照像及量。第八號墓（東擴充坑）收工時尚未開出。西部中間截一段下開。開始土尚黃，下作，土色愈深。收工時，作至四公尺五十公分。

溝東己坑：工人八。繼續作東南二擴充坑，九點十分東坑南壁中間發現瓦鬲一。原已破，因工人不慎，更破。未動，留待將來做。所開東擴充坑，南壁超過原墓外，約尺許。此係另一墓，與第四號墓無干。四號墓靠原坑東壁有牆。牆西尚有鬆土，約一公尺許，界綫分明。此中有磚若干，似由磚牆倒下，非有他意。內有鐵釘散置。上沿有骨，然似與西壁跟之獸骨有關，當非人骨。下午兩點十分磚牆西坑中發現一銅鏡，面向上，無字，畫頗工細。仍留原處，再北有人骨，然頗散亂，顱骨向東，無下顎。昨疑磚牆為墓圈後壁。則南北尚當有兩壁，今日開下，始知僅此一牆。昨日所見之鐵器，係一劍。中間陷下，頗長。劍附近又有一骨直立，未審何骨。附近又有貨布錢一。附近亦有人骨，無上顎。與無下顎之骨隔磚牆相望，其一人歟？二人歟？未可知也。南擴充坑下已見黄土,且頗似生土,却毫無所見。惟與墙西小坑接近處有人骨,上身接小坑,已不可見。豈第四號墓當年作墓時,將彼擊斷歟? 收工時,南坑作自 2m50 至 2m80,東擴自 2m45 至 3m10。

堡内坑:繼續下作,土濕如故。作至 3m30。工人十五。

十二月

一日,天晴。早晨窗外零下三度,下午一點餘零上三度。

溝東戊坑:工人十二。西部繼續下作,至下午工人言似是生土,然土色仍深,仍命繼續下作。收工時作至五公尺三十公分。第七號墓已照像及量,均完畢。第八號墓上午作出。係一屈身葬,頭向東,面向北。身體頗大。枕骨後(南)有一鐵器已斷成兩截,頗似一刀,先生或即死於此刀歟? 亦照像及量完畢。今日匀出二三工人探尋戊坑稍北靠溝下沿當年党ㄅㄛ所作過未完之坑。此坑上有厂尢土,外看甚明。

溝東己坑:磚墙西小坑作畢。磚墙東因找東壁,即靠東壁下作。東壁及西壁均容易找出。仍係南北葬,頗出意料之外。壁跟四周似有一圈灰土。東壁有小銅魚小銅獸二十許,墓底又有三十許,小銅鈴二,貝器七八。人面偏向東,頭後腦頗長。收工時,剛作畢,未照像及量。南擴充坑下午似達生土,然中間尚出一瓦片,且土尚有花,東北隅土亦較黑,乃繼續挖下。收工時作自 3m30 至 3m60。東擴充坑深處至 4m20。

堡内坑:工人十五。繼續作下,土濕如故。原留路已去掉,用梯上下。路下土較乾。下出貨布五銖各錢。並有鐵箭頭。作至

3m60,然所量數目恐有誤。

　　〔今晚楊排長來,希望多用戴家灣工人,不許。①〕

　　二日,天晴。早晨零下三度,下午一點零上四度。鳳山進城,將上月賬目寄出。帶回財政廳甯廳長信一封及報紙若干張。

　　溝東戊坑:西部中段停作。繼續作東部北段及西北角灰坑。灰坑不久即完,然内土頗鬆,乃繼續掏作。下午兩點五十分見人骨,三點半見瓦鬲各一,乃將西北擴充坑再向北擴充三公尺。三點三刻於擴充坑西部又見瓦鬲一。並有花陶片四塊,其標點如下:x=0m20,y=11m35,z=1m70。收工時東北角作深至4m20。今日從党ㄗㄛ所作坑内得化石兩塊,知無望,乃停作。下午又在溝西邊沿作一探坑下探。工人共十二。

　　溝東己坑:工人八。繼續作南擴充坑及東擴充坑西部。第四號墓標點如下:東南角:x=6m78,y=1m02。西南角:x=5m66,y=0m76。南深=3m97。東北角:x=6m66,y=3m34。西北角:x=5m49,y=3m26。北深=4m12。人骨方向正南北,長=1m60。顱頂:x=6m29,y=2m91,z=4m03。脚骨間:x=6m39,y=1m42,z=3m95。東擴充坑西部,收工時作至與四號墓等深,全係生土。其靠北壁處,有獸骨。本坑靠西部之大獸骨已清出頭,或係一馬頭。南擴充坑土色仍深,然想係天然黄土下一層深色土,明日當停此工。收工時作自4m至4m40。

　　堡内坑②:工人十五。繼續作下。下午已將上半年所填之土取畢。下土較乾。出有五銖錢及破鏡片。今日作深0m55。

──────────

①編者注:此爲天頭文字。
②編者注:"坑",原誤作"堡"。

三日，上午天陰，有霧，下午暫晴。早晨溫度在零點。地質研究所派一技工唐亮來，采集化石，持楊鍾健信一封，言彼於明年夏始能來云云。並帶來裴文中贈余其所著之《周口店洞穴層采掘記》、*On a Collection of Yangshao Cultural Remains from Mienchihhsien*, *Honan* 各一本。

溝東戊坑：工人十二。繼續作東部北段及西北擴充坑。在擴充坑西北部見一銅甲泡子。稍東，發現人骨，僅餘腿部。頭當南向。此墓離地面僅一公尺許，觀察情形，或不甚古。此第十號墓骨及昨日所見之瓦鬲，均已量過。破瓦鬲與骨在一地平線上，但考察位置，當非一墓。收工時作至今日仍時匀出工人探尋溝西地方，獲一破瓦鬲。

溝東己坑：工人八。因東擴充坑南尚有一瓦鬲墓，乃距本坑 1m50 至 3m 處又開一小坑，南北長 2m。並將本坑北端之灰土坑掏作。灰土內陶片不少，然不久即完。下午兩點在東南擴充小坑內發現大瓦一組，瓦頗現綠色，標點如下：南頭：$x = 5m74$, $y = -1m10$, $z = 1m05$。北頭：$x = 5m65$, $y = 0$, $z = 1m10$。瓦長 = $0m345$。中長寬：$0m245$。內有兒童骨骼，頭向南。本坑西壁之馬骨已清出。前部頗清楚，後部頗亂。標點如下：頭：$x = 2m42$, $y = 0m28$, $z = 2m20$。尾：$x = 4m32$, $y = 0m30$, $z = 2m26$。西號墓牆西小坑內之人頭標點如下：$x = 2m64$, $y = 3m05$, $z = 3m08$。其銅鏡之標點如下：$x = 2m25$, $y = 1m57$, $z = 3m25$。牆間之劍標點如下：把：$x = 2m85$, $y = 2m75$, $z = 2m15$。長 = $1m$。方向：N20°E。劍旁下頦骨之標點：$x = 3m23$, $y = 3m35$, $z = 2m45$。劍東有骨，羊乎？狗乎？未敢斷定。獸有二。其東邊一頭之標點：$x = 4m33$, $y = 3m55$, $Z = 2m90$。第五號墓之標點:北端(胯骨):x＝1m90,y＝0m80,z＝2m52。南端(踝骨):x＝2m10,y＝0m03,z＝2m47。長＝0m88。方向:N12°W。下午又將本坑北端作下。收工時作至 3m80。東南小坑作自 1m05 至 1m10。

堡內坑:工人十五。因井口東部磚向內斜入,太危險,命工取去。今日因井西南須留繫土路,停下不向下作,僅作其餘部。出有五銖錢陶片等。作深一公尺十公分。

四日,今日休息並整理登記所得品。晨起較晚。外間溫度零下兩度。晴,霜甚重。下午溫度達零上五度。早餐後,同樂夫、秉琦、隆季、唐亮先到堡中看坑子。畢即由堡後微徑攀緣下劉家大溝中。唐君意在尋化石,余等數人隨便玩玩。愈走愈幽險,入山雖不深,而巖勢嶔崟巉巍,真令人有"實生龍蛇"的感想。有一巖斗出,內可藏多人。余言:余等可留長鬚髮,身被皮革,來此圍火聚語,拍照一像,見之者必以爲數十萬年前,人類之祖先矣。衆皆大笑。此段路極險,吾輩時而四體並用,時而礪①巖開路,時而鷂子翻身,始能越過。余雖已數來此溝,而此段實尚未經。身雖苦而心實大快。再進則路稍夷而景亦平淡矣。唐君撿得龍糞、細碎骨牙數事。余與秉琦上東坡,別衆人,登原過馮家崖,再進,至蘇家原邊下。下原,過文家莊,返。過羊皮溝,見泉水頗汹涌,非戴家溝、東巴溝涓涓細流之所能及也。到廟,十二點半。午餐後稍休息,大家登錄各物,余則寫本院會計課、李印唐、周廳長、潤章、適之、家信共六封。

---

①編者注:"礪",疑"礧"之誤。

五日，天晴。早晨零下三度半。寫給全仲侶信一封，派隆季、鳳山入城取錢二百元。帶回報多張，上月廿九日之《大公報》，言芝生被補，真是咄咄怪事。

溝東戊坑：工人十二。繼續作西北擴充坑及東部北段。第九號墓上午作出照像，下午量，均已完畢。東部北段內絕無陶片。以爲無大希望。但下午土色轉成極深，並且頗鬆，也頗奇怪。只好作下去。收工時作至5m30。

今日勻出工人三四人將溝西沿下平地試探。

溝東己坑：將各骨殖收去。繼續作北段及東擴充坑之南小坑。均尚稍有陶片。北段東壁也有頗整齊之深色土綫，乃向內掏作。內係花土。間有陶片。下有一層土，似屬帶灰。此似非一灰坑，然亦不似一墓，尚未敢斷爲何種。東南小坑作至2m，尚未見人骨。北段作至4m70，下土極鬆。工人八。

堡內坑：工人十五。作深55cm。僅於井內得一鐵釘，井外得半個錢及石柱一段而已。

六日，天晴。早晨溫度零下五度。

溝東戊坑：工人十二。繼續作東部北段。因西北擴充坑已與党拐子所作墓之厂尤土相連，欲窮厂尤土所至，乃向東掏作。上午已尋出，下午又向北作與彼墓打通。見着棺限，餘無所有。乃停止。東部北段，亦遇硬土，亦停止。將中部北段所留之土臺亦打去，內均硬黃土。此坑已大致完畢。明日當作新坑矣。

今日時勻三四工人繼續溝西沿下平地之試探。

上午萬玉、獅醒在坑北坡沿間偶然刨剗，得瓦鬲一件，瓦罐一件，頗完整。

溝東己坑：繼續北段東壁之掏作。時有陶片。收工時掏深二尺，仍屬花土，餘尚無所得。東南小坑瓦鬲墓，上午已經作出。尚有一罐。人東旁腋間，有一數月小兒顱骨，其爲母氏與愛兒之合葬乎？標點如下：第六號墓：顱頂：x = 5m62，y = 0m07，z = 2m45。脚骨間：x = 6m20，y = -1m36，z = 2m50。方向：N20° W。身長 = 1m49。口張。頭向左灣曲。小兒頭：x = 5m80，y = -0m20，z = 2m50。瓦鬲：x = 5m26，y = 0m12，z = 2m。瓦罐：x = 5m85，y = 0，z = 2m10。墓已量照完畢，骨取去。工人八。

堡內坑：工人十五。繼續作下。在坑內得一小錢，一小銅圈，藍陶一大片，觀其形，似係一大瓷口之一部，有花紋一帶頗細。今日作深七十公分。

前數日頭上小瘡，似有轉機。三日晚屋中太暖，四日又走若干路，遂復增劇，至爲討厭。幸手瘡已有轉機，不久當愈。

七日，晴。早晨零下三度半。下午縣政府之無綫電收音員姚君，將無綫電機送來，請獅醒修理。修理好，可以發音，彼大喜而去。接縣政府公函一封，言財政廳令知撥付本會五百元。

戊坑已畢事，乃於北邊坡上開一東西二十公尺、南北二公尺之長坑，命之曰庚坑。工人仍十二。上層略有陶片，如前數坑。作至東端95cm，西端73cm。不見深色白絲土。

溝東己坑：繼續北段之向東掏作。南壁找出，東壁亦找出。深三公尺二十公分。底亦找出，惟北壁未見。內僅見小塊陶片而已。尚未能爲何種遺址①。西壁經墓道所破之灰坑，不厚。亦作

————————

①編者注：此處疑有脱字。

完。内陶片並不很多。磚墙内小坑向西之南部，土鬆，乃向西作至西壁，深如小坑。疑爲丁坑内墓之墓道。工人八。

堡内坑：工人十五。繼續向下作。下午三點後井圈東北部下部土坑大倒塌！但尚賴天之佑，没有傷人。僅將工人楊萬有埋入土中，幾至頸間。救出後，腿部覺痛。與以萬金油喝，囑其歸家休息，明日可不來，工錢照支。遂命工人吊大椽下，逐漸將井筒完全打倒。

寫甯廳長信一封。

八日，早晨有雲，温度零下半度。全日晴，但天氣不清。微風自東來。閲報，知芝生已釋出。接周廷元君信一封。周君，字定宣，前任肅州道尹，片子上刻寧夏省政府參議，來函詢希淵狀況。

溝東己坑：工人七。仍繼續北段之中部掏作。又將上部稍廓大，但仍未底頂。下午見東壁又有活土，向東掏進。上部係花土，下部則已係生土。余欲令先作北壁，問萬玉，答言洞已太寬，必須用木在内支撑，始可向北找，否恐發生危險。乃暫止，仍向東作。收工時作深至四公尺十公分。南部西部壁墓道，向西作，不久，即透。察視，知係暑假前丁坑之墓道未尋完者。遂停止。因本坑止剩北部東洞之工未畢，而此處占人頗不多，乃分成一二人在坑東開一南北約二公尺東西約一公尺未量之試探坑。内土色與陶片同別坑無大異。下午於深約一公尺處得小銅劍一，長十一公分半。下午鐵劍取下後，再命工人將鐵劍下部及東部稍爲開闊，並開闊西壁之馬骨附近，均尚有骨頭若干。

溝東庚坑：繼續下作。仍無深色白絲土。土頗堅，内有陶片。下午西端偏北見一孔。孔向北下，蓋一墓道，命工人戴義入内作。

收工時,東作至 1m50,西至 1m20。工人十二。

堡內坑:繼續取磚土。工人楊萬有仍繼續來作工。工人十五。

九日,晴,天氣不清。早晨零下二度半。十二點時至零上二度半,至晚八點,尚有五度。唐亮離此地,向東找化石。接耿壽伯信一封,言邱主席已電兼士,請其墊付川資,令羅君懋德來陝矣。

溝東己坑:工人七。仍繼續向東作。東壁黃土約係活土,中有深色土,形頗方正,至以爲異。將午,出有漆片、銅鈴,始敢定爲墓葬。下午一點餘,又出銅師比。以爲漢墓,毫無疑問。三點後,工人報出瓦罐,又言或係一瓶。往觀,則上黑灰頗重,絕非漢物!剝視其足,果屬瓦鬲。其口有破片,取視,則內雜石英,三代瓦鬲片也!大爲詫異。參詳頗久,始悟黃土中爲三代舊墓。深色方土,則爲漢人於中所穿墓。瓦鬲在黃土中,南已近黑土,其未被漢人打破亦幸矣!已現顱骨,頭向西。繼續作,內多紅土塊,未知何用。收工時作深至五公尺八十公分。今日仍勻一二工人作試探坑。內陶片仍如前數坑。其西壁叩之似空。

溝東庚坑:工人十二。繼續下作。今日始見深色白絲土。離西端五公尺餘處有灰土坑,但土甚薄。九點後在墓道南壁得一骨箭頭。下午東半亦有灰土層。或係與西部相通,亦未可知。東部作至二公尺。西端仍 1m20。

堡內坑:工人十五。繼續下作。今日作 70cm。再掘 40cm,即達井塌前之原底矣。仍得數小銅錢。

十日,全日多雲,中午時,並飛雪花數點。早晨溫度零上二度半。下午一點時至七度。四點許,風從東來,速度大約每秒十三四公尺,在此間已可稱大風矣。

溝東己坑:工人七。仍繼續作漢墓,内南壁高處有半截筒瓦。上午已開至東墙。而東端南北壁又有相應鬆土,蓋又一墓道來横穿也!又疑或係本墓所穿左右小洞以置物者,然下午將人骨找出而下截已被墓道截毁無存,然則一定是另外一個墓道了!今日仍匀出數工人作試探坑。並將此坑北頭展長二公尺許。下午三點,試探坑南部出人骨,頭向西,身未找出。收工時南三公尺三十公分,北一公尺三十公分。

溝東庚坑:工人十二。繼續下作。九點半鐘近東端北壁間出瓦鬲一,瓦罐一。上午第一號墓已作至底。人骨屬近時,乃停止不作。其墓道西壁又現一墓,乃向西掏作。收工時尚未作至底,下土甚鬆。下午□點[①],第二號墓人骨已尋出,骨頗完整。收工時,已全作出,尚未照像及量。東端作至二公尺七十公分。西端仍舊。

堡内坑:工人十五,繼續下作。今日作至離三角坑北沿深六公尺七十五公分。離塌前深度尚餘五公分。

今日閲《大公報》本月四日報,知協和教授馬文昭君發明蛋黄素戒烟法,如果屬實,足爲極重要之一大發明也。

十一日,晴。有雲,氣不清。早晨零度。端甫自昨晚已病瀉。

溝東己坑:工人二。上午漢墓作完。下午照像及量,標點如下:頭頂:$x = 7m47$,$y = 10m81$,$z = 3m46$。骨甚凌亂。小銅鈴:$x = 7m17$,$y = 10m75$,$z = 3m50$。帶鈎:$x = 7m12$,$y = 10m87$,$z = 3m50$。

①編者注:原於"點"前空闕一字。

漆片：x＝7m20，y＝10m81，z＝3m50。以上數目，均由再間接量出，或不甚準。

於試探坑西二公尺南一公尺許起算，畫出一南北十公尺東西四公尺之坑，命名曰辛坑。作下或可與漢墓相通。上午工人五。下午己坑工人過來，共七人。淺處 35cm，深處未量，大約不逾 50cm。

溝東庚坑：今早設置滑車以便吊土。從第二墓西向下作。第二墓下午已照像及量。兩點四十分，在第二墓東發現第四墓。人骨已不全，有一小石圭，已全作出，尚未量照。第三墓繼續向外取土。兩點，內見瓦罐。收工時未作畢。全坑深處作至 2m80。工人十二。

堡內坑：工人十五。將昨日所留之井圈去掉運上，並繼續下作。出有銅箭頭、五銖錢、瓦片、獸骨等物。銅箭頭嵌在井圈磚縫中，其標點如下：x＝4m90，y＝2m10，z＝10m50。

十二日，晴，天氣不清。早晨零下二度。端甫下午騎驢往店子尋一中醫診視。服藥。

溝東庚坑：工人十二。萬玉上午到堡內監視安滑車，由獅醒代監坑。繼續下作。第四號墓上午已作出。照像及量均已完畢。僅有頭骨、肋骨、脊骨若干，餘均無有。初在右脅間見二料珠。中有孔。收骨時，共得十珠。然因工人急收，未及觀其位置。十一點後命王忠義繼續作北壁間第二灰坑之剩餘。三點後余自作片時。一處陶片極多。余氣亦不能甚沈，陶片原①未破，經余作破

---

①編者注："原"，原誤作"願"。

者復不少！止好將破片另外包起以待粘合。後見二大罐口,乃命
王忠義作,余監視其緩作。周圍土堅,蓋地係一竈,土被燒過。收
工時,未作畢。一點半在距西端七公尺餘處北壁間發現鹿骨一
塊,鋸成兩段。偏南發現一小石簇尖,均已量。第三墓繼續作,但
尚未作完。收工時東端作至 2m93,西端作至 1m62。

　溝東辛坑:工人七。作日收工時,在東北角見寬瓦半個,今日
量得標點如下:x = 3m68,y = 9m50,z = 0m50。十一點西邊發現人
骨,僅存自頭至大腿中段。第一號墓:方向正南北,自頂至大腿中
段 0m95。顱頂:x = 1m05,y = 4m90,z = 0m95。下午再西又發現人
骨,作出,未量及照像。收工時南頭作至 70cm,北頭作至 1m10。

　堡內坑:工人十。安滑車。繼續下作。得有無柄□①箭頭及
錢。收工時作至離三角坑北沿 7m85。

　昨日堡內坑工人在土堆中找出石器一件。

　十三日,今日休息,起較晚。溫度零下一度。下午一點零上
七度。早餐後同秉琦到劉家灣一帶一游。董團長來。同來者有
顧君,餘一人余忘其姓。下午同樂夫、秉琦、隆季、鳳山出到張家
村南,過渭河橋。打算尋石鼓山,但土人並不知其名。但知石鼓
寺。乃西渡茵香河。河邊多水磨。寺在山坡下。寺有嘉慶十三
年碑與扁,嘉慶十六年鐘。碑言鐘即出此間,然其言或未可信。
扁有“石鼓堡七莊”字樣。堡即在西不遠。時河從南來轉東西
流,乃又過河南岸,登原上一望,原上頗窄,蓬蒿荊棘而已。以縣
府圖準之,石鼓山當在河西岸,非此山也。時已三點半,即歸。過

----

① 編者注:原於“柄”後空闕約一字。

河時,太陽銜山,秉琦拍一照。河正流有橋,支流砯水而去。歸已將定黑。寫周定宣、子昂、潤章信各一封。寫家信未完。河南岸及所登原上亦間有古紅陶片。

十四日,將昨日所寫三信發出。又寫全縣長信一封,派隆季及鳳山入城取二百元。帶回家信一封,澤普與張寶慎信各一封,又有“滕固文弼”一電,未知誰發。電文大約盼余回開封“會商要公”,可怪也。天陰。早起零上二度。後漸晴。下午一度零上八度餘。後有風從東來。速度或不及每秒十公尺。

溝東庚坑:工人十二,繼續下作。極東端稍上有灰土層,然因不慎已毀去。今日與灰土層近者,土色尚深。稍西則色黄,陶片頗少。第二灰坑内之罐口,已照像及量,並取下,餘未作完。再西約當坑中間,將十點現極深色土一片,徑約尺餘。再西北壁上見東西均深色土,中黄土一道,甚齊。下午萬玉以鎼鋤之,不遠,即見北墻。地下亦清出界限,蓋亦一墓。再西,在第一、第三灰坑中間黄土中見席紋,又有似草葉者,似木塊者,均白色。豈二灰坑之主人在此藉席以居乎?所謂第三墓者,亦繼續作。北南二墻,均已清出。底亦清出,無何什物。深色土向西去。因上層土有裂紋,停止不作以俟後日。十一日所發現瓦罐,亦殘缺過甚,未必爲明器也。收工時,東端作至3m20,西端作至2m。

溝東辛坑:工人七,繼續下作。東北隅破瓦下層,尚有瓦片不少。視其紋理,均同一時代。但其意義尚不能尋出。第二號墓已照相及量。自頂及膝長1m20,方向正南北,頭向北。頂:x=0m20,y=6m18,z=1m02。膝:x=0m20,y=4m98,z=1m07。西部偏南有燒過之土,頗多。西壁間亦有燒土,但不連。上午十一點在西南隅發現人骨,似頭西脚東,外露脛骨者。因從西南隅向西擴充一寬一公尺半、長一公尺之小坑。收工時,尚未作出。南端作深至 1m50,北端作深至 1m70。

堡内坑:工人十五。繼續下作。并作東南隅作一試探坑。内有陶片,散磚。作至離三角坑北沿 8m35。試探坑深二公尺餘。

讀報知滕固係受古物保管委員會委派,與仲良到冀、豫、陝各省考察古物古墓者。

十五日,陰。早晨溫度零上一度半,全日不過三度。有微風,頗知寒也。

溝東庚坑:工人十二。繼續下作。九點後於距東端將五公尺處見猩紅。猩紅南及稍西爲一灰坑,名曰第四灰坑。此坑内猩紅片不少,有一片似帶三角花紋。十點四十分,在灰坑内得一石鏃。再西與灰坑相連處,十點後見一瓦鬲。猩紅、石鏃、瓦鬲,均已量。兩點半後於瓦鬲南低處見人骨(第七號墓)。收工時未完全作出。中間北半於九點後見人骨(第六號墓),所見者當屬脛骨,頭大約向北,尚在土内。收工時東端作至 3m45,西端作至 2m40。

溝東辛坑:工人七。繼續下作。中間土色黄,東西兩旁土色深。將晚東北隅出硃彩瓦罐一,瓦鬲一,硃粉二彩瓦器一,器已碎。收工時尚未完全作出。北端作至 2m45,南端作至 1m10。

堡内坑:工人十五。繼續下作。得化石一塊,標點如下:$x = 2m30, y = 2m80, z = 12m20$。在三角坑西南角稍東北處壁間。外露及嵌入墙中者各一半,頗屬異事。又有銅片、鐵塊、骨、錢等物。作至離三角坑北沿 8m70。試探坑深三尺二十公分。寢時有微雨數點。

十六日，今日因距此地東二十餘里之潘家灣，有刀山會，且有大戲數抬，工人全往，故不得不停工。余本意想同秉琦、獅醒同往，照幾片像，乃今早天陰甚重，像頗不易照，乃中止不往。早晨溫度零上三度。終日閑談。下午同樂夫、秉琦到溝東及堡內一游。今日端甫及隆季進城。

十七日，上半日晴，下半日陰。將晚有風自東來。晚有風聲。早晨零度。一點後零上六度餘。

溝東庚坑：工十人。繼續下作。第二灰坑稍下處出紅陶片不少及一瓦瓶口。瓦瓶口標點量過。下午在十四日所尋得北墻稍下處得一向北之墓道。墓道短，不久即見墓身。可窺見後壁，但尚未作完。東端作至 3m60，西端作至 2m50。

溝東辛坑：工人八。繼續下作。前日所見硃彩器非罐，其下部頗高，底高居中部。上有蓋已碎，蓋豆登之屬。九點五分，於此第四號墓又得銅戈頭一、銅甲泡一。戈頭尖已斷。收工時骨已全作出，但尚未照像及量。西半中部，上午找出邊，似屬一墓，然內止出若干陶片，西壁間有灰層，似係墓中灰層，然未作出。下午二點卅分在西北隅出一瓦罐，未幾，再西出一瓦鬲，並有貝錢六，散置，小貝器一。尚未見骨。墓北端在西壁上，深色黃土之界至明。然黃土坡窄。外尚有界綫清楚之深色土，或又係一墓矣！此墓收工時骨尚未見。南端作至 1m50，北端作至 3m40。

堡內坑：工人十五。繼續下作。於前日得化石處之東北不遠同深度處，又得化石一塊。尚有一塊得自西南角較高處。作至離三角坑北沿 9m10。試探坑作至深 3m70。下見角變成圓形。下工不好作，遂行停止。今日井圈不見，頗有亂磚。試探坑底亦見亂磚。

十八日，夜中有風聲。晨起，微雪。溫度在零點。後雪漸止，仍上工。開工時，已九點。終日陰。溫度最高約到零上三度。早晨零度。一點後零上六度餘。

溝東庚坑：工人十一。今日兩頭未動，僅作中間。昨日所作墓道南稍下，有一灰坑，頗大（從第五號墓南西沿至第一、第三中間下層），今日尚未作完。內多藍灰陶片。彩陶及細紅陶全不見。墓亦大致作出。內有大瓮一，罐五，冥竈一，銅鏡一。鏡原破原厂弓。最深處作至 4m05。今日第六號墓向北作，則墓又無有，僅有灰土。

溝東辛坑：工人八。繼續下作。西部中間上午見顱骨（第六號墓），留着未作。土均尚鬆。北端未動，南端作至 2m20。

堡內坑：工人十五。繼續下作。乃無井圈。周圍似有一剝蝕綫，尚未全出。離三角坑北沿作深至 9m50。

十九日，晨起，溫度在零點。濃陰，時霏微霰。至下午四點雪珠漸密，遂收工。下午一點溫度不越二度。接到吉如、香亭、適之、佩蒼、中孚信各一封。壽伯電一封，言滕、黃二君到陝，三四日後即東行，請余回省城一晤。

溝東庚坑：工人十二。繼續作第五、第七兩墓，及五號墓南之大灰坑。二墓已作完。五號墓中尚有五銖錢、小銅環數事，鐵刀一把。北端土尚鬆，但未敢向南作。灰坑下不久即見黃土。土頗堅，內有炭渣。挖下二十公分許，又見黑色活土。內有陶片，土質頗鬆。收工時，最深處作至 6m10。

溝東辛坑：工人八。繼續下作。八點五十分第六號墓中見猩紅一片。上午第六號墓、第三號墓均完全作出。六號墓頭右（西）有小骨筒四枚，左有骨一件，南北置，或係主人之臂骨，未知若何亂置於此。下部有貝器，整碎若干件，疑主人係一婦人，此或爲其裙飾。又有蚌殼整碎十二件。主人顱骨已壓扁，前後變爲左右平置。第三、第四、第六均已照像。第四、第六已量過。第四墓：身長 = 1m88，方向正南北。頭稍向西邪。顱頂：x = 3m34，y = 9m85，z = 2m70。趾間：x = 3m55，y = 8m03，z = 2m50。銅甲泡子：x = 3m55，y = 9m75，z = 2m68。戈頭（句東援西，尖已斷）：x = 3m54，y = 9m63，z = 2m68（中爲準）。硃彩瓦豆（?）：x = 3m97，y = 9m73，z = 2m15。瓦鬲：x = 4m10，y = 9m42，z = 2m04。硃白兩彩陶片（用中堆中間爲準。南北尚各有一片，各約距中堆三四公分）：x = 4m07，y = 9m15，z = 2m06。第六墓：身長 = 1m65。方向正南北。顱頂：x = 0m78，y = 9m14，z = 3m48。趾間：x = 0m65，y = 7m50，z = 3m22。瓦鬲：x = 0m43，y = 9m30，z = 3m19。貝錢一：x = 0m28，y = 9m16，z = 3m25。貝錢二：x = 0m22，y = 9m21，z = 3m20。貝錢三：x = 0m34，y = 9m29，z = 3m20。貝錢四：x = 0m15，y = 9m40，z = 3m20。貝錢五：x = 0m11，y = 9m40，z = 3m14。貝錢六：x = 0m94，y = 9m46，z = 3m。小貝飾：x = 0m01，y = 9m14，z = 3m15。瓦罐：x = 1m28，y = 9m21，z = 3m。

　　堡內坑：工人十五。繼續下作。余上午下坑一視。試探坑內土色變青黃。疑外面已達"料僵石"層矣。四周之侵蝕尚未全顯出，疑與土色之變有關係也。下層所變圓形，似向內坡度頗大。收工時作至深 10m，四周未見全有侵蝕痕迹。今日得小錢一，爛鐵一塊。

眠時雪下不大。

二十日，早起雪止，温度在零度。發一電與壽伯，告以難離開，請其轉達滕、黄二君，如彼等能來視察工務，極爲歡迎。下午漸晴。晚有月光，然有薄雲。

溝東庚坑：工人十二。繼續作東部及大坑。東部僅作一層，見生黄土，未量。大坑土黄，係大圓形，大半部尚壓南壁下。下午出人骨（散置）、獸骨若干件，又出一瓶口。收工時作至 7m50。第五、第七二墓均已照像及量。

溝東辛坑：工人八。東北第四墓下已見生土，暫停。西北第六墓西北之黑色土，因上邊綫頗低，疑僅係第六墓之一部分，乃命掏作。後見内有骨，且向西頗遠，不便工作。乃命將較上層亦打開以便工作。打開後仍係花土，乃繼續作。收工時向西深約二公尺。收拾六號墓時，又得貝錢一個。九點，五號墓腰間見貝飾一大片，已碎爲四塊及數小塊。十一點半，五號墓主人左腰膂間發現一小銅鏃，兩肋皆綠。然則此公亦凶死矣。上有席紋。下午一點四十五度，在坑南部試探坑偏西處發現帶耳大瓦鬲一個。三號墓已量畢。身長 = 1m27。方向 S82°W，頭向西。顱頂：x = -0m73，y = 0m51，z = 1m16。膝骨下：x = 0m[1]52，y = 0m59，z = 1m26。西壁窖土命秉琦作略圖。收工時最淺 2m，最深 4m20。

堡内坑：工人十五。繼續下作。侵蝕圈已全出。圈高下雖不整齊，然以下土色全變，則與土色之變必有若干關係，殆可斷言。磚仍散漫。樂夫言近數日土較上層濕，或離泉已不甚遠。作

①編者注："m"，原脱。

至 10m90。

二十一日,陰。晨起,温度在零點。大霧,後霧漸散,然仍不晴。下午一點,温度零上二度。有風自東來。四點後,又漸霏霧絲。

溝東庚坑:工人十二。繼續作大圓坑及東部。萬玉因站不開人,命人繼續作第二墓,余因其太危險,止之。大圓坑之外現部分,上午已作到底,深 8m20。東部收工時,作至 4m60。

溝東辛坑:工人八。西北隅向西掏作,深至 5m15,西南北三方均係熟土,明日當由上向下開作。五號墓西壁,仍均係熟土,乃由北端向内掏作。將午見内有骨,但比五號墓高出甚多,知與五號墓無關,乃停作,俟五號墓照像量後取過再作,以便工作。九點十分瓦鬲南出瓦罐一,鬲有雙耳。同時東南隅所留路之西墙間,出人骨兩塊。收工時南端作至 3m。

堡内坑:工人十五。繼續下作。今日井圈存在者又現平立磚,豈井圈將盡,而建築又有變化歟。除亂磚整碎三百餘塊外,並無他物。作至 11m70。

二十二日,今日冬至停工。寫丙辰、吉如、海蓬信各一封。下午同秉琦從寓西上原,過楊家山、陳家山、蘇家崖等村。楊家山、陳家山間有古堡墻一道,外(北)有壕溝,内地方寬廣,然内無古陶片,即近陶片亦無之,非陳倉上城也。陳家山崖間多種迎春,已有含苞意,想下月即當開花矣。從張家村下。返過"陳倉舊址"碑前,相度形勢,可容一城,但無其他證據。南行,到渭水岸。彼間岸離原根頗遠,不似此間即在原根。歸。晚續寫前日未畢之家書。今日早晨陰,八點温度零上二度。時霏霧絲。下午漸晴。

二十三日,陰。早晨溫度零下一度半。一點時零上二度。接到甯廳長信一封,言已令知寶雞縣撥一千元。接瑾軒、糜岐信各一封。閱報知共產黨軍已越過湖南,達貴州界,此固意中事也!

溝東庚坑:工人十二。上午清理東半積土,並鏟之使平。作至 4m80。僅中部尚有深色鬆土,或有問題。將大圓坑南壁上之灰坑量出,圖尚未畫,下午在大圓坑上從上開下。東西寬五公尺,南北一公尺半。作至 70cm。

溝東辛坑:工人七。繼續下作。第五號墓已照像及量。身長 = 1m75。方向正南北。頭向北。顱骨:x = 0m15,y = 4m70,z = 2m62。趾骨:x = 0m08,y = 2m90,z = 2m42。脛骨向東邪頗多。箭鏃:x = 0m13,y = 4m24,z = 2m60。貝飾:x = 0m01,y = 3m89,z = 3m54(以西端爲準。圓頭向西,由北向東偏約 60°)。取骨時,於後腰跨上又得一箭。且比肋間箭稍長。下午東南角路已取去(另在西南隅開路)。東南角見骨殖,稍北東墻內稍掏作,亦見骨殖。全未作出。收工時北端作至 3m60,南端作至 2m90。

堡內坑:工人十五。上午照像。後即取磚,取得整磚四十。磚較前所見者稍大。去此一層後,下仍係亂碎磚。作至 12m15。圓角層尚未完全達到。土更濕。

二十四日,晴。天朗氣清。早晨溫度零上一度餘。十二點達六度。

溝東庚坑:工人十二。繼續下作。擴充坑作至二公尺二十公分。陶片與本坑同,無特別者。今日分出四五工人將溝東上坡路毀掉,探其土壤。北未幾即遇生土,南爲活土,蓋亦一墓。上層紅陶片、花陶片不少。

溝東辛坑:工人八。繼續下作。第七號墓(即前試探坑中所見之人骨)已作出,亦係屈身葬。已照像及量。身長＝1m。方向正東西。頭向西。顱頂:x＝2m41,y＝2m08,z＝3m40。坐骨:x＝3m17,y＝1m85,z＝3m53。膝骨:x＝2m90,y＝2m17,z＝3m42。趾骨:x＝3m40,y＝2m13,z＝3m54。瓦鬲:x＝1m63,y＝2m31,z＝2m88。瓦罐:x＝1m59,y＝2m15,z＝2m80。(鬲罐緊接。)東南角骨亦稍作,但工人疑非人骨。今日未向深作,僅向北取平,尚未作畢。

堡內坑:工人十五。繼續下作。三角已全作出。東南西南兩角,內容圓稍大;東北角則較小。又見井圈之一部分。得大泉五十錢一。土又較乾。亦有亂磚,無陶片。作至13m。

二十五日,晴。有雲。下午雲較少。早晨溫度在零點,十二點餘在兩點。

溝東庚坑:工人十二。擴充坑繼續下作,收工時作至3m40。下午在西端掏作未完洞內見一墓道,向西南走。向前稍作。今日上午勻出工人四人繼續探坡間之鬆土,未幾見底,毫無所得。萬玉想在坡上各坑南再開一坑,止之。令四工人探溝沿之二漢墓。未幾知北坑乃墓道向東,墓身在西,乃專作南墓。南墓活土較深。三點後,知此墓身亦在西,仍繼續作。墓道坡度頗大,則墓身或不遠。收工時尚未至底。

溝東辛坑:工人八。繼續吊北端土。十點後,已畢。南墙有熟土,但頗堅,命一人掏作。東墙熟土亦命一人掏作。東墙熟土向東北轉,土極鬆。三點後,見一墓洞,內頗高。遂止南墙之掏作,專作東墙墓。收工時未見底。將本坑向西展一公尺,作下。

下午將四點,在中部見瓦片頗多。工人言,瓦成一圈,但已破壞。內亦未見他物。囑其慢作,如尚未完,即當留下。收工時作至北端80cm,南端45cm。

　堡內坑:工人十五。繼續下作。土又較濕。下層墻土內有砂。壁不如原來堅。井圈之磚,初觀頗整齊,及取時,則幾全碎,蓋因水分太重之故。作至13m70。

　今日姜發桂門口打土墼,發現五銖錢七八,小努機一,小甲泡一。以四毛錢買來。寫甯廳長信一封,全縣長信一封,備明日取錢。

　二十六日,晴。早晨溫度在零下三度。下午一點零上六度。

　溝東庚坑:工人十二。繼續下作,並掏作西端所發現之"墓道"。大圓坑已達灰坑層,陶片仍如其北部。幫已找出,同北部合起,僅得圓坑之一半強。收工時作深至4m55。西端掏去,則全係灰土,四面無幫,非一墓道也! 然均係熟土,止好作去。今日仍勻工人四名探溝沿之漢墓。墓道至底,坡度大。收工時尚未見墓身。

　溝東辛坑:東墻內之墓,上頗似穹廬。已高至丈許,而用探竿下探二三尺,尚未至底! 下午其南墻又現黑綫頗清楚。似係又一墓爲此墓所破者! 西擴充坑繼續下作。尚有瓦片不少,並有瓦當三塊,兩塊能對起,一字爲"堂",餘一字未詳。收工時作至2m40。已與己坑東面掏作墓通。南墻探坑作至2m20。仍係熟土。土仍堅,內有陶片。工人八。

　堡內坑:工人十五。繼續下作。上午發現井圈內有立磚一層。下午圈外離墻狹不容掀,乃止不作,僅作圈內。至北半無圈處則照舊作。內仍多亂磚，尚多整者，上有方格文。井圈今日全未去。下午曾簡略量至河底以計深度。大約在一丈外，兩丈內，即至底矣。作深至14m80。

早發快信一封與潤章，催款。晚收到潤章快信一封，言款伍佰元，即將寄出。又收總辦事處信一封，澤普信一封。今日劉勹丨世 勹丨世在姜發桂門前打土墼，又得銅鏡一、銅盂一，均已破。瓦罐一、帶釉罐一，均完全。⌒形銅器一，五銖錢若干。出三元買下。

二十七日，陰。早晨溫度零上一度半。十點前後並飛雪數點。

溝東庚坑：工人十二，繼續下作。大圓坑見邊，但與原坑非正圓，却偏西南走去。灰坑上下黃坑均極硬。陶片不少。作至5m12。西端掏作，尚未透出，然已不遠。據萬玉意，謂此為人居過道，原向西作，出瓦罐處，為人居，理或然也。今日仍勻四五人探溝沿漢墓，尚未至墓身。晚收工前見下層有石灰。

溝東辛坑：工人八。穹廬下頗深。內工作甚熱，工人至有裸體者。下午在西南隅下又現一洞！收工時用探竿下探，已離地不遠。西擴充坑繼續下作。中部上層多瓦片，下層有骨，但似非人骨也。

堡內坑：工人十五。繼續下作。井圈外全未作。井圈有立磚三層。上午土與昨日相似，下午全變成泥。摸出半磚，有字，上似"大士"二字，下字難辨認。作至十六公尺。

劉勹丨世 勹丨世又發掘出劍、玉、努機等物，均已拿來，尚未議價。

二十八日，陰。終日大霧瀰漫，霧絲雨時時霏散，然地亦終不濕。早晨溫度在零①上半度。全日不過一度。然有風自東來，晨未起時，已聞風聲，上午繼續，下午稍止，頗覺寒冷。

溝東庚坑：工人十二。仍繼續作大圓坑及西端之掏作。掏作上午已底溝沿，無他異狀。下午停止不作。大圓坑之陶片如前，收工時作至 6m60。依今日坑觀察，則并非偏西南行，而係兩旁急收縮，不成圓形。今日仍勻四工人探大溝沿之漢墓。石灰層很少即完。上午見下面有磚層。下午因避危險，又從上開下。未畢。此墓據今日看，是否已被党ㄅㄛ破壞，尚未可知。

溝東辛坑：工人八。因東西幫下面均空，上面積土太重，恐有危險，乃將土向南翻，西南隅即翻入己坑南頭。穹窿墓亦仍續作。下午三點得一白石片，未明何器。今日僅將昨日所留東北一部分（爲吊土方便）取去，將土吊上，未向下作。

堡內坑：工人十五。今日往視，則土僅同前數日同濕。七日余在溝東，工人來言，井已到底，請往視，並請獅醒往照像。往視，則底 16m50 處，土又變乾，與上層乾時相似。下係砂石攪料僵石，似已至底。獅醒下照二片。本定下午將井圈取去，但井圈外均係沙土，去後，即大塊下塌，不敢多取，僅將立磚取去一層。井圈外土中出銅鐵箭頭各一。土尚未吊完。今日又在堡外路上得一與昨日所得同文字之磚，亦不完整，比昨日者字較多，但仍不易辨視。

今日，劉ㄅㄧㄝ ㄅㄧㄝ又送來小努機一，共給三元五角，買下。

---

①編者注："零"，原誤作"霧"。

二十九日,早晨溫度仍在零上。霧絲雨繼續霏散,不久地已濕潤,遂停工。終日不過談天,翻閱《古代銘刻彙考》而已。接家信一封,滕固及仲良信一封,言無暇西來,已定東行。下午變雪,然到地即融。至晚地頗泥濘。

三十日,晴。早晨溫度在零點。外面泥頗重。下午一點後,溫度五度餘。

溝東庚坑:工人十二。繼續作大圓坑,内陶片不多。下午將四點,在南邊中間見石一塊,形頗似磚,下尚有他塊,均未取出。作至7m80,但尚有不及處。今日仍勻工四人繼續探大溝沿之漢墓,未幾即完,已經破壞,毫無所得。因本坑容不了如許工人,且本坑除大圓坑未畢外,餘已無他問題,乃於甲坑西,乙坑南,開一寬2m長20m之新坑,命之曰壬坑。作至深處80cm,淺處20cm,但南端尚未動。

溝東辛坑:工人八。繼續作穹窿墓。未幾東北隅現石灰層,然下熟土尚深,似屬另一墓,非屬本墓。後又在吊上土中,尋出玉玦二枚,陶環一段,因已吊上,未知原地位,然亦似非屬本墓。下午三點後在東北隅又見石灰,周圍土色深黑,似已到本墓。但灰非平鋪,似屬直立,爲可異。三點半後,又在吊上土中得一貝錢,似已屬本墓,然未敢必。因本墓葬時,所破之墓,似不僅一二,東壁間有一破碎紅陶器,似即屬另外一墓也。作至離地面6m80。

堡内坑:工人十五。繼續取土,上午已畢。並翻上面東北隅之土。下午再向下作50cm,則止有料僵石而已,遂止。取磚圈,得帶文字磚一,字作"言甬(?)",其工人之名字乎。尚有一磚,上有數畫,但似非字。磚圈已取畢,此三角坑已告結束。①

三十一日,將晴聞風聲。晨起,風却不大而陰雲甚濃。溫度在零點。戴家灣上原頭爲雲霧所瀰漫。霧絲雨時復霏散,然亦終上工。原頭時能見,時被雲蔽。下午雲較高。

溝東庚坑:與壬坑工人共十二。昨日所見石之標點如下:$x=6m30, y=1m60, z=7m70$。上午大圓坑作到底。因坑南面未完,乃於兩端作兩小洞掏作,以探其究②竟。東洞向内合頗速。

溝東辛坑:工人八。上午取穹窿墓與本坑通道下層土。在吊上土内又找得半石𢀖幺礎。未幾又找得他半,又得一完整者,然仍不知原地位。下午向下作。東邊亦現石灰,然仍未見底。北墻間亦似有一洞,尚未全作出。作至深 7m10。

溝東壬坑:繼續下作。陶片與前數坑大同。北端作至 1m40,南端作至 20cm。

今日萬玉在原戊坑東南隅三代墓之西墻,尋得一長一公餘之木枝化石,尚未取下。

堡内坑:工人十。於北之東部開一 5m×5m 之擴充坑,作自 80cm。

①編者注:"堡内坑"一段原稿共四行,原置於三十一日日記之内,作者眉批曰:"此四行移於三十日末。"此處遵照作者之意移動。
②編者注:"究",原誤作"完"。

一九三五年①

一　月

　　一日,陰。仍有微風。早晨起八點餘,溫度仍零度。霧絲雨仍時霏散,但如土原不濕,恐亦難濕也。約十一點鐘領率大家高合唱黄公度《出軍歌》之敢、戰、必三闋,以激同仇之情緒。後大呼"中華民國萬歲"三聲,遂畢。中午吃餃子。下午共同游戲。接香亭信一封,家信二封。第一封信係二十四日燈下發,言石頭患白喉及猩紅熱,入西什庫醫院,季芳陪之入院。第二信次日五點發,言熱已退至三十八度,猩紅熱已漸愈,白喉左邊白皮稍退,右邊仍舊,仍當打針云云。

　　二日,陰,大霧。早晨溫度在零點。早餐後同樂夫、秉琦、隆

---

①編者注:原作"三十四年",係"二十四年"之誤。

季同往楊家山。因前些天聞工人言，楊家山有人家曾掘得紅地黑
花之瓦罐在其□□①墙上，尚有一部分未取下。此家有人在某軍
中作參謀，其弟在家云云。疑其所得爲整個之仰韶式陶器，故往
欲設法看一看。穿劉家灣、龍泉寺上行。荆棘小枝上緣枝結冰，
異常美觀。惜未帶照像器，未能拍照。將至楊家山，則大樹亦懸
玉枝，絢爛絶倫，室内之藝術家，雖萬思亦不能料到鄉間有此奇景
也。至崖邊，遇工人楊萬有，至其家一觀。其門東向，土洞前有瓦
房數間，雖復普通，而槅扇門具有雕工，望板上書“業尊稷孔”四
字，則陝人之特色。室内箱子亦多金漆彩花，則陝人固富藝術興
趣也。山上即有未融餘雪，與山下不同。秉琦因此遂推論及亞爾
伯斯山之夏季積雪！泥濘頗甚，又走至古堡墻，據楊萬有父親
（年六十）言，其父親幼時亦即如是，據傳爲穆公時城云云。然則
此豈果山上城之舊址歟？然古陶片全無，殊堪詫異也。繞至楊家
山南坡前，遇一何姓工人，亦進家一觀，其前面瓦房中亦尚楚楚。
室内有幼女，有舊式之紡花車。打聽工人，是否能設法看瓦罐，答
言其弟今日進城，不在家，且前與言，彼未得其兄同意，似不願示
人云云。大約彼誤以爲我們想買他的，故有此意。彼門前有二
槐，均在三四十年以上，又有刻花之石栓馬樁，雕花之石槽，一望
而知爲素封。其家小娃，見余等徘徊村前，好奇出觀，則顏色非
佳，不似他家兒之壯健。余等將歸時，遇二人，一高大壯健有鬚，
一歲數不大而烟容撲面，黄瘦，聞人言此即楊參謀之貴介弟，亦即
小娃父！然則小娃之不康健也固宜！楊家山人吸烟者似比戴家

①編者注：原稿此處破損，約二字無法辨識。

灣較少，而斯人獨異，然則錢之害人能如是乎。歸，稍眠。下午寫商務印書館發行部信一封，家信一封，聖章、丙辰信各一封，寫信與扶萬，未畢。晚，早寢。

三日，晴。聞夜中曾颶風一陣，而余熟睡未知。早晨溫度零下二度，正午零上三度。

溝東庚坑：與壬坑共工人十二。本坑上午三，下午二。上午兩旁掏作者已通。余下午下坑察視。內甚暗，不易見。將上時，王忠義告余以內有小土臺，是否留下，告以留下，即上。上後對於大圓坑殊為悶悶，古人作此，果何用途？殊難猜測。又思此小土臺果係何物？是否與本題解決有關係？乃又緣繩下觀。不能見，乃命取手電燈。細問，始知兩洞幫子，未全找出。東洞初入有幫，後失去。至西洞則始終未見幫。外係生土，而中間所留土柱，則係熟土。然則掏作有大錯誤矣！余等在此坑監工太希，遂致此誤！手電燈至，察視，始知並非何種土臺，乃係原幫一部，尚未毀掉者。且據工人言，下層尚未至底，乃命其順此"小土臺"向下，尋找兩端原幫。收工時，又找到一部分，尚未完全。外中間土柱靠東洞處，尚有灰土陶片、脊骨（非人）等，但未敢多作。本坑到此，已當做一收束。至圓坑之量，頗為複雜，當俟子言來矣。

溝東辛坑：工人七，繼續下作。東南部分有大塊石灰，向中間傾斜，各處間有炭塊。瓦鬲片頗有多塊，但頗散置，是否一器，頗未易知。下午疑西南隅之小洞，為墓中置物之所，乃命掏作。掏將畢，始覺並非一小洞，仔細察視，乃知與南部鬆土相連，不敢再作。戴八老言南部鬆土，已裂縫，不如去掉，至上邊則無縫無危險。乃命取手電燈，仔細察視，果尚無縫。即南部鬆土雖有縫，似亦尚未易落下,乃命停取。今日所作,大約陶片頗多,兼有石數塊。收工時未至底,深處作至 7m70。

溝東壬坑:繼續下作。上午收工時,見中間有一土賊所掏洞。此層陶片不少。作至北 2m,南 80cm。

原戊坑內木枝化石,又在西找出兩小段。

堡內坑:工人十,繼續下作。作自 1m50 至 1m70。

晚九點後有風自東來,可聞風聲。

四日,終夜聞風聲,早晨温度零下三度,大雪。雪花終日飄蕩。讀《史記·封禪書》《河渠書》《平準書》及閑談而已。完寫扶萬信。

五日,早晨温度零下三度。雪止,然因大家起晚,上午仍停工。劉家灣排長及張家底下排長來談。彼等因將討論開年後學校事宜而過此。下午開工,泥濘頗甚。

溝東辛坑:工人七,繼續下作。有大塊紅陶片數塊,頑石四五塊。東部石灰下係紅土頗厚。東西部仍有不整齊之石灰。頂上有縫。萬玉察視,言如上面不走人,當不要緊。作至 8m10,用探竿下探,尚未見底!

溝東壬坑:工人十,繼續下作。紅陶片甚多。工人在距南端十一二公尺,深 2m30 許處得一骨錐。確地因已亂,未能知。四點後,北端見黑土,邊不軌則,或非一墓。作至北端 2m50,南端 90cm。戴家溝口與灘緊接處,西沿前發見一墓,出灘地水平綫不遠! 分命王忠義同工人楊生有往作,僅得一破瓦槽及一錢,餘已散亂,聞村中有一姓,曾得一冥竈同一瓦罐。

堡內坑:工人十二,繼續下作。得錢四枚,尚未剔出字。西北隅有磚數塊,東南隅見黑土,已至灰坑。作自 2m15 至 2m。

六日,漸晴,寢時仍飛小雪花。早晨溫度零下二度半。一點零上一度餘。

溝東辛坑:工人上午七,下午八。因恐上面有碎土下掉,乃將上段用板作棚。後繼續下作。石灰深在 7m15 許,石灰下紅色土中夾有灰土,此"穹窿墓"果否是一墓,實成問題。決定將此紅土、灰土全除去。東南隅壁上鬆土又取下一部分。下午將堡內滑車□□①卸過來吊土,土吊完,已當收工。深處仍爲 8m10。西南角原出骨深度在 5m20,取去仍便工作。

溝東壬坑:工人十二,繼續下作。十點半在中部得半大石環,已量。北端深色土仍存在,未作出。後在中部亦發現深色土,頗長,中有黃土一道,邊甚整齊。作至北端 3m20,南端 1m20。今日原戊坑之化石已作出,附近有殘陶環、殘陶錐、料僵石等物。已照像及量尺寸:化石:$x = 2m21$,$y = -1m28$,$z = 1m15$(南端)。殘陶錐:$x = 2m$,$y = -1m17$,$z = 1m10$。

堡內坑:工人上午十,下午九。灰坑從東南原坑殘窯洞附近向北作,西邊有圓牆一段。此牆西北上層有一小灰坑:中有小銅器多件,鐵器一件。鐵器或疑爲鑰,或疑爲鎖簧。外尚出鐵犁鏵、鐵旗槍頭、殘瓦瓮、小鐵鐸、猩紅片、銅錢獸角、鐵箭頭二之類。鐵犁鏵:$x = 1m44$,$y = 2m80$,$z = 2m25$。鐵旗槍頭:$x = 3m31$,$y = 4m23$,$z = 2m36$。殘瓦瓮:$x = 3m30$,$y = 1m53$,$z = 2m35$。鐵鐸:$x = 0$,$y = 4m72$,$z = 2m50$。小灰坑:$x = 1m45$,$y = 2m60$,$z = 2m30$。外石磚頗

①編者注:原於"車"後空闕約二字。

多。此層下南部有砂石層。作自深 2m50 至 2m70。

今早廟前坡下流水未冰，止水冰八九公釐許，下尚有昨日未融部分一二公釐許。

七日，晴。早晨溫度零下三度。下午一點零上三度。

溝東辛坑：工人八，繼續下作。紅陶片及瓦鬲片不少。下午較少。二點西邊見磚，下似仍空，時見木灰。三點後在吊上土中得鐵釘三塊。作至 8m75。

溝東壬坑：工人十三，繼續下作。下午偏南見厂尢土，但適爲土賊所下處，恐已被破壞。中部東邊之深土色已見四邊，西邊因壓在西墻下部分過大，故尚未現出。頂北部之熟土已將完。次北部之深色土亦將完。南部尚有不少紅陶片，餘已不多。最深處作至 3m80，南端至 1m90。

堡內坑：工人十人，繼續下作。下午見灰坑界限分明，中有黃土間之（或已係生土）。乃分四小坑向下作，至沙礫層則厚 63cm，最寬處 1m67，最狹處 1m20。在坑南部，綿亘東西。上午出磨石、字紋磚（"大士"等字，與前所得者同）、漆皮、帶鈎、磨石、破瓦罐底、石斧、石杵、破小圓瓦罐、陶片、石、骨等。磨石：$x = 2m$，$y = 4m70$，$z = 2m57$。又一塊：$x = 4m73$，$y = 1m22$，$z = 2m84$。字紋磚：$x = 1m$，$y = 4m80$，$z = 2m40$。漆皮：$x = 4m15$，$y = 1m30$，$z = 2m67$；下帶木，內紅外黃（甲小坑）。帶鈎：$x = 1m60$，$y = 2m76$，$z = 3m10$（丙小坑）。破瓦罐底：$x = 0m83$，$y = 4m50$，$z = 3m10$（丙小坑）。石斧：$x = 2m10$，$y = 3m20$，$z = 3m40$（丙小坑）（完）。石杵：$x = 4m50$，$y = 1m25$，$z = 3m20$；N35° E（甲小坑，頭部）。破小圓瓦罐：$x = 4m30$，$y = 1m81$，$z = 3m12$（甲小坑，頭部，口部缺）。甲小坑在東南

隅,即在向東之窰洞前,昨日已見。丙小坑即昨日出銅器處,約在中部,延至西北部,範圍頗廣,或仍須分二小坑。乙小坑在東北部,丁小坑在西部。甲小坑出鐵條、殘條環、鐵釘、碎鐵塊、錢、骨(火燒)、瓦陀羅、各種陶片、蚌殼、螺殼、牙、殘瓦當等。乙小坑出鐵片、鐵絲、小銅塊、錢、殘銅器。丙小坑出木炭、鐵塊、骨、牙、鷄蛋皮。丁小坑出鹿角、角、骨箸、牙、骨、瓦鬲足、骨器、陶片、殘瓦當、殘蚌殼、錢、銅鐵片等。擴充坑作至 3m10,各小坑未量。

寫全縣長信一封,以便明日取錢。

八日,晴。下午有微風自東來。早晨温度零下二度,下午一點零上三度。

溝東辛坑:工人八,穹窿墓繼續下作,並分人開西墻,由北端開下。上午將土除去,看出亂磚下尚有磚一層。又得五銖錢二。西北隅出一帶釉帶花罐子,覆置。因在南墻下尚蓋有不少磚,乃於下午令工人試着取去,並吊土。兩點一刻,又見有墻向東南去,但因下面空太大,未敢將土全取。作深至 9m。本坑西墻,上午得五銖錢一,標點如下:x = −1m50, y = 8m, z = 1m30。下午在中間偏南處,出破粗繩紋瓦,甚多,並有破帶字瓦當四。一塊上一"當"字極明了,"龸"字未能識認。又一塊,下係"當"字上半,上係"堂"字缺頭。餘二更少。晚以第一塊與上月二十六日所出比合,居然成一完當! 或係"冡祠堂堂"四字。此部分作到離與己坑相通之洞已不遠。

溝東壬坑:工人十三。最北端已成生土。北部東半係一墓道,向西北斜下,已完全作出。至西半界綫不明了。再南,大約爲土賊所擾亂過之墓,尚未作出。再南有深色土界綫,東西横亘。

稍南出半截磚數塊,並於西南隅所留路下出一小鐵刀。極南端出一東西土幫,未知與深色土綫有無關係。作深至北端 4m30,南端 2m70。墓道北端深 2m50,已見墓門。

堡內坑:上午工人十,下午十一。因坑須擴充,決定向西及北擴充,東邊暫緩。乃分一部分工人翻土,即以填三角坑,尚未翻完。原擴充坑內除甲小坑未作外,餘均續作。乙小坑出有綠琉璃片、殘瓦當、瓦鬲足、圓瓦玩具(?)、殘鹿角、小泥彈、小獸角、殘骨器、錢、鐵簇、銅簇、瓦片、殘磚、磨刀石殘等。丙小坑出陶片、牙、錢、小銅器、瓦陀羅、木炭、鐵釘、骨、磚、瓦罐底等。瓦罐底標點如下:x = 2m,y = 4m80,z = 3m80。土色暗紅。丁小坑出陶片、鐵塊、鹿角、牙、瓦片、磚、小磨石殘片、石骨等。土色黃者最少,灰黑者次之,灰白者最多。

今日接到上月廿六日家信一封,言石頭白喉尚未退,然已出危險期云云。又接張福興、潤章、子倫、玄伯、黃仲良信各一封。張寶慎、宋江永賀年片各一。

九日,晴。早晨溫度零下一度。坡下河灘冰未能結。下午頗暖,未看溫度表。五點收工後尚有零上三度。

溝東辛坑:工人八。仍一部作本坑西墻並吊坑中土,他部分繼續作穹窿墓,西墻作至兩坑相通之洞。土尚未吊完,穹窿墓先清底,南部見一帶釉陶鼎,已爲磚倒時擊碎。本不欲向南開以避危險,後因看出離南端墓道不甚遠且工人力言不致有危險,乃決定將南部之西、南、東三方所餘之鬆土取去。至昨日所見向東南走之墻,工人言係土溜下時所遺,理或然也。取土時見東壁溜下土,內有圓小洞。下午找出南端墓道,並墓道內之磚墻。南部亂磚屬此墻倒，似無疑義。北部太遠，恐不可能。東墻洞大體清出，下亦有亂磚。西南隅下部亦有洞，但不及東南洞之清楚。下亦有亂磚！此二小洞中之亂磚，殊費猜度也！極東南隅又看破帶釉陶鼎，與前所看，未知是一是二。極西南隅又似有土洞，頗足詫異。余頗疑此係古代土賊所從入之處，墓已被擾亂，未知確否。

溝東壬坑：工人十三。極北端於西墻，作一探洞。第一號墓繼續內作。入內未幾，即見墓釘，門西側有美麗之小白石二。下午收工時，墓已至底，不見骨殖！惟北端西側見一弇口大瓦盂，覆置。北端尚未作完，中部繼續下作，作至深四公尺。再南西壁有深色土一片，再南又出磚多塊，不遠有灰。至昨日所見之深色土橫綫，則已消滅。稍南却另有一橫綫。離南端約一公尺半強，至南端所見幫，尚未找出。

堡內坑：工人十一。上午全體翻擴充坑西餘土及北部土，盡填入三角坑中。下午又在此擴充坑西及北，各再擴充二公尺。上層土仍如前。陶片、瓦片亦無特異處。作自 50cm 至 85cm。

接羅懋德信一封，言已來陝，住考古會中，問需要其前來否？又接連定一、趙蘭坤賀年片一。

十日，早晴。復羅君信一封。溫度零下三度餘，霜華極重。上午天高日晶，毫無變天朕兆。十點後，有微風自東來。午餐後遂聞風聲。一點一刻上工時溫度尚在零上三度，風速約每秒十四五公尺，或爲來此後五十日內之最大風。有浮雲從東北向西南奔馳甚速，且不甚高。以後風漸小，而天氣已濃陰。三點鐘後，雲霧瀰漫，馮家崖、楊家山時隱時見！再晚，離工次三五坡，即已沈雲中！收工時，下坡回望工次，已如數里遠！戴家灣東頭不可見！

温度降至零下一度。

溝東辛坑:工人九,三人作穹窿墓,五人吊坑内土,一人作本坑西墙虚土。取虚土者得一貨泉錢、"冢"字文殘瓦當。因取虚土太無方法,止之。命將貫通己辛二坑之洞清出,作此洞間貫通南北(已被漢墓打斷)之深色土,看其是否有幫子。作後,幫子頗清楚之。下午在南段得一殘瓦當,上有"芇"文。因南端將出路下,乃暫止不作。改作北段:北段東邊有幫,西邊轉向西去,無幫。中得斷骨片一。穹窿墓内東南角有猩紅,頗多,時附於磚。墓南部西洞已盡,約深 1m20。底有磚甚亂。十一點發現破琉璃碗一個。下午兩點東洞内發現帶釉陶鼎片。西洞有小漆片。兩點四十五分,墓東南角發現小銅器(⦿)一件。三點半,見銅鍊一件。東南角又見大塊漆片,尚未作。陶鼎片附近黄黑土中出殘鐵器一件。

溝東壬坑:工人十三。北端探洞今日作過 5m40 深,前均生黄土,現又見深色土及陶片。第一號墓繼續作。十點半後舁口盂東,出一帶釉之"泡菜罐"。另有錢一。墓門内西側出錢數錢①,一可見者係五銖錢。十一點後,盂後出一陶器,上有黑灰。十一點半,盂後又出一藍色陶器。下午兩點半後,出一劍,西南東北斜置。長一公尺十公分,有斷處。吞口上有金飾。將三點,盂後又出帶釉器二。三點二十五分出銅鏡一,甚完善,上有字十。墓道南土作至 4m50 深(約數)。再南西壁因有深色土,向内探作一段。南段所留路下之磚,上午已取去。稍西,有瓦罐已破,未見他

---

①編者注:"錢",疑"個"字或"枚"字之誤。

物。再南四點後見有北部圓,南部未清楚之坑,壁上有石灰一層,尚未作出。南端所出土幫,上午已於東壁探洞中尋出其東北隅,蓋爲較南一墓之北墻。然又見土賊掏洞,恐又被擾亂矣！南端作至 3m15。

堡內坑:工人十一。繼續下作。出鐵箭頭一,標點如下:x = 2m70,y = 6m75,z = 1m25;N75°E,尖向東北。又有碎磚、瓦片、陶片、石瓷片、黃泥彈等。作深自 1m20 至 1m60。土一公尺下變深色。

十一日,濃陰。早晨溫度零下三度。坡下水則僅有薄凌一層。上工時仍大霧瀰漫。十二點溫度仍在零下兩度,窗前水盆結至三四公釐,而下午工次却又開凍。下午上工時,馮家崖、楊家山均在雲霧中。三點附近,雲霧漸散,原邊草木皓然,蓋已降雪,而原下獨無。雖極近地,極簡單之氣象,內容尚有相當之複雜,未可輕易斷定其原因與結果也！

溝東辛坑:工人九。一部分繼續清穹窿墓,一部分吊本坑內土,一部分翻西邊上的土。穹窿墓上午僅清出錢數個。看出亂磚有一部分一邊薄、一邊厚,然則此墓真有券墓,後倒下矣！下午不久即清出照像。本坑吊得已差不多。西邊上土尚多。

溝東壬坑:工人十三。北端西洞,轉向南掏作黑土,疑爲一漢墓墓道,墓當在南。東墻亦作一探洞。第一號墓內,先將大盂照像,因大盂遮礙他物,必須將其照、量,取去後,始能照他物也。他物尚未照。中間土賊所盜墓,不久已至底。內僅有散亂馬骨,毫無他物,土賊亦只作一小部分,大約即廢然而返耳。東西端尚未完全作到。南端帶石灰壁小坑,不久即至底,底亦有石灰皮。尚有一部分壓在東壁下。下午翻東壁上土,從上開一南北二公尺、東西二公尺之擴充坑。此坑正當土賊盜掘之坑上。作未幾,虛土下流於石灰壁小坑中。

　　堡內坑:工人十一。繼續下作。得錢數枚、箭頭數枚、鐵刀一、陶片、瓦片、磚石、瓷片、骨、牙、鐵塊、鐵釘、瓦陀羅等。鐵箭頭第一:x＝1m20,y＝2m74,z＝1m70;方向未詳。銅箭頭:x＝0m10,y＝5m90,z＝1m87;N45° E,尖向東北。小鐵刀:x＝1m45,y＝3m13,z＝1m82;方向不詳。鐵箭頭第二:x＝0m84,y＝5m90,z＝2m;方向正東西,尖向西。鐵箭頭第三:x＝0m84,y＝4m90,z＝2m;S45°W,尖向西南。鐵箭頭第四:x＝2m60,y＝6m61,z＝2m;尖正向北。作自深1m70至2m20。

　　寢時霧絲霏霏。

　　十二日,今日休息。早晨温度零下二度。終日雪子霧絲交互霏墜,至地成冰。復玄伯信一封。餘時閑談而已。

　　十三日,早起已八點,温度零下一度。天仍陰。然終聞工。時飛三五雪花。中午零上一度。下午有晴意。微風自西北來。

　　溝東辛坑:工人九。一部分工人在西壁上翻土。一部分吊坑中土,上午吊完。西擴充坑內之骨,前數日因見其有四條腿,誤認爲獸骨,今日清出,乃係二人骨! 上邊者,頭向西南,下邊者,頭向西,互相交叉。穿窿墓照像不易。今日複照二次,始平均顯出。下午取下層亂磚,在進門前見帶釉破片若干片,藍陶破片若干片。

　　溝東壬坑:工人十三。西探洞轉向東南者,今日作至轉後深3m90,西北邊似已見幫。又在此探洞中,作一洞向北探,深至一公尺餘,尚未見熟土。東洞繼續作,深6m20,亦未見熟土。東南擴充坑已作至底。北幫尋出，無石灰皮。東幫被土賊挖壞，南幫被墓打破。土賊之洞向南轉。底尚見石灰皮。至南端路下之瓦器，乃係一長頸瓦瓶。已量得其標點如下：$x = 0$，$y = 2m59$，$z = 2m25$。

堡內坑：工人十一。繼續下作。得鐵鐮刀、圓磚器（內穿九孔，頗玲瓏美觀）、小鐵錡、銅鐵箭頭、銅絲、破瓦罐、破大瓦瓮、磚、瓦片、帶釉陶片、骨、瓦陀羅、錢、角、牙、木炭、字紋磚（殘）等。鐵鐮刀：$x = 6m06$，$y = 6m57$，$z = 2m20$。圓磚器：$x = 5m30$，$y = 6m81$，$z = 2m30$。小鐵錡：$x = 1m40$，$y = 4m50$，$z = 2m40$。鐵箭頭：$x = 1m40$，$y = 2m97$，$z = 2m$；N60° W，尖向西北。銅箭頭一號：$x = 3.90$，$y = 6m30$，$z = 2m55$。銅箭頭二號：$x = 0m83$，$y = 0m08$，$z = 2m10$。破瓦罐：$x = 0$，$y = 2m70$，$z = 2m10$；內紅外黑，已對不上。破大瓦瓮：$x = 0m85$，$y = 4m30$，$z = 2m20$；腹外周 1m59，口徑外周 1m05，口直徑 0m34。口向上。

接總辦公處信兩封，一封寄款收條，一封報告已函甘肅省政府請其保護向天水、清水、秦安各處調查人員。收條已蓋章，俟明日寄回。接寧財政廳長、印唐信一封，令樂夫復印唐。接考古會轉壽伯信，信內帶轉羅懋德信，此信係其未來陝前所發。春舫信一封，兼賀年喜，維鈞賀年片一。寫潤章信一封。晚月色頗明。今日王德告退，明日回家。

十四日，晴。早晨溫度零下五度，爲今冬第一最冷之晨。坡下水除中有細流外，結冰 1cm 厚。十二點，溫度在零點。上午時有微風自西北來。晚月色頗佳，有暈。

溝東辛坑：工人九。一二人繼續清理穹廬墓。數人吊土，並於西墻從北頭再向南作下。一人作西坑人骨。穷廬墓下層，有帶釉陶器，大約有十餘件，惜均已碎。有一部分係墓券塌時打碎，有一部分係作墓土時，在磚上走踏碎。下有漆皮亦頗多。西部南半，南端均有。西小洞中亦有。疑爲棺上物，未必屬於匣奩也。下午三點半後，將東西兩小洞之亂磚全取去吊上。西小洞中尚有兩帶釉陶倉，一帶釉陶盂，未破。西南角有一帶釉陶器，尚未作出，似亦未大破。東小洞中，亦有漆片。亦尚有帶釉綠陶鼎，破未甚。西壁北端活土，上層頗紊亂，北頭有幫，再南即不見幫。再向下作，即全見幫。似南北通連。有瓦片，未見瓦當。西壁中間人骨，上午大致作出。下午照像量尺寸。然因工人在照像前，未將下層人頭作出，故明日仍須再照。其標點如下：第九號墓（上層）：頭西南，脚東北。顱頂：$x = 1m65$，$y = 4m35$，$z = 1m60$。左脛骨尖：$x = -0m93$，$y = 5m29$，$z = 1m73$。身長 = 1m22，無脚骨。方向 S44°W，脊椎則正南北，故骨頗亂雜。面向西北。第十號墓（下層）：頭西，脚東。顱頂：$x = -2m09$，$y = 4m39$，$z = 1m74$。右脛骨尖：$x = -0m70$，$y = 4m38$，$z = 1m90$。身長 = 1m37，無脚骨。方向 N84°W。面偏南。

溝東壬坑：工人十三。西洞南支、北支，東洞，南端，石灰小坑均繼續作。西洞南支，幫向西南行，成一小半圓形，疑爲又一穷廬墓。下午，下一小洞，探其底。三點後打透，知係坡邊已毀破墓之上層。遂告結束。北支繼續作，未見活土。又將西洞西頭打通，以便出北支土。東洞於三點後，達 8m80 深，東南隅見深色土，向西南走，蓋亦一墓。石灰小坑洞，東幫下層未破壞。十點半後，壁向東凸出 3cm 許，又向南行。約 1m，已盡。南係鬆土。上層空，頂有鍤迹，疑即土賊所擾亂之墓身。去年上半年工人楊奎在南三四公尺許,下層見與此洞相似之石灰皮,當日未作。萬玉疑與此洞係一建築,乃停作小洞,翻東南方上面之土以便從上開下。上午十一點半後,萬玉在石灰小坑上層,南端路下,又發現一小洞,亦有石灰皮。

　　堡內坑:工人十一。繼續下作。上午爲破大瓦瓮、破瓦罐照相後取去。瓮取去後,全碎。內有銅片、牙、碎鐵片、小石子、骨、角等。上午十一點半,乙丙二小灰坑已全出。丁小灰坑下午二時始露出。下午一時,於西北角,又露一小灰坑,名之曰戊小灰坑。未分小灰坑前,出有磚、瓦片、石、陶片、骨、牙、角、泥彈、鐵釘、似鐵箭頭、錢、鐵片、鐵絲、破瓶口、石灰等。乙小坑出磚、骨、瓦片、石、陶片、鐵片、鹿角、鐵釘、錢、碎銅、骨器等。深 0m65, 土色灰黑。丁小坑出一小銅鈴:$x = 1m18, y = 2m60, z = 3m10$。又出磚、瓦片、陶片、骨、瓦鬲足、瓦陀羅、瓦罐口頸、殘鐵器、鐵罐、鐵釘、錢、鼠骨、小獸角等。丁小坑西南又連一小灰坑,出有磚、石、殘石器、瓦片、陶片、骨等。丁小坑深從 0m87 至 1m10,其連接小坑深 0m87。丙小坑出繩紋瓦、磚石、瓦片、陶片、小黃□球①、骨、牙、骨簪、鼠骨、角、錢、殘磨石、碎鐵塊等。深自 0m74 至 1m23。戊小坑出磚、石、陶片、瓦片、骨、牙、錢、炭、鐵片、鐵釘等。深自 0m37 至 0m50。上深均小坑自身。丁小坑已作畢,餘尚未畢。

　　十五日,微陰,下午漸晴。早晨零下四度。一點半,零上一度強。將午有軍隊從鳳翔挑運子彈赴徽、成諸縣。晚散工後,鄉人用一大鼓、兩大鐃、一號,在廟門前大吹打,真有新年意。他村鼓

①編者注:原於"球"前空闕約一字。

樂亦時聞也。

溝東辛坑:工人八。一二人繼續作穹廬墓,一人繼續找西邊幫子。餘人吊土。穹廬墓西小洞中昨所見之盂,實非一盂,乃係一扣碗之蓋。底蓋均完。另有一付雖小破,却容易對上之扣碗。另有深色帶綠圈之蓋二,但無底。外有馬一,爲立於一物蓋上者。現雖破下,却容易對上。西南隅亦係一物之蓋,雖破亦可對上,恨無底。上有花紋。下午墓完全作畢(東洞內有不少小銅器)。當墓門之磚墻,近東門框處,有一磚平立,下磚亦與他磚稍錯,不連續,豈以示墓身與墓道之界限耶?西旁無此等界綫,而當其處有帶笋之磚,笋向內出,未知何用。西邊今日已容易看見,爲一通南徹北之墓道。第九、第十兩號墓,上午照像後,即取去。此墓余疑其非二墓,因二骨互相枕藉,上骨葬時,不識下有骨,勢不可能。余頗疑其爲荒年之夫婦,互相枕藉以餓死,遂葬於此。取去後,尋找墓道。下午三時,北幫找出,墓門似已現出,深至 5m,但尚未至底。後余親作墓門前上之浮土。其墓門上本有人骨已露,尚未作出,乃命工人先作,收工時已作出,則骨極凌亂。無頭骨,餘亦不清楚。

溝東壬坑:工人十三。繼續作西洞北支,東洞,南石灰小洞,及南端翻土。西洞北支於十點半後,在 4m30 深處遇深色土。土頗堅,但係活土。繼續內作,至 6m50,已見北幫。蓋一三代墓。東洞於九點十分下通,中有異氣出,乃暫停。十點後,下洞探視,知係原甲坑北部之漢墓。又從東洞未轉處與墓身打通。又於東洞離本坑 4m 處,向北開一小洞向前探,作至 2m70,尚未見熟土。石灰小坑內出有石片、紅陶片、藍陶片(較少)、骨等。後作到石灰底,因恐作成易壞,停止之。兩點南端及東南上邊之土已翻畢,即向下開。第一號墓之墓道及內之大瓦盂,及墓門內之白石及錢均已完畢。

堡內坑:工人十二。繼續作各小坑。乙小坑出鹿角、殘漢瓦當、殘瓦器、瓦陀羅、骨器、錢、炭、陶片、碎鐵、鐵環、鐵釘、蚌殼、石灰、磚、瓦片、陶片、石、骨等。深1m28。丙小坑出鐵釘、鐵箭頭、鐵塊、錢、銅條、銅塊、骨、牙、破瓦罐底、磚、石、磨刀石、瓦片、陶片、骨等。深自1m16至1m53。丁坑連接之小坑出有骨、磚、牙、鐵塊、骨尖刀、骨箭頭、陶片、炭、手印磚、瓦陀羅、磨刀石、瓦片、石等。深0m87。戊小坑出有磚、瓦片、陶片、骨、石、鐵鉤、鐵釘、鐵塊、牙、骨簪、錢、銅片、泥彈、蚌殼等。深0m97。

晚夜月甚佳。十一點後寢時溫度已至零下五度。

十六日,終日多雲。早晨溫度仍零下五度。一點零上一度。月光佳,有暈。

溝東辛坑:工人八。一部分作西邊墓道。一部分和翻西邊上土。穿廬墓上午量尺寸及照像。量尺寸時,另在入門地方作原點。其標點如下:$x = 3m85$,$y = 2m40$,$z = 7m32$。量得:方向正南北。深 $= 7m32 + 1m57 = 8m89$。東北角:$x = 3m20$,$y = 2m41$,$z = 1m57$。東南角:$x = 3m20$,$y = -2m33$,$z = 1m57$。東長 $= 4m74$,西長 $= 4m71$,北寬 $= 2m28$,南寬 $= 2m20$。西小洞:門南離墓西南角之距離 $= 38cm$,門寬 $= 1m14$,洞深 $= 1m52$。東小洞:門南離墓東南角之距離 $= 70cm$,門寬 $= 1m18$,洞深 $= 1m42$。門高因土恐未取完,尚有問題,故尚未量。破陶鼎:$x = 3m20 - 0m08 = 3m12$,$y = -1m67$,$z = 1m57$。破綠陶器蓋:$x = 1m20$,$y = -1m97$,$z = 1m57 - 0m10 =$

1m47。黄陶倉：$x = 3m20 - 2m95 = 25cm$，$y = -(1m21 - 0m55) = -0m66$，$z = 1m57$。緑陶倉：$x = 3m20 - 3m25 = 0m05$，$y = -(1m21 - 0m55) = -0m66$，$z = 1m57$。黄陶器蓋：$x = 3m20 - 3m08 = 0m12$，$y = -(1m21 - 0m10) = -1m11$，$z = 1m57$。另有一黄泡菜罐，在西北角，離墙大約各五公分。他物位置，均已稍有移動，僅知其相互之方向而已。西壁墓道作至最深處 6m08。極南端路下出亂骨。北端得一殘骨片，與十日偏南端所得極相似，但非一器所斷。一端有齒，但已斷。西北角之亂骨，已照相，未量。

溝東壬坑：工人十三。西洞北支向西尋幫。東洞繼續向東尋，其北支亦繼續作。第一號墓繼續清理。南擴充坑繼續下作。西洞北支墓至十一點十五分，已將東西幫全找出。但將到東幫時，東南角有鬆土。抵東幫後，幫上又有明顯之界綫。南部係生黄土，北部則係深色較鬆土。乃繼續向東北尋。於四點許見瓦罐一，未幾又見陶器一。然此似另係一墓，與西部墓平列，却非同時葬。是爲第二號墓，西部爲第三號墓。下午於本坑西北，西洞北支墓上部，開一小坑，下作。收工時作至深 1m10。下見一小墓，棺木尚存，恐係清朝墓。東洞偏向東北做，兩點後遇熟土，内有陶片，無幫，或係一灰坑。作至深 12m40。北支作至深 5m20。仍係生土。第一號墓上午清理畢，下午照相，未量。南擴充坑暫定爲 4m×4m。作至深 90cm。

堡内坑：工人十二。上午一部工人繼續下作，一部在西邊上翻土。下午將西北隅所缺之 3m×7m，亦行開下。餘仍繼續下作。乙小坑得有磚、瓦片、陶片、骨、石、碎鐵塊、鐵箭頭、鐵釘、小瓦陀羅、火燒骨、炭等，並有一帶齒銅器一段。其標點如下：$x = 6m50$， y＝4m24，z＝3m60；方向 N40°E，係由南端量。丙小坑在底再掘一層，確係黃土，無雜質。即決定他坑底不再向下掘。丙小坑東邊通乙小坑處得有磚、瓦片、陶片、牙、骨、磚質圓彈、蚌殼、破瓦器底、錢、鐵釘、碎銅片等。丁小坑西南連接之小坑出有磚片、瓦片、陶片、骨、石、銅箭頭、人工骨等。戊小坑出有磚片、瓦片、陶片、骨、牙、石、鐵塊、錢、蚌殼、蝸牛殼等。乙小坑北面連接一小坑，名之曰己坑。出有磚片、瓦片、陶片、骨、石、羊角、瓦陀羅、磚器、錢、鐵釘、鐵刀（上有綢紋、布紋）、泥彈等。西北擴充坑出有陶片、鐵釘、磚塊、瓦片、石。數量不多。作深自 0m19 至 0m29。各小灰坑深度及土色如下：乙 0m64，土色灰黑。昨日乙坑之深度，實即今日己坑之深度。今日乙坑向東掏作，並未向下作。乙丙二坑相通處 1m30，土色灰黃。丙坑 1m65，土色黃紅。戊坑 1m36，土色灰黑。己坑 1m60，土色灰黃。

今日接詹省耕、李印唐信各一封。

十七日，天朗氣清，爲今冬第一好天，而甚寒：早晨零下五度強；一點仍零下一度；收工歸時，又已零下三度。晚月色佳，有暈。寫全縣長信一封，派人入城取錢。

溝東辛坑：工人八。一部分翻西邊上土，一部分吊土，一部分繼續作墓道。墓道中見大甬瓦一個，方向東西，稍偏東南。西北端：x＝-92cm，y＝9m76，z＝6m20。東南端：x＝-44cm，y＝9m61，z＝6m20。長＝48.5cm。西北隅上層人骨，似頭西脚東，但無頭骨，脊椎骨、肋骨均凌亂。腿骨尚完整，似膝向南屈。西頭：x＝-82cm，y＝10m23，z＝2m92。東頭腿尖：x＝9cm，y＝10m24，z＝2m92。東西長＝93cm。上午在墓道北頭，見殘瓦當，上有

"堂"字；下午在墓道北半陸續發現殘瓦當三塊，對成"冢祠當"三字，然與上午所得不合。墓道作最深處至 6m75。已見磚砌墓門，前後磚兩層。穹廬墓之墓發券處已量。兩旁小洞高亦量。西洞高 1m10，東洞高 1m。

溝東壬坑：工人十三。西洞北支下停，僅作上小坑。其中墓據工人楊海言係其祖塋之迷失者，乃命之招呼遷移於戊坑東北角之小坑中。正午畢移，兩點一刻，畢掩土。坑作至深 3m20，已見西幫南幫。東洞正支、北支，上午均繼續作，下午停。正支內出紅陶片頗多，片亦頗大。間有帶黑邊者，作至深 13m50。北支作至深 6m65，仍屬生土。南擴充坑繼續下作，幾無陶片。作深至 1m50。

堡內坑：工人十二。繼續作西北擴充坑。作自深 80cm 至 1m10。出有瓦片、陶片、瓷片，均不甚多。又出鐵釘三，小錢一。上午工人二名繼續作乙小坑，至深 1m05，東南北三邊亦頗擴大，仍未得其清楚之幫。出有磚塊、瓦片、陶片、骨、炭、鐵塊、角、磨刀石、鐵釘、石、箭頭（一銅一鐵）等。

接家信一封，言石頭猩紅熱及白喉已愈，又轉至鼻孔內、耳孔內、右手。現鼻已愈，耳及手尚未愈，殊堪焦慮。又接扶萬信一封。

十八日，晴。早晨溫度零下八度弱，十二點零下一度強。有微風自東來。

溝東辛坑：工人八。繼續作墓道。上午在偏北部曾得一筒瓦。下午墓門上面露小洞，中發臭氣。復塞之。收工時，始再通開，以便其散出。最深處作至 8m10。穹廬墓中陶器，今日始包好取歸。

溝東壬坑：工人十三，下午添二人。西北小坑上午已見北幫。全體出土。但至收工時東幫仍未找出。南邊仍深 3m20，北邊 3m40。與下一部分已相通。試探洞中，萬玉從底取土一塊，似屬生土，已見底。南擴充坑繼續下作。上午東界綫已找到，西幫亦見。下午二時南界亦找到。西半隔黃土數 cm 以外，另有更深色土，似另屬一墓。東半界綫則爲原甲坑所作漢墓之墓道所毀。作深至 4m。第一號墓墓身及所得器物均已量畢取回。

堡内坑：工人十二。繼續作擴充坑。内有石、磚塊、瓦片、陶片、黑瓷片、骨、鐵釘等。作深自 1m30 至 1m70。

十九日，有雲，有風自東來。早晨溫度零下六度半。一點在零點。今夜月蝕既。

溝東辛坑：工人八。繼續作墓道。十點靠墓墻西墻，離墓門二公尺餘，發現大筒瓦一個。十點半至墓道底。墓門照像及量。下七層磚南北直放，上三層至六層東西平放。量西邊（上四層）$x = -1m35$，$y = 9m40$，$z = 6m75$；高 = 1m48，寬 = 98cm，厚 = 37cm。直放上第一層有一洞。下午取墓門墻。墻北有磚三，土甚實，有硃紅，鳥（或鼠）骨，獸骨。墓寬 77cm，高約 1m25。三點一刻在墓門内靠西墻處見綠蓋紅身陶倉一個，三足爲三人形。因妨礙工作，記位置取歸。東墻附近，橫置腿骨一節。下有硃紅，及黃色似皮質者一塊。腿骨下有細骨，後又見頭骨。四點半在正中見黃陶罐一個，取下已碎，内有碎骨甚多。收工時，自墓門向北作 1m20。墓門厚 60cm，左右尚寬，未作出。

溝東壬坑：工人十五。繼續作西北小坑及南擴充坑。西北小坑至兩點，已完全作至底，深 4m90。毫無所見。因東幫尚未見，乃命於東邊再展兩公尺，從上作下。收工時，作深至 80cm。南擴充坑，北部繼續作下，南部又展出若干，以尋昨日所見深色土之各幫。北部於九點半在靠西壁處，見陶器三件。後見南器下更有一器，共四器。北及南下爲大瓮，北更大。中及南上如碗形。將十點，北邊出墻頗整齊。偏東上部有火燒土。中部有一洞通上下，如烟筒，內有炭渣。西北角有方土洞，中有白灰。此時疑非墓，實一人居遺址。後又尋得四角均有類似之方土洞，更確信其爲人居，心中甚喜。乃兩點後，逐漸見人骨！三點半完全現出。係一屈身葬，頭向西。面似向北，頭已壓扁。僅有大骨，小骨已全消滅。骨排列頗怪。下有青灰一層頗厚。作出後，遂停下。向南展者，作深至 2m50。東部土黃，[①]東北部色亦深，無清楚之幫。西部土色仍深，無清楚之幫。至北部之墓則深至 4m75。東洞正支，下午亦稍向東探，似見幫子。

　　堡內坑：工人十二。繼續下作。深至 1m70 時，磚、瓦、石等驟增，土質更鬆，土色更黑。出土者有旂槍頭、漆皮、鐵鏟、鐵鍋殘片、長方鐵片、石斧、鐮刀等。旂槍頭：$x = 1m55$，$y = 5m60$，$z = 1m84$；N40°W，尖向西北。漆皮似一漆器蓋，但不甚清楚；$x = 1m40$，$y = 3m90$，$z = 1m90$。鐵鏟：$x = 1m65$，$y = 3m90$，$z = 1m85$；側立。鐵鍋殘片：$x = 1m58$，$y = 3m80$，$z = 1m80$。長方鐵片：$x = 1m60$，$y = 5m60$，$z = 2m$；長 $= 0m13$，寬 $= 0m65$，厚 $= 0m03$。石斧：$x = 0$，$y = 3m18$，$z = 1m90$。鐮刀：$x = 1m53$，$y = 3m40$，$z = 2m26$。又有鐵釘、鐵箭頭、

①編者注：原於"東部土黃"後衍"東部土黃"四字，其中"東"字係由"南"字改成。

鐵鈎、碎鐵片、殘鐵器、殘鐵筒、蚌殼、瓦陀羅、鐵刀、石煤、陶片、角、磚塊、瓦片、牙、骨、磚器、券磚等。作深自 2m10 至 2m30。

寫家信一封，內有季芳、石頭、糜岐各一通。

廿日，晴。早晨溫度零下五度強。中午零上四度！下午未上工，已聞風聲。下半天總有風自東來。

溝東辛坑：工人八。繼續向內作。並翻坑上西北方土。昨日所見之顱骨，並無他骨與之相連。其標點如下：$x = 77cm$，$y = 49cm$，$z = 0$（原點墓門西下）；頂向南偏東。墓門北約七八十公分，靠西面有碎骨、小塊硃紅及小鐵環一個。上午九點一刻發見五銖錢一個，標點如下：$x = 77cm$，$y = 68cm$，$z = 0$。十點發現與昨日相似之陶倉一個，口緣破下兩塊，口向南稍偏東平放。標點如下：口：$x = 1m10$，$y = 85cm$，$z = 0$；腿：$x = 90cm$，$y = 1m18$，$z = 0$。十點三刻，見四稜細骨針一段，方向南北。$x = -20cm$，$y = 85cm$，$z = -60cm$。下午一點半，距墓門 1m70 中部，發見帶花漆皮，下有黑色布紋。附近有筒瓦半個。二點四十分，墓門內西，發見帶釉黃綠瓶一個，口向北。其下稍偏東有人骨盤。外有鐵釘一個，位置不明。收工時，作至墓門北 1m65，東西 2m30。

溝東壬坑：工人十五。西北小坑東展部向下作。十點北幫已清楚，東幫似見，在東展之中部，遂向下作。收工時已作至底，東幫尚未是。東洞正支，稍作，萬玉往察，言並非幫，遂停下，改作北支。下午在其西壁遇見一墓道之東壁，乃轉向西尋其西壁，至收工時尚未見。深至 7m85。南擴充坑屈身葬墓，命曰第三號墓，下午照像。其南向下作。十點其東北部之深色土，見東、南、西三幫，至此幫則與第三號墓相混。三號墓一部葬於此深色土上，其下甚深,尚屬活土,可證也。此上因有一漢墓道東西橫亙,故界綫不明。四點半,見白灰,與乙坑周墓上之灰相同,確屬一墓,命曰第五號墓,遂暫停止不向下作,深 4m80。其西南壁間之深色土,三點三刻,得一"開皇元年"墓磚,共四行,十八字。下有骨,命曰第四號墓。此墓打破漢墓道,有淤土可證。此部分作深至 2m75。

堡內坑:工人十二。繼續下作。至十一點,各小灰坑已挖出。西邊新出一坑,命之曰庚坑。未分坑前曾出鐵箭頭、銅箭頭、五銖錢、磚塊、瓦片、陶片、石、瓦陀羅、骨、牙、錢。鐵箭頭其一:x = 2m,y = 6m54, z = 2m35;N35°E。銅箭頭:x = 1m17, y = 6m30, z = 2m35;N25°W。鐵箭頭其二:x = 0m79, y = 3m78, z = 2m40;N28°W。鐵箭頭其三(已挖毀,可疑):x = 3m, y = 3m50, z = 2m38;S38°E。戊小坑出有破小瓦罐、磚塊、磚製器、瓦片、陶片、骨、鹿角、瓦鬲足、鐵釘、鐵片、銅絲、石、磨石等。破小瓦罐:x = 2m65, y = 6m50, z = 2m45。庚小坑出有磚塊、瓦片、陶片、磨刀石、石、骨、尖角形鐵、鐵片、鐵釘、牙、錢、蚌片。本坑深 2m40,戊小坑深 0m77,丁小坑深 1m15。

接吳醒民信一封。

二十一日,微陰,後漸晴。有東風。早晨溫度零下三度半。一點零上兩度。

溝東辛坑:工人七。繼續向南作,並翻上面土。發現有券磚(不整)磚塊、冥甕上小碗、銅帶鈎二、鐵刀、五銖錢、貸泉錢、大筒瓦、帶花紋漆皮、努機一、小箭鏃一、小銅器一、黄綠陶蓋一、冥甕一、鐵罐一、石等。因便利工作,取回者,有下列諸器:帶鈎其一:x = 75cm, y = 1m82, z = 0;鈎向西向上,東西平放。其二:x = 1m70, y = 1m88, z = 0;鈎向北,向東,南北側放。努機:x = 1m71,

$y=1m88, z=0$；向東，向南，東西側放。小箭鏃：在帶鈎二之東 7cm。五銖錢。長方形小銅器（在帶鈎二西 10cm）。小銅環（帶 鈎二東 5cm）。筒瓦：北頭：$x = 3cm, y = 1m30, z = 0$；南頭：$x=14cm, y=1m06, z=0$；西北東南，向下平放。筒瓦其二：東北 頭：$x=16cm, y=2m06, z=0$；西南頭：$x=5cm, y=1m94, z=0$；向上 斜放，東北較高。鐵刀：西南頭：$x=1m05, y=1m72, z=0$；東北頭：$x=1m18, y=1m98, z=0$；柄向西南，平放；僅有半截。黃綠陶蓋：$x=54cm, y=1m87, z=0$；倒置，柄破成四塊，但不缺。冥竈碗：$x=60cm, y=1m67, z=0$；覆置，破。四點一刻，見東牆。靠南牆爲墓 之東西小洞。東牆至墓門中間約 1m35。收工時，南北 2m20，東 西 3m10。

溝東壬坑：工人十四。西北小坑繼續作。二點前即見東牆。 四點前後，骨作出，雖碎，尚約略可見。頭向西，屈身葬。然則屈 身葬與東西葬真有不可分離之關係矣！瓦罐北又見一陶盂，陶器 北，又見一瓦罐，上覆一小破盆。南擴充坑第五號墓上有白席灰 一層，下有黑灰，頗厚。出有骨刀一，瓦鬲一，瓦罐一，破漆片一小 堆。作深至 5m10。第三號墓骨塗粉，再照相。因此骨南部在第 五號墓上層，妨工作，取去。第四號墓，下午從上開下，寬一公尺， 作至深 1m90。石灰小坑亦稍爲清理。

堡內坑：工人十二。繼續作。清理庚坑邊時，見其與戊坑之 通門，邊極清楚。丁小坑相連之坑出有磚塊、瓦片、陶片、石、磨刀 石、骨、牙、鐵片、鐵釘、瓦鬲足、錢、瓦陀羅、小圓陶器、瓦器。深至 1m。戊小坑出有磚塊、瓦片、陶片、骨、牙、碎鐵、鐵箭頭、鐵釘、銅 片、錢、石斧（可疑）、骨簪、鼠骨、瓦陀羅、蚌殼、磚瓦。深至 1m27。

庚坑出有磚塊、瓦片、陶片、石、骨、牙、帶釉陶器足、碎鐵、鐵釘、銅片、蚌殼、石珠。深至 1m30。

接教育廳信一封，言收到一仟元，將原收條寄回。寫丙辰信一封。

二十二日，晴。時有微風。早晨溫度零下五度，一點零上四度。

溝東辛坑：工人八。繼續向內作，及上面翻土。上午在墓內靠東洞口發現"祠"字右半之殘瓦當。下有大塊硃紅。墓中部有下牙骨及腿骨一節，肋骨一節，指骨一節，牙一個。其標點如下：下牙骨：$x = 0m45$，$y = 1m56$，$z = 0$；向西南。腿骨在牙骨東北。肋骨：$x = 0m38$，$y = 1m80$，$z = 0$。附近有牙一個，指骨一節。量後取去。此墓自十九日開進，二十日，余觀情形，即恐其爲穹窿廬①，因太費工也，屢次問工人至頂否，彼等答已至頂。余雖因頂不整齊，頗有疑惑，然不疑其有他。今日鍾德昌從東小洞向東作，其頂甚低而頗平，余問其至頂否，彼答至頂。余方疑其何亦如是之低，彼答時，即以鏵叩其頂，聲ㄅㄥ ㄅㄥ然。此時一大塊鬆土，即由德昌頭上落下！幸土鬆，未受傷。稍停，再向上找，始至其頂。遂知墓身亦不至頂。乃命專往上找。上午，作至將高兩公尺許，上頂似向北走，私幸其尚非"蒙古包"！下午在東西略與墓門東邊相當，高低略與墓門齊，距南墙約 2m10 處鬆土中，發現一戈頭之殘勾，蓋此漢人作墓時，破他三代墓所致，並非此墓中物。三點半後，德昌仍從中層向北作，余命其從上部將頂找出，彼略找，則頂

---

①編者注："穹窿廬"，疑"穹窿墓"或"穹廬墓"之誤。

又向上去！然則此果又一穹廬墓矣！遂決定停止下層工，從上開下。時壬坑無多工，乃命悉來翻北邊上層土。又於原坑西北，北2m，西□①處，界出一東西 1m 南北 3m 之小坑，以便明日開下。

溝東壬坑：工人十五。西北小坑繼續作，下午已完全作出。第四號墓繼續作，九點半，已作出，僅餘骨數塊而已。下午照像。第五號墓亦繼續作，上午已作出，骨不可見。對於石灰坑及路下之小坑，上午亦加清理。路已全去掉。其西幫有鬆土，命工人掏作，後有上裂縫，恐出危險，遂停止。下午清理石灰小坑，見其南部有火燒土處成半圓形。有石灰皮界綫，極清楚。下午東洞北支又繼續探其西幫，不久即得。又轉向北探，知其的確爲一漢墓道。因辛坑需人，亦遂停止。

堡内坑：工人十二。繼續作各小坑。丁小坑相連坑，出有磚塊、瓦片、陶片、骨、牙、石、破瓦罐底、鐵釘、鐵片、銅片、錢、殘骨筷、蚌殼。深 1m80。戊小坑出有磚塊、陶片、瓦片、骨、牙、驢蹄子、鹿角、小角、蚌殼、石、磨石、帶綠色之白灰土、銅片、錢、銅絲、鐵釘、鐵片、鐵箭頭、陶器底、木炭、骨器。深 1m80。庚小坑稍向西掏作，發現一破大瓦瓮：$x = \square$②，$y = 4m50$，$z = 1m85$。外出有磚塊、瓦片、陶片、骨、牙、細乳點銅片、鐵釘、錢、鐵片、石、鐵小刀、字紋磚(殘，似一"利"字之殘)。深 1m50。戊小坑在深 1m46 時，中間有白灰一層。

二十三日，有雲。早晨零下五度。一點在零點。

溝東辛坑：工人八。開西北小坑。作至北端深 2m90，南端

2m50。在西南隅深 1m 處,有紅土。偏南,東西墻皆有深色土綫,極清楚,蓋又一墓。

溝東壬坑:工全停。僅剩照像、量尺寸。留一工人幫忙。像今日已照完。尺寸則僅第三、第四、第五三墓已量,餘尚未及。

堡内坑:工人十一。今日將各小坑中間未去完之活土去净。一點半在丁小坑西南邊外,尚未至辛小坑處,發現一長方坑。辛小坑南邊,去其活土,與原坑全通。在戊小坑與丁小坑交界邊去活土,發現小半圓坑,口缺向戊坑。又將甲、乙、丙三小坑中間活土去掉,丙乙通道較前爲大,甲乙通道成平地。甲、乙、丙交界處出有磚塊、瓦片、陶片、石、骨、牙、帶釉陶器足、鐵片、鐵釘、銅箭頭、錢、蚌殼、銅簪。丁、辛交界及辛小坑内出有磚塊、瓦片、陶片、石、骨、磨刀石、角、錢、鐵釘、鐵片、小銅片、紅土、炭、蚌殼等。破大瓦瓮取出,極破碎。量得其腹周,大約爲 2m,全身高大約爲 55cm。

二十四日,有雲,下午漸晴。早晨溫度零下二度,一點零上二度。

溝東辛坑:工人八。繼續下作。東壁至 2m50、西壁至 3m10 處深色土盡。下午四點作至南端四公尺,北端 4m50,轉向東掏作。作深 1m65,尚未見第二穿廬。

溝東壬坑:上午爲第二墓及石灰壁小坑量尺寸。下午王忠義順小坑中間半圓之石灰綫下作,尚有 95mm 深,邊仍有石灰,稍向内坡。下層圓徑 122cm,比上層之 130cm 少 8cm。底東南部仍有石灰,但不似上層之平薄。今日尚用工人一名,工全完畢。

堡内坑:上午工六,後添至八。下午工九。本止擬用四工,余往視察,見上面之熟土尚多,且辛小坑東南象限内一部分,尚壓在南邊磚堆下,乃命添用二人趕作。下午再往,則已添至九人,而辛小坑之東南部分,邊未全找出,工人即欲遷就了事,乃命其再去上面磚,繼續向南找邊。收工時,再往,則差不多已找出,尚有極小一部分壓於磚下,未能作。底熟土尚多。止好暫停。甲小坑延至西壁一道横梁,多係熟土。今日去之,出有磚片、瓦片、陶片、骨、牙、角、石、鐵片、鐵釘、鐵箭頭、銅箭頭、錢、小銅器、瓦陀羅等。辛小坑出有磚塊、瓦片、陶片、骨、角、石、鐵片、鐵釘等。

二十五日,天朗氣清。早晨零下四度弱。

溝東辛坑:工八人。繼續作西北小坑。下作,北端至5m40,即停止,專作南端,收工時至6m05,尚未見第二穹廬!

溝東壬坑:王忠義同工人一,將石灰壁小坑及第三墓,全用土蓋上,免致毁壞。

堡内坑:工人上午九,下午六。將辛小坑露在本坑部分繼續作至底。出有磚塊、瓦片、陶片、骨、牙、角、石、鐵塊、鐵釘、骨筷、錢、銅片、銅絲、驢嘴(帶牙)、瓦器底、泥彈、木炭。深由90cm至1m10。

接到商務印書館來信一封,羅懋德及陝西女子職業教育促進會信各一封。又接季芳電一通,言石頭又轉關節炎及腎臟炎,需用手術,安危難卜,促余速回。接電頗難自持。繼思個人有個人的責任,其存也,盡力給他醫治,其亡也,也只好安時處順而已!殊不必戚戚以逃個人之責任。思至此,漸能自振。晚將此間假期工作,大略商議定妥。樂夫輟天水、清水之行,只在鳳翔、寶鷄附近考察。寫仲侣縣長信一封。定明日歸北平。

四 月

……①高 1m985，寬 0m810，厚 0m177。前殿内梁上粉畫剥落，内露字甚多。用遠鏡細尋，不見年月。然余疑其甚古，因上所載村名，多爲今所無有。如麻田村，今人不知此村名，而宋碑上，屢言"麻田院主"，此詞疑與村名有關係也。獅醒照像畢，本欲留辛毓德在此拓碑，而彼因現在風大不易拓，願隨至磻溪宮先拓後，再來此地拓，亦允之。早餐。出發時，十一點已過。廟院外西南隅，有殿一間，内祀三女神，壁間懸山上，老人老嫗各一。問廟管："此係何神？"答言："此係村中康家女兒，修練成功，遂廟食於此。"此時余意老人老嫗，必係其父母矣。問之廟管，答曰："老姆係地母娘娘，老翁不確知，大約係孔聖！"余觀老人奇醜之像，其言亦似有理！先生有知，亦不自料其廟食於此也！路南有村，曰西半窑，北有村，曰宿家村。〔伐魚。②〕再前，路南，有村曰蔡子。村西有菩薩廟。門前有"學校重地，閑人免進"之虎頭牌示諭！廟東北隅墻外有一短碣，立馬視之，上似刻一小詩，然未下馬詳讀。再前，路南，稍遠，有村，曰王家村。再前，過一村，曰雙堡。再前，原又向北進，路離原不遠。有村，曰新莊子，曰鳳鳴里。路北有稻田。再前，近渭河灘，即見磻溪水，轉南，道旁田邊，多村人植荆棘。馬上一不小心，遂隔韉刺脚背流③血。不遠，即過河西，已望見磻溪宮。道旁見灰坑及紅瓦片。下馬，放馬先行，而馬因曾來數次，遂直前

---

①編者注：原稿此處闕頁。
②編者注：此爲天頭文字。
③編者注："流"，原誤作"留"。

入磻溪宫後門。余等隨之入。廟規模弘廠。房宇整齊。其規模尚較大於金臺觀。瞻仰一過,始覺恍然:余未來時,覺磻溪宫主人,定屬太公望,現始知其與太公無干,主人却係長春真人!其刻《道德經》之經幢,尚有新損毁之痕迹!二元碑均著録於縣志。經幢對面,有一碑,上題"古磻溪"三大字,余因其無聊賴,置不顧。及將去時,見後面有字,往讀之。獅醒言:"此係康熙碑,無大道理。"遂出。余竟終讀,則固一元碑,紀長春真人事頗詳。文前題目,不知爲何人打去。後亦無年號,僅著"著雍涒灘"四字。然"大蒙古國"字樣,儼然題行,其爲元碑,毫無疑義。令辛毓德估用紙多少。不敷,令彼寫信到鳳翔去買,由虢鎮捎來。廟内有小學,教員王姓。令人找廟管來,乃止來一"小夥娃",與之言拓碑須彼借板搭架子各事,彼不甚了了。王君言今晚余當與其父言之,必不誤事。乃重托王君。時天氣甚燥,大約在二十度以上,然飲茶後,仍起程。虢鎮東南渭河上橋,尚未壞,但支流水尚不小。余騎馬隨村人之牽牛者徑過。過河後,到常寧宫,一看所需拓碑。出廟,到廟東,觀今正樂夫所發現灰坑。又到其西之火神廟一觀,豐碑雖多,無必拓之價值。遂出。廟西,堡附近又有灰坑古陶片。亦有灰坑築入堡下者。然余前年過此,亦頗留神,却并無所睹!虢鎮南門,多年封閉,今年始開,足徵時靖。到西關後,尚欲返鬥鷄臺,而因天色已不早,恐至汧河時,已入黄昏,乃行止宿。

　　二十四日,夜中甚暖。早起十四度。啟行前,到玉佛寺,門内閉,無人,獅醒自後逾墻入,開門,乃入。玉佛在後洞中,以白石爲之。頭大,且係已斷粘合者,故獅醒疑頭非屬本身,但全像比例,均不甚佳,故亦頗難言。據同治十二年碑言:"一修於康熙壬戌,見三佛殿額。一修於明萬曆四年,見關帝廟脊記。又寺有鐘鼓,稽其銘,明宏治八年鑄也。"行不快。至沂河,在北岸深流中,由祥祥牽馬渡。餘則馬徑入水負余渡。渡後,未待大衆,即先歸。至寓,十點餘。大衆亦不久即到。午後,稍息,到工上一看,即歸。晚甚困乏,九點餘即寢。下午最高溫度廿六度。今日接到潤章信一封,頡剛寄來《古史辨》第五册,壽伯信一封,中央古物保管委員會信一封。

二十五日,早晨溫度十六度。上午到溝東一看而已。餘時在家補作前數日日記,僅完兩日,已達三千餘字。中午本保同人請本會同人吃飯,席設楊焕章家。菜尚好,主人不坐。晚寫頡剛信一封,齊性一信一封。

二十六日,今日爲本會正式開工一週年紀念,且已工作八日,故休息。惟堡外甲坑因念生恐工作難完,請求工作半日,允之。早起時,太陽尚未出山,溫度十三度。因修理此地東嶽廟內有壁畫殿,邵主席與念生信令其與余商議辦法,乃同子延、念生同進縣城,往估工價。過金陵堡時,同往看堡後灰坑。過金陵川後,轉穿東堡子,看古娑羅泉,訪金臺觀。下至東嶽廟。在殿內看時,獅醒帶王玉林、劉海辰同來。考察結果,子延謂需五百元,整理此殿。如將戲臺上很好而殘缺之天花板取下保存,另換新天花板者,則另需二百幾十元。獅醒留此地,替念生照像,吾等先進城,拜受孫縣長。談次,獅醒亦來。東嶽廟事決定由受孫縣長及念生分函邵主席,報告估價結果,請示辦法。天王村壁畫事,請受孫縣長與本村人商議,設法安門,并於櫼間加鐵絲網,以便保護。宋、明兩碑,移於室內以免風雨剝蝕。至於外邊栱心之小塊佛像及山花上將墜之佛像，則與村人商由本會派人取下以資保護云云。彼允商辦。辭出，到署前小鋪中午餐。在縣署中取到吉如信一封，潤章信一封，甯廳長信一封，大哥信一封。餐時畢讀。餐後念生先歸開工。余與子延、獅醒到城隍廟一游。大門兩旁梁間，各塑有一人爬懸其上。人均帶尾，未知何意。此廟雖屢次來游，而此塑像本次始注意到。獅醒先去，看收拾汽燈，余及子延到西門外一游。時一點餘，天甚熱，想進城找地方歇歇，過照像館門前，疑獅醒在內，入視，果然，乃入內稍息。出，到黨部，因獅醒識其無綫電管理員姚君。適姚君不在，然余等終入內閱報。出，獅醒再往看收拾燈，余等先到東嶽廟休息并等候同行。在門前，遇造林技術員景恩榮君。久候①獅醒，不至，乃同子延上登，過空洞寺，看空洞泉。時渴甚，用手掏泉飲之，甘冽可口。東行，再過古娑羅泉，再飲水。入觀淨土庵。守廟老嫗向余等乞仁丹，告以無有。出廟，復登，尋得泉源，所謂古娑羅泉者，蓋由數泉合成。歸。途中有風，時已四點，已不甚熱。過二十里時，入朝峰寺一觀。過張家村後，則獅醒同海辰尚在一碑樓陰中休息。亦休息片時，同歸。聞今日下午最高溫度達三十二度！晚東風頗大，時起時息。

　　二十七日，起六點餘，十六度。風仍大。約每秒十五公尺上下。下午最高僅二十二度。將晚風息。今日僅上午到工次一看，餘時讀《古史辨》而已。

---

① 編者注："候"，原誤作"行"。

二十八日，起未六點。溫度十三點弱。上午氣不清，下午陰並微雨數點。最高溫度二十二度。仍讀《古史辨》。

二十九日，起六點餘，溫度十五。九點許，微雨，然工仍繼續作。余在溝東，先看填子坑八號墓上坑，已將滿，乃到辛坑、寅坑一看，正與秉琦談話，將十點，而子坑工人奔報，言有工人陷入土中，已陷頂不可出，大驚。細問，始知工人楊豆滿始從坑邊滑入鬆土中，不過沒膝，他與大家均尚嬉笑，不料八號墓身內土尚空，乃變成一旋渦，彼遂慢慢陷入！填坑將滿，人均在坑上，而竟旋入土中，真屬意外事！溝東、堡內、堡外，一切工全停，七手八腳，除土救護，於將十一點，救出。人尚清醒！真屬如天之福！雨雖不大，尚不停。全日溫度不過十五度。時有風自西來。兩點餘，雨止。南山雲白山青，嫩麗異常。晚，天晴，心中甚喜。因此數日內，麥正開花。如連雨數日，麥當減收，放晴數日，豐收已有八分把握也。寫壽白信一封，大哥、二哥信一封。又預備一三百元收條，備明日取款。

三十日，早陰。起時六點餘，溫度只十一度餘。風向西。然仍落雨數點。終亦開工。楊兆璜君即前數日樂夫所見之楊老先生。來談。彼言民國二年時，陳樹藩為旅長時，曾在紙房頭發掘一月，得銅器十九件。縣志止載其一件。其大鼎內有"周茲子作"諸字。又言陽平鎮清末曾出敦三件，有"周茲子作大敦"諸字。又言西關曾出"羽陽千歲"瓦當，完整者二，碎者一大筐云云。彼去後，到工上一巡視。下午閱報，補作游青峰山時日記。十二點溫度最高，達二十度。晚又微雨。

五　月

一日，雨。晚始住。全日溫度總在十度九度之間。補作游青峰山日記，未完。將晚時，東西方雲薄，南山尚完全雲封，風仍自東來。

二日，晴，然多雲。早七點溫度十一度，下午最高達二十度。上午未開工。下午始開。畢作游青峰山日記。寫張扶萬、潤章及家信各一封。

三日，天晴。早晨六點半，溫度十三度半，下午最高達二十六度。因底店有會，無工人。停工。僅堡外坑找得工人三人，連德昌四人，繼續作。同人在坡下渭河支流中浴，水溫三十一度。余則到遠處大河中浴，想溫度當較減也。南山遠山不見。

四日，晴。南山遠山仍不見。早七點，溫度將十五度。下午最高達二十六度。開工。寫潤章信一封，請其買 Laufer 及 Hobson 二氏關於中國陶器之著作。復吉如信一封，澤普信一封。下午有微風自東來。

五日，夜中較前數日夜中溫度高。早七點溫度十七度。上午有雲。下午最高溫度二十五度。下午一點許，陰頗甚，并霏霧絲數點。後轉晴。四點餘，聞雷聲，爲今年之第一次。時有微風自東來。今日溝東填坑。堡內亦一部分填坑，惟堡外繼續作。

六日，夜中較涼。將七點溫度十三度。下午達二十五度。微風方向轉西。獅醒進城，見縣長，接洽到天王村取壁畫事。并同縣長決定八日同游大散關。會中往者，余及樂夫、秉琦三人。在縣署取齊。辛毓德回。岫法師龕銘，找出拓來。餘應拓者，亦全拓出。但份數之多少，頗不合。接到中孚信一封，省耕信一封。寫壽白信一封，受孫縣長取款信一封。決定明日，除堡外坑，一切全停。

七日，將七點，溫度十四度，下午達二十五度弱。上午同樂夫、萬玉、楊保長等，到堡中及溝東，步量所徵用田畝，及估填坑應用工役，以便發價。獅醒往天王村。今日天氣不清，微風仍從西來。

八日，早六點十五度。同樂夫、秉琦出外考查。目的地爲大散關、和尚原、鷄峰諸地，馬一，驢三。外有三工人隨往。六點半後出發。因馬尚未來，遂先與秉琦前行，後馬雖追上，然余等直走至金陵川渡河處，始乘騎。到縣署，用早餐。九點半後始動身。受孫縣長亦騎馬。然大家步行，直至渭河，始騎。過河，一村曰十家營。再前，一村，曰二里半。路西有村，曰楊家場，曰劉家槽，靠原，曰羅家村。原上有廟，有樹，聞屬劉家槽。再前，路西村，曰三家鋪。道右有乾隆元年所立迎仙渠碑。道東，村曰厶川尢家莊。再前，曰任家灣。再前，河東有村，曰茹家莊。未至村，路已漸入谷，但谷尚寬。再前，抵益門鎮。鎮在清姜河左右。河東爲益門鎮村，西爲益門鎮“市”。平日水行石中，雖勢頗汹涌，水量亦不小，而涉石尚不難渡。夏秋山洪暴發，兩岸即成咫尺天涯。溺尸者時有所聞。雖屢次修橋，而持久極難。前由華洋義賑會修建五孔石橋。將畢工之時，而山洪又來，又一掃而空。後又募款，重行設計，始成今橋。橋一孔，向北題“未雲何龍”四字。然聞受孫縣長言，橋基仍不甚堅固，足徵建橋之難。河邊樹木甚茂，壘石成岸,風景佳勝。扼散關入口處,兩岸山勢雄偉,河谷寬廠,形勢亦極壯闊。道旁有關帝廟,內有大王廟,據□□□□年①碑,謂大王即吳氏兄弟,因守土有功,故廟食於斯。然廟中實有三神像,豈下首黑面者爲楊政歟?益門橋畔,有西漢路工程處。余同受孫縣長入內稍息。據一劉君言,現在農事已忙,民夫已不甚易徵,今年并無通車希望云云。因謀今晚止宿於此,遂將馱行李之驢留於村店中。大家稍休息,即又前行。路旁西山根。河東有村,曰桑園。再前,有村,曰大宛鋪。過益門鎮後,村頗稀。再前,曰胡家灣。過灣,谷漸狹。西漢路原在河東,由此轉河西,時見民夫工作。再前,曰三宛鋪。再前,曰楊家灣。時山已多樹,但無大者。河旁大核桃樹頗多。過村,路轉出河東,公路仍在西。再前,曰鷄婆溝。再前,曰偏橋。再前,曰枝溝。面前,有峰阻路。公路入右叉,人行路入左叉。未遠,路轉河西,又轉回,亦入右叉。路甚狹,時見工人鑿石開路。“金石”之聲,鏗鏘相和。蓋因用火藥炸石前,須先鑿石眼也。雖有炸藥之助力,而人工之艱苦,已令人深深感到。太白“地坼山崩壯士死,然後天梯石棧相鈎連”之句,實屬奇偉而精確。未遠,即至二里關,有商鋪。有甲長來迎縣長,縣長命之引往大散關。本地人知大散關名,遠處人,僅知關嶺子而已。過二里關,騎已不易,遂下。路亦屬石鋪成,但損壞已多。然即此,亦感到人力渺小而仍力奪天工也。約二里,即至關。關有石門,現已傾欹。有一清碑,已不可讀。有余生年,陝撫葉伯英所題“陝南天險”四大字,大約原鑲關墻上,現止“南”字尚立,餘字已倒地

---

①編者注:原於“年”前空闕約四字。

破爛。又有嘉慶丁丑中州周賡所書"古大散關"四字。村人之知有大散關，或即賴此。秉琦拍照。稍息，即返。問和尚原之名，無人能知。問："這附近有原没有？"答："近處全是山，ㄚㄜㄚ有原？"余等亦以爲守大散關，當守益門鎮附近。如至此，則散關之險已全失，實大遠情理。和尚原當在山入口處，似無疑義。返到二里關，出所帶雞蛋并購物食之。至益門鎮，天已黄昏。縣長來言店中太壞，已借得藥鋪中宿處，地在河東，請同往。遂隨之去。至則門卑炕狹，悶熱不堪，出門見戲樓上甚爽廠，即命掃土展行李，余等三人遂高卧於上。時月色頗佳，風速大約過八米。然無涼意。溫度表指二十三度。就小溪中濯足暢快無比。然余過益門橋時，對於碑上關係歷史部份未抄録，擬回時補抄。在村店中，見柱子貼有黄紙印符畫之屬，上題"疺馬瘟"三字，余疑此即《西游記》上"弼馬温"之前身，惜當時未觀其畫，擬歸補觀，現亦未能作，亦一憾也。

　　九日，天明即醒，五點，溫度尚在十九度。起到河中洗臉。吃早飯。昨晚打聽和尚原，有人言在瓦峪寺上面。及詳問，始知係馮家原，至和尚原則無人知。乃決定往姜城堡，問徐老先生。步行往。見後，問之，彼答：聞從麥劍溝入，即可達到。問：麥劍溝在清姜河東乎？西乎？答：在西。問：據理，和尚原似不當在河西。彼亦無詞。彼又言：有雲蓋寺，當在彼間。溫團長之太夫人，在彼間頗有功德，故溫團長對於彼間地理甚熟，一問即知云云。而溫則住二里半，離此間甚近，乃別徐老，往尋溫。據溫言，對於彼間地理甚熟，獨不識和尚原名。聞言，爲之索然。止好辭出，別縣長，往瓦峪寺。先過神農廟一觀。始登原。余疑馮家原或爲宋方山原之音訛，而方山原似離和尚原不遠，且原上聞有諸葛槽、諸葛山，亦或有歷史上之價值，故往觀。南走三四里，有一村，即名馮家原。村內有菩薩廟，往視，則有道光廿八年焚帛爐，咸豐元年碑。據碑，則馮家甚多，明朝有馮尚書。然則此果馮家原矣！村南有二小土山：西名董家山，東名諸葛山，中即諸葛槽。時已過年，天氣甚熱，且已飢，然猶豫後，仍前往。不遠即至。登諸葛山，實一小原，董家山亦同。原頂南北長，面積不小。上層頗有瓦片，然不似漢唐物。是否宋人所留遺，殊未可知。用遠鏡向西南一望，高下起伏，歷歷在目。亦時有高平堪屯兵處。我先民爲我全族之生存，喋血拚死之處，定在此間，惜未能實指其地耳。時甚疲熱，故大略一觀，即下。從東方下原，至河畔稍息。如過河，登原，即屬黃蘆原。前聞人言，係古代曾經設縣處，本擬登視，而此時約兩點餘，既飢且熱，——河水清冷可飲，不患渴也。——實無再登之勇氣，乃效狐狸嫌蒲桃之語調以自解嘲曰：此原望之似甚狹小，無置縣之餘地，可勿登也。乃循河西岸走。下原處，曰高家灣。再前，曰劉家河灣。原上，即剛才所入之菩薩廟。有井，原上人下汲於此。再前，河東小村，曰三家河。不久，即出谷，過瓦峪寺廟前。轉東，至石壩河。休息，吃飯。飯鋪掌櫃有娃，約十歲許，尚未穿褲子，即令其擔水！勸之斥之，彼只微笑！秉琦罵其沒人味，余言使余爲縣長，必責其手心二十下。彼仍嬉皮笑臉！去後，始聞工人言，此娃爲彼所要來之娃，非親生也！再東，相家莊，党家村，均在路南。党家村北有菩薩廟，內有康熙乙巳焚帛石盆。再前，過石嘴頭之茵香河，道始轉南入谷。河畔粉紅刺梅，秀色悅目。過一村，曰周公店。再前，曰廟溝。時天已將晚，工人擬宿苟家灘廟上，聞離此只有四五里。然余見路東有廟，甚整齊，廟後幼柏甚多，乃決定入廟借宿。廟曰净身寺。寺西向。門前有老楊，可合三四抱，數百年古物也。雖中空，尚甚茂。入門時，門内出人頗多，似開會散者。見余等甚恭。後知彼等疑余輩爲查學者，故出迎。至其聚集，則因山上樹，多被人偷，將集議辦法，聞余等至，乃中止。彼輩詳問，知余等爲游山玩景者，然仍招待甚殷。廟中有學校，共四五十娃。先生張姓。院中頗植花木。有萬曆十九年鐘。學校在前殿，無神像。余輩即宿後殿中。每過教室，碎娃均起立，頗滋余等不安。然又無他路可走。廟後靠岩，有石洞，顏曰"千佛洞"，然尚無佛像，正議塑建。洞上有頂，外觀若兩層，後尚有一壁，均素石灰新抹，故余等自遠即見之。實則内僅一洞，無層出。余等晚餐由數家供給。晚九點許，溫度二十二度半。

十日，早十八度半。因河西有一天主堂，因涉河往參觀。至則門閉，亦無人門者。鄰人一家，窺其門，則有一幼女出。問有人看門否，不答而去。未幾有一婦人出，問之，則曰無人。見坡下有男子，欲問之，則彼已入室去。而出婦人幼女之門中又出一男子。問堂中有人否？答言無人。人到ㄚㄊㄚ去了？答：在寶鷄南關。——啥時候來？——每年來一兩次。——你是教友不是？——是的。——ㄘㄛㄊㄚ有幾家教友？——止有我一家。——附近通同有幾家？——有六七家。——每禮拜來ㄘㄛㄊㄚ做禮拜不來？——大家住的太遠，并不來。——堂是哪一年立的？——民國七年。——傳教的是中國人是外國人？——是中國人。——寶鷄南關有外國人没有？——没有。——你能開開門，讓我看看不能？以後無論何説，此君均笑而不答。乃歸。早餐後，留國幣一元，辭不受。教以用此一元買土墼將老楊樹中空處封起以免腐爛。前行，三二里，即至苟家灘。有廟，前有閣。廟爲三清宮，内有道光二十九年磬。然尚有雍正年舊匾，則廟之建已頗古。在此稍息，雇三人背行李上山。鷄峰廟中廟管亦同往。苟家灘以前，地均種植。廟溝一帶，地似頗饒沃。過苟家灘後，則種地亦甚少，山谷漸狹。未幾，兩岸石崖斗峻如束。中有瀑布高四五尺，頗爲壯觀。秉琦因留拍照。照畢，前進時，牲口不容易走，即歸苟家灘廟中，步行前進。未幾，左岸有石，如斷如立，問廟管何名，答言無名，乃錫之名以助記憶。此地名之曰青石斷崖。再前，石如階如梯，上流小瀑，名之曰階瀑。再前，左崖大石險怪，名之曰煉魔崖。再前，有光石甚大，上流小瀑，石上有紋如鷄，原名洋石板，嫌其不雅，易之曰石鷄瀑。石上有"散岔山地界"刻文："東止黑溝，西止紅崖梁，南[①]止高馬頭，北止叉板石。"後有涼泉鄉保數人名。所謂"叉板石"，亦即此地，因石上亦有紋如叉也。再前，名之曰小階瀑。再前，疊石巉岩，名之曰疊崖。再前，即散岔之湯房，爲朝山者飲湯之所。路右有破廟。廟内由右厢轉出，有椿樹一株。下有小方池，池[②]有石板橋。據言天旱，將此池水淘乾則雨。橋後有石製小廟，廟内無神像，據言由他處演劇迎去，尚未送還云。廟北東有鐵鞭，插於石中。鞭柄頭四稜，刻"黑虎元帥"四字。柄有字四行：一"嘉慶四年"，二"涼泉一會弟子"，三"同鑄"，四"匠人符守"。鞭在石外長 1m05。稍休息，再前，路稍離水，依東坡上行。西坡樵夫正在工作。名之曰

---

① 編者注："南"，原誤作"高"。
② 編者注：原於"池"後衍一"池"字。

問樵處。再上，即由盤道登山。盤長短不一，約計得九。路多麻石所變細砂，稍一不慎，即下滑下。樵夫斷盤道將柴滑下，此節遂成砂瀑。行經瀑時，備極艱辛。名之曰九迴腸。過此段，路稍平，約向南行，原名雪嶺上。再前轉右石徑，原名石炕上。對面懸崖壁立，名之曰雪崖。再前，有數段極似華山之蒼龍嶺，但每段却較短，路更窄，因其如橋，名之曰青龍橋。工人言，此天然橋。細思之，天然橋之名，勝於青龍橋矣。再前，名之曰羊腸道。山稍轉右，原名大拐子。因其爲鷄峰之外屏，名之曰外屏山。再上，原名高馬頭。再前，路右有小池，原名米湯池。據言某年修廟鑄鐘，工人運鐘上山，憊而休息於此，娘娘乃運大神力，鐘遂飛上山廟。工人聞廟上鳴鐘，始行驚醒。道旁池中有米湯，堪禦飢渴，遂共取飲。因名此地以彰神休。再前，有石，原名紗帽石，象形也。此段道右，形勢奔放，名之曰奔馬嶺。自句家灘至散岔，山樹因樵蘇之煩，數目太少。散岔至奔馬嶺，數目繁多，但少大者。過此，可云始入鷄峰自身，林深箐密。對岸崖石削成，樹木繚繞，雄偉秀麗，而蒙木交橫，無法照像，戲名之曰氣死照像處。名對面石，曰七寶蓮臺。路轉西，路左有泉，原名池灣裏。時天熱，行人均渴甚，得此甘泉，清涼入人肺腑。再進不遠，巨石奇偉，令人神肅，名之曰巨石崖。再進，巨石如削，中闕若門，名之曰斧闢石門。路從石門北過，轉東，北望，則奇峰展開，如削如壁。氣象萬千，莫可方物。石縫突出青松，未審取養料何所。極雄極偉，令人驚嘆觀止。余嘗謂太華山匪甚高，而岩石之奇麗，無山可比。然由鷄峰此段比之，有過之，無弗及也。路稍下，依岩石前進。岩邊有一池，廟中所食，均此石中水。過一石縫，原名石門關。過關木橋依壁以建。

上高數百仞,下深數十仞,而此橋僅由木板多條鋪成,并未上釘。人行其上,履此端則彼端振動。壁無巨鏈,無物把捉。僅得扶摩,稍減慄懼。長兩三丈。常言危橋,惟有此橋,乃真不負此名! 名之曰游仙橋。過橋,不遠,即至廟。聞前此匪人蟠據此廟,拉票勒贖,夜撤此橋,即可酣眠,亦不虞"票"之飛逸也! 至廟休息。廟管已預備熱茶及煮玉米尸儿帶江豆。飲茶後,將"玉江粥"吃兩碗,飢渴全住。廟之地勢頗逼仄。建築雅俗參半。但廟管非人,將屋子弄得甚髒,氣味甚惡,大爲名山之玷。僅有二碑:一康熙丁丑鐵碑,係知縣祝軒齡撰文,内謂:"邑之好義者,與羽流何復亨募化十方,斬棘鑿石,志苦行堅者,已六歷年所矣。"據此文,則康熙年前,是否有廟,亦殊成問題也。碑陰有詩多首,可觀者甚少。一康熙五十二年碑,字已模糊,然尚可辨認。文頗可笑:内有言"周時有雞鳴焉,則聲聞數十里(!)。北有苑川縣,土人築臺而祀之(!)"。壁上題詩甚多,無足讀者。廟尚未至山巔,休息後,仍鼓勇前進。未遠,路即不明。石縫間似路,其坡度大約在六七十度之間,亂石鬆土,縱橫道周。已上一小節,疑其不似路,四顧,則見右首似有小徑可通。乃復下,由右路進。未遠,再右石上有鐵鞭矗立,即俗所傳之敬德鐵鞭者。石徑極難上,鞭上有字,然余等一至此石側,即目眩神搖,更不敢言登。有工人極勇,登上,手攀鞭,旋轉一周,然彼等未能識字。以遠鏡望之,尚能辨識"家堡"二字。餘不可識。後聞廟管言,老鞭被一瘋人拔下,擲斷,此鞭則爲光緒年所換。路左有小廟,過廟,則路已窮,不可復通。復下,遙呼聞廟管,廟管言從前路直上即是。乃復攀援前路而上,約十數丈,抵數大石,路應從石縫進,而縫間有大石間之,上下均不可過。工人奮勇先登越過一人，初擬將此石推下，而夾甚堅，不可動。遂握石攀登。秉琦猶豫，囑其不必勉強，彼遂留石下。過石，有洞。下有一木梯，有級已壞，然尚可登。梯盡，有一鐵鏈，比華山之鏈細一倍有餘。洞直立，數不規則之大石填塞。石上鑿有脚窩，深不過二寸。鏈長丈餘。大家頗猶豫，樂夫奮勇先登，言上有路可通，遂繼續上。上後，路與下節相似。但下節尚屬土石，雖難走，不滑。上節落葉甚厚，一不小心，即滑下。下節則用"三足"，即可勉強；上節則非用"四支脚"，簡直無法進行！四體并用，備極艱辛。前進有一溝，溝上二三橫木爲橋。此次非過橋，乃攀橋爬橋也！過橋不遠，有一石坡，凡來此者，均置柴一根以爲紀念。余亦置一根。此地之柴，共有數十百根。然則此地人迹，固尚衆多也。又攀援移時，得地小平。吾輩從南來，至此得見東北各坡。尚未至巓，而懸崖仍壁立，攀緣路絶。遍尋不得，而天色已將晚，只好下來。走此類險路，下時比上時尤爲艱辛，常登山者，均能知之，無待煩言。下至大石處，則秉琦尚俟大石側，遂同下。問廟管，則言離頂已不遠。山上共有鐵鏈四處：一處已壞。余等只過一處，餘二處均找不出，宜未能至頂。甚悔不令彼引道，致未能竿頭進步。然天下事均難圓滿，留此有餘以俟後來，亦未始非一佳事。晚餐後早寢。月色頗佳。晚溫度十八度半。

　　十一日，夜中風甚惡。速度每秒約在二十五公尺以上。將明，風止。早晨溫度十四度。山中有霧。近山變成遠峰蒼茫矣。廟中有娘娘閣，頗多神話。據言前匪人曾在其中拷打肉票逼錢，娘娘即附匪連長身，巨聲禁止拷打。今早余等登山，樂夫見有簽筒，隨便抽一簽。文曰："無故抽簽，心懷奸詐。罰表二合，下山去罷！"因有此巧合，爲之大笑。由於此類偶然應驗，遽信神道固屬一大傻子。然此等小小玩笑，開的尚頗不惡。早餐後，即起程下山。沿途照相留戀，走的甚慢。至苟家灘廟中時，則在净身寺所見之支□①二人均在此，頗覺詫異。問之，則言在此迎候余輩，更爲奇怪。漸漸談去，始知二人之迎候，乃係攔路告狀者！余等無官守，出來游山玩景，乃竟有托余等鳴冤者！告以"耕當問奴，織當問婢"。告狀聲冤，當向縣長，非余等責。彼等猶嘵嘵不已。大約彼等二人，係甲長，與保長因公款糾纏不清。出入款目，相差至千餘元。告狀不准，乃請余向縣長説項。告以此類賬目事情，余個人即鬧不清楚，何能代説話？如果我能鬧清楚，我也去作縣長，不在此游山玩景了。因爲不會把賬目弄清楚，所以止會游山玩景，不會作縣長。現在想找我想出辦法，實在毫無辦法也。在彼處吃飯後，即歸。石嘴頭之橋已壞，在其較上游乘船渡河。過河後，任老馬所之，彼自能馱余歸來。過東陵上村，此村雖離工次甚近，而余過之，尚屬第一次。抵寓，尚不晚。余等此四日之旅行，賞玩風景，異常高興，而調查古迹，可云毫無所得。本擬計畫，後因身體困乏，亦無法實行，殊覺耿耿。惟鷄峰壯美，堪與太華爭雄，或可解嘲爲此次之最大收穫乎！接伯恭信一封。

十二日，早晨十八度，下午達二十三度。天多雲，有微風。上午李紫垣來談。即在此午餐。彼言陽平鎮東之魏王墳，有人言爲曹操墳，有人言爲楊修墳，有人言爲李密墳，均無證據。惟附近楊姓，仍歲時上墳，但言屬其家之姑父，至其姑父何姓，則亦未知，云

---

①編者注：原於"支"後空闕一字。

云。又言和尚原在益門鎮正南。大宛鋪有一張先生，曾親往。其地較附近高，小平可屯兵。插旗大石猶在云云。下午定堡外坑地價。補作日記。晚微雨數點。

十三日，早晨十六度。終日有雲，但有西風頗微。同子延到靈泉寺，商議移金大定碣事。始議移之於正殿檐下，西墻不堅，擬移之於東墻間。但東墻上有"乾隆五十七年定言"，下大約關係於廟中地畝事。淡墨模糊，但約略可見。楊煥章來，言此糊塗之字，頗有關係，不如從原處砌一小墻，以免兒童進去毀壞。議尚可行，乃允之。乃用發掘所得磚，運去砌墻。中留一段空花，使可望而不可即。寫信與受孫縣長，請再借伍佰伍拾元。并問東嶽廟戲臺上之天花板，是否已取下。派獅醒往問，并往東嶽廟，看後殿壁畫果否佳勝。下午獅醒回，言縣長往虢鎮，并往天王村，未還。款如數取回。東嶽廟後殿之壁畫不佳，其天花板尚未取下。并帶回考古會信一封，言下月二日在西安開委員會。財政廳信一封，內附本院信一封，係由本院寄來五百元，寄來收條，以便清理手續。壽伯復信一封。寶雞縣政府公函一封，言省政府對修理東嶽廟事，已批回，略言麥後將繼續捐款。至天花板取下，是否合於保存原意，須與考古會商酌辦理。因此特來函徵取意見。華洋義賑會請聽講演帖一套。

十四日，早晨十二度半。寫扶萬信一封，潤章信一封，由樂夫草復寶雞縣政府信一封，答復東嶽廟天花板事。復甯廳長信一封。將晚考古會勤務福得來，言汽車已來，但阻汧水未能進。接扶萬信一封。寫信與何縣長，請其代找大車十五輛，以便將採集品運至河上。派獅醒持函往接洽。晚，獅醒回，言明早車即可來。

十五日，早起，將行李全檢點好，兩車仍未來。① 以後遲之又久，陸續來車七輛。又在門外截雇過車□②輛，始克成行。余步行到汧河。過河後，已兩點多鐘，未等完全裝汽車，即辭衆人，與秉琦、鳳山乘車東行。至虢鎮，天氣尚早，但恐黃昏時，趕不到陽平鎮，遂止宿。稍休息，同秉琦進堡一游。至城隍廟門口，遇何縣長之護兵，邀入廟，則何縣長新自陽平鎮歸，止宿於此。立談數語辭別，到廟中瞻仰。讀碑，知此廟神，有虢叔、紀信二説，而碑中則主張後説，故此廟中對聯，均切紀公立言，此則爲余上次游時所未留意。歸店後，受孫縣長來談，言寶鷄患支應牲口。本年數月内，支應牲口過二千匹，民間賠累，不下十萬，希望余見邵主席時，乘間一言，尋出一與鄰縣平均負擔方法。余允之。今日余等所乘車，係由十里鋪雇來。樂夫與之言明送至郿縣，以三日計算，每日兩元八角。余未之允，告以發官價。路上，彼露索四日價意，且彼到虢鎮後，即與別車夫商議換車，乃決定另雇車，與以兩三塊錢，斥之歸。

十六日，與舊車夫兩元八角，令其歸。彼仍嘵嘵不已，然彼拉三十餘里，得此數，可爲已豐，乃斥之去。新車夫問走南路走北路，問其南北路何異，彼答北路走五丈原等等，乃決定走北路。走後，始知彼并不識途，僅道聽而途説之。路初出堡北，過數村，見烟花淡紅，美麗異常，秉琦乃下照一相。據鄉人言：前數日大風，烟受損失不小。再前，路仍經古活廟前，則仍與前數日所行路合。諦視廟額，似係古話廟，非"活"字。然亦終未下視其所祀何神。

---

① 編者注：原稿此處有近一行字被作者用墨筆塗去。
② 編者注：原於"車"後空闕約一字。

過景家莊,路北有灰土古陶片。駕車之騾,年高德邵,雖車夫力加鞭笞,而仍雍容雅步!至陽平鎮時,即將打尖,問知蔡家坡離此僅二十里,乃催其前行。前十里,有大村,忘其名。路北有廟,入觀,則係楊氏宗祠。問知楊氏係此間大族。又問以魏王墳離此間遠否?答言不遠。問此係何魏王?答言相傳爲李密,未知是否。問:有人言此間楊家以歲時上魏王墳,信否?答言,楊家老墳,在此墳附近;歲時所上者,爲自己老墳,與魏王無干也。再前,出寶雞,入岐山界。時過午已久,大衆已飢,路旁有賣食物者,但因離蔡家坡不遠,仍前行。乃遲之又久,終不至,而途又已窮。問人,始知蔡家坡已留在西北方。前途有村名桃園,有店,有賣食物者。車乃轉向北行,轍不清楚,加之以飢疲之老騾,憊可知也!問人,人言桃園離此五六里。前進數里,又問人,則言離此十四五里!然終至桃園。村有一堡,不甚整齊。内有十數家。然有旅店一家,問知去郿縣尚遠,遂止宿。大屋内間宿人,外間喂馬。問知五丈原離此間不遠,但在渭水南,須渡河始可到。車由此去,當向西南行。店主人姓王,家尚豐裕。其子吸鴉片烟。令其打熱水,彼即藉故推托,終索洋二毛去。

　　十七日,早晨店主東之大烟鬼,對我們說,上五丈原,從龍灣過河,須轉回西走二十里許;又此刻人忙,過一輛車,給他兩三塊錢,恐怕他們還不高興,又向前不遠,車即不能行走,云云。我知道烟鬼的話,從來靠不住,命車向西去。適有一童,正向龍灣附近,乃隨之行。大約走七八里,車已直達龍灣!過河,給船錢一元,船家已異常高興!過龍灣村,路仍向西南行。道旁時有小河。未幾,至一村,名化家寨。路北有一廟,入觀,内有修理斜渠碑記。

蓋此間水即斜谷水,故名斜渠。欲出日記本記下,始悉日記本於渡河時遺失,心中甚爲不喜。村中僅有賣涼粉者,止好吃一碗。從村西出,未幾即遇一石灘河,灘甚廣,車不能行,遂止於此。余及秉琦繼續前行。過河行四五里,至原根,有一大村,村名忘之。有家廟多處,則此村似多望族。拐角處,有灰土老陶片,匆匆未及尋其範圍。登原,諸葛武侯廟在焉。廟新修理,尚整齊。名人題詩刻石頗多。尋道士,找茶吃,道房内出一青年,問余等何來,答言自寶雞來,爲陝西考古會。彼言君等當係隨徐先生工作者,余答:余即姓徐。轉問姓名籍貫,始知係南陽縣人前在河南大學畢業,現在此間辦理農村合作事業者。談次,余等得茶,即出所帶乾饅頭食之。食後,余等又到廟中照像,讀碑。購岳書《出師表》拓本二份。臨原北望,濱渭平原尚廣,稻田不少。下原歸至化家寨,道旁有木匠鋪,爲他人預備稻飯正熟,余等即取食之。食畢,上車東行。入郿縣境,路南有大冢三四,往觀,似非墳墓。問土人,據言係當日諸葛武侯用兵糧乏,懼爲敵所知,乃封土爲冢,上蓋糧一層,引鳥雀下食以欺敵,此爲其遺址。又進,至韓家村頭,則灰土舊陶片,迤邐極多,且有完整之石器。再前,不遠抵郿縣城。城不大。店在東關,不大能住,乃出找可住處。見一太白廟,入觀,則有房三間,頗新,外有一架葡萄,遂向道士借宿。得允許,即將行李搬來。内有一道士,王姓,亦南陽縣人。彼前在軍界辦筆墨,去年始出家。住太白山大太白池,新自山上下來。據言今年雪特別大,路尚未開。彼從山下,共走五天,備嘗險阻云云。余前尚欲偷空游太白,聞言,爲之爽然。今日將到郿縣城時,車繞行紅崖頭,鳳山在那裏也找出不少的灰土坑和古陶片。晚月色頗佳,天氣頗寒,溫度十二度。

十八日,今早十二度半。盥洗後,同秉琦往縣政府。據說縣長病不能見,命科長王君代見。吾等言并無別事,只有借縣志一看及請代雇牲口二事。彼允代辦,即將縣志借來翻閱。又同出,到東隔壁之東嶽廟,廟已大部拆毁。惟縣志中所録從縣署移來之金大安鐘猶在。但年月僅存"安"字下之"女"字,"歲次庚午"則尚顯著。其人名則多稱幾郎。其一部分廟則垣墉頗高,牆上樹荆棘,幾若監獄。門閉。叩其門,未幾,即有一六七歲之碎娃應聲。呼其開門,答:"我去對我父親說。"以後,仍聽碎娃與大人說話,惡犬汪汪,而門堅不開。余疾擊其門,又大聲以呼,良久,始有一老婦來開門。余斥之,據答爲内有一學校,正殿鑰匙爲先生拿去,云云。由窗窺其殿,内無神像,果似學校。其後尚有一殿,據言有神像,但不得過。然則碎娃口中之"父親"字樣,及言語,或即爲此先生所口授者矣。廟東隔壁,曰文昌宮,現由渭惠渠辦公處修理,已改辦公處。再東隔壁爲關帝廟,内設小學。後殿神像前,有關岳神牌,裕昌王神牌。出廟,入城,出南門。門西不遠有廟曰天佛寺。原廟在西院,已全毁。現廟規模不大,老道人正在督人種地。過廳中,有石蓮坐,當係隋唐舊物。廳西有"元和十一年"經幢,"歲次景申五月景寅朔,十七日壬午建"。依干支推之,"景"即"丙"也。此年月之前數行空處,文有"咸通九年歲次戊子九月——",審其字體,似係後刻。書幢人名,似係"步佐元"。草草一讀,其序言與普通譯經本,文字有不同處。老道士岳姓,此附近人。前曾在新疆塞里河音如此。作把總,守邊界。——地據其所言,大約屬葉爾羌。——彼曾娶纏婦,生子。民國後,隻身歸,遂出家。現其侄隨侍之。天佛寺前有磚塔，七級，不完整。無字，不知何年建。寺東南，又有太白廟，規模較大。內有康熙四年祈雨豐碑。又有道光十八年重修太尉廟等碑。太尉者，巡山大尉也。再入城到縣署，爲署中唐槐照像。槐中空，僅剩老皮之一小部分，下用磚支持之，而生意盎然，情態如畫。見王科長，問其是否知渭北岸漢郿縣舊址之所在。彼又問他人，知地名白家村。又請其找驢三，彼允立時派人往找。歸，吃飯後，稍息。溫度達二十七度餘。三點後驢仍不來，乃仍同出往紅崖頭。從東門外靠城北行。至原邊，名北崖下。折西行。村西端有灰土古陶片。再西，過侯家莊。時天將晚，行頗疾。未幾，至紅崖頭。其南坡曰棗坡。稍西，溝中有地方頗大，古陶片不少。時已將黃昏，即歸。城門已閉，過北城壕。至廟，天已定黑。問鳳山，其所見灰坑，在紅崖頭之東坡，非余等今日所見也。晚十四度。早起時微陰，終日晴。上午西風頗微，下午止。晚月光極佳。

　　十九日，晨起不及十二度。驢來，即動身往白家村。出東關，向東北行，約二三里，至渡口。渡口附近，有本年新造之保護林。在渡口候頗久。過時，在船上，船人與行人爭執船錢不已。至對余等，則俟余等下船後，"請委員賞幾個饃錢"而已，不敢爭也！過齊家村及和齒（音如此）二村。問路人，此附近有老城否？答言，"有，此東南即是，內有夜堂"。問其夜堂何意，彼亦說不清楚。知其誤會，然姑一往尋。至則一舊堡，有南門。問居民，則言內爲清香堂。因入觀堂。堂爲一大屋，中供神畫像。神頗雜亂。實爲一"吃齋念善"之團體。余等坐間，即見一老婦入禮神默念。堂實名大慶堂。大約清香爲一公名，凡吃齋者稱之。或尚有禮神而不吃齋之團體，則不得稱此名也。案上有一書，曰《如見道心》，内羅列堂名頗多，但大慶堂則尚未見著録。吾國人好結秘密社會，禮神總爲内之一重要事情。人少時，未必即有何惡意。至人多，亦未必不作無意識及犯刑科之事，無知識人之團體大抵然也！堡外亦稍有漢瓦片。出堡，向東，未幾轉北，見斷崖中有漢層。再北，至白家村，亦有一堡。堡東壕中，灰土及古陶片甚多。轉入北壕，仍極多。堡西北有一小廟，顔曰西仙堂，供一女神像。揣其姿態，或係一狐仙也！時頗熱，因在室間稍歇凉。村人頗拿來些出土瓦罐及破銅鏡之屬，均未購成。大約此地爲一新石器時代末期遺址。地址頗大，今堡均包於其内。漢晉期内，亦尚不少人居。今日爲尋漢舊城而竟得一石器時代遺址，喜出望外。到村西之青龍宫稍息。命廟管煮開水，取所帶之鍋盔，食之。時天氣正熱，因到殿中休息一鐘餘。正殿祀關帝，有文武二像并列。殿中有織席者。外有嘉慶廿四年各碑。熱氣稍過，即上驢歸。西行多稻田。歸時不循來時路也。今日之驢，均係老驢。一驢腹中有駒，即近生産。餘二驢已老至不能生産。實不能走快，亦不忍令其走快。問趕驢碎娃，據言荒年後，鄉間牲口甚少。縣中往要牲口，又爲差役開一生財之道。故好驢本不多，而來者亦絶不能有好驢！似此則明日之行，牲口尚有問題，極爲躊躇。歸後，則老騾之主人又來，此時得老騾之車，又覺喜出望外！遂定以車行。付驢主人各五六毛錢，彼等歡騰而歸！晚十九度。在月下與同鄉道士談頗久。所住太白廟内，有道光十四年殉難士民三十八名碑，未記所殉何難。鄜縣城附近烟田頗少；渭河北較多。

　　二十日，日未出時溫度十四。仍以老騾車前進。離城十里許，有村曰教坊，附近有灰土陶片。離城廿五里許，大路北有大灰坑，余及秉琦、鳳山全下，見古陶片不少。時天已稍熱，且余不願車走太遠，乃先行。稍前，路北，有永福寺，入觀。據道光十二年碑言，唐顯慶三年，元奘宣律，建三寺於鄠之南山下，曰西明、福壽、永福寺者，即其一乎？坐車後，不遠，即至槐長。——車夫念如"槐陽"，此地均書槐長；然余在別處，見其名又曰槐芽。——村頭有柳陰。余主張在柳陰中休息，而車夫直"ㄌㄠ"至店中。實在店中無人休息處而院中牲口糞味極重，且車夫又須往迎秉琦等，須余看車而余固不耐此騾糞味！乃堅持，始仍息於柳陰下。實在內外之分，不啻天淵，彼亦毫無在店中之需要，不知其何以必願入店中也！未幾，秉琦至，自提其所采集之陶片，車夫擬代之負，彼懼其身多虱，不敢令負也！據言此間灰坑面積極大，且厚丈許。下已至地面，尚未知下還有幾許。地面石器頗多。據此一切，則此灰坑地方，爲從前一切所見地方之所不及。問村人，據言其南爲清湫村，清湫廟即在其地。惜余無暇，不及往游。人馬食後，再前行，二十里，至橫渠鎮。稍息。張子祠在道北，入內瞻拜。此地從前爲一書院，現無所存。內碑頗多，最古者，爲延祐七年碑。現內設區公所。余等出時，一人手捧烟盤進內！邀余等內坐，余等堅辭出。稍東爲城隍廟，門前却署"幽冥府"！門外有樹數株，余等即息於其間。一面喝茶，一面往張子祠照像。入城隍廟一觀，除兩廊"鋸解""磨研"之慘悽像外，尚有乞兒男婦，蜷曲若狗，正在吞雲吐霧！此真"幽冥府"矣！據村人言：張子後人，并無在此地住者。再前，十里，過清華，似有村會。購物稍食。再前十里至啞柏。入鎮，人市擾攘，問知爲割烟雇人之晚市，尚未足奇。再前，妓女成群！墙上貼示打六〇六、九一四針者，竟不止一處！人烟紛擾，儼然大鎮！店中仍無居處，乃出尋廟。有一關帝廟，内有商會。入觀，内無負責人，遂出。再行，見一大廟，尋門入。外有區公所辦公處。内殿甚大，但破壞全無門窗，其中亦爲一開會場。問廟管，答言無房子。秉琦乃出，與區辦公處交涉，彼已允宿其閱報室内，因余等命ㄏㄠ車搬行李，乃又變卦。蓋彼處正負責人不在，留一保長代看門。名爲看門，實即看守其數十支槍。雖覺"委員"非危險物，而仍不得不小心！乃替余等另尋。尋得一觀音廟，内原有小學，現因烟季放學。余等即宿於其殿内。據替我們找房之保長説：現爲烟季，故街上如此熱鬧。烟季已畢，則不如此。現外路烟客還未來。烟價甚低；四兩烟始能換一元錢。本年因前數日之乾風烟收大減：每畝僅收四五十兩。每畝名義上須納捐十元，實際上，亦尚須納自六元至八元不等。近日人工奇貴！割一季烟，須二十元。每人可割早晚烟各一畝。加以糞土各費，賣烟後實不能够本。至去年則每畝能割七八十兩，烟價亦稍高，云云。廟有乾隆卅九年鐘。據道光二十二年碑，謂"稽其殘碣，其廟建於前明神宗十有三年"。晚十度餘。

二十一日，早十五度。所住廟前門，爲一醋店，主人急於往割烟，關門，吾輩勢當早行。出鎮後，田中熙熙擾擾，盡屬割烟客！賣糖者，賣紙烟者，賣粽子者，亦紛紛田間！我國農村之繁榮已如是也。離盩厔縣城不遠，路邊有漢層。再前，有菜園堡。其西北有灰坑及舊陶片。再前不遠，路北有廢廟。鐵像七八，矗立風雨中。鑄製尚佳。啞柏至盩厔城三十里。再前，至城西南，路南有塔，十一層。遍尋，無佛像，無字迹，内無樓板。頂已壞，從内可見天。其旁有崇禎十一年演武場碑，内言："據縣志，塔建於唐……"拍照後，到東關，店中仍不能住。因往再東之火神廟，内頗寬廣，亦有閑室可住，而無門窗；且廟中住極多"趕烟場"者，實令人不能安心。乃着韈，着長衫，同秉琦入城，拜縣長，借住。縣長王姓，延壽名，留住縣署中。下午天氣太熱，已達三十三度。俟稍凉，始敢出。出到城隍廟、馬王廟。馬王廟内有小學。出西門，到一堡中，未問何名。内有東嶽廟。廟中有絡絲者。返進城。到瑞光寺。寺據縣志言爲唐建，然現止有屋三間，内住小販人頗多。中墻繪佛像，有同治年扁額。兩旁金剛尚係泥塑。到城東南隅，縣立高小。高小設於李二曲先生專祠中。先生家住菜園堡，本有祠堂。民國十二年於文廟西隔壁建祠，即今址。此祠建後，乃將菜園堡祠改爲賢母祠，專祠先生母。後城内祠駐兵，紳民恐先生神牌之被毁污，乃送之於賢母祠，今尚未迎歸也。祠中碑頗多，就地棄置者不少。歸，見縣長，請其代雇一車，明日游游仙游寺、樓觀臺，住祖庵鎮。經其慨允。晚聞敲撲聲，一件完又一件，次日問隨余等之差役，則比索烟款也。

二十二日，早十七度。行李收拾好，待車，未幾到。車騾均好，每日二元。惟趕車之娃，則已烟癮不小！十里，到馬召鎮，[①]即欲休息，藉口引路之差役未到，或出鎮即到山根，斥之，告以厶到山根再説。彼不得已，始行，引路之差役亦在車旁也！出鎮二三里，到山根。下車，命之旋馬召，鳳山隨往看車。差役引余等前

①編者注：原稿此處有二三字被作者用墨筆塗去。

進。山勢平穩,但頗秀美。三五里後,引路者言前面水大,須由他方過河。乃向左轉,過一村,名金盤兒。再向南行,一二里,深處有河,即黑水。河北①方有廟,即仙游寺之"北寺"。入觀,内有乾隆十二年碑,有畢沅對聯,文爲:"山色潭光映岩户;文章氣節冠元豐。"題壁詩不多,然多可讀者。窺其語意,似樂天、東坡均曾游此間,且樂天之《長恨歌》即在此間草出。草草一覽,出,下谷,脫脚過河。一不小心,韈子隨長流以俱去。良久始覺,止好置之。登岸即仙游寺之"南寺"。廟已破壞,現正在修理。和尚不識字,然似尚樸誠。廟有産業,似不甚少,彼自燒磚瓦,逐漸修蓋。此地入山不深,而四面山林,均屬平穩秀美,宜爲游人勝地。有塔,七層。塔内有卧佛,旁十六(非十八)阿羅漢;跪者,立者,駭者,思者,泣者,儀態甚佳,其爲表示佛當滅度時之像乎?惜爲烟薰黑,不易照像。疑原型仍屬唐舊。道光五年碑,言:"迤然西盤者爲象嶺,突然東踞者爲獅山。左腋則龍潭澄映,潭旁即虎穴空嵌。對岸則茅碥積雪,碥下即玉女垂簾。奇峰騰霧於西,炎光晚照於南。……"其名人游歷,則"漢有摯恂、馬融之石室;唐有岑參、白傅之詩篇。宋則蘇玉局剖符調水,迹尚存於彼岸;趙樞密構堂觀空,記久鐫於崇巒。以逮有明,客游則秦簡王、何景明、康對山,本邑則王元凱、王兩曲、趙子函。……"他碑,言此地爲隋避暑離宫,然遺迹無存者。〔寺在山曲平處有林,有稻田,如稍經費點綴,仍可爲避暑勝地也。②〕在寺中,午餐休息,照像後,天氣尚熱,然不敢不啓行。下山,抵馬召,尚未晚,而小烟鬼遲之又久,始將

---

①編者注:"北",原誤作"此"。
②編者注:此爲天頭文字。

車套好。但車又加一健騾，當可亅幺快，三十餘里路，當不難至。引路差役，并不識樓觀臺路，乃遣之歸。前行二三里，至黑河上，路不顯明。鳳山下車牽衣，過河後全濕矣。且問路，且前行。近一堡子，已離樓觀臺不遠，日已落。問廟中吸烟人，答言當南行。南行未幾，到一堡西門。小烟鬼入堡，尋人不得，遂不尋，南行。愈走愈不像路，而天已定黑，乃停下，派人到南方村中打聽。未幾，有一行人來，問之，言路走錯，實應穿堡東行。想雇之引路，彼堅不許。乃返過堡。雇人引路，頗不易，然終得一人。大約三四里至樓觀臺堡，以爲已至，乃去廟尚遠。引路者問村人。村人言當右行，右行遂陷坡中，非路。再問，答言未見車，以爲單行人也。又費力不少，始得出，仍歸前路行。未幾，入林中。黑暗中見樹，愈增崔嵬。坡斜林深，風景佳絕。又里許，始抵廟門。有一道士，手執紙燈，在門外巡更。見余等至，乃以燈照車中，後始叫門。又索名片入，觀之，始開門。內有道士數人出迎，威儀整肅。讓入客堂，洗臉吃飯，就寢時，大約已過十二點。

二十三日，今日上午天陰，并微雨數點，照像不甚便，遂留一日。今早本廟總管道士出見，姓尹，道號自修。名片上注籍魯山，但彼言出家在魯山，故如是寫。實在是方城城內人。談次，對於方城人物，均頗明了，似所言不虛也。其人甚強毅，言語容貌間，均可見之。此廟爲陝西第一大廟，道士多時二百餘人。廟產甚富。王縣長言："據其自言，有地七八頃，但實在數目尚不止此。大約總有十二三頃，云云。"又據道士言：從前當家的時，廟中經濟，時見支絀。經此當家的之整理有方，始得寬裕。其所言大約近實。此人世故深，交游廣，手段辣，故能保持廟產至今日。聞其廟中規矩，亦頗整肅，如有吸食鴉片及他種犯規者，立時逐出。①
早餐後，同出瞻仰廟宇。始以爲一大廟聚處，繼乃知非是。此地
不過道衆聚處之所。出行林中數百步，抵説經臺。在一高處。前
有棚房數大間，凡唐以後各種古碑，均保存於此處。大門内有
《道德經》篆文、楷書各碑。篆文元刻，碑上有年月。楷書無之，
且碑旁有宋蘇子瞻題字，及碑陰米元章所書"天下第一山"數字，
遂啓揣測。余察其碑，似均係磨舊碑刻字。篆文碑陰最後部分空
處，磨餘部分，尚極清楚，可爲鐵證。故余意楷書碑旁及陰之字，
雖未必僞，而與篆書之刻，仍當係同時也。正殿内祀老子，據言此
殿歷經兵燹，從來未焚毀過。此等傳説，以神話視之可耳。離此
地又數百步，有高土門，名紫氣臺，後有大殿，曰三清殿。其墻右
角離地不遠處有琉璃花磚，花紋精工，或係唐舊製。殿未大毀而
諸待修理，然殿既大，非有數千金，不敢動工。尹總管言："此余
之心病也。"殿後有大銀杏樹，叢幹蟠鬱，不知其幾合圍。北平附
近，雖亦有大銀杏樹，而對此，均當如小巫之見大巫。非有千餘
年，不能若此，其爲唐或唐以前遺物，當無疑義。——廟散在各
處，以此二處爲最大。瞻仰畢，遂歸。途中，尹言，其所有地，下多
大石，不易生佳禾。彼曾自帥人掘出石極多，情形稍佳。指道旁
地，謂均如此。下午，獨出到塔峪寺。寺在樓觀西二三里。路過
化女泉，有一院落，亦屬於樓觀。塔峪寺有塔。無上處。余讀向
覺明游記，知彼等曾從旁銀杏樹攀登。余仔細察視，見大枝尚離
塔丈許，萬無法過。寺僅餘大殿，入殿，則數十餘歲童子，抹花臉，

———————————

①編者注：原稿此處有兩行字被作者用墨筆删去。

帶紅假鬚,持械以舞。其神臺上置一墓磚,文爲:

"大禪師修行於終南盩厔縣大峪里地坊

五峰丘木山大秦寺供奉住持僧劉儒清之墓

大清乾隆五十七年吉日書於大秦寺"

又有正統甲子鐘,前書:

"五峰丘木山大秦禪寺鑄鈒序(秦字提行,即如原式。)

大明國陜西西安府盩厔縣僧

會司遇僊鄉大峪里地坊

……"

時旁室有人出,問:塔可登否?答言:前數年有人以梯倚銀杏梯登。問其有梯否?答言現被借出,然未幾即取梯出,甚勸余登。問:下節如何登?答梯靠樹上,可從梯登。問:上如何過?答將梯取上,一端架塔沿,一端架木叉,在木叉者,以繩固之,即可過。余驚栗危,終不敢過。然余出時,忘帶銀文,無以償架梯人,亦不登之一因。余因"大秦"名,極欲尋得一十字遺迹,遍尋,無所得。歸。途中,遇少年道士引秉琦往照像。過山溝時,中有細流,脱韈洗脚。時聞草中ㄘㄚㄘㄚ,頗懼蛇出。亦終無它。今日最高温度廿六度。

二十四日,早五點餘,温度十八度。到説經臺路上,與道士合拍一照後即起行。出林後,經過水田區域,又路間多石,車行甚艱困。過一石子灘,始達平地。五里至店子頭,購粽子食之。又十里,至南彳亅,又食油糕。微雨數點。又二十里,至祖庵鎮。鎮有東西二堡。車由二堡中間過,到重陽宫。宫爲金元間建,豐碑矗立者四十餘,而廟址現僅局於一院。聞住持言:"當日廟之規模

甚大,山門在今堡内。最前爲靈官殿,殿後爲老君殿,遺址在現廟門前。再後爲三清殿,即今日之正殿。現改祀重陽祖師,至三清則附祀於上層。再後爲玉皇殿,殿址猶存。再後爲斗母樓。樓東爲東華殿,西爲王祖殿,舊日祀重陽於此殿。殿後爲碑亭。斗母樓後爲後宮,宮後爲太和宮,云云。"余因天雨麥濕,僅到玉皇殿遺址一觀。上有金大安元年所鑄之巨鐘,及焚帛爐。此二物均有保存之價值。鐘文字甚秀麗。各碑下節已多剥蝕。設法保存,無可再緩。住持曹圓智,甘肅導河人,年大約在六七十歲,而耳目聰明,步履輕健,言談亦清楚,快人也。彼云,金樹仁爲其同村人,其祖父爲快班頭,頗不理於人口。金前清中舉,鄉人均甚詫異。……彼聞金爲主席,異常鄙夷。在彼間午餐後,雨已止,遂又前行。時有西風,天氣頗寒。二十里,抵鄠縣城。時車夫尚欲前行,余因欲游渼陂,且欲問縣長圭峰碑之保存情形,遂止。東關店無法住,乃入城往訪縣長,適縣長不在。問收發人渼陂離城若干遠,答在城西北,約五里,今名ㄅ|頭。後始知即陂頭之訛音。時尚早,因欲先往游。過鐘樓,上有圖書館,遂上借住,承館長胡君允許。問其鐘點,則六點已過,乃中止渼陂之行。未幾縣長趙葆真來談。問以圭峰碑現狀,據言碑樓已蓋成,且碑四面均有字,現四面均可拓,甚爲妥帖云云。宿於樓最上層,甚寬廠,惟梁間時墜鳥糞。

　　二十五日,夜中覺風吹頭,未悉何故,乃起換他端睡,仍有風,細察,始知樓中被大風吹開,起關之。又起下樓小便。時雨不大而風甚急,速度大約在廿三四公尺以上,方向爲西。因再起耽誤眠睡不少。早晨溫度十三。昨晚本擬今早游渼陂,後因讀《鄠縣志》，據言"相傳豐京在秦渡鎮，而顧祖禹、顧棟高則均言在鄠縣東五里，似此則當在今之兆豐村附近"，余雖不深信此説，而既有此説，余當親往詳細調查，因擬輆漢陂之游，往秦渡、兆豐調查。余等早起，而車夫之烟鬼，經多次催，始將車套好，而天又雨，乃擬不往兆豐，止往秦渡，而雨終不止，遂定逕返西安。雨頗沾濡，余如素慣，仍坐車前，而着雨衣，仍無大妨。至梁家橋，午餐，喂牲口。下午雨漸住。至城門時，天尚早，但車無皮輪，現令不准入城，乃候於城門，遣鳳山入城雇人力車，然不可得，余乃先步行入城，西城大街已全拆寬蓋起，而馬路尚未作好，泥濘載途。到寓後，忠義往雇轎車，始將行李接回。接到齊真如信一封，①大哥信一封，澤普信一封，院中總辦事處信一封，家信一封，碧書信一封，報告十八日季芳生一男孩。潤章信一封，言回平後即商議西來，但又來一號電，則言平方委員全未能來，云云。晤端甫、念生、萬玉諸人。

二十六日，剃頭洗澡。晤扶萬、午峰及會中其他同人。接希淵信一封。

二十七日，早晨大雨，將午漸晴。② 下午仲良來談。後約余及會中各位、念生到福盛樓晚餐。晚滿天星斗。

二十八日，初起時微陰，後漸晴。寫潤章、希淵、大哥信各一封。下午，壽伯來談。樂天、獅醒等從北路到。言北路遇軍隊甚多，找住宿甚感困難。

二十九日，天晴。下午温度達廿五度。終日招呼陳列。午峰

---

①編者注：原稿此處有四五字被作者用墨筆塗去。
②編者注：原稿此處有約兩行字被作者用墨筆塗去，中間只餘一"人"字，似忘記塗去。

來談。晚雷雨一陣。子怡來談。

三十日，天晴。接建功信一封，言岳母病重，心中至爲悽惶。復信一封，又給姻嫂寫信一封。上午金震東秘書和同事四五人及翁縣長來談并參觀古物。下午伯恭來談。子怡來談。子怡著一文，言咸陽原上漢陵，現所據爲畢秋帆所立碑。仔細考核，止有茂陵及成帝延陵不誤，餘均不合云云。將文示余，問余意見若何。余細讀一過，覺其言甚有理，此問題當可成立也。晚念生約到西安飯店吃晚飯。

三十一日，昨晚睡不佳。今日晴。全日招呼陳列。將晚，鄭士彥、李蔚如前後來談。

六　月

一日，今日天氣甚熱，下午院中達二十九度。然未幾猛雨一陣，遂較清凉。會中請各顧問來會指導陳列事宜。止有李樂知一人來。有數新聞記者來。接卞文軒信一封，請余爲之謀事。今日有一王君開先來，係壽伯所介紹，托余向中法大學當局介紹轉學之學生者。

二日，天晴。上午壽伯來。正午開會。到會者，僅扶萬、卓亭、午峰及余四人。余代表潤章，卓亭代表勝浮，僅能開會。余報告會務以外，僅談與作考古事業之機關聯絡，與外省博物館交換古物及贈送北平研究院、中央博物院古物事。下午吳雲芳、吳淑娟二女士來談。伯恭來談，約余及樂夫到經濟食堂晚餐。後同到三意社聽戲。所演爲《鳳儀亭》。出園後，始知秉琦、端甫亦來。

接吉如信一封，又接三姻嫂電一封，報告岳母已於上月卅一日戌刻病故。

三日，晴。今日請各機關各學校來參觀，人不甚多。昨日一《西京日報》記者來索照片製版，因無向例，拒之。後彼請普通照片，如鬥鷄臺全景之類，因無大礙，許其取二張，但囑以"明日陳列，今晚必還"，彼滿口答應，而至今早尚未還！打電話不行！往取仍不行！止好在粘照相處，寫明"此片由西京日報館借去製版，過期未還"字樣！人之無信義，至於如此！借會中金息侯所集《近世人物志》一觀。此書不過抄集翁同龢、李慈銘、王闓運、葉昌熾四家日記中關於人物之記載，雖檢查尚方便，而實未盡言著作。序中言"翦裁成傳，前後貫串，亦頗費經營"。余却未知其如何經營也。下午蔚如來談。邵主席夫婦同一王君來參觀。送出後，歸晤連定一與其尊人雅堂先生。雅堂先生即著《臺灣通史》者。彼語，余所懂極少，須定一爲翻譯。彼言近研究臺灣語，覺其古音甚多。又言臺灣在孫吳赤烏年，已通中國。近日人得赤烏瓦當十數，藏於臺灣博物館。對於《通史》，希望其能增補史料，重行印刷，彼亦同具此志。前聞此地綏靖署軍糈主任王蔚芝君藏銅器多件，内有文字百餘，頗爲震動。曾托壽伯代爲設法，得觀原器。今日扶萬所識之拓工有拓工，送來看。共七片，拓工不佳。其三片銘文，大同小異，各有三四十字，爲最多。二片亦大同小異，各有二十四五字。一片十餘字，一片七字。未知其文曾已經著録否，尚無暇考核也。又聞南院門某古董鋪，有秦穆公時花磚，囑希平找拓本。今日找來拓本。諦觀，似係漢畫，其所言秦穆公殊無確據。一端直列兩層：上層五人；三人執兵器立，同向；二人似執幅帛，立，與前三人相向。下層三人，姿勢似坐。其後有一瓶。他端橫列三層：下層有二騎馬獵人逐獸，馬姿態甚佳。諦視爲兩截全相似：每人灣弓，各進二獸。上二層相類，有圖案高出，似表山。山間各有獸，或有人。諦視，兩層全同，止每層分二截，前後亦全同。聞鋪中索價甚昂，但尚不珍秘。異日當親往觀之。

四日，天晴。今日參觀人較多。下午子翼來談。據其意，唐宋所畫人物較胖，明以後較瘦，故彼主張萬壽禪院之壁畫，係明物。余終不以爲然。所取回之一部，果不過明，至照來東壁之一張，非明人之手筆也！一王君潼公來。王係桐柏平氏人，與芝生有姻親。現在職業學校……①

……②余先歸，壽伯往尋王蔚芝，兼代會中要求參觀其所藏銅器事。未幾，壽伯來，言彼許量拓片，并自量尺寸給會中。與壽伯、樂夫、念生同出，到財政廳，余與壽伯入見升三廳長，談及所用款。彼言可隨便用，毫無問題。出，同到經濟食堂小餐。今日下午腹中作痛。接到總辦事處及潤章快信各一封。言鐵道部已有命令，允許半價運輸，但今年無半價執照。

八日，上午訪李樂知及周廳長。下午午峰來談。派樂夫到財政廳取錢及車站接治車輛。夏子欣來，拿一王蔚芝所藏器之拓片及器形。樂夫回，言財廳無人，須明日始可辦理。車站須補一公函。又查函皇父器銘，則《攈古錄》及《愙齋集古錄》均著錄。文全同，但此拓本內多一"鼎"字。查此銘文列舉其所鑄之器，并注明其數目，而獨漏舉一鼎，數器全同，其不可解者一。段下一字，

---

①編者注：原稿此處闕頁。
②編者注：原稿此處闕頁。

《攈古》釋爲具,《愙齋》釋爲鼎。余意從鼎爲是。"毁"下既爲"鼎"字,其上又有一"鼎"字,而字體不同,其不可解者二。大約作僞者,僅見《攈古》及其釋,欲刻於鼎上,疑上無鼎字,不可通,乃加一"鼎"字,而不悟下之尚有一"鼎"字也!後子怡來,同對《愙齋》本,很容易比出拓本字之幼稚。本器未見,未知真否,而銘文僞作,大約已無疑問。子怡明日又將出外調查,大約即此已將作較長之別離矣!①

　　九日,早補函與車站,請求車輛。接甯廳長信一封,轉來總辦事處信一封,言又匯來伍佰元,并寄來收條,甯并囑簽名蓋章後,送去以便取款云云。張扶萬來談,李樂知來談,黃仲良來談。② 下午夏子欣將賬目送來,價目太大,斥之,允斟酌後再講。接義詮信一封,言岳母將於二十四日發喪云云。天甚熱,最高達三十八度。

　　十日,夜中薄被亦未能全蓋。寫給甯廳長信一封,請其再撥千元,并將收條送去,請其取款後,仍寄回院中以清手續。命樂夫往算賬并取款。還言當俟下午。又命其到車站交涉車輛。還言車輛可有,但站長言:古物平常頭等加倍,此減半,即當依頭等價。告以去年依一等二等三等計算,答以無他執照,止可依定章辦理。依此則運費當多數百元,無法辦理。又命其尋李樂知,問其能設法辦理否。返言樂知給站長打電話,允運去驗視後再定。下午三點餘,吹風一陣,下雨數點。樂夫往財廳,據言已批准,但未簽支票,當俟明日也。隆季言其兩嫂鬧氣,其長兄嫂避出,其母親將其

———————————

①編者注:原稿此處有半行多字被作者用墨筆塗去。
②編者注:原稿此處有半行多字被作者用墨筆塗去。

二嫂逐出，現家中止剩其瞽母及彼二人。問彼詳情，則彼與其二嫂爲一黨，故亦頗有牽涉，亦可爲不善處家庭之至矣！段老來，樂夫購其小克鼎拓片一。復卜文軒信一封。

……①秉琦到陝西省銀行觀畫。所謂《長江萬里圖》者，仍係理想之風景畫；山幾皆峭直。有橋，有瀑布，割裂之，均能成一幅風景畫。後只有近人一跋，不贊其畫而贊其紙！到處均無長江萬里字樣。餘一則爲李龍眠所白描之五百羅漢，工細異常。李行長又出其所藏之清程□②畫松，高八九尺，氣象雄渾。又有宋王璋之大字，則余不甚懂。返時購《老殘游記》二集一本，《時事月報》一本，《語文論戰的現階段》一本。返，樂夫言站長主張少數之銅鐵器，均按二等減半，而多數之陶器，及殘陶片，均須按頭等減半，問余意如何？余因如此，即無辦法，乃致電院中，請其向鐵道部交涉，按照去年成案辦理。下午即讀所購各書。

十四日，同秉琦出城，到薦福寺、大興善寺，內均有少數軍隊。又到宋家花園，天雨數點。到慈恩寺及青龍寺，將至青龍寺時，天又落雨，不……③

①編者注：原稿此處闕頁。
②編者注：原於"程"後空闕約一字。
③編者注：原稿此處闕頁。

一九三六年

五　月

八日，八點餘，到車站，桂恒、鳳山來送，後季芳因送手電筒，亦來。車站上遇盼遂兄弟及孫道昇。路遇同車南下者有黃子通，談論甚暢。又遇一福建李君，前爲燕大製革科學生，後自行研究，爲永光牌電瓶及鉛筆之發明人。又遇一馮君及郭君。馮君係馮公度之公子，現在沙河縣辦礦；郭君在蘭州辦一書局。十點餘下車，住新生棧，決定明日坐大車到武安，至武安後，再換架窩到涉縣。寢時已十二點。天氣頗熱。

九日，五點起，又半點，出站。西行二里過孟午村。又三里過一村，名小寨子。再前過九和屯，路旁多大冢，土人傳爲魏武疑冢或假糧臺。路旁有小河，名ㄇㄢㄐㄧㄡ河，下流至邯鄲城附近，名小干河；上流有名牛叫河者。水自武安來，隨地異名。再前過林村,亦名別冢,離車站十二里。再前鮎魚崗,再前,過一村,名牛叫河。有石橋,離城廿里。始見洞居。上坡,過李家莊,又前,村名大河坡,有石橋。此後山中石橋頗多,不悉記。再前至一大市鎮,名康二城。"康"土人念作ㄎ儿。離站四十里。稍息,聞此地北三五里山邊,有煤礦,鎮頭有一澡堂,爲礦夫之用。有人力車夫言車可達涉縣城,乃改乘人力車。再前十里村名東城河。再前東竹昌。再前即武安縣城,城南有南大橋,橋下浣女甚多,衣飾整齊。離火車站六十里。武安人前商東三省多,稱爲富縣,現士女頗時髦。車夫言其風俗頗放縱,且吸白面者甚多,真一大患也。過武安縣城八九里,有大乾河灘。十二里至武記,爲一市鎮。武記據一路碑名五汲。武記之"小和尚"最有名。此"小和尚",大約係一古人之乳名,其真姓名無可考。據傳聞,當係其家曾經龍斷陽邑鎮水泉云。再前下白石。車夫念如"下別墅"。再前玉泉嶺。再前粉店。再前上高坡,路頗崎嶇。稍下至鹽水鋪。再前至徘徊鎮。"徘徊"仍讀如古音之"裴回"。吃飯。鎮行店頗多。鎮離縣城四十里。再前十里至固鎮,天尚未晚,但前至陽邑,尚有三十里,遂止宿焉。到村西頭一游。路北有一廟,名迎福寺。寺門西數步有一井。井上有同治二年碑,據言寺前故有井,道光十年有地震,地震後井水不旺,後移地二次始得今井云云。寺已破毀,內有小學。一教員楊姓立門前,遂與之談。談及地震事,彼以爲殊乏稽考。不知道光十年下去同治二年,不過三十三年,故老多存,絕不至訛誤。彼言學校童子百許,村東頭尚有一校。回店。店人言村南乾河名曰泯河,净害無利。民六、民八、民十八,三次水災,南岸二百餘步,土被冲去,變成石灘,是村失地五頃餘,故生計頗困難。且明隆慶間亦受河患，云云。自武安縣城至此，所過村落均整齊，磚墻甚高，惟多平頂房。

十日，五點半動身。路緣乾河前行。六里許路西南望見一村，名三王村。前日馮君曾告予："此三王村居民爲元順帝子三王子之後，原姓曰，後加一中直爲申，故居民全爲申姓。因其墓碑在礦區內，故知之。"十里至十里店。再前二十里至陽邑鎮。閭門上書"古陽邑縣"四字。陽邑山地無井，食馬洺泉水。源在鎮西三十里許山中。鎮東西均有大池。底以石鋪。街道間有小石井十，其下相通。泉上由山來流入西池，依次流入各井中，以達於東池。住戶就近在各池井中汲水。天旱時，東池水乾，各井水淺，全鎮都仰給於西池。此西池即俗所傳之"午汲小和尚池"。現在鎮人每年須到泉附近用席及石鋪碼頭。錢賦於各鋪戶，約得洋二百餘元。路至此均向西北，過此始向西南，有時幾成正南。五里至寶莊，爲武、涉分界處。①

二十七日，過兩點已醒，三點半後上火車。車開後，又稍眠。背後有一人橫臥，并不知爲何人。天明後，聞人言："張茅是個啥地方？爲什麼這個日本人從這裏下車？"招待生言："他買的陝州票，他竟從此地下車！"於是大家議論紛紛，予始知所言之日本人即予背後之臥人。護路軍人言："他有兩個包，前一站已經交給中國人拿下去。"又言："他上一次就是買某地票，沒有到就下來。他在車上時有兩個包，到洛陽的時候，已經遞給中國人運下，我已經留神着他。他下車以後，在山洞邊走來走去，我上

---

①編者注：原稿本日日記後空半頁稿紙，沒有續記十一日日記，不知十一日至二十六日日記是作者沒記還是原稿有部分闕頁。

去干涉他,他说他丢了包子,在這裏找。我説:'你的包子不是從洛陽運下去了麼?'他説没有,就問:'這裏有領事館没有? 我們到領事館説理去。'他又説:'包子裏全是送往領事館的重要公文。'我就説:'你説的太不對了! 你還不曉得這裏有領事館没有,又怎麼樣會往領事館送重要公文呢?'——要之他們在這裏往來甚多,詭計多端。我們對於他們的上下行動全留神着。剛才我已經把他交給護路警察,叫他們派便衣人尾隨監視着他以便報告。……"此輩大約非走私販毒品,即係軍事偵探,或兩者兼而有之。蓋國家派之爲軍事偵探,彼即附帶走私販毒品。張茅一帶,道路險阻,當爲彼國軍事家所注意。護路軍人受命令嚴重監視固善,但未言及監視與彼等勾結之漢奸,大屬可慮。——予對面爲一捷克在蘭州傳教之神父。將六點到西安時天氣甚熱。到寓後晤彬如、萬玉、秉琦、獅醒等,印唐後亦來。今日途中所見麥苗不佳,入關後略愈。至後聞秉琦言據土人説,本年因冷熱不定,麥頗受虧,鴉片尤壞。現在鴉片價高至每兩一元餘。烟不敷本地人吸食,不能再輸出云云。

　　二十八日,上午扶萬來。往見邵主席及耿秘書長。壽伯言:據彼聞自太原來者云:山西并未多打仗,共産亦非被逼而歸云云。邵接到毛朱宣言,略言此次將出山西抗日,經蔣派大兵堵截,念同爲國人,不願同室自殘,故雖累次勝利,仍命令收兵反陝。希望全國人士共起商議,先行隔絶火綫,再定共同抗日辦法。如尚執迷不悟,則政府必自行崩潰云云。下午王作賓來談,言將赴青海工作,將路費四百餘元放在柳條包中,掛行李牌子寄來,到西安住旅館後三四日,找路費則已無有,故現尚困守於此地云云。王君人甚誠實，工作極努力，爲予素所敬重，但將金錢置於未加封鎖之包中，且由行李車帶來，殊屬大意。因告之以將代爲設法借百元，先前行工作。并勸其向所長自請於薪水中扣除。梁午峰來談，并將於明日下午四點請在玉順飯館吃飯。將晚，黃仲良來談。

二十九日，張樌來談，彼來此爲訓練保甲人員訓練所的副所長。卞文軒來談。派德昌找王作賓來，先借給他百元，使他能早日成行工作，并報告劉士林。接士林信一封，言有二十四箱標本寄來，請到時爲代收。又言不日來陝云云。下午作賓派人送來標本一包。到玉順樓吃飯。同坐者，有一劉文超，字步青，三原人，係一老日本留學生，爲製藥師。據言九一八以後，中國製造業比較發達，西藥之能製者頗多云云。午峰言：聞共產黨有一電致政府，言彼等此次到晉，本爲抗日救國，乃不料牽動政府國防大計，故撤兵回陝。彼等暫時拋棄階級鬥爭，共圖抗日，已歷時日，爲世界爲共知，何以政府尚不明白云云。歸時過公共體育場，知今晚八點有露天電影，宣傳防空，任人民隨便入觀。歸後，有一湯怡君，字化府，孟縣人，現爲西北剿匪總司令部政治工作視察團視察員，來談。去後，同萬玉、秉琦出觀防空電影，人甚擁擠。未幾，放機器木臺即被擠倒！遂止。歸後，秉琦拿來《萍踪寄語》第三集，係韜奮君游俄國游記。正翻閱間，壽伯來談。

三十日，今日翻閱《萍踪寄語》。中午伯恭來。下午子怡來。天氣頗熱，七八點鐘室內尚二十六七度。晚同秉琦出到太平春浴。購牙刷、紙扇各一把。從澡堂回時，風已起，塵土頗大。今日接龔賢明信一封。

三十一日，上午張樌來談，并贈其所編之《中國經濟史》一部。同他及秉琦往高中參觀防空展覽會。人數不少。空中戰及化學戰本屬驚心動魄之事，觀過後，驚心動心之程度更形增加。防毒氣事學術界應竭力研究，以求效力之增加。單單空洞宣傳，尚無大效力。出後想同往吃羊肉泡饃，問兩家已肉無餘，遂歸。下午寫潤章信一封，家信未完。考古會請在玉順樓晚餐。在坐者，本組工作人員、黃仲良、寇勝浮諸人而已。出後，過公共體育場，與式薰人觀防空電影。大部片子似爲日本製，燈光不甚明。人仍擁擠。未終場而返。與秉琦談工作事，睡時一點鐘已過。今日上午壽伯派汽車來接同訪李儀祉，余已出，故未能往。下午金震東來，亦未遇。扶萬贈其所著《太史公年譜》一本。

六　月

　　一日，早餐將畢，張樋、金震東同來約往吃泡饃，而余已飽，故遂止，談論移時始去。繼續寫信。接到樂夫信一封，博物館協會信一封，記錄一捲。劉依仁來談。將潤章信續完發出。黃仲良請在南京大酒樓吃晚飯，在坐者，爲扶萬、壽伯、叔冀、午峰、印唐及孔教會中一趙君。餐畢，坐壽伯車，與壽伯、叔冀同往訪儀祉，以作《海塘圖》序相托。儀祉言此間正刻《水利珍本叢書》，此書或可加入云云。天雨。歸後，則劉叔雅夫婦在寓相候。叔雅今年在清華休假，方游日本歸，來此間游歷。彼此次在日，訪得顧亭林先生《蔣山傭殘稿》爲吾人已佚之本。現正擬曬藍後付印。又言日人極畏吾國聯俄；有日人陸軍少將服部賓太郎著書，極稱贊吾國軍隊之戰鬥力，謂其善用長藏短，實未可輕視；服部氏曾參加我國戰役云云。完家信，又寫樂夫信一封。今日下午邵主席來而余已出。

二日，早起未幾，張楗、金震東已來，同到新城前路東拐灣處一羊肉館吃泡饃。後申伯純亦來。申君言共產黨現結集於榆林一帶，將繞出綏遠，東出察熱，實行與日本人接觸。發令每人帶九日乾糧。朱德、徐向前亦向北移，希圖聯合云云。又言：公同防共協定已成立，共五條，內容未詳。張自忠將調任冀主席，秦德純察主席，蕭振瀛平市長，殷汝耕津市長。宋軍調往石家莊以南、大同以西云云。其所言之根據，未知確否。吾問："如此是否即與中央名義上亦將脫離關係？"彼答："是或未必。"吾問："如此諸人是否仍受中央命令調任？中央對於殷氏，將何以轉面子？"彼答："是或將以冀察政務委員會發表亦未可知。"吾儕戲言：是真如日本所說比較"明朗化"矣！下午邵主席請客，在坐者有叔雅夫婦、儀祉、扶萬、賢明諸人。席間，叔雅言日人決定擁溥儀建滿洲國，實在宣統二年！散席後，同叔雅往其所住之西京招待處，談至十點半始出，雇不到人力車，路又走錯，路雖匪遙，而歸來後滿身大汗矣！子怡來已多時，又稍談。去後寢時，十二點鐘已過。

三日，早叔雅夫婦來，問扶萬住址，并約明日移住本會。羅端先來談。羅係第二中學校校長，請余到校講演，允以俟從大袁村歸來後。出到教育廳訪午峰，代叔雅借國幣二百元。往拜溥泉及樂知，均未見。下午稍草唐山崤及寶山報告。叔雅夫婦又來，言早晨訪扶萬未見，約余同往。往談至八點鐘。出，叔雅定拉至招待所談。在彼處晚餐。十一點始歸。

四日，因昨日睡晚，眠不佳。早起，精神不佳。寫信給壽伯，代叔雅借汽車。下午壽伯同叔冀來談。續寫報告。晚叔雅夫婦來談。

五日，五點起。六點汽車來，係教育廳車。坐車到西京招待所。時落雨數點，然同叔雅夫婦同坐車出城。先到杜公祠，遇溥泉，溥泉派一盧先生為吾儕鄉導。再前，過潏河，到靈感寺。用餐後，看道宣法師塔，拍一照。坐寺中種田大車前進。過豐河。兩點餘抵草堂寺。看什公塔及圭峰碑。圭峰碑現已立起，外建一屋，惜未鎖。稍息即歸。到靈感寺，五點餘。今日天氣佳甚，幾無日光。叔雅素日自度不能走半里，然今日竟走二三里！素日異看珍羞，猶云無下箸處，今日咽靈感寺之饅頭及野菜，竟頗以為美味！告余言："我素常自己覺得能耐勞而不能吃苦，今日才發現吃苦并非難事！"歸過香積寺。寺塔上層已壞，中空，外貌頗似薦福寺塔。途中汽車頗生毛病。進城，已八點餘。

六日，早起，到西京招待所，將約叔雅夫婦往吃泡饃，奈彼等正在早餐，乃留下與之同餐。餐後稍談，到馬回回家看古董。叔雅買宋世磁器兩件，陶鬲一件。托馬回回介紹到回教大寺參觀。又回到招待所，同叔雅往訪樂知，未遇。談至下午始歸。叔雅人極聰明；雖名士習氣甚大，而尚規規矩矩作學問；人亦坦直清白。此次快談數日，相互認識又進一層。歸休息。今日天甚熱，晚雨。叔雅今早見力子主席，力子言今晚約余等二人談，故叔雅冒雨來，同去，則力子從藍田尚未歸，余等遂返。今日下午張榟來，約往聽戲，辭之。

七日，早起出與叔雅送錢，兼約其夫婦同往吃羊肉泡饃。路上遇他們以汽車來，遂同往吃泡饃。餐畢，同來寓談且觀古物。

去後,蔚如及伯恭來;黄仲良來。下午叔雅夫婦再來,同出,往觀郭公先廟碑及馬璘碑,又同到含元殿。歸,到西京招待所,談,在彼處晚餐後,將彼夫婦送上火車,始歸,已十一點鐘。

八日,扶萬來談。伯恭來,言溥泉已返,囑往爲薦托,又囑亦與賢明一談。扶萬去後,即往西京籌備委員會,路遇仲良,與之同往。溥泉處客甚多,然終爲一言。至賢明處則因天已過午,余急歸餐,未與談。歸。東嶽廟道士焦元芳來,托余見主席代問修理壁畫事。下午伯恭再來。晚子怡來。

九日,八點許,子怡以車來,同出發。在斗門鎮午餐。三四點鐘時至馮村。余持二介紹信:一係午峰寫給一柏君,一係依仁寫給灃西小學校長吕涵度君,均係介紹灃西小學者。柏君不在,吕君來至校前,但學校放麥秋假,校門嚴鎖,鑰不在吕君許,乃先到吕君家内稍息,并在彼處午餐。談次,知吕君初從城内回家,如多留一日者,余等將感覺重大不便也。將晚,鑰已尋來,遂移住學校中。學校内尚寬綽,但多跳蚤。寨中有“古晋王祠”,祀李克用。吕君言因彼討黄巢時,在此處有戰功,故祀之。然碑上殊未言及。

十日,早起,同子怡出南門,從東轉至西門,歸。西門外有三代灰坑及陶片。早餐後,同子怡、吕君乘車,出東北門,向西北行,一里許,路南有一高處,北面斗下,向南則爲極慢坡。東西坡亦斗下,愈南愈低。俗名運渡臺,相傳謂渭水古時經此下,此即碼頭。登上及在四周——或可云三周——陶片屬漢代。子怡言:疑屬漢上林苑中之龍臺。轉向東北,近大原村,有小土臺四五,係四面取土所餘。陶片灰土頗多,均係三代物。歸午餐。稍息,三點後再以車出,恐吕君忙,未往約。然余等在大原村東時,吕君亦來。大原村北及東,均屬三代層。亦有仰韶片,但甚少,想在下層。村北有龍王廟,廟前有大池,中有泉,水離地面不深,汲以溉田。當不甚難。又有小廟一間,内有大泥塑頭一個,上無彩色,幾滿其屋。子怡言土人稱爲"后稷頭",吕君言又名"大頭爺",各村多有。余則第一次見之。東北行,過馬王村,及客省莊,沿途均有灰土陶片。時天將晚,乃向西從海家坡歸。坡北斷崖,未遑下觀。

十一日,早起,同子怡、吕君、白良以車出南門。向東南行。過東石榴村。其東南大路北有秦漢遺址。再前過一村,名里兆渠。又前,過西南村,村頗小。其西北爲徇鶴村。再南,過小豐村。遇一梁老先生,爲清提督梁化鳳之後。梁提督即此村人。此梁君尚留意於鄉邦文獻,但其所言亦無大足取。惟言此爲小豐村,至大豐村即今日之馮村,則尚可參考。問以村南有土壤否,答言無有。又言此村東之阿底村西門外有披雲觀。後有斷碑,爲金大定碑,乃往觀之。披雲觀後十餘步許果有斷碑,年月不可見。碑内紀有大定事,然後有弘治年事,則非金碑也。廟後殿後有金碑。題年處作"大金歲次戊午……","金"字比他字窪下,且下有兩點,似係後人磨去重刻者。至其二點似原來字未磨净者。觀碑文,計其年月,似金當時已亡。此兩點非"元"字之遺,且此時當在中統前,"元"名未立。子怡言曾見元碑,稱爲"大國",疑此兩點係"國"字之遺留,理或然也。村西南有漢層。再前,至平等寺,即靈臺,稍休息。再前,至秦渡,午餐,天氣甚熱。同子怡、吕君出寨門,脱衣入豐河洗澡。水當有百度表卅度左右。三點餘,起身,出西門,外有四真堂,有至元二年丙午碑。今日所見道士廟,均與王重陽及其弟子有關係。歸途過下南豐、中南豐等村。

又過海子村。靈沼內尚有淺水。至馮村,天色已黑。晚餐後,與呂君談頗暢。

十二日,早起,與子怡、呂君以車出南門,向西南行。斷崖不少。有漢墓及遺址,三代層則絕無。轉西北,過苗家莊,有雲興觀,內有明萬曆十五年鐘。栱心繪畫,當係明物。墻上琉璃雕龍,子怡言亦明物。房頂琉璃脊疑亦明物。角檐像二龍下趨,亦為此前之所未見。歸,午餐。三點後再出,直趨海家坡。此一帶陶片更多。全係三代層。至此原已盡,再北一片平川,無物可見。再東從客省莊、馬王村東頭,仍過數村,名已忘之。時天已黑,且地甚平,已無足觀。此三日中調查,知遺址(莑)南至馮村北,北至海家坡,西至馮村及大原村西,東抵豐水,周圍不下一二十里,為一大都會,係古莑京,當無疑義。且莑、鎬相距太近,古"豐水東注",中無隔絕,疑本係一都邑中之二區域,非二地也。

十三日,早起,別呂校長,東歸。子怡言:"趙舒橋北不遠,有大墓為豐水嚙其半,足徵豐水原不流此。"乃往觀之。余等在東岸向西岸望,版築遺迹依稀可辨。然無物足證其為墓,疑係建築遺迹。豐水東至斗門鎮數里,莽莽平原,無遺迹可見,未知當日有民居否。至斗門,早餐。過斗門,立見三代層,足證莑、鎬之緊鄰接,或係一城二區域之名也。張家莊北斷崖中有鐵條,粗細如箸,已銹且斷。察土上銹紋似頗多,未知何用。過午進城。閱報則兩廣果又有反抗中央之舉! 前日讀報,以為斷係日本謠言,中國人萬不致如此,而今竟如此! 愴悅曷極! 接叔雅一函,樂夫二函,博物館協會一函。給詠霓信一封,未寫畢。

十四日,早晤彭廳長。彼言近日北平消息不佳,日本要求二十九軍退出北平。在彼處晤段少岩，自南京受訓方回。畢寫詠霓信，下午發出。博物館協會選舉票亦簽畢發出。謝剛主同一馮國瑞字仲翔，天水人。君來。去後蔚如來。同到彼處視彼所購古董。大觚一對，當屬宋仿。蔚如言："綏堂家中藏有舊本《東華錄》，據言內載'皇太后下嫁攝政王事'。因係前清禁書，故未敢拿出。談此事尚屬前清末年。現綏堂雖没，其家中並未經變故，書當尚能找出云云。"因勸之寫信往尋。回時天已晚，蔚如約明日下午六點到西北飯店中安樂飯莊晚餐。接潤章信一封。

十五日至廿日無要事。十五、十六、十七夜甚熱，裸體搖扇，始能眠。十八日陰，晚大雨淋漓。十九日稍患瀉。廿日愈。

一九三七年

十 月

廿八日,近日因大便不順利,每晨喝一杯冷開水,希望能泄,昨日日中腹中始覺有動作。晚天頗寒,勉强將前三日之日記寫畢,如廁,大泄。歸,身極畏寒,洗脚後即寢。既畏夜中復泄,又渾身戰栗,重被而寢,中夜稍得汗,略愈。早未起,子怡已來,乃起,餐後,同往八家巷,訪王國傑,據言東計村在沁陽城東五六十里,沁河北岸約里許。前四五年,其堂嫂家蓋屋作土坯,得一尺餘石匣,碎之,内多石片,遂棄置於路轍中!有人見上有字,遂留數片。石有黑色者,則在匣外,上亦有字,亦均爲人用抬筐抬置轍中,碎之!云云。又有因鄉人不知冲刷水碱,沁水旁稻田幾變斥鹵,民窮遂多盜,無大桿,但遍地皆是,故欲往頗非易易。彼歸,如從汜水過河,甚近,但不敢由此地走,必繞道清路至縣城始能歸云云。

歸後，終日困臥。減食。晚大便末仍有水泄。然泄後腹中已定。接陸學善及郭乃岑之弟子□□□①信各一封。終日陰雨。又接秉琦電一封，言萬玉俟款到即來，甚怪，豈七月經費尚未匯抵平耶？

廿九日，今日略晴，然終不穩。昨夜眠佳，今日愈。未作事。接景莘農、郭乃岑及詠霓信各一封。劫恒及雍克昌、蘇弗第、金□□②來訪。卞文軒來訪。伯恭夫人及……③

……④閱《歐洲史》。今日換棉衣。發秉琦轉會計課電一，請其從本所工作費內發萬玉路費。

卅日，夜眠不佳，中夜即醒，至明不眠。仍翻閱《歐洲史》。接伯聰、緝亭信一封。復陸學善信一封，寫士林信一封。終日陰雨，最高溫度不及十度。

卅一日，夜眠仍不大佳。早至化驗所，見耕硯、季斂，托耕硯將介紹人員片交與雲亭。返，則子怡及扶萬均在，略談。下午寫家信一封，復醒民信一封。晚賢明來談。晴，早起溫度六度，日中甚暖。晚九度。

十一月

一日，今日陰晴不定，午間甚好。翻閱《歐洲史》。下午西北

①編者注：原於"弟子"後空闕約三字。
②編者注：原於"金"後空闕約二字。
③編者注：原稿此處殘闕。
④編者注：原稿此處殘闕。

史地學會開會,請余及扶萬審查稿件,扶萬已大致看過,乃交於余。翻閱子怡及扶萬所著。接達三信一封。晨起八度。

二日,晴。早起洗臉後,出到蓮湖公園一游。湖內有大半槽水,風景居然佳勝。翻閱《現代歐洲史》,將午出,又購《近代歐洲史》一本,下午繼續翻閱。陳崑山及仲良來談。接汝鏞自漢口來信一封。寫給邵力子、蕭緝亭信各一封。

三日,微陰,晚晴。最高十二度。仍翻閱《歐洲史》。吳西屏同趙進義來談。下午,約岳劫恒來,商定在物理學研究所經費下暫扣千元,為籌備開始工作之需。暫將此款留存農工南京行,俟助理員蘇君能來,再去信匯來。晚,蔚如來談。接臨時大學信二封,係請余幫忙看國文卷子。康相公天經來。接西京歐美同學會信一封,係欲對於國民外交有所策動,定於明日下午七時半開會討論者。早起時曾往蓮湖公園一游。湖中之水,尚在向內放。途中遇孫維和,言河南、隴海一帶,畫為第七戰區,由劉湘負責,其司令部將設於許昌云云。

四日,晴。早盧宗濩來。伯恭及其侄西雲來。往臨時大學辦公處閱國文卷。共閱者,有季黻、軾遊、聯亞、玉亭、樂夫五人。今日余閱六十本。五點散後,同聯亞、玉亭到蓮湖公園一游。歸時,玉亭同來稍談。晚餐後,到建設廳禮堂開歐美同學會,到者約五十人。決定給太平洋會議主席及中國出席代表各打一電。又請中國之天主教民、耶穌教民、回教民各籲請其世界同教徒主持公誼。歸十點半。接到士林信一封,西北論衡社信一封。

五日,陰。再到臨時大學幫助看卷子。同閱者,有一周建侯先生,吾與之通姓名後,以為魯迅、啟明之弟,故與之談及彼等二人,然後思之,彼等之弟乃建人,非建侯,或非其人而余誤也。今日看畢。季羲、季谷同來談。午峰來談。晚早眠。接到此間歐美同學會信一封,係昨日之記錄。

六日,陰,時微雨,下午漸晴。翻閱《歐洲史》。璋同鳳山來。接到長兄信一封。璋言附近數十里中,秋收甚壞,不過二成。一閻君有訓來,乃係睢縣人,前在山東大學作助教,來此間謀事者。蘇莆第來,給他寫一封向詠霓介紹的信,勸他早往南京,因彼所研究之有機化學與國防關係故。旁晚,到蓮湖公園一游。璋來,帶來幼山復清甫信一封,言款已收到。十點眠時,僅零上三度。

七日,晴。晨起零上二度。大霜。繼續寫訓練民衆要而不足的條件。閻有訓送來一履歷單。烈臣之子傳基來。聯亞來。下午續寫。王偉烈來。至晚餐時,尚未寫完。餐後,請全嘏、琦潤、頌南及璋往看空軍戰績及淞滬前綫電影。接到秉琦及淑度信各一封。

八日,晨起時大霧,零上三度。後漸晴。孫主席來會參觀。盧宗濩來。吳子千來,約我下星期到高中講演,講題未定。今日報上言山西省政府暫遷臨汾,太原由某將軍死守。子千聞人言,守太原者爲傅作義,帶領好兵回師。餘軍在外作游擊戰。將訓練民衆一文寫完。下午精神甚倦,翻閱《歐洲史》。接到教育部秘書處致余及石曾信各一封,均係通告教育學術界所發宣布日軍破壞我教育文化機關各項事實之宣言,已將余等姓名列入,徵求追認者。又接蜀化君自津來函一件,上月廿六日。言"前日始抵津",想係潤章化名,甚喜。又接商主席來信,言郭乃岑已令專員查明無他情節,即釋放。

　　九日，上午晴，有微雲，下午漸陰，晚遂微雨。訪耕硯，因他在開會未見。寫一信與士林，告訴他潤章已經到津，寫一信與潤章，告訴他一切經過。寫畢則士林已來，乃獨發潤章信。下午稍眠後，出到臨時大學，見耕硯及軾遊。耕硯已接潤章信。打聽李西雲及康天經錄取否，康被取，李則平均僅三十八分，不及標準。歸，士林及劼恒再來談。晚寫一信與蔚如，告以西雲之未錄取。翻閱《歐洲史》。

　　十日，晴，晚陰。早晨，伯恭來，希望將來對於西雲上學有辦法。寫《怎麼樣到鄉下去宣傳》。下午寫完。劉永彬來，劉係動物研究所職員，問動物所情形，則四人已外出。所長陸先生未出。寫叔平信一封，交還臨時入庫證。晚翻閱《歐洲史》，守真來談。

　　十一日，全日陰。接潤章信一封，立時答復他，并寫緝亭信一封，請其代交。盧季韶來。閻有訓來。劉永彬來。接子臧信一封。立時答復。接賢明轉來愛國連鎖捐信一封。同扶萬談德昌事，請他告誡他。晚劼恒同一謝先生來，謝係西北農林專校教員，來此搜集向民眾宣傳材料，招一非與之談。

　　十二日，五點許，醒，聞外有人聲，則萬玉已來。稍遲，即起。彼同來者，尚有師大多人。早餐後，壽彝同張毓芬同來，仍係借讀事，請與軾遊等關說，乃寫軾遊、雲亭公信一封。日章今早到者。來談。下午雲亭來談，與之言，借讀無法辦理，或可令隨轉學試，然時期已過，或可將信中日期改前，作為彼誤壓起，以便報名，乃改寫信。子怡來談。偉烈及馮君今早到者。來，稍談。晚接頡剛信，復之。今日晴。報載上海南市已退出。

　　十三日，晴。報載太原已退出。接潤章電一封。早餐後，商議發掘事宜,始發現於此時開工,有種種困難。第一,近日戰局變化頗快,而工程頗緊張,如至中途而時局緊張,將無法收拾。第二,如再出車型,而已結冰,土經融化而碎,將無法工作。乃決定暫緩工作。周建侯、雍克昌、賈□□、金□□①來談,并交捐款。正談間,忽聞警報,開始即屬緊急警報。見數飛機盤旋空中,未知何者爲敵機。未聞炸彈聲。接緝亭信一封,言八月份經費,因當日未接到通知,已全匯平,五千元已全匯來。復潤章電一封。雲亭、日章、志仁來,約同到十錦齋吃飯,志仁爲主。後同訪劍儔,不見。歸,翻閱《歐洲史》。晚報載敵機擲炸彈十一,無損失。

十四日,晴。午後,再商議工作,決定一面派人到城固,接洽發掘張騫墓前石刻,一面到鬥雞臺,專掀標準坑之上頂,俟城固接洽妥協,即由鬥雞臺往工作。此段萬玉、頌南同德昌往。外全嘏調查寶雞及郿縣渭河南岸遺址。文青調查漢江流域遺址。湯化府來談。將晚到蓮湖公園一游。接士林信一封。翻閱《歐洲史》。今日聞昨日敵機所擲彈均僅五十磅重者,且僅炸其一,無損失。惟敵曾用機槍掃射,一小孩,傷腿不重云云。晚漸陰;眠時九度餘。

十五日,陰。爲《西北論衡》寫一短篇《大申軍紀》。看《西北史地學雜志》稿。下午西北史地學會開會。今日臨時大學開學,在西京招待所請客,軍政學各界要人均在坐。余赴宴散後,賢明來談。彼對於民眾全體動員事甚熱心,與余商量辦法。彼又言臧式芳亦甚熱心,因決定明日先找他,先談一下,同意後,三人同往

---

①編者注:原於"賈""金"後各空闕約二字。

找臨時大學各位常委一談。賢明去後，又同本所人談。寢時一點鐘已過。

十六日，陰。看全蝦所作調查報告。晚賢明來，言臧校長今日無暇，約明日下午二點，在籌備委員會相會，商議後，再與臨時大學接頭。

十七日，陰雨。上午寫《標準青年國難時期的最低生活條件》，未完。盧季韶來談。接歷史組同人公信一封。下午兩點到籌備委員會，晤賢明及臧校長談後，由臧與臨時大學常委約，五點在臨大見面。歸，稍息。五點，賢明來，同往臨大。陰雨泥濘，車不好雇，雖一點路，而行路艱難。至稍待，見面談後，同出到□□①食堂晚餐，臧君作主人。餐後，同到民政廳，見君頤。遇一四川傅君，初自臨汾來，報告晉省軍事經過甚詳。問君頤以此間民衆訓練經過。據言前年曾訓練過二十萬人，當時受訓練之幹部人員亦甚多。自去年事變，幹部星散，無法鳩集。今年始又訓練幹部，七月始正式開學，本定半年畢業，而事變逼迫，只好加緊功課，現在算勉强畢業，數約千人，而因各縣不能集中訓練，需人甚多，尚遠不敷用。云云。歸，十一點。寢時，約十二點。接士林信一封。又接信一封，剪開後，始看見爲應轉吳西屛信，大驚。

十八日，昨晚精神甚興奮，遂不能眠。覺甚熱。細思軍事，略有所見。以爲今日應出一支兵，由大青山北，潛行，直襲張家口，得之不難。約第八路軍同時奇襲南口。得南口後，直襲北平，斷平綏、平漢二綫之交通，始可轉移晉局。眠時，大約在三點後。九

────────────

①編者注：原於“到”後空闕約二字。

點許起，寫一求恕信與西屏，并將其來信送去。又寫一信與君頤，約與之密談十分鐘，然一日彼甚忙，未得相見。寫潤章信一封，復歷史組同人信一封。午後賢明來，約明日午後兩點，再到籌備委員會商議。彼去後，再細思作戰計畫，其中困難尚多。因二千里外行軍，勢不能多帶軍火，敵人盛怒而來，何以禦之？雖可策動游擊隊破壞鐵路，延其來期，然無大宗接濟，終無所成，如六七日中能從北鄉接到一批，始克有濟，未知能有希望否。晚仍陰雨，天頗寒。

十九日，仍陰雨。全日温度不過零上兩三度。下午三時許，并霏霰粒。上午吳西屏來談。下午到籌備委員會，來者，除臧校長、王院長外，有軾遊、毅祉，共六人。今日將晚始見君頤一談。晚仲良來談。聞軾遊言，今日見蔣鼎文，彼言晉南及江浙形勢轉嘉，甚樂觀。至政府則教育部、考試院等遷重慶，鐵道、交通、財政等遷武漢，軍政部、軍事委員會坐鎮南京云云。

二十日，夜中覺寒。晨起見雪，終日時飛時止。温度全日不越零度。陳廷瓚來約明日爲教職員聯合會講演。他們事前並没有同我接頭，就把報登出。王捷三來，交募捐簿，並約今日在彼家中晚餐。與君頤再談。與詠霓寫信一封，與之言奇襲北平計畫。晚蔚如來談。今晚因寫信，遂忘到捷三處，及想到，已七點，彼請五點半。太晚，止好不往。

二十一日，雪止。晚上月色甚好。温度不越零度。早餐時，陳廷瓚來。餐後，同到師範學校。開會原定在大禮堂，但臨時又被文化協會占用，然咎不在文化協會，因爲他們接洽在先，教職員聯合會未接洽，即登報，遂致參差。又報上所登出之講演人孫主席未到，到者有李振西團長及余。李君爲在山西舊關血戰之民族英雄，現腿上傷未全愈。彼言大家恃黃河，但此絕不可靠。敵人有番布船，有炮火，當日我軍守滹沱未能守，則黃河當亦同。惟我兵在河外，則河大有用處。現在在山西之我軍全不作退過河之想。因大軍數十萬過河時，敵人飛機轟炸，惟有待死，故我軍全無過河之思想，真所謂"置之死地而後生"。山西民間有糧，足支三年，軍實甚富，抵拒有絕對的把握云云。余所講，則頭緒頗亂，不自愜意。下午王斌來談，王君係舊日北大學生，新從綏遠來者。晚仲良來談。

二十二日，復陰。全日最高温度不過零上一度。寫士林信一封，清甫及家信各一封。接子臧信一封。

二十三日，晴。天霜。上午金樹章來，交捐款。下午鄭士彥來。寫堯庭信一封。文青諸人因款項不多，建議不出作田野工作，留市內，找相當工作代替，余不以爲然，開諭之。萬玉、全緄今日下午起身到火車站①後，則無車，只好明早再行。接蘇弗第一信，言到南京，見到詠霓，終未找出工作，頗爲嘆惋。彼所學，爲國防所急需，而終不能得工作，我國人材之不經濟如是。接志仁信，言胡抱一已與朱紹良約定，明日十一點在建設廳後招待所，約余與賢明相見。

二十四日，起，日章來談。張潤泉來談。張君係早年師大畢業，曾著有《人類進化史》。爲入西北史地學會事來與余接洽，余則不甚了了，未能答復。光焜來，言近日光景，我軍東戰綫、蘇嘉

①編者注："站"，原脫。

綫已失，似有不支之勢，殊爲可慮。今早接賢明信，亦言胡抱一所約，而會見地址，爲西京招待所，大異。乃同光焜往籌備委員會，見賢明，再打電話問胡抱一，則確在建設廳後招待所。光焜則以其汽車送余等到彼處，見到朱司令長官，將所欲言事與彼談畢，即退，未知彼意見如何。出到化驗所，訪軾遊等，皆不遇，見少涵。少涵言政府精銳，已全喪失，失地不重要，但不能支持，實屬可慮。政府言長期抵抗，即不應言壯烈犧牲，二事實自相矛盾。其所言亦頗有理。惟彼主張即和，余則不以爲然。然近日時局，實太嚴重。余素日樂觀，今日幾不能自振。雖仍確信日本不能將中國完全滅掉，將來國際形勢，一有變化，失地仍可恢復，不過中國在舞臺上，所演太差，戰後希望，仍不見佳，爲大可慮耳。晚同文青談家鄉計畫，并擬將原定整理博望侯墓上石刻工作，暫停。調查仍繼續，惟兼調查興安一帶地方情形。馮君百平來訪，未遇。今日晴。

二十五日，晴。佘君貽澤自蘭州來，問以地方情形，據言積軍實甚多；又問防禦情形，據言地方原有二師，現已開出，防務似甚空虛。因前日金樹章先生來，言有人聽廣播，內有日人將由綏遠攻蘭州一事，今日聞佘君言，心中甚不寧靖。如果日人偏師突出，奇襲蘭州，取軍實以來殺我們：那真要鬧成天地間最大的笑話了！即出，到臨大，見軾遊、雲亭、少涵、耕硯、劍翛等，與之談，雲亭猶相信當局已有準備。聞軾遊言：東戰場戰事，敵人在金山衛登岸數日，我軍尚未知！我方人民派人送信，始倉皇應戰！故致敗衄！然則蘭州局面，真危急萬分者矣！決定請軾遊見朱紹良，與之談，又寫一公信，致蔣鼎文。下午張宗鑑來。張字金門，與余同縣，在此候補甚久，對於官場情形，民間疾苦，知之甚悉。談之真多隱憂也。晚因明早文青將出發西行，談頗久。頌南亦同行。孫赴陝南，陸到寶雞。請樂夫起致蔣鼎文信稿，晚成，尚未抄出。仲良來。接張維華君信一封。

二十六日，晴。上午開始爲西北史地學會作其所擬出之刊物之發刊詞。下午郝宇新及楊叔佶均請客，兩邊均經走到。此種無意味之應酬，余尚無毅力擺脱也。

二十七日，陰。晚晴。《戰時民衆》索稿，爲之開始寫一篇《到鄉村工作時候應有幾個疑問》，未完。上午志雲、耕硯及雷孝實來。耕硯要請志雲在得明樓吃飯，約余陪客，時間爲下午六點半。下午一回永和君持孫繩武一介紹片來見。回君，亦回教徒，瀋陽人，本年在北大化學系畢業，要往青海教書，路過此間，因來相見。接耕硯信，言請客改於建國公園雷廳長公館内，乃往。同坐者有儀祉及女客多人。孝實言消息甚好，舉出種種，然似道聽而塗説，只好俟將來事實的證明。今早將起時，已聞警報，起到前院小窰中暫避。敵機共來四小隊，十二架，聞擲之炸彈，似只七八枚，然晚報言有十七八枚之多，無大損失。敵機，東返者六架，在東方嗡嗡者二三十分鐘，疑與吾空軍相追逐，然亦未確。

二十八日，晴。天氣甚好，最高温度七度。寫完《到鄉村工作時候應有的幾個疑問》。還想再寫幾條雜感，而精神已不給！乃止。張潤泉送來其所著之《人類生活史》一本，留到客廳中，人則未見面。

二十九日，晴。最高温度至八九度。終日繼續寫《西北史地》的《發刊詞》,仍未完。過中午,有警報,然敵機未至。秉璋來談。季韶來談。寫士林信一封。

三十日,晴。天氣甚暖。最高溫度至十度。終日接續寫《發刊詞》,勉强完篇,不自愜意。將午仲良來談。下午原忠信來,彼在河南辦一《中原日報》的小型報,希望給他作一點文章。晚,光焜請吃飯,在坐者,志雲、毅祉、賢明、樂知、臧校長、王院長等。接天增信一封。晚寢時溫度尚有四度。

十二月

一日,晴,最高溫度仍至十度。繼續寫《標準青年國難期間中應有的生活條件》,但精神散漫,仍未能完。下午子怡來。晚蔚如來。接到西北論衡社信一封,係聘余為戰時西北問題討論會導師。

二日,晴。上午到通俗讀物編刊社,見諸同人,一談將來計畫。下午將《標準青年國難期間內應有的生活條件》寫完,寄給《大公報》。寫給雷廳長信一封,催促捐款事。接清甫及秉琦之信各一封。

三日,晴。午餐前岳劫恒同金樹章來談。下午及晚,翻閱《歐洲史》。接文青、全暇、子臧、堯庭信各一封。接雲亭信及轉來行營蔣主任之復信。上午買皮襖皮坎肩,為回家贈人之用。又購一皮領自用。

四日,晴。寫聖章信一封,夏庭信一封。檢點行李,接清甫信一封,士林信一封,雷廳長信一封。晚餐後,同桂璋、琦潤到樂夫家,觀春書之行李整理好否。翻閱《歐洲史》。①

八日,四點後起,檢點行李。上汽車。車上無蓋。如下雨時,可用番布篷。今日天晴,遂不用篷。六點開。野有大霜,故頗涼。沿途麥皆始出。橋梁多正在修理中。兩點餘,至南陽,先到聚盛祥,晤趙友三,問明清甫住所,往則清甫在鄉間,僅大表嫂領數小孩在焉。稍坐,有正興源之杜相公亦來。約定明日由正興源派人與清甫帶信。出,再到聚盛祥。又到女中,晤伏之、文園諸人。余初意,此次將在宛多住些時,不欲再攪擾女中,然別處均不合適,只好暫住幾天。又到清甫處取行李。早寢。今晚覺天氣頗溫和,溫度四五度。

九日,晴。早晨未明,學生即起早操,稍俟,余亦即起。溫度二度。下午最高至十四五度。早餐後,即同文園至東關,見鶴汀。後同鶴汀到宛中,晤香齋、一山諸人。平津同學會在漢畫館作一二·九周年紀念,來請余談話。往告以勿悲觀、練習吃苦二誼。再到宛中,與香齋談。彼客甚多。後同鶴汀出回女中。有蔣鳳璋來訪。蔣亦唐河人,為此間河南農工銀行辦事處主任。午餐後,有徐澤甫來訪,徐係英山宗人。同鶴汀往訪朱專員。歸,大表嫂因春書來,來訪,則今日彼又未至。表嫂去後,稍息。今晚女中請客,香齋先到,朱專員、子青、和卿、一山、鶴汀亦來。將就坐時,清甫來,言鄉間匪甚熾。未能多談,約明早見。將帶給友三皮襖,托他帶與。晚陰。眠時尚有九度。

十日,夜中甚熱。晴。早晨隨晨起鐘,即起。看學生早操。

---

①編者注:原稿"翻閱《歐洲史》"一句寫在稿紙第一行,其後十九行全部留空。

早餐前,洲侄來。彼患身瘴,近始漸愈,似屬缺乏某種惟他命而起。小地方無良醫可問,殊堪愯嘆。後十七姊亦來。去後,余出到聚盛祥,晤清甫,又同到彼寓中。歸校,張夢華及□□□①來訪。午餐後,稍息。在校向學生講演。告以時局之嚴重,勉其自下吃苦決心,及培養組織能力;後者必須目光遠大及對民衆有深摯的同情,始能達到目的。王敬如來,約到鄉師講演,囑其同他校相合,以省時間。清甫來,言春書尚未來,頗令人掛念。夢華及平津同學數人又來,談宣傳事。堯廷來。接樂夫信一封,及轉來家信一封。

十一日,晴。隨晨鐘起。不久香齋來,又約鶴汀、肇生、孟華等來。閱彼所擬編訓壯丁辦法,大致尚妥,然擬以三月訓練小隊長,三月訓練壯丁,共半年,緩不濟急,乃改爲同時訓練。請平津同學會張、郭二君來,助余草《宣傳隊之辦法》。下午聞人談,匪患甚急,搜掠民間槍枝馬匹,聲言隨蔣委員長抗日云云。似劉峙原來所組織秘密社會,爲人所騙,毫無實力,現劉急發動此力,而騙之者無法交差,遂爲此倒行逆施之計。果如此,則必須請中央及劉制止,才能有效。乃出到宛中見香齋,約楊、朱、張諸君商酌,余與三君同見專員,請其致電劉主任,請其制止,地方亦致電劉,及行營,說明一切,請其制止,香齋以私人名義,致電蕭洒,同意。乃又會陶東之、趙芝庭同往。說明後,專員答稱,君等所猜,大致不差,但曾經屢次上稟及寫私信,劉已允停止,在黃河南岸招匪,已有公事,此間辦匪,已無掣肘云云,乃不發電。惟香齋致蕭電,

---

仍請其發出。出與東之約，請其明早來談。接專員公署信，明日早九點，開宛屬各縣聯防會議，請列席。今日春書仍未至。

十二日，晴。早晨陶東之來談。今日專員公署開縣政會議，上下午余均列席。上午有建設廳長張靜愚向各行政人員訓話。開會後，主席即請余説話，余告以敵人三月後，恐即來到，故三月內必須籌備完畢。所籌備者，爲恢復地方秩序，加緊宣傳，統制糧食，訓練有槍壯丁及無槍壯丁等事。下午開會前，同友梅等同宛中一談。對於取消警備隊、改編義勇壯丁常備隊事，頗多隱憂。又到會，想找常備隊原案，終未獲。晚唐河縣王縣長來談。王爲人似尚能幹。今日春書到，乃因汽車壞，留葉縣二日！

十三日，早起，友梅、漱芳來，言下午四點大家到宛中與香齋及專員商議一切。又約鶴汀、夢華。到南陽中學講演。談至痛處，不覺涕泗滂沱，聽衆亦多淚漣。歸到洲寓，晤洲及大表嫂、二表嫂、春書，同往看房子，均不甚合適。下午有農林學校二人來談。話劇團二人來談，係河大學生所組，今晚在宛中演，請往指導。四點到宛中，則香齋、專員與縣長另有會議，友梅、漱芳亦未來。夢華與香齋約明早來女中商議。回，晚餐後，往宛中觀演話劇。今日上演者爲《逃往何處去》《父親與兒子》《最後的一計》。《逃往何處去》即《放下你的鞭子》，劇本較好。《父親與兒子》劇本技巧太差。《最後的一計》較好。然內所言搜尋地道，則似受《彭公案》周百靈事之影響，情勢不合。演的大致尚好。

十四日……①

---

①編者注：原稿此處未寫完。

一九三八年

六　月

……①免,殊可憂慮。出後,訪驦先與伯聰,均未遇。歸,接驦先信,係余過江後送來,言今晚未能相候,當再電話約期或渡江來訪云云。今日畢閱《斯太林傳》。

四日,天陰,時霏霧絲。早餐後,出外買報,戰事則一日已放棄鹿邑,三日仍守淮陽綫。守真聞人言,周家口已失,但周家口在淮陽西數十里,似尚未必。繼續寫《關於舊瓶裝新酒》,未完。下午到部中,晤申府、一山等。四點開會,係委員會全體會。陳部長主席。報告一切後,陳與大家講第三期戰事定義爲保衛武漢,並言,第三期戰事比第二期更有把握。此雖非最後之決戰,但爲開

---

①編者注:原稿此處闕頁。

戰以來第一次之大會戰,及決戰,雖未敢保定武漢不失,但使敵人
比在南京及徐州受更大之損失,則有一定把握。即武漢失後,仍
當繼續□①戰,即可獲得最後勝利。又勉大家……②在武漢受巨
創,必來報復……③

……④堪憂慮。

六日,時雨時止,晚有晴意。本日報載戰事延到開封西南,盛
傳開封已退出。早餐後到部,未及參加紀念周。與申府談民運未
能開展事,頗爲感慨。與繩武同歸寓,稍談。下午有白芷潔、劉鳳
章、李俊三來訪。白,新安人,劉,舞陽人,均河大畢業生。又與繩
武談民運事。有一曲君,係一軍事校官,來訪繩武,在余室內談。
晚餐後同守真、乃岑及社中之艾君,到江邊一游。走至一地,名曰
蓬湖,爲貧民搭蘆棚聚居之所。蘆棚多數露天,爲貧民所自搭,難
蔽風雨。附近僅有一容數十人之避難室,而此區人民數目固過兩
千。往訪張含清,遇向辰。歸已十點。接伯聰信一封,約明早七
點過江到德明飯店。言石曾及雲青均在。

七日,夜中大雨,日中時雨時止,均甚大。開封戰事甚劇烈,
露透電據敵人情報,言全城已陷落。淮陽有戰事。將七點雨稍
止,過江,至德明飯店,晤石曾、雲青、伯聰、毓秀等。又晤毓秀一
侄,爲一飛行家。午間農工銀行請石曾吃飯,余等作陪。歸,精神
頗困。翻閱含清所贈其所著之《時代教育講稿》。其稿未大整

---

①編者注:原稿此字殘闕,無法辨識。
②編者注:原稿此處有半行文字因頁面殘闕而丟失。
③編者注:原稿此處有約半頁文字因頁面殘闕而丟失。
④編者注:原稿此處闕頁。

理。前部空話尚多。後大致尚好，但頗泛瀾，無中心點。晚爲老向之《抗日三字經》寫一短序。再翻閲《坦能堡戰役論》，精神不佳，遂止。

八日，夜間大雨。晨雨止。晚有晴意，然十點後又雨。報載戰事移至中牟東，尉氏東，太康、西華、淮陽諸縣，仍在我軍手云云。到部，問何子星出版委員會進行何若，彼答將於今日開成立會。彼又言《國民周報》與編刊社無關，余答以無編刊社，余個人何能籌備？彼又言可將此數人改爲特約編輯，余答以編刊社中，未能分出人來作。話甚不投機，然則《國民周報》之辦理，余未必參加，余此次來武漢或又虛行矣！開組會，止到四五人。繩武提議一遷移文化機關案。下午寫一與辭修部長函，未完。晚餐後，同澤民、紀彬、一非到江上一走。晚社中開會討論民間劇。

九日，晴。早晨同守真、一非談《國民周報》社前途非順利事，遂致耽誤早餐。出，讀報，知中牟附近，尚有血戰，長葛一帶，已發現敵人，平、漢受威脅，但被擊退。到部中一轉。問何子星，則言出版委員會昨日尚未開！往謁周副部長，未在部。即出，到小館中，吃麵一碗。歸，劉植荃女士來，爲同事劉雨樓之女。曾在孫殿英軍中作政治工作。現在漢無多事，仍欲返晉南工作，其父不願，希望其能在《國民周報》社工作。余告以該社前途頗渺茫，當於編刊社中設法。繩武來談，又耽誤午餐。遂煩再作。餐後，接到望雲畫稿及老舍文稿。繩武及守真、一非談，余讀老舍稿，坐困幾入夢，未能抬頭。數人去後，午睡一時，起，完辭修部長函，遂已晚餐時間。胡求真來訪。胡君北大畢業生，研究經濟，想請求英款補款金，望余函驪先，求其幫助，又持紫崗函，言明日下午四點將來訪。餐後，同玉瓖往游沙湖，從粵漢路軌上南行，至小東門，才向回路走。歸已八點餘。寫《通俗文藝深入民衆的兩重要條件》，僅開一頭。今日穆木天贈一本《五月》，爲一種詩歌綜合叢刊。讀數首。

十日，晴，然偶落雨數點。報載昨日敵過中牟。貴池、大通一帶有激戰，空軍炸沉敵巨艦一。未到部。寫一信與道藩次長，請其發本社三、四、五三月份補助費。完成《通俗文藝深入民衆》一文，僅千餘字。下午紫崗來談。晚餐後，仍同玉瓖往沙湖一游。尚鉞來訪，未遇，留一字，言明晚再來。接潤章信一封，即行裁復。今日天熱，室中至晚尚廿七八度。

十一日，夜中又雨。上午未止，下午漸晴。報載戰事尚在中牟一帶。敵又犯洧川各處。上午草成社歌一首，與社中同人看，有各種意見，尚須修改。社中發教育部公函一件，請其繼續並增加補助費。並以私人名義，與張道藩一函，請其幫忙。又同一非商議募集印刷費事。下午到部。四點開會。辭修部長談及葉南及李公樸，言其搗亂性成，甚爲忿怒。步行歸。尚鉞來談。晚社中開坐談會，仍談民間劇問題，談論頗詳。散會已十點半。

十二日，陰，時落細雨，報載敵人將黃河堤從陽橋一帶爬開，河水將流入賈魯河。敵軍退開封。外各方無大變化，惟六安郊外，已有戰事。然則最近敵人或不攻鄭、許一帶而從六安直衝信陽乎？到部中，何子星來詢《國民周報》稿件事，告以可如期出板。惟發行事，須及早計畫，免致臨時貽誤。歸。（寫驪先信一封，紫崗信一封。寫信在到部前。）與繩武談。午餐及睡後整理信件。寫達三信一封，文青信一封。晚爲《國民周報》寫短文，未完。玉瓖到漢口，言有難民餓死街頭，無人管理，傷兵尋醫院數日不得。我國人組織能力差，殊堪憂慮。又言見獲日人男女俘虜數人，均便衣。然則或係間諜也。今日《大公報》歐洲通信言近日國際形勢大變化，英人亦希望俄人制裁日本云云。

十三日，早陰，下午晴。據報載昨日戰局無大變化。午間繩武言聞人言，中蘇協定，今日簽字，未知確否。繩武又言：據傳言，黃河乃係我軍自掘以阻機械化部隊者。未到部，全日忙於整理《周報》稿件。

十四日，陰。據報載昨日戰局無大變化，惟晚間繩武言安慶今早已退出，此亦在意計中，因敵人在安慶附近，登岸頗急，戰鬥頗劇烈也。未到部，仍忙整理稿件，寫一周戰事及最近世界大事。接部中信一封，爲編《建國常識叢書》事。紫崗介紹一汪楷民君來見，汪爲安大學生，想找一服務機會，介紹他與繩武及守真相見。接到長兄信一封，言家中尚平安，惟五月初八（大約陰曆）敵機又到南陽，但無大損失。又接劉斌彭信一封。

十五日，陰，時落微雨。讀報，知安慶於十三日已經放棄（有謂十二日夜者），六安似尚未失。到部，將《周報》稿交與何子星。下午僅讀魯迅所譯之《錶》。晚亦僅翻閱抗戰戲劇而已。

十六日，終日霏霧絲。據報載，戰綫無大變化。惟長江南北岸均緊。終日不出。上午對於救濟中學生問題，竭力構思。下午閱《周報》稿。晚看同人排《盲啞恨》。並與守真、一非商議，改詞義之不甚妥當者。玉瓖言有二中學生，從徐州逃來，收容所不收，在中山公園流浪，已三日不食云云！近日難民無歸者太多，殊可憂慮。此二人明日當令玉瓖往尋之，社會或能有用彼之處。寫何子祥信一封，接驪先信一封。

十七日，陰。戰事無大變化。國民參政院參政已發表。三民主義青年團《蔣先生告青年書》亦發表。到部，見何子星，問《周報》事，彼言部長派彼及衛惠林、畢修勻及余四人商辦。衛君對余所撰文有意見頗多。約明日十點半到部商議。歸購鞋帽等事。下午與省三、守真商議救濟中等失學學生之計畫。晚寫出，未完。宗人德甫來，因余同郝、王正談，遂先去。接向辰信一封，汪楷民信一封，坐談會信一封，約下午七時往開會，但未著明何坐談會，遂不往。

十八日，晴。戰事無大變化。早晨，德甫來。繼續寫救濟中等失學學生之計畫。至十點，到部。與衛惠林談《周報》稿件事。返，午餐後，陳震華字湯泉，鄧縣人。來談。彼對於襄、鄖情形尚熟。稍休息，再到部，開設計委員會。陳部長談教育意見甚多。頗願窮人全能念書。指定八人爲教育設計，余亦在内。散會後，又邀余等八人談。談及令中學生作工事，彼又覺不可能。成見誤人，賢者不免。令余等爲流亡學生設計，計畫在鄂北、鄂西集湖北中學生訓練，計畫一教員暑期講習會，對於鄂西之國防設計，共四事。散時已將八點。定明日九點半鐘在委員會第四組開會。早與向辰信一封，令玉瓖送與，囑將《跨海征東三字經》稿子交來。晚接到。又接子祥信一封。潤章信一封。又接周佛海請函一。

十九日，陰。戰事我方退出桐城、舒城，敵人擬攻六安。至長江南岸，則敵人終未得登陸。又敵人在汾陽、臨汾增援。到部，開會。因初中教授英文問題，余等後讓步至改爲選科，而仍力爭始能通過！一連君除教育部章外，毫無理由，而仍斷斷以爭！後問含清,知其學軍用化學,對於教育毫無所知,乃仍固執己見!下午德甫、維華、辛南、求真來。維華請求英庚款補助,請余保證。寫大哥、二哥信一封。晚到含清寓,商議鄂西建設問題及教育問題。在坐者,尚有一張君、一鄭君。張君,天門人,久在鄂西作縣長,湖山各縣,所未到過者僅兩縣,故地方情形甚熟。鄭君,宜昌人,地方情形亦熟。歸時已過十一點,寢時過十二點。自昨夜即腹中不安,今日瀉一次。

二十日,晴。敵人在江南岸荻港上陸,激戰甚烈。早餐後,到部,第一次參加紀念周。禮堂人多天氣熱,未能終場被扶出者幾人。部長所報告問題,可注意者,爲我方的炮比敵人多,並且比敵人的好,但是尚未發揮到其應發揮的威力!此後配置訓練,當特別注意矣。又敵人自言中國兵是打不完的,必須斷其軍火之來源。敵人今日始感覺到中國兵打不完,但欲斷中國軍火的來源,未知將用何法。除非將中國全體包圍,但此事爲不可能!部長談話甚長。周會散後,稍息,即開會討論鄂西建設及教育問題。歸,德甫來,彼將歸鄉,爲彼給香齋寫信一封。今日共瀉兩次,下午未多工作,僅翻閱《周報》第二期稿件,但第一期稿件,現尚未整理出,頗可焦人。晚餐後再到含清寓,討論鄂西教育問題。歸,十一點已過。今日天氣甚熱,室內二十八度。晚歸時,陰,見電,未聞雷。

二十一日,半陰。荻港登岸之敵,十九日與我相持於荻港東南之鳳凰山、牛歇嶺一帶,激戰①甚烈。後卒被我軍擊退,二十

①編者注:"激戰",原誤作"激烈"。

日，尚在荻港近郊苦戰。《大公報》專電言敵軍歸四路活動：一、由蒙城圖由阜陽、新蔡攻確山；二、圖由正陽關經霍邱、潢川、羅山以犯信陽；三、圖由合肥經六安西犯；四、圖由安慶經太湖以犯廣濟。現敵攻潛山甚急。又宇垣十八日有誘降之談話。觀其利誘威脅，雖未敢謂敵勢已近崩潰，然其窘狀已如見矣！今日腹尚未靖，午後水瀉一次。終日工作不力，僅稍閱改《周報》第二期稿。下午陳湯泉來談。三點到部開會，商議鄂西、鄂北教育問題。眠前又出恭一次，瀉稍止。

二十二日，陰。八點鐘許，落雨一陣。到部，今日本應有組會，但僅到三四人，又早晚不一，故未能開。梁鼎銘想出建議出一有國際性之畫報以資敷衍。報載我軍退出潛山，現在潛山、太湖中間激戰。又言南澳敵登陸，正激戰中。繩武則聞人言，太湖已失，晚並言敵已到宿松。但繩武近日所傳惡消息，多未可靠。前數日，言六安已失守，而至今日六安尚在我軍手，即其一證。希望此次惡消息亦仍如斯。下午三點再到部，結束前數日所討論各案。惟邊區一案，因範圍尚未定，須請示後，始能修改呈上。餘三案簽名送交。歸，汪楷民來。晚有一王凌霄君，濮陽人，在大名、濮陽一帶作特務工作，新歸來，守真、紀彬約其來社報告。報告頗詳。大約敵人在河北勢力甚弱，而我方抗敵系統複雜，組織未健全，仍多互相磨擦！人心望國軍甚殷。"中原父老望旌旗"，而此間仍不免有"輕社稷"之舉動，可爲痛哭！今日腹大致安靖。接樂夫信一封，王海超信一封。

二十三日，陰。將晚，大雨淋漓。讀報，則戰事仍在太湖東。我軍收復中牟、尉氏。未往部。整理《周報》一期稿件。寫北平家信一封,石頭信一封,清甫信一封。剛寫畢,即接清甫信一封,爽亭信一封,文青信一封,內轉潤章信一封,則過時已久。晚,梁子雲、萬曼及張滌暴來。張爲一百〇六師副官長,前在蘭封一帶作戰。今日受社邀,報告參戰經過。上月二十六日夜,初攻三義寨,已將南門、西門攻入,卒因友軍失師期,致功敗垂成,土肥原漏網,真堪扼腕。蘭封戰役,敵人死傷近萬,我軍死傷近四萬。又接張伯謹信一封,言明早九點半仍將開會,討論鄂西建設問題。

二十四日,晴。夜二點後即未睡着。報載敵過潛山,作工事及鐵絲網,停止前進。想其配備未完,另有他項企圖,或將與河南、江西兩路同時進攻乎? 南澳尚相持中。又有敵艦八艘到瓊州,有企圖登陸模樣。法取強硬態度,派十艘往監視。到部,將《周報》第一期稿再交與何子星。開會,討論鄂西問題,決定將襄、鄖、荆、沙包入。先規定項目,派員考察,再定具體計畫。下午賀仲璉來談,乃瑞宇先生之子。彼對桑梓許昌,尚擬有所作爲。晚餐後,獨到沙湖一轉,至路東端,又有人家。寫爽亭信一封,文青信一封,芝亭信一封。十點過,即寢。

二十五日,晴,天氣甚熱,室內至三十度。昨日午時,敵在東流上游香口登岸,現正在激戰中。昨日我空軍四次轟炸敵艦。判明者,擊沉敵艦二艘。前日敵軍在瓊州強登岸,被擊退。到部,問何子星稿件事,彼言將送部長一看,即付印。下午再到部。兩點開會決定鄂西視察計畫。四點,設計委員會開會,部長未到,由黃副部長代理。晚餐後,到江邊,江水離岸不過丈。又到沙湖一轉,未遠行。前日街上遇一人,面甚熟,但想不起姓名。今晨來訪,談次知彼屬於河大,河南同鄉,但姓名仍記不起! 晚梁子雲來,言明日即赴臨汝。

二十六日，晨有雲。午後極悶燥，室內將三十度。一點多鐘，大雨一陣，後又晴。香口於昨日午十二時收復，殘敵竄香口西，現正圍剿。敵圖由汕尾等處登岸，被我擊退。早餐後，出購筆、墨汁、牙刷、胰子、布。又購《洪深戲曲集》，尤兢所著之《皇軍的偉績》一本。全日寫《我們自己就是那必爭的一子》，下午寫畢，未修改。閱所購二書。晚餐後到沙湖一轉。接樂夫信一封。

二十七日，晴。馬當一帶戰事激烈。到部，問何子星，《周報》何時付印，彼仍藉詞推延，謂稿子尚有問題。余嚴詞責之，謂稿子有問題，應該第一次全指出來，何得第一次指出三點，第二次指出四點，第三次又要指出五點！彼無詞以對。不過彼謂彼已派人搜集難民材料，未知確否。如確，還算有一點理由。催他開會商議，彼言不能決定。催他甚緊，會衛、畢二公均在此地，即立時商議決定第一期於七七印出。以後每星期三印成，星期四發行。星期下午兩點半會面商議，星期一發新聞稿。老向及守真為編輯主任。余允歸與守真商議。與畢修匀同出，到照相館，余照像，畢取像。畢在北平研究院亦有名義。但彼在院，所用名為陳紹文。歸與守真談，守真因須與繩武幫忙作政治工作，故未能到部作事。推與一非，一非亦不願往，也只好任老向獨任。晚餐後出，中正路操場中演露天電影。中正路與胡林翼路拐角處，新安無綫電，報告時事。兩處人皆甚多。訪漱溟，則彼已往四川三日。購《抗戰三日刊》一份。又買鋪席、枕頭席各一。價共八角五分。今日天甚熱，室內三十度，不斷汗。接全碱信一，言家鄉軍隊人民不能和洽，因抓民夫致開槍傷人者已三見！殊堪憂慮。又接中央周報社函一封,桂雲信一封。

二十八日,陰,偶落一點雨。悶熱,室內保持二十八九度之溫度。馬當戰事極緊急。未到部。守真、紀彬對於《我們對於舊瓶裝新酒的看法》根本意見,同我無差異。不過覺得我把通俗文藝看成一種僅爲政治宣傳的工具,與文藝自身無大關係,且戰後似即無用處,恐怕減低同人的高興。其實這絕不是我的意思。我們當日並沒有把通俗文藝看成政治的工具,却看成一種重要的社會事業。政治範圍較狹,至社會範圍,則比文藝廣,並且比它重要。至於戰後,當辛苦建國的時候,開發民知,當爲最重要的一件事,因此通俗文藝的重要,止能增加,絕不會減少。我答應對於此文及《通俗文藝的三個條件》酌加修改。下午即從事修改。今日工作不佳。

二十九日,早晨大雨。終日陰雨不定。晚報載馬當要塞敵人占東部,我在西部固守。未到部。讀《蘇俄新學校》。又擬用《文摘》所載《一件冷酷事實的教訓》,作一篇話劇,請社中各同人研究,成一集體創作。加入討論者有都、盧、魏及守真四人。討論結果,擬作多幕劇及獨幕劇兩種。多幕劇由盧君執筆,余對獨幕劇或可執筆。背景用農村或城市尚未定。接坐談會信一封,言三十日晚七時在一江春聚餐,交換時事意見。未知何坐談會。然後言"請陳部長,周、黃副部長及賀主任出席講話",然則其爲政治部同人之坐談會乎?

三十日,陰。終日涼爽,室內溫度不越二十四五度。今日大家見面談時,多以爲馬當已失,但晚報,接今日下午一點自九江來電,尚言在混亂中。徵之經驗,某地緊急,後忽三兩日不談,大約失守;如言某地激戰混戰,當時並未失守。今日人心浮動,多輕信不好之揣測,亦一大缺點。繩武即最好信惡消息者之一人!上午到部,將《周報》稿子交與向辰。告訴子星,受真不能來部辦公,但可作文事。下午對於《一件冷酷事實的教訓》,竭力構思。晚餐時遇木天,稍談。餐後到胡林翼路,取照片。買晚報及《世界知識》《大風》各一本。歸,翻閱畢。寢時將十二點。接王勵工信一封。

七 月

一日,晴。尚涼爽。室內二十五六度。馬當已失,戰地在馬當、彭澤間。敵又攻晉城,在天井關一帶激戰。到部。晤達夫。彼已自東戰場歸三四日。問浙江民運,亦無起色,殊堪浩嘆!然天下事,無最大之犧牲,不能有最大之覺悟,事本如此,亦無足怪!到商務印書館,書太不全。購《羅素教育論》一本,《蘇俄之教育》一本,《四騎士》一本。歸,終日讀《教育論》,盡其半。晚餐後,同玉瓔到沙湖一轉。晚閱《四騎士》數頁。寢時十一點過。接石頭信一封。

二日,晴。頗熱。敵退潛山。馬當西戰仍急。我支隊克復舒城。終日看《四騎士》。下午未午睡,兩點半鐘到部。爲開《周報》編輯會。至則有人雖在而忘掉,有人不到!作事如此,人心如此,殊堪痛恨!余當再候數日,如仍無下落,即當辭職去,不能在此混飯吃也!委員會開會。部長未到,黃副部長主席。一組、三組均無工作可報告!經副部長溫詞申斥。晚參加社中坐談會,討論大鼓、竹板書、墜子等類之歷史及今日利用寫作問題。今日玉瓏之同學張樹棻來。張，方城人，家貧勤學，聞對於繪畫，頗有天賦。接文青信一封，轉來建功、頡剛、秉琦、三林、樂夫信各一封。

三日，晴。熱。室內溫度全日保持三十度附近。閱晚報，戰事已到彭澤西。蔣委員長對英倫敦《每日快報》發表談話，據言有英、法、意、瑞典、瑞士使節來漢，企圖斡旋和平。"但中國方面之意思，以爲苟非能將主權完全收復，絕不歡迎任何國家調停。"未到部，上午辛南來談。下午給建功寫信一封。因本社工作團將在凌霄及新市場出演，社員全要往觀，余亦願往，故五點鐘即晚餐。後同過江。演奏大致尚佳。回時，船上人甚擁擠，更增加熱度。抵寓，已十一點。今日張樹芬拿畫稿來，大致尚可觀，但缺基礎訓練。

四日，晴。熱。室內達三十二度，爲本年尚未有之高度。我軍反攻彭澤。敵軍攻陷晋城。我軍收復運城及安邑舊縣治。到部，參加紀念周。陳部長未到，黃副部長主席。黃官話比陳好的多，且其談話亦有條①理，似勝於陳之刺刺不休。其報告中可注意之點，爲彼承認馬當我軍因配備不好，致失利。但空軍威力甚好：參考攻馬當之敵人船隻，被炸沉及受傷者，達一半之數。又言近日戰事較穩。敵人因黃水隔阻，不能西犯鄭州，乃改途回道清，想一路從山西入陝西，打斷國際路綫；他一路則南渡黃河，犯襄、樊云云。又言敵人放和平空氣，係造謠搖亂人心者，絕對不可能。

---

①編者注："條"，原誤作"調"。

散會後，開《周報》編輯會。因紙張關係，改爲《旬報》。極力進行，然七月七日出版，已不可能。討論時，與衛惠林大衝突。彼强調欲多載新聞。堅持每周必須有國內要聞。余力持此欄如無大事，即缺亦不妨，彼堅持一定有。彼斥余錯誤，余斥其不懂！後經同席調處了事。歸前遇陳崑山。歸，辛南、求真同其同鄉劉廣田君來。劉字硯芸，河北平鄉人，在美國士丹佛大學研究生物化學，作實驗室助手十年。去國①歸國，任河大教授。現願到資源委員會服務，托余介紹，乃向詠霓寫一介紹信。彼等去後，稍休息，則前日熟識不記姓名之人來，談至末尾，彼出名片，始知爲楊震華！楊思將家眷先送陝西，彼間無熟人，余爲寫一信給扶萬。楊爲余民元學生，十八九年後，曾見過多次，余乃竟忘其姓名！記憶壞到這步田地，真屬苦惱！寫樂夫信一封。晚參加社中工作會。

五日，微陰。全日室中溫度不越三十度，且有風。戰時在湖口、彭澤間。未到部。上午再翻閲《四騎士》，下午讀《羅素教育論》，畢之。晚餐後同玉瓖到沙湖一轉。

六日，陰雨。戰事近湖口。出購《世界知識》《文摘》《抗戰三日刊》各一本，山西、江西地圖各一張。到部中。今日爲第三組開會之日，但到者只有余及一山二人！下午閲《周報》稿。接長兄信一封。劉炳藜信一封，爲請余寫稿者。

七日，時陰，時晴，時雨。室內溫度不越三十度，且有風。而汗總不乾。戰事仍在湖口。露透電證實前數日我空軍轟炸，敵人

---

①編者注："去國"，疑"去年"或"去歲"之誤。

一航空母艦被擊沉。上有機三十架,完全炸毀。到部。今日有兩會。一爲《周報》編輯會,二爲鄂西建設計畫會。後會余托含清代表。《周報》事(今日又改《周報》!)亦尚無頭緒。今日爲抗戰一周年紀念,報上言十二點後,鳴炮,全市民靜默三分鐘。余歸到青石橋口,時似未到十二點,亦未聞炮聲(或余正在看報,炮聲微,故未聞),巡警叫大家立住,坐車者下,余乃急下肅立。路東有武昌縣政府一隊,武裝非武裝者均有,尚在講演!余肅立約一分鐘餘,即已停止!歸午餐後,出到司門口獻金臺,獻金二十元。歸,睡午覺後,又出,理髮。晚間始寫《一個慘酷事實的教訓》。

八日,直至下午四五點鐘,風頗大。時陰時晴。五六點後濃陰。晚大雨。温度高時,室內達三十二度,但因風大,故不覺悶。雨時,風住,而天已涼爽。報載湖口城於五日下午四時放棄。後經我軍反攻,斃敵兩三千人。未到部。終日寫《事實的教訓》,尚未完。晚餐後,到街上稍作一轉,因雨急返。張紹良來,未遇。接文青信一封,轉來樂夫信一封,趙慧如信一封。慧如係賓秋之女公子,逃難在鹿邑附近,來信打聽其父所在。

九日,夜中大雨不住,早晨始漸止,下午晴。早晨室中二十四度,後漸升至二十六。戰事仍在彭澤、湖口,頗激烈。昨日我空軍冒狂風暴雨,五次出動轟炸安慶、蕪湖敵機及停泊湖口之敵艦,成績甚好。報載聞喜收復,但前日報載運城、晉城已收復,然觀續報,運城似尚有問題,晉城則消息似不確。然則今日聞喜之訊當仍待證實也。上午完成《事實的教訓》,下午張紹良來談。三點到部。開會,部長親到。窺其語意,我國軍隊數目,在布置上,似尚有拮据①。新兵過多，用時亦費斟酌。接全國文藝界抗敵協會信一封，言明日在漢口中山公園第一茶廳開談話會。達三回信一封。接《中央周報》一份，《政治周報》一份。

十日，晴。熱。仍到三十二度。戰事仍在湖口。寫文青信一封。有警報，到職業學校躲避，但其防空洞内均有水甚深。據人説，昨天盡力去水，但舀出後，地中再浸出來，故終無法。幸警報不久即解除。但有不少人認解除警報爲緊急警報者。晚報載，將以三種顔色旗幫助警報：白表空襲，紅表緊急，綠表解除。張維華來，在寓午餐。餐後同過江。在輪船上，遇林之棠。林，福建福安人，北大舊學生，現在華中大學教書。過江後，林雇一馬車，余别張，同他到中山公園赴會。到會者約二三十人。老舍主席。會中經費頗窘，余不記已納會費否，因又納兩元。

十一日，晴。室中最高至三十二度餘，至寢時仍將三十度。有風。戰地無大變化。上午同澤民修改《事實的教訓》的詞句，改名《軍民合作》。精神不佳。下午到部。見一同事，爲北大舊學生，浙江富陽人，前曾在家鄉作民衆工作。稍談，但余不知其姓名。近兩天有點咯嗽，今日似將患傷風，故工作不佳。

十二日，晴。室中最高至三十四度。寢時尚三十二度。有風。《掃蕩報》載九江東聞炮聲，餘報未載。上午到部。與向辰談《周報》預算事。下午十二點半，有空襲。到職業學校避。守門軍士初不願放入，與之交涉，始得允許。防空洞均有水。余等所避之洞，深一二寸。余等數人均赤脚下水。轟炸似不甚烈，但

①編者注："据"，原誤作"掘"。

《晚報》載死傷者五百餘！聞部中亦落數彈。此次轟炸僅到武昌。二漢未至。寫秉琦信一封，潤章信一封。接詠霓信一封。

十三日，晴。温度仍至三十四度，有風。有微雲。戰事似可使九江聞炮聲。今早聞繩武言：部中設計委員會部分受損失最大。往觀，則部之西隔壁一樓房，完全炸毀。部中正忙着搬移。委員會之秘書室，完全炸毀！余等平日之辦公室，則玻璃粉粹，門窗歪邪！聞部將移至落伽山。歸途過胭脂坪，頗有炸毀之房子，路旁棺材數具！下午寫文圍、文青及石頭信各一封，報告平安。出到書鋪中，購《中日戰爭中的女間諜》一本，《國社黨人物評論》一本，《高蘭朗誦詩集》一本。歸翻閱《女間諜》。此書爲市賈牟利之作，好材料不多。晚胡繩來社，講近日抗戰之情形。今日晚餐後繩武弟來給社中同人打傷寒及霍亂之混合預防針，余亦打一針。

十四日，氣候大約同昨日。昨日我軍在彭澤湖口綫有進展。又敵中型艦十餘艘由湖口上駛九公里，盤據張家洲轟擊我新港試探虛實，我軍還擊，半小時即停。今早三點將四點餘，有警報，急起，到職業學校躲避。遲之又久，天大明後，敵機九架從西南來，擲彈多枚，後聞在漢口飛機廠附近。我方無損失。八九點鐘時，又有第二次警報，但敵機被阻折回。警報解除後，過江，到農工銀行，問是否接達三匯來錢，答言昨日由金城銀行送來，因前無招拂，故已退返。乃到金城，金城請余回農工，即當送來。乃待至一點餘，尚未送到。且余現無"旭生"字圖章，且所需匯費，亦忘帶，乃出買船票，已到船旁矣，繼思專爲此事返武昌一次未免太周折。乃到黃陂街刻圖章。又到慶源棧向張禄明借國幣十元，期以明晨歸還。出，到小館中吃飯。畢，往取圖章，到農工，尚未送來，打電話往問，又遲將一點鐘，始送來。共兩票四百元，囑寄平寓。此款籌畫已三四月，始行寄出，真非易事也。回。今日天氣過熱。傷風似愈，然昨晚肚子未蓋好，今日又鬧肚子。泄一次。晚餐後，翟永坤同彭敬庵來。彭，湖北潛江人，但在河南教書時多。接部中信一封，係報告委員會正在遷移者。晚早睡。

十五日，天氣略如昨日。戰事無大變化。今日發熱，寢時三十八度四。疑爲注射針[1]反應，但未敢定。昨日空襲時，余曾下水，且昨日在漢口，天氣過熱，均可爲發熱原因之一。上午曾有警報，但敵機未至。寢前服阿是必靈一片。

十六日，早起。體溫降至三十七度一，後升至卅七度二，寢時則降至卅六度八。天氣仍如前。上午辛南來。後聞警報，同往避。此次有空戰。敵機落一架，我機亦損一架。炸彈百餘枚，均擲飛機場附近，落伽山聞亦落三枚，無大損失。晚八九點時又有警報，但敵機似未能至。

十七日，天氣、戰事均無大變化。但可預料雙方準備大戰之熱度，比自然之熱度有過之，無弗及。"萬木無聲待雨來"，正可爲今日寫照。寫平寓家信一封，聖章信一封，姚蓬子信一封。晚餐後，與守真、一非諸人討論本社遷移事。因今日雖無空襲，而近日空襲過多，編輯部極受影響。決定遷移，向重慶去，以便與教育部、文化研究會及生活書店各出資者易於接洽。最難解決爲工作團問題。因此間繩武所辦之後方勤務部之政治部需要工作團去

---

[1]編者注：原於"針"後衍一"針"字。

作,而團主任孫女士身體不康健,未能受軍隊式之生活。結果決定孫女士隨編輯部入川,籌畫再展工作。餘留此地,幫繩武工作。至行期,則俟一非先往宜昌打聽清楚後再定。寢時已過十二點。

十八日,天氣、戰事仍無大變動。惟室内溫度最高已超過三十四度。下午三點許有雷。寫達三信一封。工作不佳。寢時過十一點,室内尚過三十二度。

十九日,天氣、戰事仍均無大變動。惟溫度除早晨到三十度外,餘時未降至三十三度下。十六日我報據日人報載,俄人於前數日派兵四十占領一僞國之一瞭望臺,日、僞已提出抗議云云。今日報載日、俄關係緊張,俄方謂係中國地方,按一八九六年《琿春條約》,俄有權派兵到此地云云(海通電)。又謂按照《琿春條約》該地係俄地,故無所謂越境行動云云(塔斯電)。據所言,似俄人頗強硬,至日人似不如是強硬。早餐後,出購報,後想到各書店購書數本,但即聞警報鐘聲,急歸。敵此次投彈頗多。讀晚報,知三鎮均有轟炸,傷人甚多。下午寫從吾信一封。

二十日,天氣、戰事仍無變化。日俄問題仍甚緊張。昨日外報言蘇俄備戰,今日報載蘇俄《真理》《消息》二報,力言此爲由柏林方面所造之謠言。上午有警報兩次,但敵機尚未至。《晚報》言係敵機往炸岳州,經過附近云云。午間陳錦超來談。陳,内鄉人。下午翻閱《歐洲史》。接部中函一封,言設計委員會仍在舊地辦公。接頡剛來信一封,係致繩武及余者。晚參加社中坐談會,討論通俗教育估價及作法問題。

二十一日,天氣、戰事仍無大變化。上午到部。新辦公室内僅有十桌,當時到的委員已有十三!歸,有警報,但敵機未來。下午翻閱《歐洲史》,打防疫之第二針。晚,社中有集會。外到者,有新安旅行團、大衆報、戰時教育研究社、農村□□①團等團體。余參加一小會子,後因天太悶熱,且體覺不適。乃早歸室,但仍繼續聽大家討論。

二十二日,天氣全日尚如昨。晚聞雷。將寢,微雨數陣。戰局無大變化。但敵人用炮轟九江,被擊退。到落伽山,訪何子星諸人,均不見。返到部。有警報。敵機到後,擲彈,似甚遠。晚報載,擲於飛機場附近,無損失。今日體溫升至三十七度七五。後漸降。晚至卅七度。接文青信一封,子祥信一封,全碬信一封,石頭信一封。石頭信中,附長兄信一封,清甫信一封,賓秋信一封。清甫從中央銀行寄來百五十元。又接部中信一封,言二十七日開三組會議。晚參加社中晚會,討論有數種刊物是否繼續印行事。

二十三日,時雨時晴。戰局尚無變化。接石頭來電,言昨日離宛來漢。下午教玉瓖往接。但至寢時尚未回來。下午一非因將往宜昌,來談甚久。晚餐後,同振興到沙湖一轉。

二十四日,早晨甚涼爽。室內二十五度。晴。全日溫度不甚高而潮熱特甚。晚餐後,大雨一陣。昨日晨,敵自鄱陽湖西岸姑塘登岸,正在激戰中。早餐後,出購毛巾、烟,又購《中國歷史教程》一本,《闖典史》劇本一本。返則石頭已到。問知家中尚平安。惟紅槍會頗與官方有衝突。翻閱《闖典史》,係新編舊劇,殊無足取。又閱《中國歷史教程》,此係日本人佐野袈裟美著。專注意於歷代之經濟狀態。下午劉□□②來,持曉洲及士奇信一

①編者注:原於"農村"後空闕約二字。
②編者注:原於"劉"後空闕約二字。

封。言緑槍社因圖減派丁麥，官家派兵往，恐釀巨變，請余設法。
張維華、陳錦超來談。晚寫賓秋信一封，清甫信一封。

二十五日，時雨時晴。室內温度僅三十度，而悶熱。姑塘戰
事正烈。日俄糾紛，日人已軟下去。到部，見何子星，問《國民周
報》事，彼言預算未批下來，且言似無大前途者。余亦告以即將
去此。歸稍息。到中央銀行取匯款。下午過江訪石青。彼尚未
至辦事處，余又出一轉，至五點再往，彼仍未至，稍待，鄭竹虛亦
來。未幾，石青至，則腕間出一小瘤，至爲苦痛。談次，彼頗悲觀。
言蔣先生附近，有不少的人主張不堅守武漢者，以爲如在武漢實
力全失，則西南即難控制。此種卑劣心理，到處皆有，亦殊堪慮。
但石青絶對死守之計畫，余亦不甚贊同。蓋武漢能堅守如徐州，
即可達到目的。如全體一拚，對於國家民族，亦未必有利也。石
青又言近日英、俄均希望不要輕放棄武漢云云。泌陽丁麥風潮，
石青與朱玖瑩去一電，言"武力以鎮壓爲止，解決以協商爲宜"。
並允再去一信，詳解事理，俾風潮勿擴大。歸，竹虛送余至江邊。
至寓，已十點半。寢已十二點。

二十六日，晴。室內最高至三十一二度。報載昨日晨九時，
敵人猛攻九江，現在激戰中。上午有警報，未幾即解除。辛南來
談。下午寫信給全嘏。晚餐後，同玉瓖、石頭到沙湖一轉。

二十七日，時陰時晴。到部中，因三組今日開會。到後，三組
中只見畢修勺一人，余等二人開什麼會。問何子星索回《周刊》
稿子，彼允找出送來。昨晚因九江消息不佳，心中甚亂，睡眠頗不
佳。今日讀報，知九江已陷落，心甚不安，報亦不易讀下。與修勺

談，彼言九江本未預備守，所守者爲廬山山脈①，心乃略定。余素
自以爲頗有定見，乃不可靠如是！歸到司門口買鞋，未畢，即有警
報，乃疾馳歸。至職業學校後數分鐘，緊急亦鳴。但敵機未到武
漢上空。下午子祥來，送來《抗到底》稿費十元。昨日紀彬與劉
百敏約，今日下午四點約於漢口街四號相待，乃過江往訪。至則
彼今日竟未到彼處。上午聞梅貽寶來漢，擬往訪，又忘其街名，即
歸。至司門口，買一茶壺。晚，守真問豐子愷稿費，余言《周報》
不出，即可還稿，守真言原約不如是，止好由社中墊補。余覺其言
亦是，豐畫，未能以還稿了事。乃答，再問何子星，能有辦法没有。
如無辦法，即當由余墊付。

　　二十八日，夜中大風雨，起關窗門。眠仍不佳。全日精神不
佳，天氣仍時雨時晴。九江城外，戰事正殷。江北太湖方面，亦頗
激烈。上午天陰欲雨。給何子星一信，但尚未發。晚接到交回稿件。然仍
有警報。但因我機防備甚周，彼未能至，即返。下午過江訪貽寶，
談頗久。同到一小廣東館晚餐。彼言明日杭立武正午十二點半
請客，請彼代約余往。歸九點。見《軍民合作》已在《抗戰文藝》
登出，但錯字甚多。

　　二十九日，晴。將晚陰。十一點後，則大雨傾盆。九江方面，
戰事正烈。太湖、宿松方面，則戰於花凉亭、隘口，殲敵兩千餘人。
檢子星交回稿，則重要者全未交還。乃將昨信托繩武派人送去，
末附言催餘一部分稿。寫石青信一封，詠霓信一封。將午過
江②，到美的食堂，除主人杭立武外，有貽寶、繩武、戴樂仁諸人。

---

①編者注：“脈”，原誤作“派”。
②編者注：原於“過江”後衍“過江”二字。

出後，到聖書會，想買幾本西文書，但彼處均爲宗教書，乃返。到武昌購《哲學的改造》一本，《古城的怒吼》一本。晚餐後再過江，船上遇汝鏞。到車站，送貽寶赴天水。大智門附近江水已上岸，街兩旁有水。九點到法比瑞同學會參加歡迎阿特麗女士會。女士爲英作家，曾著《日本的泥足》。到人不少。認識者有邵力子、盛成中、老舍、老向等。發言者有老舍、成中、日本女作家□□□□①等。散會十一點半。至碼頭，正值大雨傾盆。船上遇胡風，談得不寂寞。下船雨較小，但無一車。歸十二點已過。接向辰信一封，繩武寄來救國通告一紙。

三十日，半陰。戰事正急，無大變化。早餐後，過江，同石頭、玉瓖去過江，彼二人去辦別事。訪成中，快談。出到汝鏞寓，並見三姨姊。汝鏞已結婚。下午兩點與石頭同歸。酣眠。接文園明信片一，詠霓信一封。又接平家信一封。多日未接信，至爲懸念。忽得平安信一紙，慰可知也。晚餐後，同石頭、玉瓖出，將往沙湖，路中有微物眯眼，遂歸。接子祥寄來第九期《抗到底》數份。〔防疫第三針大約打於三十日。八月四日補記。②〕

三十一日，晴。有雲。戰事激烈，陣地無大變化。早餐後，給石青信一封，汝鏞信一封。同玉瓖、石頭出游郊外。將至小南門，野地中有數大坑，則爲敵機轟炸所致。走至姚家嶺（或"林"），離寓所不及十里，途中見不少受訓之壯丁。稻已有割者，據言今年收成尚好。時已將午。飲茶，買雞蛋數枚，煮食之。返到鐵路橋旁，因玉瓖言彼處有南陽人賣飯，擬往購食。至則其所住房，已被

①編者注：原於"日本女作家"後空闕約四字。
②編者注：此爲天頭文字。

炸成一片瓦礫！人是否已死，亦無人知！到長春觀。此廟爲武漢最大者。建築於山坡上。此間廟均無古碑，此廟亦未能例外。道士言係邱祖所建，亦係信口開河。惟壁間嵌有一"宋故廬山紫衣萬道士碑銘"，則爲建中靖國元年石。道士名道冲，字若虛。碑文爲江夏李簪所撰，並書。此石於民國廿五年出土。歸則流汗甚多。余等走這一點路即如此流汗，然則前方苦戰之將士，其可念當何似？晚守真、紀彬來談。傅安華來，宿于社中。接樂夫信一封。接漢口農工行信一封，言達三又寄來百元，囑帶圖章往取。

八　月

一日，晴。戰事無變化。日、俄在張高峰開始衝突，情勢極嚴重。遣石頭往銀行，再寄國幣二百元與平寓。到部，見何子星、張含清諸人。囑子星早日將稿件交來。歸，仲良來。彼新自陝歸，接小孩到四川。下午丁作韶來。晚餐後，與石頭、玉瓖同到蛇山乘涼。明月一彎，大江東趨，亦有健兒，高唱"中華民族到了最危險的時候"，此情此景，令人感慨興奮。返，寫樂夫信一封，潤章信一封。今早發現與汝鏞信並未寄出，然則昨日所發殆屬空函！乃命石頭送去。晚接到稿件，但老向稿及余兩稿仍未交來！

二日，晴。戰事正緊，但戰地無變化。日、俄事，看晚報，大約張高峰先被日兵奪去，後又被俄兵克服。戰事正繼續中。因稿件事寫何子星信一封，未發。備明日到部，如不見，即留部中，送去。下午三點，接杭立武信一封，約五點半往管理中英庚款董事會談西北考察團事。四點半後，將往，則不知該會在何街。又無電話，未能往詢,遂中止。寫信一封,以故告之。又接高照臨信一封,部中信一封。部中信言明日發上月交通費。

三日,晴。室內最高三十一度而覺悶熱,揮汗不絕。我軍放棄宿松,但潛山方面有進展。如此戰略,對我有利。日、俄再爭張高峰,勝負未決。據俄方消息,日首次爭張高峰,已出兵一師團,然則再爭,出兵當更多矣。到部,見何子星,彼言老向稿在部中,因老向未離部,故不能還。有警報。在防空洞中,含清言必有空戰。解除後,俟至十一點半鐘,部中尚未能將款項從銀行取回,故交通費未能發出。歸。下午寫陳部長信一封,告行。寫長兄信一封。接立武信一封,子星信一封,係告豐子愷畫稿費事,已蒙批准先發。讀晚報,知敵機被擊落十二架,我方有六機未歸。

四日,到部,本為取交通費,但管錢人到落伽山,須請浦副官代取。又昨日何子星來信,言豐子愷畫稿費已批准,請帶圖章往取,余以為須豐圖章,豐托開明書局辦理,乃請欣若告開明。乃今日子星言,所需者為余章,非豐章。且取錢時,須帶昨日送來之簽呈底稿。余僅帶名章,未帶簽呈底稿,乃先將名章交與,回寓,寫一信與浦副官,並底稿命石頭送去。丁作韶來談。彼將赴內鄉,給他寫幾個介紹片子,與鶴汀、中孚、友梅、芝亭、東秩、兼恕諸人。復立武信一封。安華來談。今日天晴,溫度室內最高至三十三度。晚大雨一陣,然溫度未多減。戰事到黃梅東北,《救國晚報》所載亦同。但玉瓖言,《大漢晚報》標題言黃梅自動放棄,疑其未確。日、俄情勢緊張。《晚報》載琿春露透電,言張高峰、沙草峰兩處仍在日人手中。

五日,晴。黃梅失守,消息竟確!但《大漢晚報》載田家鎮電,言現又收復,並已越過二十里,進抵八河鋪一帶云云。日、俄仍緊張。日人似竭力避免於此時開釁。擬暫請日軍撤退,惟請俄軍勿進占以俟調查。實則云俟調查,寧可云俟攻下武漢,有回兵之時間!但俄人亦老謀深算,未必中其詭計耳。到部,上月交通費及豐先生畫稿費均取出。購百元之救國公債。下午與石頭同過江,石頭往交通路購書物,余則到三姨姊寓,汝鏞不在,見三姨姊。在彼處晚餐後歸。二日與立武信,因彼往川退回。接建功信一封,則前二信,均尚未收到。後一信乃一快信,亦未收到,頗可怪異。

六日,夜中起小便後,即未能眠。早起,尚涼爽。將與陳部長告行信改寫。又寫給文園信一封,請其轉信時改住址。讀報,知戰地在黃梅西北,然則昨晚《大漢晚報》之消息當不確。早餐後,稍寢。十一時許有警報。往避。今日我機未迎戰。敵機來擲彈後即去。晚報言敵機來者,五十三架,我無損失。午餐後,汝鏞來談。接文青、維華、建功、潤章信各一封。據晚報,蘇、倭形勢已較緩和。

七日,晴。戰事緊,陣地無變化。蘇、倭衝突繼續。寫潤章、建功、達三信各一封。前寄清甫信,原信返回,上批"詢不着",頗怪。乃加信一頁,再掛號寄去。為一百五十個傷兵自述寫一序,以應莊明遠命。晚餐後到蛇山上乘涼。歸來,三姨姊已來候多時。稍談。彼去時,十點已過。今日石頭過江,問到西安有無三等臥車,則現在無有。明日二等臥鋪票已賣盡。原定明日晚動身,又須延至十日,始能動身。

八日,上午微雨,時甚短。即晴。我軍在宿松、黃梅綫順利。

黄梅敵人陷我重圍中。蘇、倭衝突繼續。整理行李。午刻明遠請在冠生園吃飯。下午仍繼續整理書物。晚月色甚佳。在露臺上乘涼。

九日，夜間頗涼爽。早晨室內二十七度。晴。日中甚熱。最高至卅二度。晚十點餘尚卅一度。江北、江南，戰事①甚緊。陣地無大變化。江北、黃梅敵，後路被我軍截斷。彼正企圖增援打通，尚未成功。蘇、倭衝突繼續。上午寫平寓家信一封，秉琦信一封。李鄉樸來談。傅安華來談。明日車票，下午石頭往購妥。但無臥鋪。安華明日返西安，約與同行。石頭與彼坐三等車，余則坐二等。又寫文青信一封。今晚繩武約六七時來談。然終未來，約係事忙。彼今晚即赴長沙。接鄉樸一信，又送來一九三八出版合作社簡章多份。留八份。餘送給紀彬。接守真自長沙來信一封。晚餐後，月色甚佳，到蛇山乘涼。社中同人亦往。歸後，再在露臺乘涼。愛月夜眠遲，不獨乘涼也。

十日，一夜熱。早晨室中尚過三十度。晴，有雲。熱。戰地無變化。蘇、倭衝突繼續。寫張季鸞信一封，爲社中接洽副刊事。爲魏東明給子美、競天寫兩信介紹信。檢點什物。吃午飯，已兩點鐘。回，稍休息。過四點，起，打行李捲。畢，已將五鐘。雇四車，余與石頭、玉瓖各乘一，餘一拉行李。至車站，六點已過。將行李掛牌子畢，已六點四十五分。車早已進站，人頗擁擠。石頭與安華同伴坐三等。余坐二等。二等車並不滿。然有人願與余同坐，余無理由以拒之。乃同坐。此人姓鄭，爲英商利華肥皂公

---

①編者注："事"，原誤作"時"。

司之司事。往飯車晚餐，車上物不甚全。遇一胡君，在路警隊服務，爲適之之姪。往看安華，回時，已十一點半。出恭後，歸坐，擬睡，然終夜不能眠。

十一日，天將明時，僅小睡半點鐘。豫南早秋不佳，晚秋尚好。遇遂青，彼將歸家鄉。其家鄉太康，已被水淹。平地水深三四尺，寬數十里。村落因村民以土圍繞，水尚未入。往來均須以船。秋收已無望，麥將來亦未必能種，明春大屬可慮。到飯車早餐。遇一宋膺三君，與談。彼自言民國十六七年，亦曾在北大聽課。現爲賑務專員，將從洛陽下。彼坐二等臥車，余疑其臥鋪將剩出，問之。彼言二等臥車，尚有閑空，乃引余同往視。經彼設法，果得一臥鋪。宋君，蕪湖人，年二十九。朝陽畢業，爲律師。曾爲軍委會，長江阻塞委員會視察。人甚精幹。正午，車過鄭州。一點許，與宋君同往午餐。又遇一王君，黑龍江人。北大畢業生，曾聽余《歐洲哲學史》課。四點餘，車到洛陽。宋君下。余室中上一軍人，後知其爲第一師參謀長。彼何姓，湖北蘄春人。頗自負，談論刺刺不休。彼言豫北"皇協軍"反正。敵人死一少將，一大佐，並其他軍官多人。大佐名和知，云云。六點餘，即晚餐，預備早寢。

十二日，昨晚因急眠，八點後即卧，而天熱，室内電扇大開，風熱交加，更不易眠。實在心愈急，愈覺時長，大約十點後，即已入眠。未幾，醒，電扇已不知何時停止，亦不甚熱。夜中雖時醒，但合計，總眠了五六點鐘。天明，已至渭南。八點餘，到西安。車僅行三十六點左右，可爲速矣。下車後，等待行李下車，約一點鐘。雇人力車進城。到考古會中，見彬甫。後扶萬亦來。十點後，同石頭出，吃飯。畢，雇車到碑林，仲良不在，買票入觀。整理後，余入觀尚爲第一次。約略一覽，尚屬秩然有序。惟覺屋柱太細。出，想入文廟一覽，而廟中停止參觀，時天甚熱，遂雇車歸。渴甚，到後，喝槐角湯，因前夜未寐，防痔瘡之劇發也。見印唐、端甫。眠。起，三點餘。印唐請食西瓜。後又同石頭出，到圖書館門口，則正值閉門。到南院門，無甚古董雜賣攤子，豈被禁止不允售賣歟？到城隍廟一觀。出，到民政廳門内，看郭家廟碑。到西安飯店，晚餐。畢，往尋子怡談。歸時，月已出，月色甚佳。

十三日，夜睡甚酣。早起。未幾，扶萬即來，言晚晌請吃飯。同石頭出到東亞春吃羊肉泡饃。出到民衆教育館，石頭見標語，與余言，余始憶今日爲八一三之紀念日。館内樹下，設茶坐賣茶！出到省立圖書館。本意爲使石頭見昭陵六駿原石，乃遍尋不見。問人始知因懼敵機轟炸，已掩藏於地中。只看看景龍鐘，即出。歸。稍息。又同出，到蓮湖公園。湖中有水，並已有游船。是固一進步，但湖面未免太小耳。到北大街，刮臉，石頭推頭。出到鐘樓前，一開封之小館中午餐。返。午睡。醒後大風。昨晚即見案頭置一信，以爲扶萬信，未及注意。今日偶視，則固教育部寄本院之航空快信！乃急拆視。中有數公文。内造具廿八年度第二級概算事，命剋日函復，事關緊急，石頭言，此信大約昨日人送來。檢視信皮日期，十日自重慶發出，十二日到西安，不誤。乃加潤章信一紙，仍從航空寄昆明。今日讀報，知敵人由南潯綫退，西轉攻瑞昌。蘇、倭已停戰。昨日報已言及。大約蘇軍將倭軍逐出境外，倭人未敢再爭，重申和議，乃停戰。伯恭來談。同扶萬先生及石頭到長樂樓。同坐者僅有仲良及其世兄二人。後又來一陳君，聞爲碑林一執事。主人方面除扶萬外，有印唐、彬如。散後，仲良來談。去時將十點。

十四日，夜中有蚊。眠不佳。今日到寶雞有兩次車：慢車早九點開，晚八點到；快車晚三點開，十點到。此乃昨日石頭往問之結果。決定下午乘快車走。伯恭早來，送烟捲兩筒，點心兩匣。彼談及今春子言因春荒放糧千石，得國民政府特獎。然因此與蔚如父子之間，頗有齟齬。子言能此，殊屬難能可貴，即以個人利害言，亦屬思深慮遠。蔚如太不達矣！伯恭去後，與石頭同出飲豆漿、食油條以作早餐。購水果餅①乾以備給春書之各小孩。歸檢點什物。擬稍眠，然未幾，午峰來談。又邀同出到東亞春吃泡饃。歸，即同石頭、德昌雇車往車站。到已一點餘。行李掛牌子，各種手續辦畢，上車，已二點餘。開車正點實爲三點廿分，然真正開車，三點半已過。西安附近近日缺雨，咸陽、興平更爲過之。車上偶談者，有一八路軍林昶君，黃河水利委員會馬君，農本局張君。方城人。外有一西安人，自稱拉人力車，常爲一軍事機關運物到漢中。彼下車時，帶二騾馬札脖，然則或係趕騾車者。但彼談話時，口中頗有新名詞，亦能讀地圖，其身世如何？余尚無以測之。過武功，天已黃昏。又因稍有誤點，到寶雞時，十點半已過。往中華大旅社。在火車上，聞到漢中人頗擁擠，汽車不易買。至旅社，托店夥設法。每票多出二元，即可購票。寢時已十二點。

十五日，五點起，檢點行李。七點開車。只能買漢中票。城固則須俟至漢中後再換車。每票十元一角五分。天陰。過渭河，

----

①編者注："餅"，原誤作"瓶"。

入谷口，路頗平。車中亦相當地有秩序。路多轉折，漸升漸高，漸鑽入雲中。又漸可下觀雲海。風景偉麗，令人氣爽。至觀堂，車稍停。鑽雲行動，自觀堂後開始。過東河橋，路又漸下。途中遇運棉花重車，頗多。車均有橡皮輪。至黃牛堡，山勢大開，有農業。玉蜀黍不少，亦有蕎麥。似亦有稻田。車稍停後，再下。黃牛堡離鳳縣、寶鷄，均係四十四五公里。過此後，余時寐時醒。又過一廟灣，因前面車出毛病，余等車亦稍停。此地離鳳縣五六十里。過鳳縣，車亦稍停。城在萬山中，城外有河。過此，天雨。至雙石鋪，本係尖站，然因泥大，車不能前行，遂止宿。旅館名中華飯店。時不過上午十一點餘。後時雨時住，時霏霧絲。余時眠時起，得補前數日睡眠之不足。行李在他車上，未到。只好賃被以睡。早寢。雙石鋪離鳳縣三十里。

　　十六日，雨止。然地有泥。同石頭出到村南。往漢中公路向東南去。向西南尚有一公路，正在修築。問土人知爲向甘境，過徽縣，到天水者。路跨河西上，河上有一木橋。問土人，知此地有二河：一名小峪河，一名綫（？）河。後閱圖知鳳縣水均南入嘉陵江。鳳嶺尚在前途。雙石鋪，居民二三百家。商業尚好。購羊肉泡饃，食之。賣者亦爲回教徒。食畢，返寓。則車已將開。德昌不及徑食，僅走買燒餅數枚，帶食。車九點開。路又漸上。車稍停。路轉折極多。最高處名酒奠梁。上有新立石碑，書此三大字。稍下有一村，過此約十點，即名酒奠溝。然余疑"奠"爲"店"之誤。路急下，轉折仍多。後稍平。有一小村，名椿樹嶺。土人言離鳳縣七十里（或係離雙石鋪，不明），離留壩百一十里。又前，小村，名榆林鋪。村人均不過數家。再前，路又上。約二十分鐘，即至頂。地名柴關嶺。道旁亦有石碑。此後路漸平。不久，至廟臺子。車停，同行人均午餐。余則同石頭、德昌同行游村內之張良廟。廟倚山，前有溪流，地勢佳絕。廟正院平常，惟扁對甚多。右轉至園中，則奇花異草，蒼松翠竹。路崎嶇而上引，因翠竹夾道，頗疑杭州西湖上之韜光。攀登至最高處，上有一小閣：下有于成龍等長生禄位，上爲□書□①。登此一望，群岩環抱争秀，令人神肅。廟在陝南極著名。以風景言，實駕八仙庵、樓觀臺、五丈原之武侯祠而上之。此地山名紫柏山，但無古碑。最古者當爲萬曆戊子汝南(?)傅振商和趙大洲詩碑。大洲原詩，亦刻廟中，其題名則爲“太子少保文淵閣大學士謚‘文肅’大洲趙貞吉題”，殊解人頤。然亦足證此石之後刻。當余登録萬曆碑時，石頭因恐不及吃飯，大聲催返。余答：“寧可吃一半飯，不可逛一半廟。”乃出廟後，汽車夫已嗚嗚嗚笛催客，遂不及吃。即行。前至馬道驛，稍停。驛離襃城 31.80 公里，離留壩三十三公里。再前，過石門。後聞爲《石門頌》及《石門銘》所在，但余不及下觀。不久，即抵襃城。縣城在高處，頗不整齊。地勢至此已出山，入漢中盆地。再前，道路平夷，不久即抵漢中。汽車站在北門外。雇車入城，往興漢客棧。客棧爲一遼寧法庫人、一江蘇邳縣人所新開。規模雖小而因新開，尚頗清潔。余等行李未到，棧中棉被新製尚可用。到一小館晚餐，餐處在一席棚下，地上、盆中，花木亦自楚楚，耳目頗爽。此地蚊子大而且多，防不勝防。幸余帶有蚊香，雖蚊巨，無法斃之，而彼亦不復能撮血！

———————————

① 編者注：原於“書”前後各空闕約一字。

十七日，此地蚊子甚多，夜中因染蚊香，彼不能大作患，然余仍時時戒備，多妨睡眠。天初明即起，整理行李。雇一人力車拉行李，余及石頭、德昌步行追隨。車夫走不覺快，但余等追逐，已覺極吃力。出東門，至汽車站，則人尚未起。余與石頭到對門飲茶，並購油條食之。畢到站，則站人已起，言今日無車東開！只好再雇車，命德昌護送回旅館。余與石頭緩步到各處一覽。汽車站離東門一里餘，東關生意甚繁盛。進城轉出南門。南關頗長，但均小賣及居民。到漢水碼頭。水量不多。有渡船及運貨木船數隻。江岸稍憩，洗脚，返旅館，則昨晚所住之屋，已爲別人所占，乃換一較小屋。由寶運來箱件行李已到。後同出午餐。下午與石頭講論，覺精神不繼，甚爲不快。將晚，同石頭出到生活書店，購得雲南地圖一張。晚餐。歸。將睡，到外面出恭時知蚊之厲害，持芭蕉葉扇，繼續急搧。然畢事時，仍被咬七八處！

十八日，睡較好。晨起，雇人力車二，挑夫一，往汽車站。今日車夫較慢，余等尚能及。至站，則人已不少。憲兵來檢查箱件，發現去年全蝦調查汧河附近古迹地圖，大爲注意。前後來三人，檢查一點餘鐘。將余去年所作日記，從頭讀完。最後經余詳細說明，但彼因德昌答係彼所私留，欲將德昌留下。余拒之。歸結由余出一保證文件，對於德昌將來越法情事，願負責任，始放行。因交涉，余等購票稍遲，票紙已完，彼等給余等一紙收據，約開車時，始換一種票。及開車時，彼將此紙取去，不給票。問之，則言，此後不收票。余不允，正辭斥之。彼不得已，始給一蓋□①正式收

---

①編者注：原於"蓋"後空闕約一字。

據。然行李票,彼欠余等一毛二分,始終未找回！車十點開。車無篷。人極擁擠。余等高坐行李上,甚不便。路甚壞,顛簸頗甚。十餘里後較愈。近漢中城,稻田幾點全數。再前,旱田亦多,種植物與余鄉相似。近坐有尚君,城固人。余與談,知城固離漢中七十七里。入城固境後,有村名沙河營,出大麯酒,在漢中甚著名。路近漢水,村皆在高臺上。十一點半,到城固。下車,余與石頭先往看樂夫,留德昌看行李。因樂夫住大東關,余疑將來住所,未必在東關,行李運往,徒勞往返故。見樂夫後,彼言先運東關再説,乃遣石頭再往,運來。在樂夫處午餐後,同樂夫進城,訪季黻先生,在彼寓,遇季谷及一徐君。時天微雨。出訪雲亭。出訪紹熙。在彼寓晚餐。同坐者,尚有三人。歸。今日雲亭請住學校,囑日章預備。到樂夫寓後,即又入城,至學校圖書館,見日章,又有高、李、張三君。同出,到學校,住下。見節常及師大舊庶務課張君。今日桂璋到漢中,將打聽余等消息。快到漢中,與余相遇,遂命之歸。

十九日,早起,補寫前日日記,未畢。七點出,同石頭到樂夫寓,與德昌算前數日賬目。在樂寓早餐,將出,子臧及節常來談。子臧將去,乃與彼及節、樂同進城,訪湘宸,未遇。歸學校,湘宸在校辦公。同節常往訪。稍談,湘宸約余及節常、石頭同往長春園吃飯。返校,文濤來談。文濤言雪亞居城西之陳家村。余約明早同往訪之。去後,午睡。六點,雲亭、紹熙、湘宸、泛弛、日章、静泉、静政、伯潤、巨武、詠霓約余及石頭到一笠亭吃飯,然詠霓未到。飯後,談頗久。知章士釗真作漢奸。亦遇耕硯及東北大學工學院長王君。今早,在樂夫寓遇一唐節軒君,名祖培,爲縣署第一科長,兼聯大講師。

二十日,早起,整理室內雜物。文濤來,同出小西門,西北行。沿途縱談中、日、蘇及世界大勢。余發言獨多,故精神疲倦。至。則村邊溪水流注,小橋獨橫。秋禾及稻遍野。風景絕佳。村去城約四五里。入,晤雪亞,彼精神尚好,日習寸字。抄錄《四書》正文。彼且發願抄各經書正文及《中州名賢集》全文。字體在漢、魏之間。談及張騫墓,雪言離村僅三里許,甚近,殊出余意料之外。彼留余等餐後往游。雪亞約後日來村午餐,允之。彼送余等頗遠。別後,未久至張騫墓。約略察視,知樂夫所報告,大致不誤。歸,時微雨,幸不久即止。墓在饒家營頭。歸途經王莊、三郎廟(廟內男女甚多,似有祭賽)、□仙□①,即到小西關,入城,返寓。因走路,甚熱,用水洗濯。樂夫早來,未遇。留字,言子臧所請午餐,改於十一點。餐後,游覽古迹云云。且彼因縣志事,開會,大約不能去。洗濯畢,時已十二點。紹熙來,約余往彼家午餐,辭以與子臧已約定。乃同出。派石頭再往約樂夫到子臧處。余將到南門,石頭來,言樂尚未歸。遂同石頭至子臧寓。談。午餐。後節常來,問余是否將下午游覽古迹,辭以上午已走一二十里,即不再去。節常即去。後樂夫、小樂、桂璋亦來問游覽事,亦以前辭告之。同歸。至學校。見靜泉及庶務課長張君。靜泉來談留平各同人一切情形。休息。時精神極疲。因商明日游覽事,又與石頭同到樂夫寓,並在外購麵條,送樂寓食之。商定後,又同樂、璋、石頭進城。樂、璋往約季谷。余等歸。節常來談余所寫二

①編者注:原於"仙"前後各空闕一字。

戏曲意见，亦由深思后得出。晚时雨，但皆不久。

　　二十一日，起后，乐夫同乐乐及桂璋来。用早餐。即将动身，陈嘉琨君来。陈，字瑶庭，河南人。为北大哲学系旧学生。彼自言，余始知之。彼到德国，仍习哲学。新近始归国。找不着课教，不得已，只好在此间医学院教德文。稍谈片刻，季谷、稷如来。遂别陈君出。乘马。同行八人：乐夫父子、季谷、稷如、节常、德昌、石头，与余成八人。出小西门。后觉路不合，改到西门。出赴藏经寺。寺在杜家营村外。将至，遇唐节轩乘轿来。寺古名普恩寺。最古仅有万历七年碑。碑载僧德一于万历元年，募化得藏经。共六百三十六函，六千三百七十三卷。遂筹建藏经殿。工始于"二年甲戌正月，竣于六年戊寅十月"。然同治年碑，载洪、杨乱后，再建寺事，已不载藏经，足知当日散逸已久。同治碑载从前庙房共百余间。现只有前后两殿，前殿前左右有殿十余间而已。前殿正面佛像，铜质，相颇古朴，疑系明制。后殿左右像各一，亦铜质，或亦同时。万历立碑时，已未能考知寺起何年。寺内又有近时碑，乃系为争渠及乡约等事，与民生颇有关系。离寺。往上道院。院在袁家营。吾等至袁家营时，路右有一小学，设在一庙中，因未知是否即上道院，即入观。庙名文武庙，正坐神二。下首无疑为关羽，上首以衣冠推之，殆为文昌。无可观览，遂出。庙内学校未开学。此庙前有一大庙，即上道院。入观，则为一佛寺。正殿内佛像及佛光，雕塑精工，气相洪伟。内住伤兵不少。多系远年伤残：有在二十二年古城口战役，有在剿共役。出往江湾村。村离汉江里余。至，入茶馆中，饮茶，出自己所带馒头、咸菜，食之。未毕，一王君来迎，彼系县巨绅王筱康之子。食毕，乃往王

家。王家中有小園，布置亦頗整飭。園中設有浴室，内居然有洋
磁浴盆！乃係由漢口運來者。王言：價不過五六十元，運費逾價
甚遠。在園中設果茶，余等亂七八糟一吃。時天尚早，余欲照樂
夫所送來日程，往白岩村，謁博望侯祠，即歸。乃王堅留飯。因漢
水近，往游，王子前導。到後，大家脱衣入浴。余亦入，但止留水
中片時。王子曾留學日本，對游泳頗擅長。歸走漢江堤上，路較
近。聞漢江水漲時，可至村邊。上年村中土房，冲毀不少。堤係
近年修。再到王家，吃飯。酒筵豐美，絕無鄉村風味。王曾任省
議會議員，各縣縣長，及他職。家產似頗豪富。聞現□□縣長[①]
以爲劣紳，厭惡之。王今日飯前出示一彼所藏趙孟頫所繪《九歌
圖》，《九歌》原文則係趙孟籲（上字如此）所書。樂夫據龍頭繪
法，定爲清時贋品。但畫尚不惡。辭主人出時，已四五點鐘。今
日在此地耽誤多時，係照樂夫與王預約，然毫無意趣。到白岩村，
則博望後裔，佇立祠門前。聞彼等自上午即候此，余等殊覺感愧。
祠附設一娘娘廟内，占室一間。有一木主。左右則設有張氏明時
長門及其次各門始祖五六主。博望主上墙上，有繪像，然衣冠殆
係明製。廟中設學。告張宗人將於二十四日開始整理侯墓，宗人
無異言，但因近日有人（或係聯大學生）到墓上，竊取券磚，要求
出示禁止。唐及聯大同人允之。問張猛墓所在，則係在杜家營村
頭！余等不知，致被錯過。遂又策馬往。墓規模不小，上有新栽
樹。樹下已耕。絕無碑碣磚瓦片。時頗渴，樂夫命村人由井汲新
水，其父子大飲，余及石頭亦均飲。飲後遂歸。至城時，則天已黄

──────────

①編者注：原於"縣長"前空闕一二字。

昏。歸寓，稍休息，晚餐後，因頗疲困，遂寢。

二十二日，夜深①甚酣，醒已天明！桂璋來，將同出早餐，季谷來談，玉亭來談。去後，已九點餘，樂夫亦曾來。遂同璋、石頭出早餐。今日上午，石頭鬧水瀉，下午愈。十二點，應雪亞約，往陳家村，步行。至後，文濤久不至，乃開飯，已三點許。亦一盛宴。在坐者，一□君②，一馬君，雪之四弟及十六弟數人。飯後不久，文濤及東北大學工學院王君同至。彼等飯時，余亦陪談。飯時，太陽已不高，乃歸。彼等皆有人力車，然文濤堅請余乘，未能辭。彼往訪馬君後來。與王君步談片時，乃乘車。時夕陽銜山，光彩輝耀。群山層叠，歷歷分明。以秦嶺之雄偉麗都，漢川之秀雅肥沃，盆地廣闊，四周群山環抱。心暢神奮感未曾有。至寓，則玉亭來約余到家吃餃子，未遇，留字而去。乃往。同坐者，子臧夫婦。暢談北平同人舊事，多余所未知者。歸時，尚未晚。節常來談。洗浴。出恭。補作昨日日記。未及半，時似已不早，遂寢。讀昨日收音，知敵人在黃梅西，又進至廣濟界。餘戰綫無大變化。

二十三日，昨晚即覺天氣轉熱。今日熱，室內最高至三十二度，終日保持三十度。晨起盥洗後，同節常、石頭往早餐。又同節常往訪季谷。坐間，節常言今日九點余將向願參加整理張騫墓③之歷史系學生講話，昨日通知學生云云。現九點將屆，余大詫異，謂余何不知。節常謂昨日樂夫告余。問答結果，知昨日樂夫當客

---

①編者注："夜深"，疑"夜眠"或"夜睡"之誤。
②編者注：原於"君"前空闕一字。
③編者注："墓"，原脱。

衆時告余,余未曾留意。現時已將屆,而余尚未知應談何事! 乃命節常歸告學生講話鐘點後延半點。余再與①季谷談,數分鐘,亦即歸。在季谷寓,遇騰衝陳君,略詢滇西及緬甸交通。歸途中,略爲構思。與學生談,以不急近效、守工作規則與時間二事相勖。在場教職員,有季黻先生及季谷。接文園信一封,玉瓌信一封,報告已赴陝北。下午桂璋、樂樂來約石頭到何家晚餐。余晚餐後獨出。到大街,遇類出會者:前有大紙牌燈一,小燈四五。牌燈上書"□□宮慈善會"。小燈每燈上各有四字,均爲"祛邪"之類。後有十數人,各舉盤一,盤上各置香爐一,香烟繚繞。再後十數人挑燈,燈以紙製之蓮花瓣作成,狀扁平。挑燈者多童子。再後則和尚五六,偏袒袈裟,奏樂諷經。再後道士五六,亦法衣奏樂諷經。再後則有婦女十餘,亦人挑一燈。全隊單行,向南緩行。問路人以彼等何作,答言路途不靖,彼等出爲祓除。問何以知路途不靖,答言彼等自推算知之。

　　二十四日,今日整理張騫墓,正式開工。早起,將同桂璋、樂樂、石頭等出早餐,傳達言劉主席來,乃命彼等先往餐。雪亞妹有眼疾,擬請聯大醫學院中專門眼科大夫診視,大夫在南鄭,已派汽車往接,雪亞在願見學校當局面托,請打一電話知會在南鄭之醫學院院長。余往問季黻先生來否,則尚未來。耕硯來室內談。乃托靜泉以季黻先生打一電話,而電話又不通。余言將與頡剛打一電報,雪亞願代發。時已九點餘,許先生仍未來,乃寫一信,派人往寓中請。多時,始返,則言許先生已往張騫墓! 雪亞待兩三點

───────────

①編者注:原於"與"後衍一"與"字。

鐘,終未能見當事人,乃同出。余乘馬,雪亞有人力車。出城未遠,遇許先生自博望墓歸。劉、許始晤面,談數語。劉拜托,許慨允。劉歸寓,余往張騫墓。過三郎廟,破廟内仍有多人,廟前亦有數賣食物者,頗怪之。再前,則男婦絡繹,均往張騫墓者!至則人山人海,墓前及四圍無隙地!張氏家祭已畢。余到墓前三鞠躬致敬。季谷、樂夫、節常諸人早到。石頭則同桂璋、樂樂亦來。參觀者殷伯希(?)諸人。時余尚未早餐,乃同節常到廟中,出所帶之饃及鹹菜食之,甚飽。返墓間,則雪亞知余尚未早餐,又派人送來,而余已飽甚,不能食,乃請季谷代食。余惟食稀飯兩碗。午間同季谷到廟中稍休息。鍾少梅及一曹君同來參觀畢,亦來廟中稍憩。下午五點許,余先同石頭返。步行。抵寓時,已日落。洗濯後,往晚餐,甚困乏,早寢。今日天熱大約如昨日。

二十五日,昨晚眠甚酣,醒來即已天明。早餐後,同石頭步行往工次。今日天陰,故頗涼爽。朱啟賢同一友人來參觀。雪亞請余及石頭下午一點到寓"便酌"。十一時後,大雨,以爲不能去矣,乃一時雨止,遂騎馬同往。同坐者,有張少涵、小涵兄弟,殷伯希及一襄城縣李君。李君先去。中餐西吃。少涵患黃疸,初愈,氣色尚未復元。餐後談至四五點,始歸。仍早寢。今日往工次時,過三郎廟,見破屋内仍有男婦多人,怪之。入内一觀,則一女童頭披紅絹,登一桌上,時坐時立,時一手執水碗或水壺,他手執燃着之叢香,而碗壺旋繞,口中喃喃,手足顫動,旁數人侍之,蓋以下神取藥者。神前又有一婦,亦頭披紅絹,俯其首,口中喃喃。以二十世紀而吾國尚到處行巫術,亦吾國學術界之大恥辱也!

二十六日,上午未出,補作前三日日記。午餐後,同石頭到工次,天氣不甚熱。到時,工已見水,但墓門仍未到底。墓門磚二層。五點餘離工時,墓門始到底。底距上券約一丈。今日有數傷兵(前多年者)來墓參觀,登墓上。命之去,一無鼻者,不去,反坐下。余驅之,彼出言頗不遜。余嚴屬驅逐,同工作人亦上,彼始起去,口中猶喃喃。彼同行者又來提出抗議,余等爲之解釋,略謂客氣請出而不肯,爲工作便利,即當加以驅逐。彼等大致諒解。將晚,仍步行歸。

二十七日,昨夜頗不涼爽,天將明時,大雨一陣。今日本意同石頭往東關約樂樂同游城東十里許之漢王城,但季谷來,約同往張騫墓,遂止。少涵來,稍坐即去。王文華來談。季谷命雇馬,不得,改雇轎子,而天已午。學生□①君自工次騎馬回,請季黻先生及余等同往,馬讓給余騎。余騎馬,許、李乘轎同往。至後,則張氏族人頗有繁言。蓋余來前,許、何會同唐節軒與張族協商時,唐言時間約三四天,張族誤聽爲三四點。故二十四日開工後,張立庵即問余今日能完工否。當時余頗詫異,今日爭議,始提及此事,余始恍然。實則按正規工作,非十數日不辦,而墓門高可及丈,又出余等意料外。僅一墓門,即作三日,族人不耐,提出抗議,且對於族中之念書長老張立庵先生亦有誤會。余等乃請其族中多人到廟中,解釋訓諭,婉抗交施。彼等始允開墓門,去土入觀。但言能入觀即止。遂又開工去磚。磚已碎,頗不易取。至晚,磚去至人可俯身入墓,彼等即不願余等再去,余堅執必去至如余身量之人可不俯身即能入始止。婉諭後,余即乘馬歸。途中思張族每日

①編者注:原於"生"後空闕一字。

來人甚多，損失頗大，當與縣府商，請張族管事人籌畫一妥善辦法，始妥。晚餐後，訪季黻先生，將與一商，未遇。訪老同學胡春藻，亦未遇。今日讀此間收音簡報，瑞昌失守。

二十八日，夜中及早晨極涼爽。夜中醒，思發掘事，覺得：以學術言，吾儕有十分理；以人情言，張氏理由亦頗充足。當學術與人情衝突時，只有取決於政府之法令。此次工作，與法意固無背，惟手續則不合。因按法令，發掘須先得中央古物保管委員會之認可，且給發掘證，而戰時該令已暫行停辦，更無論認可與給證矣。故此日張氏如果阻止發掘，吾輩實無辦法。今日吾輩暫如張氏意，上面取土一層，入各室內一探規模，以爲下次工作之預備，下層一切不做，亦未始非善法。因思此，後即不能再睡。早起，到樂夫寓，告以此意。早餐，遇盧宗濩及其兄，其兄已髮皓然。訪季黻先生，不遇；訪春藻，亦不遇。歸甚倦，遂睡。入寐一時，士林及進義來。士林新自秦嶺工作，翻山南來。其所經路途，自鰲屋之湯峪口西入山，自洋縣出山。中經大嶺三。或即古黨谷道。中午進義請士林到北平飯館午餐。同坐者，尚有金、于、汪、李四君。歸後，再睡。起。桂璋及春、三朋、小四同來。余遂同石頭及彼等同出，登城牆，北行。城牆上漢磚一望皆是。自小東門下。出城門，北行。各家牆間亦多漢磚。出小東關，有一石橋，名坦心橋，橋下即堳水，僅一小溪。再北，又過一橋，名留村橋，下爲民渠，自午門堰來。東北望，有高丘，上有碉樓，名党家臺。聞桂璋言上有漢磚及漢水道，乃往觀。臺離橋里許。臺上平，面積約二畝許。碉樓周圍，有新挑溝，內多破磚，全屬漢製。所謂"水道"，亦挑溝時所發現，圓券如墓道，未必果水道也。歸，天已將黃昏。晚餐，遇士林,來談。雨東、天經來,未遇。將寢時,節常來,言今日發現五銖錢及馬骨云云。〔今日簡報言收復太湖、潛山。瑞昌失守後,我軍增援兵至。①〕

二十九日,今日始見季黻先生及雲亭告之,彼等皆贊成。盧宗濩及其兄來。兄名宗藩,字伯屛,在安康中學教書。余因其鬚髮,疑其六七十歲,實則尚止五十。彼以其所著之《秦中詩稿》見贈。玉亭來談。下午同石頭步行往張騫墓。因上午下雨,已止多時,故泥並不多。至工次,告樂夫以今日之決議。雨又下起,後稍止,遂歸。脫韈留鞋。途中,復雨。至小西關,雨仍未止,因入飯鋪晚餐。餐畢,雨稍止。歸寓,天經、雨東來談。

三十日,起。玉亭同學生艾弘毅來。介紹後,玉亭即去。艾君在火把社。玉亭引之來,爲接洽排演《軍民合作》事。余將劇本交與,囑其與劇社人一看,再商。彼請余作一講演,允之。金樹章來,尋士林,但士林未來,彼即去。季谷來,言今午彼與季黻先生約余父子在一粒亭便酌。出早餐。歸不久,靜政同志仁來。靜政先去。午間到一粒亭。同坐者有軾遊及張月江。散後,余獨往訪士林。在彼坐間者,有樹章,及郁維民,名士元。餘一人未問姓名。歸,稍息。子臧來談。上午劉公館送來信,內爲電報局復信,言天水縣政府言縣府內無顧頡剛其人,故退回。前電由縣政府轉。與子臧言,子臧答明日將往南鄭閱卷,可再代發一電,請縣長轉西北考查團顧委員,或可接到。因請其代答,並請頡剛電復。晚軾遊請到北平飯館晚餐,同坐者同午餐。歸後,艾弘毅同新生劇社中

———————————

①編者注:此爲天頭文字。

之高華年來。約後日上午九點作一關於通俗讀物作法之講演。高君言,如尚不出發受軍訓,《軍民合作》即可排演。今日讀簡報,言六安頗危險。又山西方面,我軍仍守風陵渡,與敵人激戰。今日時雨時止,故街上多泥。今日艾、高拿來一劇本《我們的國旗》,翻閱一下。不甚好,但高言演出後,舞臺結果甚滿意,其言亦足信。

三十一日,天雨,亦時止。上午假前數日之《大公報》《新華日報》一觀。僅閱《大公報》,《新華日報》尚未及閱。德國社黨自本月十五日起,命全國軍隊作極大規模之演習,參加者百數十萬人,期限三月。觀察者謂彼企圖迫脅捷克,且爲我國敵人聲援,當屬可信。下午雨止。騎馬到張騫墓,石頭則同節常步行往。至則工事已完畢,樂夫及歷史系學生在廟中整理。稍停,歸,繞道雪亞寓,告以經過大略。冒雨入城,天已黃昏。艾弘毅送一劇本《前夜》來,係陽翰笙所著,燈下翻閱,畢之。

九　月

一日,仍霖雨不住,殊足悶人。上午九點,爲學生作一講演,題目爲通俗讀物的寫法。告以文藝性、簡單性、地方性,且請其多注意於民衆的詞彙及對於民衆深摯的同情二事。下午再讀《前夜》。在靜泉等室內遇小涵,因彼前有參觀張騫墓工作意,乃告以工作大略。但彼因明日即往漢中參加招生,已無暇參觀工作。並請其轉告少涵。晚翻閱《新華日報》。節常來,言張騫墓在清理中,發現一博望侯封泥。

二日，終日雨。晚始止。早頗涼。室内二十度，室外十八度。節常慫惥到張騫墓，余亦因博望侯封泥事急往一觀。早餐後，雖尚有霧絲而已有止意，乃騎馬往。半途又大雨淋漓。因頭戴大斗笠，上身尚好，下身則全沾濕。所謂博望侯封泥者，實尚止因出自此墓而擬想。篆文，四字，毫無疑問。惟無一字真能認出。如非出自此墓，主觀無成見者，"博望侯鑭"（或"印"）四字，恐尚不能有一字之擬出也。張族人亦來，談封墓事。因天雨，擬稍遲三兩日，希望留保安隊再留守數日，允進城後與唐節軒一談。將午，雨稍停，遂返，中途又雨，然比去時差愈。下午士林來談。將晚到縣署，與節軒談，節軒慨允。出，到士林寓。本擬同訪軾遊，因天晚，未往。接文青信一封。内附荊三林信一封。

三日，晴。到士林寓，同士林往訪軾遊，不遇。士林來寓談。紹熙來談。又同士林在校訪軾遊。並遇春藻。軾遊約余等三人到北平飯館午餐。歸，翻閱冼群所著獨幕劇集，不佳。眠。起後，到樂夫寓談。借《城固縣志》一閱。到北平飯館晚餐，又遇士林。再來談。今晚月色甚佳。

四日，轉陰。早餐後，與樂夫父子、桂璋、石頭出東關。不遠，有一界牌橋，即已屬洋縣境。再前，至土人所稱之"漢王城"。城為一土臺，高丈餘，橫亙於壻水、漢水交流處，實為屯兵要地。臺上有漢磚瓦片。臺基雜沙石。然壻水旁沙石甚多。築臺時間沙石，亦非異事，未可以此證臺之天成。下臺，過壻水。隨堤西北行。堤土人名曰"坎"，上有白茅，其葉可割。樂樂穿短褲，時為所苦。三四里後，下堤問路，田埂泥塞，須赤足踏泥，始能前行。至一村，曰蘇村。至一廟，内有小學。有十數兒童。廟及村中，帶花紋漢磚頗多。余等出所携饃、鹹菜、鷄蛋，食之。桂璋等拓磚上花紋。村東尚有一廟，規模不小。前殿祀張良。後殿神甚多，未辨何名。柱上紙對聯，有"唐朝忠良宰"等語，然則群神中其尚有張睢陽乎？村中人皆佃農，無自耕者。出村，仍沿"坎"行，然漸離河，亦離"坎"。未幾，路旁一廟，入觀，則爲李氏家祠。李氏在清時，有一布政使及縣令等。再前，過一小溪，至村。村旁有土原突向堷水者，曰寶山。登山，上有廟，曰蕙香院。内順治碑上有"唐開禧"（！）、"宋嘉定"、"明季洪治"（！）等詞，荒陋迷謬，未可究詰。碑中最古爲一正德碑，苔痕密布，殊難卒讀。更古者有一成化十九年破爐。然廟居寶山之端，南臨堷水，北倚秦嶺，風景甚佳。廟中佛像，銅製者十餘尊，衣飾頗精，足證其爲古刹。亦有一學校。教員李姓。每年薪金八十元，飯食由學校供給。廟中漢磚不多，然尋得一臥虎向樹花紋，頗不易得。桂璋亦拓兩張。下山，過一渠溝，水不深，但流頗急，底均頑石，赤足涉過。不遠，即過堷水。至城時，天已黄昏。到樂夫寓晚餐，有鷄，有酒。今日唐節軒偕縣政府兵役科科長陳君來，未遇。陳名善，字效芻，湖北浠水人。

五日，霖雨幾無止時！想買一部《三國演義》送樂樂，但遍問本城内之三書局，均無有。僅購得《説岳》一部，令石頭送往，並借錢十元。購《詩毛氏傳疏》一部。時翻閲温習。寫清甫、文青信各一封，尚未發。接杭立武一信，問余是否願再到西北。

六日，霖雨無止時！翻閲《詩經》及《漢書》。歷史系學生來請余作一講演，定在明日下午三點鐘。晚餐，遇春藻，邀余等同餐，彼作主人。同坐者，文濤、文華及在雪亞寓所見之馬君。〔六

日，敵軍抵廣濟附近。廿八日補。①〕

七日，終日淋漓！仍翻閱《詩經》。齊壁亭來談。下午講題爲《國難期間學術界應有之收穫》。覺喉嚨微痛。今日聞墙倒聲多起。余帳上亦沾屋漏一大片。〔七日，我軍三路反攻，大敗敵軍。廿八日補。②〕

八日，仍時雨時止。早餐後，到樂夫寓，彼不在家。同樂樂、桂璋、石頭到南關觀水。水已升至龍王廟前。漢水川中汪洋一片！翻閱《漢書》《詩經》。下午唐節軒來談。

九日，漸放晴，惟中午微雨一陣。晚月光極好。早餐後，到樂夫寓，同彼夫婦、小孩、石頭等到東關外一游。路不易走，因多泥故。但漢川水已漸消。走至界牌橋，橋下水勢洶涌，頗可觀覽。橋外有一賣豬肉者，已屬洋縣管。彼三四日殺一豬。東關頭亦有一賣豬肉者。歸。今日精神不佳。晚餐後，到春藻寓談。

十日，夜中覺寒。早起，室中十七度，室外十六度。終日陰晴未定。上午讀《詩經》，看報。子臧來談。下午到樂夫寓，遇季戢先生，並決定明日如果不雨，即往袁公祠、午門堰等處一游。在樂寓晚餐。接安華信一封。

十一日，上午陰，下午漸晴。早餐後，同樂夫騎馬出小西門，北行，過鄭家窑、劉家村、王家村。將軍墳在王家村畔，有畢秋帆所立碑，稱爲"漢舞陰侯樊將軍墓"，雖未足信，而臺高一兩丈，上廣二畝許，人工所作，毫無疑義。惟未知建自何人何年。村中人家門前有一石若礎。周圍有字。"城固縣"諸字略可辨認。未能

---

①編者注：此爲天頭文字。
②編者注：此爲天頭文字。

尋出年月。然觀筆意，非明清物也。再前，至望仙橋村，有橋翼然，駕於渠溝上。橋上有屋，屋前有扁題名，則爲此地常有之例。過橋，登斗山。山高約七八十公尺。俗言"斗山不斗"，果然。坡上間有松榧之屬。上有廟。最古碑爲弘治十三年者，亦有"子夏山人"之歪字歪詩！院中有桂二株，已可拱把，正在發華，爲一邑人呂君所手植。呂君於民廿一，避暑於此，曾爲之記。廟房舍不少，亦尚整齊。大殿祀三清，餘均道家亂七八糟之神。雷神主上，右書"顔曾思孟"，左書"周程朱張"！惟下臨堮水及渠溝，神仙口在眼前，風景甚佳。兼之山坡慢平，廟周圍頗廣，尚未墾闢。如早行禁墾，補植松桂果樹；堮水灘中，添植楊柳。將一切牛鬼蛇神，效齊天大聖送之於茅厠中，改建學校並游人休息之所，則固可爲本地之一大名勝區。下山，午餐。餐畢，再前，右爲堮水，左靠山爲渠溝。中改一窄"坎"。前本禁騎牲口及重載行坎上以防傾圮，其意甚善。坎上尚有民國初年枷責犯禁者及罰戲之小碑。近已弛禁。碑後另有三小碑，則爲同治十三年所立，上刻天師及泰山之靈符，以威嚇龍王，使勿壞其坎者！余等讀碑罷，不願再上馬，步行下坎以符美例。再前，爲唐仙觀。觀內有學校。大殿內有漢仙人唐公昉碑，至漫漶難讀。未幾，即入堮水灘林中。稍前，至五門堰。分渠門四道，與正河共成五門。雨後，水量不小。正河中多置長丈餘之竹籠，內置石子，以限水流。灘上尚置空籠十百具以備緩急。用時以長杙定之於河底，定後拾石子置內。堰工頗浩大。元蒲庸，明喬起鳳、高登明，清末張世英均作令斯土，致力堰堤，有功民生。現均廟祀於堰旁之禹稷廟中。廟內碑不下三十餘通，均關水利。在廟飲茶後，以船渡河東，至西原公，再東即東原公。二村斷續綿亘十里。有廟甚多。俗稱"一里一坐廟"，實則絶不止此！原公因原公寺得名。碑稱"原公以都御史來守是邦"，但未言何名何時。又言"唐乾符六年重建"云云。其言殊難信。然近年重修，曾於地中得造像數事，則寺之由來甚古，頗足依信。三小造像，鑲於寺前照壁中。雖已殘破，而刀法有北朝意。一大造像，置於大殿中，高三尺許，已中斷，且石上泥塗模糊。聞後面有字，乃雇人搬開洗濯。但字頗漫漶，不易讀，年月未能尋出。字畫無北朝意，疑爲唐宋物。又有一幢，損蝕已甚。似與大造像同時。出寺，穿街過村後，觀其碉樓。此碉樓據人言，全用附近一大北齊墓之磚所建。但此地未曾屬北齊，當係因同年號而致誤。現見磚上，僅有許多帶"楊昌"二字者及帶花紋者。觀畢，遂渡壻水歸。入城當已七點餘。晚仲良來談。

十二日，又陰雨。雖非甚大，而今日聯大學生赴南鄭受集訓，亦足沾濡。昨晚決定今日下午到張騫墓照像，以爲封墓紀念。雖雨，仍前往。同往者，季黻先生、春藻、仲良、樂夫、節常。往時，余與樂夫步行，許、胡、黃乘轎，節常乘馬。返時，節常馬讓余騎，餘仍舊。晚仲良再來談。

十三日，陰。將晚又微雨。近數日精神不佳，患不接氣。早餐後，同石頭到樂夫寓。稍停，即同樂樂、春、三朋到界牌橋一帶一游。歸途中，遇建侯、日章等。接清甫信一封。晚陳瑤庭來談。

十四日，夜中又大雨。早起淅瀝無已！下午始漸止。接潤章信一封，建功信一封。桂璋來。彼前日往王家村及五門堰原公寺拓碑，昨晚返。今日送來石礎及大造像拓片。大造像爲北周建德二年造。石礎年不可見。但"城固縣"三字之上，有"中府"二字；

雖"漢"字不可見，而可猜知。唐宋無漢中府，元不知有否。然則余所猜想之非明清物者，亦未必可靠矣！因樂夫信來言果如余所言，造像在北魏以後，實在余所猜想皆誤，遂函答之。下午答潤章信一封。

十五日，雨雖不甚大，然幾無已時。上午陳瑤庭來談。耕硯請余及石頭到彼寓午餐。寫清甫信一封，尚未發。下午訪季黻先生，未遇。

十六日，雨更大！僅將晚時停一會兒！終日與石頭講論，讀《詩經》而已。

十七日，雨止。上午陳瑤庭來談。正午節常請在一粒亭吃飯。同坐者，季黻先生、劭西、雲亭、仲良。餐後同仲良、石頭往訪樂夫病。咏沂來談。餘時僅稍讀《詩經》而已。清甫信發出。

十八日，夜中雨。早晨止，下午晴。同石頭到樂夫寓，想爲石頭找一寓所。又同石頭、春、三朋到關帝廟，觀德昌、桂璋、樂樂拓碑。歸，訪泛弛，打聽一補習工課之先生。但遇附中主任方君，言附中本年不招初中三年級，而高中招生最早在下月二號，晚亦不能過八號。然則石頭在此，既無相當年級，考高中，工課又趕不及，故尋補習先生事，亦遂作罷。晚仲良、瑤庭均來談。

十九日，晴。早餐後，同石頭到樂夫寓小坐。進城，獨訪劭西一談。歸未久，仲良及節軒來談，節軒請余及仲良、石頭在一粒亭午餐。咏沂來，因前日與彼談及韋爾斯之《未來世界》，托彼代借一本，今日親送來，並贈《仙人唐公昉碑》拓本一張。後即開始讀《未來世界》。晚節常來談，仍竭力慫恿石頭考高中。

二十日，將明，又微雨！終日陰，早晨亦霏霧絲。終日翻閱

《未來世界》。雪亞請一點鐘午餐。學校叫轎子,余與軾遊、雲亭、春藻同往。在坐者尚有季黻先生,少涵、小涵兄弟。入坐時已三點許。食甚多。子臧來談。晚飯未吃。聰彝來訪未遇。

二十一日,陰。時霏霧絲。早餐後,同石頭到樂夫寓。歸,訪季黻先生及聰彝,均未遇。劫恒來談。瑤庭來談。仲良及日章來,仲良請余父子及日章在一粒亭午餐。歸,有一學生,同一同學來談。學生似名李洪基。前數年在北平見過。彼談起,余亦尚記憶。至其所介紹同學之姓名,余當時即未記着,僅知其在安康國立中學教書,甚矣余記性之壞也。接陝西考古會信一封,玉瓖明信片一件。

〔潢川戰事緊急。十八日倫敦哈電:張伯倫將希特來所要求及捷總理所提最後方案再作折中方案。

浠水十九日電:潢川敵占南城,我守北城。商城我占領城郊高地。又武穴轉移新陣地。

潢川二十日下午八時尚有來電。

日內瓦十九日電:我國請求施用盟約第十七條事,經行政院會議全體一致通過。

信陽廿一日電:連日我在羅山東十里墩與敵激戰。

漢市息:富金山、商城兩役,敵死傷不下三萬八千餘人。

浠水廿日電:光山以北有激戰。守潢川軍與敵苦戰五晝夜,敵認爲開戰以來所未有。①〕

二十二日,夜中仍雨,以街中有泥知之。早餐後,同石頭到樂

①編者注:此爲天頭文字。

夫寓一坐。歸，函約泛弛來，托與聯大附中方主任一商。近日因節常及雲亭之慫恿，又擬令石頭考附中高中一年級，但余離此間在即，而考試在下月之五六兩日，未敢決定必取，乃請泛弛與方君商：如石頭未蒙取錄，亦得旁聽並住校。下午泛弛來，言全已講妥，然則余可安心首途矣。又決定自明日起，令石頭開始同朱先生補習。正午，瑤庭請余父子在長春園午餐。下午子臧來談。晚晴。

二十三日，今早又雨！下午止，然仍時霏霧絲！領石頭見朱先生，與之談補習目的：一為將來上課不致有阻礙，二為預備此次考試。考試廣告今日已出，定於下月五六兩日。翻閱《漢書·匈奴傳》。下午仲良來稍談。去後，余出訪季黻先生，仍不遇。到劭西家一談。在彼處，遇唐節軒。節軒言今日來訪，未遇，約明早九點來。晚將《未來世界》讀畢。羅山廿二日電：羅山附近敵我戰事十分激烈。浠水廿一日電：商城南犯之敵，被我軍截於沙窩集。敵由水陸夾攻田家鎮。我軍占優勢。敵軍在瑞昌方面傷亡約一師團。捷京廿二日海通電：捷政府在英法不可抗之壓力下，已無條件接收其所提之議案。

二十四日，陰，晚又微雨！終日翻閱《漢書》。上午節軒來，將其所作之《張騫傳校補》及其他縣志稿數篇送來，請余指正。余翻閱一過，太欠剪裁，體例亦不甚合。下午仲良來談。春藻、耕硯來，稍談即去。據浠水及田家鎮昨日電：田家鎮及廣濟附近戰事激烈。廣濟附近我軍獲利。據柏林昨日露透電：則英法似係強迫捷將蘇臺區割讓。捷軍已退，德軍未入。據潼關廿二日電，風陵渡仍有敵人。

二十五日，終日雨！晚始止。翻閱《漢書》，讀《詩經》而已。石頭購《英漢模範字典》一本，價三元。晚節常帶來劭西托交彼所作之《社會教育和民衆組訓中間的橋梁》一篇。田家鎮一帶戰事激烈，雙方死亡均重，我軍占優勢。軍渡、柳林爭奪戰，近數日來亦劇烈。據巴黎哥德斯報倫敦各處二十四日電：法内閣與海軍參謀長及總參謀長會商；大軍經過柏林，向達爾斯報開去；法總理到倫敦，與張伯倫會晤；似歐局尚未緩和也。

二十六日，仍雨！下午止。晚仍霏霧絲。上午節軒來談。下午同石頭踏泥到樂夫寓。請彼作稀粥吃。八點剛過，即歸，然城門已關。呼守者開，彼不甚願，強而後可。信陽廿五日電：廿三四兩日，將羅山西進攻之敵擊潰。田家鎮附近，戰事正急。濟寧、大名、石家莊均克復。此雖游擊部隊所爲，未必有大影響於保衛武漢之主要戰事，然固可使敵人之備多力分。捷京廿四日電：言廿三日午後，捷軍與蘇台黨及德挺進隊在蘇台區内衝突。情勢極緊張。據哥特斯堡廿四日電：張伯倫離彼間時，僅謂二國談判尚未能謂完全破裂。又謂據德方消息，二國友誼談判，已告中止。據倫敦廿日電：官方認爲二國談判已告破裂。英國會即將於下星期一（即今日）開會，討論歐局。又瑞士、荷蘭均已動員。德捷、奧捷間火車，均已停開。然則歐局三數日内，即當有重要展開矣！國聯反侵略總會，捐七百萬磅，定爲慰勞傷兵難民之用。

二十七日，晨滂沛大雨！幸止一陣。將午雨止。終日看地圖，讀《詩經》。下午仲良、瑤庭來談。節常拿紙來，請爲書《禮運》"大同"一段。同仲良、節常、石頭往北平飯館晚餐。余爲東道，然總數不及一元。江北：我克復數距點。江南：富池口於廿四日失守。惟形勢尚穩固。河南方面,我軍克復羅山。東路又克復歸德。國際方面形勢,尚未明了。大致戰事極難避免,而各方均企圖將責任委諸對方。故揭開日期,似當在下月初。又南斯拉夫及羅馬尼亞已通知匈牙利,如果彼欲乘火打劫,則南、羅必盡小協約國之義務,出兵援捷云云。

二十八日,陰,然未雨。上午郁維民來談。下午仲良來談。與仲良、節常、石頭同往北平飯館晚餐。仲良爲東道。終日仍看地圖,讀《詩經》。再爲節常寫對聯一付。接頡剛二十五日自重慶來電,言已到渝,問余是否能赴渝同往滇。答一電,言霽後即到渝。電由南鄭聯大代打,費尚未付。田家鎮北敵退廣濟,另一部進攻要塞,大勢穩定。江南敵在陽新湖附近集中兵力,尚未進攻。敵近日常用糜爛性瓦斯。瑞武公路方面,消滅敵一聯隊,現仍在激戰中。羅山城西無敵踪,但縣城是否全爲我占領,尚成問題。商城南激戰,陣地無大變化。德星綫亦有激戰。德所送有最後通牒性之備忘錄,捷京廿七日哈電謂捷政府昨晚通宵討論,今晨通知英方,謂不能接受,且已通知德方。然則如果德不讓步,大戰一二日內即將開幕矣! 捷政府動員自十七歲至六十歲之男子爲國家服務。

二十九日,晴。終日看地圖,稍讀《詩經》。曬被褥。將晚,劭西來稍談。接縣政府公信一封,係請本所考古組資助此地民衆教育館以設立古物保存所者。然本所正苦無辦法,何能助人? 作信復之。廣州廿七日電:泊西沙群島敵艦共九艘。日內瓦廿七日哈電:中國政府要求依盟約第十六條,對日實行制裁。法國贊助。東京廿八日電:坂垣擊傷宇垣。此息未知確否。瑞武公路方面我軍獲利。南潯路方面廿七日形勢甚緊。餘無大變化。

卅日，晴。終日仍看地圖，讀《詩經》。上午訪詠沂，未遇。下午五點餘，同石頭到樂夫寓。在彼處晚餐。日內瓦廿八日電：國聯行政院決議案，提草委員會廿八日晨，舉行秘密會議，其所擬就之報告，亦行通過會議。內分爲下列數點：（一、二略。）三、引用盟約第十六條，各國均有參與制裁之權力；四、在歐局未有新發展之前，應引用盟約第十六條處理一切；五、勸告各會員國援助中國之英雄抗戰。據東京廿九日電，宇垣已辭職，則昨日日閣內訌之消息當真矣。英、美、法軍艦，調動頻煩。英艦集中香港者六艘，彼間亦有美艦數艘。張伯倫廿七日晚發表廣播演說，言任何國家，如擬控制世界，則英國準備一戰。另外一方面，又將有黑尼河之會議，未知由何國發起。以詞意度之，或由德發起。然捷克已表示願參加。則歐局或又有緩和之勢。戰事，則敵人正由南北岸向田家鎮猛攻，戰事激烈。瑞武沿綫及南潯綫，我有小勝利。據信陽廿九日電，我軍正猛攻羅山城，三面包圍。鄭縣廿七日電：太康、淮陽一帶之敵，連日向尉氏、扶溝前進。風陵渡一帶，敵萬餘，布防河岸。又敵千餘駐修武、焦作，數百駐武陟。敵機二十八日晨轟炸昆明，被擊落三架。又據香港廿九日電：日前我游擊隊焚毀上海、江灣之敵軍體育廠海軍軍火儲藏處，毀其輜重無算。

十　月

一日，晴。中午日色晶明，在外面走頗熱。上午到樂夫寓，清算自西安來此路費賬目。歸，聞咏沂來訪，因未遇，留一字。字言有軍車一輛赴四川，法學院李宜琛、王治燾二教授即等此日開行，如余願同往，即可向彼等接洽。乃往訪咏沂，又同訪李君，知此係中央軍校的車，開車期聞在近數日中，但未知確期。歸，請節常打電話轉請漢中辦公處一友人，問聰彝（因彼已往漢中），復電言仍未知確期。下午，看自上月十四至十九之《大公報》。于□□①來談。山東人，余去年在山東火車所遇，現在法學院教書，忘其名字。瑤庭來談。晚餐後，瑤庭再來談。接一非信一封，轉來逮曾信一封，子臧信一封，子臧信係從此地發，又轉至此者。接頡剛電一封，言教育部將聘余爲特約編輯，負責通俗刊物，問余願否擔任。回一電言願擔任，但以不離本院爲條件。我軍於廿九日已放棄田家鎮。午餐時，聞壁亭言：彼聞一軍校教官言：此次戰鬥，我軍之新武器，僅大炮加入。坦克車尚未加入，現始開往前綫。未知確否。南潯路及德安方面，瑞武路方面，我軍獲利。我軍克復宣城。據木尼黑（昨日之黑尼河，似誤）卅日哈電，巴黎卅日露電，則英、法、德、意在木，已成立協定，規定蘇台區內，日耳曼民族占百分之五十以上者，捷克仍須於本月一日至本月十日撤退。秩序暫由英歐戰退伍軍人維持。

　　二日，晴。早餐後，往訪季黻先生，在彼寓中遇軾遊。均致辭別之意。又訪春藻，辭行，並托寫一信與重慶汽車之執事人。歸，樂夫來，未幾子臧亦來。後同子臧往午餐。歸後，稍休息。節軒來。下午三點開會討論張騫墓立碑事宜。到會者季黻先生、劭西、咏沂、樂夫、子臧、節軒及余。決定碑上刻西域圖、校補之《張

①編者注：原於"于"後空闕二字。

騫傳》及一文。圖由仲良擔任，傳由節軒擔任，文由子臧擔任。又決定徵收附近地十餘畝，建議由西北師範學院在彼間辦一博望附屬小學，並附設一西域園，將可考從西域移植之植物，如苜蓿、蒲桃、石榴之屬，儘量種植。散會後，雲亭、日章來送行。同節常往晚餐。歸，月色甚好。同石頭在門前月下徘徊。瑤庭來。泛弛來。希三來。均爲話別也。江南各方面戰事均佳。商城綫稍後退。江北敵人未進。

三日，晴。天氣頗熱。早餐後，檢點行李。起身時，八點多鐘。來送者，有季黻先生、春藻、節軒、咏沂、瑤庭、希三、節常。路遇作別者，有湘宸、耕硯等。又遇汪震君，初來城固。子臧，樂夫及其家人，德昌均送至西門外東嶽廟前。廟東有橋，前有亭，余等戲稱之爲灞橋長亭者也。桂璋送余至漢中。余等各乘一花竿。十五里至司家鋪，有賣茶處，余等稍休息飲茶，轎夫吃小鍋飯！村六十餘家。普通人家每家不過有地一畝八分，最大財東不過有五十餘畝。村設有傷兵教養分院。再前三里，沙河營，前臨河，地不甚好。百餘家，有市集。離城固四十里，柳林鋪。有一紀信廟，甚大，且有紀墳。現住兵一排，不能入。在彼間午餐。再二十里，十八里鋪，一大市鎮。茶園賣茶，有各種茶，坐椅背上刻詩句。余等下飲茶，轎夫再吃小鍋飯！余前來時，過村南，未見市面。到漢中，往大華旅社及另一旅社，均無房間。乃仍到興漢，主人尚識余，招待殷勤。往晚餐。餐後，到大華，訪聰彝，未遇，遇其同室康君，約明早九時再來訪。至旅館，有一劉君，正陽人，農院學生，來談。又有國立甘肅中學畢業學生，托到重慶，如見其校長查勉仲，轉詢彼等升學事。今日花竿價，每乘兩元二毛，乃包攬之轎夫，只給他乘一元七毛！雖吵駡半日，終未添錢！苦力人仍層層剝削如是。今日轎夫，有一四川南江縣人。余問自漢中至南江翻山是否有通路，彼答如下："自漢中至南江翻山，共四日程。第一日八十里至穆家埧；再三十里至回君（或軍）埧。第二日，十五里，過天池寺，翻第一道嶺。再前，過北埧，止宿於沙埧。第三日，翻第二道嶺：母猪峽。上三十里，下三十里，爲嶺中之最高者。止宿於貴民關。第四日，過第三道嶺，曰ㄌㄨㄍㄜ峽，至南江。"此道或即古所稱之米倉道歟？

四日，晴。頗熱。早餐後，搬屋子。到大華，晤聰彝。彼到四川與否，似尚有問題。歸稍休息。聰彝來，約出午餐。有警報，因離大華近，遂往。一點半起，至四時後，始解除。到聯大辦事處，還前所借電報費。歸，聞明日有汽車到寧羗，七點起售票。

五日，晴。夜眠不佳。早起到汽車站。今日止開一車到寧羗，而願行者甚多，桂璋不知預先發牌售票辦法，故未能買得票，遂又稽延一日。住五洲旅社，固離汽車站近故。買得上月卅日、本月一二日《西京日報》，讀之，知唐紹儀爲人暗殺。據露透電，則唐似有將作僞政府首領之嫌疑。果如此，則死不足惜。唐以七八十老翁，乃竟欲作賣國之勾當！余近日常言：此次抗戰，弄筆管的把人丟給弄槍管的，因弄筆管的多漢奸故。如董康、陳錦濤、唐紹儀之流，前均有賢名，而竟喪心如此，甚矣弄筆管之不足靠也！終日在室中，看地圖。過午有警報，到田中一避。此間稻熟比城固晚數日，雨時，稻尚未倒（稻熟即倒），故未吃虧。此間今日正在打稻。農人佃田，每年種稻麥兩季，每畝納兩石穀於地主。麥則獨得。本年稻大約可收兩石餘，爲相當豐收。過一點餘警報解除。晚因旅館中不能加鋪，故桂璋仍入城宿興漢。今日天氣頗燥，甚懼變天。

六日，夜眠尚好。天明起，陰。到站，已霏霧絲。在站，遇金樹章及其同伴一人，均於今日赴沔縣者。其同伴識余，余却未能記其姓名！又遇曾向午，亦在此。殷勤招呼買票。如余前日知彼在此者，則昨日已啟行！何致淹阻於此耶？問向午近日新聞，彼亦無多知，惟聞敵人曾轟炸諒山，未知何意。車啟行後，雨終未止，過褒城，在城外下船渡河。後雨更大，有一節路頗不佳，車行極費力。車夫言，至沔縣後，即不能再向前行！幸雨不久止，路亦較愈，方慶今晚可抵寧羌，而抵沔縣後，又聞前途不遠有橋梁，因昨日過兵車過重，致被壓壞，正在修理，今日未能開車！止好下車入城。下村店吃飯後，雨止。雇花竿往游武侯祠及墓。出西門，過正在修理之橋，橋西停汽車甚多。未久，已見有車從東開來，然因站長言今日車不開，固不疑其他。沔縣有新舊兩城。舊城在西，前被破壞後，即已廢棄，僅有若干居民。新城在東十里。前名菜園子。城屬新築，頗小，僅以土，亦非整齊。聞周圍尚不及四里。余住新城內，武侯祠在舊城東南。北向。規模不甚大，聯大農院即設於此。碑最古者，有唐貞元十一年所立，撰文者爲沈□，書者爲元錫。碑從貞元三祀，嚴武祭廟，見規模狹隘，因擴充祠宇叙起。次即爲明成化廿一年重修祠碑，言"都憲阮公勤""具請于朝"，"我皇上""遂允所請，命下所司，每歲仲春致祭以表忠節"，蓋前此不在祀典也。清光緒年碑，則紀廟後近漢江，築堤防水事。捐款者，有左宗棠、丁寶詮等。遇在漢中旅館中所遇之劉君。出門，西行，近舊城，江上渡船尚遠，每天喝一毛錢鴉片之轎夫，乃脫衣負余過。喝兩毛錢之轎夫,在後扶掖。然余鞋韤,及褲下截全沾濕。過漢江後,向東南行。迤邐而上,路甚難走。漢南之山即定軍山。墓在山麓,柏樹不少。墓上有廟。定軍鄉之聯保辦公處,即在此處。正殿後,即墓。偏左二十餘步,有亭依山,內有碑,題為真墓。因時已五點餘,未敢細讀碑。遂歸。歸途有小馬路,尚易行。過漢,天已將暮,繞至北門外車站,問明日車何時開,則答言,今日後橋修好,車已開走! 走前曾派人到城內尋余等。然則余又耽延半日! 必須明日不雨,安底寧羌者,始能免後悔也! 今日下半天,東風不小。轎夫言此地東風主雨! 西南風主晴! 晚餐後又聞已雨! 今日讀自上月廿一至廿四日之《大公報》。

七日,夜中無大雨。晨起,僅時霏霧絲。將行李檢好後,出到城內一走。尚屬農村市鎮模樣,但簡單機器,如縫衣、壓麵者,亦間有之。都市人所用窈窕、不耐用之小藤籃,亦間有賣者。《大公報》有分銷處。官膏之分銷處,所見者亦有數家! 據城門外修橋碑,則此地原似係火安營及菜園渡兩地所成。早餐後,上車站,少許時,雨又稍大。站長問清余住址,請余暫回城內。余頗願在此間茶館中留待。雨亦旋止。十一點車開。過老河縣後,路即入山。漢水在左,路旁岸行。狹谷中人家極少。間有一兩家,亦僅一兩間茅屋或茅棚樓止。路甚曲折。兩岸山頗高。過一地,道牌上題"土關鋪"。再前,至舉河。間有人家。地為漢水南北兩源會流處。尚有一小河,亦在此附近會流。路當越過北河之南。水上無橋,須以船渡。車至時,尚不及十二點,而渡水艱難,至將四點,始又前行! 兩岸停汽車,不下三十餘輛。每次僅渡一輛! 而車重水淺,時須用人下水力推! 慢者,每車一次即需半點鐘! 正在焦急時,而一車下船時,擱板偶斜,車輪即陷泥沙中！余等今日所搭,爲軍用運汽油車,乃將汽油一桶一桶搬下！將車輪用杠杆法掀起,墊上木板,將車拴在別車,別車向後開拉之。第一次將過,而大繩斷一截！第二次始將其拉到岸上。此時,大家亦遂不焦急,靜觀車輛運輸！汽車夫聚數十人,無事,而水中魚頗多,乃有人用餌釣魚！人聲喧雜,時有人投石相鬧,然亦獲兩小條！將四點,北河左岸車已將渡盡,而因左岸無法錯車,非俟左岸車畢過,右岸車即無法開始！余等啓行時,右岸尚有十餘輛,未知何時始能渡畢！我國時間之不經濟如此！此後路大致仍傍河。但谷漸寬,山較平。谷中間有水田,不似此前之谷中無寸地者矣！十餘里,過一大村,曰新浦灣,則房屋整齊。再前相接村,曰菜垻。車稍停。汽車夫有一人,因在舉河無事時,登山,食二三桐子,至此,大慖。大家竭力張羅,用萬金油、甘草等物救治後,始由其副手前開。菜垻已屬寧羌。但再前,仍多屬沔縣,至青羊驛,始入寧羌境,然此後屬沔縣之插花地仍不少。此段頗有泥,余等前之汽車,停下加油,後面車有一人下,斥責其不應停在路中。又查出其私帶客人。此人似屬路局稽查人員。然汽車夫亦極執拗,謂在谷中,無法旁開。又私客人或未必爲彼個人所帶。吵嚷多時,始再前開。路中有不平處,車輛一躍,余即跌向前。幸車上僅余一人,坐中間,尚無危險,而余衣箱竟自低處,躍上高處！此後又發現余手錶亦被震遺失！至大安,天將黃昏,遂停宿。店主人皆女眷。即余下車時,給余夯行李者,亦係一壯健婦女,赤腳草鞋。店中有一男夥計。室中有燈無桌。室他端外有糞坑二。坑外即牆。牆外鄰河,水聲潺湲。沔縣所賣鹽有三種:一曰雪花鹽,色白,成粉末;二曰鍋巴鹽,成大塊,厚四五寸,色灰。此兩種皆係川鹽。三曰粒子鹽,成小顆粒,係來自甘肅。一最賤,價約三毛。二次之,約四毛。三更貴。

八日,夜中大雨!晨止。站長催開車,而一切汽車夫均畏五丁關之路,退縮不願前。上午時霏霧絲,止時亦尚不少。至過午,寧羌開來者,有輕車一輛,重車一輛,汽車夫始無詞,乃整理出開。路尚好。但時雨時止,雖不甚大,而衣轡沾濡。標地名道牌之可見者,曰選將營。未幾至五丁關。崇岩插雲,道路一綫。幸山石不缺,公路鋪石甚易,除一二處外,大致均好。車盤旋而上,高入雲①端。余所搭車雖時出毛病,而休凉數次,終達嶺巔。稍下,有地,曰滴水鋪。人家不少。地距寧羌三十里。至寧羌,天將黃昏。車過站,不停,掉頭開至油庫,卸油。余將行李卸下,地下盡泥,只好置於草上。雇一苦力回車站,住寧康旅社。余内衣雖未濕,而身覺冷。乃脫外衣,重被而臥。稍愈,乃命飯,並購玉米酒二兩飲之。酒甚薄,然亦"抵得晚來風急"。飯後,往訪陳站長,則彼在油站尚未歸。聞其執事人言,近三二日,無車到此!然則余又將停留數日矣!今秋中秋,不見月色。然余總算到寧羌!但未知何日能去耳。大安汽車站壁上,有名勝古迹説明。據言:此地,唐爲三泉縣;宋曰嶓冢縣;元爲大安軍;明曰大安縣;後廢,屬寧羌州。外有金牛脚、漢王墳、漢源禹銘各古迹,則均屬附會恍惚,不足信。

九日,夜中雷電交作,大雨滂沛!至晨未已!上半天時大時小。下半日稍止。窗外水流潺湲,古人所云"潺湲送客愁","雨

---

①編者注:"雲",原誤作"需"。

紛紛"，"欲斷魂"，從前雖常常讀到，而印象終不真切。今日蜀道遇雨，感觸始深。早晨覺有十天八天的逗留，乃移一較明之屋。終日悶睡，看地圖而已。下午訪陳站長，言近日從此至廣元無客車，僅有軍運車，近數日亦未到。在彼坐間，遇一東北人之傅君，亦將赴成都，決定雇花竿到廣元再講。花竿至廣元亦僅二日。彼同寓者尚有同伴多人。余遂亦決定與彼等同行。陳站長遂又寫一信，將余等二人介紹於廣元站長，請其招拂。出到傅寓一談。遇一金君，乃重慶人南歸者，聞余亦將到重慶，乃言如過成都無要事，則可由廣元坐船，順嘉陵江南下，四五日即可到，不必過成都。余意亦動，因余到成都，果無要事也。此事當至廣元再定。歸寓，雇得馬一頭，一人挑行李。俟雨止，即行。上燈後又雨。

十日，前半夜，因有月色，雖仍陰雨，而雲薄雨小，並不黑暗。後又雷雨交作！終日雨，僅將晚時，略停，然仍霏霧絲。上燈後，仍大下一陣！余亦終日不出，看地圖，翻閱《四騎士》而已。此地最苦悶者，為對於戰事一點消息不得！所住旅館開張時賀聯，竟有"客愁偏向雨聲添"之句，不幾為今日寫照乎？

十一日，夜中日中，不大不小，不緊不慢，却總在下！惟將晚時稍停。然將寢時，又復淅瀝不已！余終日除却悶睡，讀地圖，無他事。將晚，傅君來談。

十二日，夜中醒時偶聽，檐滴仍復淅瀝！晨醒未起，已有一同旅館住之山東傅君，來問今日是否動身。起視，則雖只霏霧絲，而雲氣過低，猶豫不敢決。未幾，對門寓之開原傅君即前約同路者。亦派人來問。余往問之，則彼寓中之少年多人均已決定動身，彼不甚願行而貪圖伴多，故亦行色匆匆。彼且言昨日從廣元到有花竿,在此陰晴不定期間,花竿似較騎牲口爲愈。余頗然其言,亦欲雇得花竿,與彼等同行。遂返旅館,派茶房往找,則均已受雇,爲之廢然。乃派人告傅君,請其先行。然觀同寓多人之前行,仍數次動搖,但終不敢決。因余所帶棉衣不多,恐路中沾濡不敷用,頗願在此地做一布外套。問茶房,則言此地棉花布匹均奇貴:棉花每斤一元二角!平常布亦三四毛錢一尺!且裁縫均在河彼岸,水大橋斷,無法往找。乃止。繼有一王君來,王名建立,字子强,山西猗氏人,名片上刻陝州中央醫院醫師。繼有彼同寓之張君亦來。張,山西離石人,在中央銀行服務,王因傅君及聯大工學院之李君談及余,乃來訪,擬明日同行。據彼言,則橋雖斷,尚能過,彼曾到城內一觀,有民衆教育館,內有書報可觀,地位據城內最高處云云。時雨已止,余亦欣然願往,遂三人同去。橋雖一部分傾斜,然經過匪難。入北門,南行。城內商業殊不繁榮。城中有過街樓(鐘樓或鼓樓),樓下貼有本地所出之簡報十一及十日兩日者。乃停止一觀。觀畢,向右轉,登高處,全城在望。遠眺則群峰競秀,淡雲擁山,天然一幅水墨圖畫,惜余不工畫,辜負好景。入中正圖書館,將前數日之簡報大致一閱,近數日戰況約略如次:江北戰場,地名頗生,惟電自麻城來(不自浠水),或在蘄春、浠水之間乎?江南在陽新之東南與西南,戰事劇烈,敵無進展。南潯正面,在德安西北,獲大捷。敵兩師團除逃脫二三百人外,均被殲滅。豫南商城、光山一帶,呈膠着狀態。西仍在羅山附近。英大使館言:近數月敵在長江方面,死者四萬,傷者六萬。豫南方面亦報敵損傷六萬。山西方面,敵對冀、察、晉三角地帶,似又有數路進兵之企圖,戰事正殷。又合衆電言日軍發言人稱中國游擊隊有一部分入熱河境。館中新出板書，也還有些。看書者亦有數人。時又大雨一陣。余隨便取得胡愈之所譯《書的故事》一閱。書爲俄人所作，本爲兒童寫，作的甚好。余讀之，亦得若干新知識。例如Papyrus之製法，余近日因未知，頗爲悶悶，現居然明白。余至重慶後，當購一本寄石頭令讀。雨停，已將四鐘，乃歸。傍晚，西方甚亮，似有晴意矣！

十三日，夜中雨數陣，但均不大。後半夜，即不能寐。早起，收拾行李。畢，則所雇之馬不來。據茶房言：彼馬已另雇出，現需往鄉下叫。派一茶房找承包劉姓，良久不來。派第二人往催，彼不願去。掌櫃亦講不負責任之話，力斥之。始再派人去叫。劉姓來，斥之，命其速往叫。馬來後，起身時，約九十點鐘矣！余乘馬，一人背行李，一人趕馬，亦帶行李一件。問趕馬趙姓，似茶房所言非是，彼等不過因有軍隊過境，恐被拉去，故未敢早進街。似此，則尚可恕。出北關後，公路沿河埧行。三里，王家埧。公路橋壞。再前金家坪。再前七里埧。此地綿延六七里，故名，非離城七里也（離城遠處十四五里）。再前碾盤寺。離城十五里，入山。仍循河行。再前迴水河。有市面。今日沿途見軍隊向北開者頗多。據所聞，則紀律大致尚好。惟稍拉幾個伕子。再前，公路盤旋上。路頗有壞處。余下馬，爬坡而上，因公路過長故。至頂爲牢固關。關北水北入漢，南水南入嘉陵。關原有五家，後因修路拆房，搬去一家。關至城四十五里。關上無賣飯者。鄉人食洋芋稀飯，余亦食兩碗。再前黃埧驛。有賣飯者，余又食不少。至隨余之二人則大鍋吃畢，又吃小鍋！驛原有四五十家，現因前數年鬧紅軍及土匪，僅餘二三十家。再前，再升再降。此際山中樹木蒙茸，百草豐茂，溪谷嶄巖，水聲汹涌。公路依河修築，披山腰而爲之。再前，高處有閣，名官閣，爲川陝交界處。舊大路登山梁，過閣下。公路則依河迴旋，不登梁。梁北道牌從漢中起數，至141。山南大約自成都起數，至418。再前不久，至校場壩時天已將昏，遂止宿。村離公路里餘，路多泥濘，極難走。村有居民四五十家，爲一市集。但除旅店外，無鋪商。今日雖間霏霧絲，大致尚好。然抵旅店後，而又漸瀝！

　　十四日，將明，雨止。晨起身。今日從校場壩走至朝天，共七十里。校場壩爲四面山環、三面水環之一塊小平地。前些年從寧羌出，至此爲一站，故旅店營業尚盛。近數年汽車通，此地遂失重要。十里至轉斗鋪。路中所過橋，有二郎溝、敬家橋、南新橋三坐。末者全石。轉斗鋪在公路右，未至，即下公路。村有市鋪小學。人家三四十。自此地至神宣驛各地，頗見共産黨蟠據此地時之刻石遺迹。在此早餐。再前十里中子鋪。中間經橋，有巖家溝、鄧家橋、堰口壩、藥王橋、漆家溝、段家橋等。亦有市鋪。再前十里，曰紙坊鋪。所經橋，有穿心橋、萬拱橋（石）、三官橋、官家橋、史家嶺諸名。並有吳家巖一地。再前十里，曰神宣驛。中經子房橋、涼水橋、神仙驛三橋，並有涼水井一地。從朝至此，迎頭來軍隊不少。將至神宣驛，公路破一小山梁。時因雨灘塌。迎面來一工程汽車，未能過而返。驛市街尚盛，爲廣元一區署所在。有"民衆閱報所"木牌，同門上有"糧稅第二分櫃"紙貼，但門完全關閉！有"籌筆書院"扁額，但房屋已剩泥墻木架。時余已無小票，僅有一五元者，任何處均調不出另者。復前行，十里，至一山梁曰龍宮背。過河溝橋、趙家橋二橋。從校場壩至此，路旁河，河

川較寬，山勢較平。多坡田，少樹木。此後山又較崇。坡田雖有
而甚少，樹木因又蕃茂。從寧羌至此，岩石似屬頁岩，至此似變火
成岩。且有削壁多處。河從龍宮背下，入一山洞。洞口高過丈。
頗狹。水激石，極奔騰砰湃之致。水過梁，現於地面，遂又没入，
再過一梁，始又出。有神話謂古代有孽龍，穿洞經過，二郎神用劍
刺之，不中，遂成二潭坑。今第一梁上二坑猶在，一有水。問土人
則旱時亦乾，非潭也。旁梁頂有二郎廟一，現已漸廢。至水出而
又伏，則爲孽龍出時，見二郎神仍立山巔，遂急伏下，從前洞逃。
遁至灌口，始被二郎神鎮伏云云。將來太平後，此地稍爲點綴，即
當成一名勝區。再前，山又較夷，水又漸寬。過邱家坪、鐵□此字
不明，似作"冝"，疑"鎖"或"窗"。橋、青岩子三橋，至朝天關。地已通
船。可至廣元。市鋪頗盛。間有女子作學生裝者。村頭正演劇。
所寓店東人，爲一保長，頗有氣焰。至關時，天色尚早，但因小雨，
且前途必須走四十里，始能有店，故遂住下。後時微雨時止。飯
鋪中所供神，中行書"九壘高皇大帝后土紫英夫人位"；左書"土
公土母"，右書"土子土孫"！各處紅軍與剿赤匪之極端標語，亦
時相迷也！今日過龍宮背後，聞快槍一聲，馬夫頗惴惴，余亦有戒
心。後聞不過村人擊野鴨！然此地前數年固宵小出没之地。

　　十五日，頗早，馬夫即喚起。檢點行李畢，始喚背夫起，而背
夫之鴉片烟鬼，緩緩起後，足疲矣！又緩緩找扁條，緩緩收拾！未
畢，又緩緩吸水烟！經馬夫助之，始對付收拾好。又少待，天已將
旦，遂起行。五六里後，余等走甚慢，而彼二十二三歲之烟鬼，仍
"望塵莫及"（實在無塵多泥）！幸馬夫尚好，遣之歸，代之背。即
背價三元五角，彼背兩小站百四十里，與之兩元四角，今日尚餘九

十里，馬夫自得僅一元一毛，亦稱寬厚也。將十里許，山逼河濱，岩石嶔崎，乃炸山根如廊，上仍石覆！車馬行其下！長可及里！二十里至樓房口。口有居民數家。口前有樓房橋，稍過，有金鰲嘴橋。再前有橋無名。今日所過橋多無名。大約此路橋，均爲民廿六修，全題名，廿七補修數橋亦題名。未題名者，當係今年補修者（此後無名者，僅記橋而已）。再前過望雲鋪橋，抵望雲鋪。有人家。時甚飢，遂出所帶點心，並購雞蛋四枚食之。村人正作飯，余等不及待去。前聞過路人，彼所念音似"王裕鋪"，馬夫念似"望月鋪"，未知果應如何寫。再前新店子。再前過沙河橋，至沙河。橋七洞。沙河離朝天四十里。山上有亭，蓋屬於廟。路旁有前清末年修廟碑，文欠通順。沿河濱多淘金沙者。再前，橋。再前，飛仙關。有碑有廟。神像已無。碑爲乾隆五十一年所立。立碑人似屬川省臬司，名已剝蝕。文記其父爲重慶太守，曾過此遇險，得神救，云云。此地山峰壁成，老路當險絶。然山間樹不乏，當係受樹神助也！尚有數碑。小橋，全石，形若Ⅲ，水從窗出。再前，蒲桃架，購餅食之。橋。Ⅲ橋。橋。小塘子橋。再前即小塘子。蒲桃架及小塘子，有農村合作預備社標語及社員單。再前徐家河（或宿）。有市鋪。購麵一碗食之。此地離廣元二十里。石橋，有名，未看出。再前至千佛崖。崖爲"大唐開元三年劍南道按察使銀青光禄大夫，行益州大都督府長史陝西萬年縣韋抗鑿石爲路，並鑿千佛功德"。然此字則爲咸豐四年"邑增生梁嘉麟，監生孫遇春、黃元慶鐫石，內江高立中敬書"。元明題記不少。再前僅見一中和二年題記。蓋係廣明二年作縣遇難獲救，故鐫佛報恩也。崖逼嘉陵太近，故修公路時被炸去一部分。此地石不堅，故崖間未被炸之小佛，亦多剥蝕。有一洞，已損其半，上存"盧舍那佛"四字，疑係唐物。大佛則尚完好。似尚存唐制。再前千佛崖村頭廟中，陳列不少無頭之大佛像，均由崖間搬來。佛頭則爲修公路人取去，或已換錢矣！修路因地勢逼仄，對於古迹不能不有所損毀，亦屬無可奈何之勢。乃任當事人之破壞、盜竊、換錢，則太無政令矣！橋，石，破損。將軍橋。過橋，抵廣元城。近廣元，地勢較開展。雖在吾鄉尚未足言平地，而在此已覺平夷矣。城在平地，然東部包山，上有碉。蓋此部不包於城中，城即無法守故。城外有壯丁（？）訓練，頗整齊。至北門，不入城。循墻至西關河街。道路修潔，商務尚稱繁盛。往臨江春。乃新建，兼旅館、飯館、茶館而一之。稍休息，到街上一走。見藥店頗多，前均係茶館，亦未見其藥，疑係賣"土藥"者！甚困乏。餐後早寢。從寧羌至此三日中所見聞，則人民藍褸者太多！婦女包足者亦尚夥！農夫歌聲則均清越，豈山水使然乎？

十六日，晴。今日時見太陽。到街上一走。昨晚所疑之藥店，似尚非"土藥店"。但土膏店則頗多。凡室中聯對輝煌，不見貨品者，皆土膏店也。走至河灘，見一船，問之，則言將運貨至碧口。如水路順，仍須十五六日。進城。城內有十字街，生意尚好。汽車站在南大街。問有汽車往成都否，據答，原定十八日開車，但現在正趕工修理。如今晚可完，則明早亦可開車。出南門。門外亦有河，蓋入嘉陵江之水。返，街上遇王子強君，據言昨日上午到此。現有十七集團軍用車一，或可搭往。問余願同往否。余答願往。王君先歸旅館，余往理髮。理髮館後爲澡堂，聞內係洋磁盆，每人二毛，但余未往。廣元商業繁盛，遠過寧羌，但無壁報！無收音簡報！子强到民衆教育館，言其規模至狹，遠不如寧羌。無報！有《東方雜志》，但係二十三年者！出理髮館，到子强寓，晤一陳君，名文璇，字樞平，亦狗氏人。前任綏遠省政府科長。吕君，中央大學學生。張君，寧羌見過。均係同路到成都者。子强約移往同寓，以便明早上車。至大行李，則請一王君，宜賓人。今晚押過河。歸寓，檢點行李，移居。將行李送至河干。晚餐歸。子强言：與吕司機言，大約每人可省兩元，給十五元即可。

十七日，天初明，吕司機即來催上車。起檢點行李。過河。車開時，不越七點鐘。沿路高高下下，然在四川，已爲平地。至郭家渡，下車過河。渡距廣元稱五十里。前數日，有二汽車同上一船，船碰漏，車墜水中！後拖出，現仍在附近市鎮中，待修理。再五十里，此間里甚小，每一公里鄉人稱二里半。到王家渡，又過一河。河較小。過河後，山漸雄奇。再進，入劍門之險。路傍溪谷，盤旋而上，真屬車不得方軌，人不得成列者。谷中橋梁皆壞，由便橋過。谷水平日水量不多，雨後量巨流急，故築橋梁時，必須有特別研究始可。途中有舊式橋一，尚矗立水次，此亦當研究者。車漸爬漸高，將至閣門，高處山勢削成，右如雉堞羅列，左如峻垣聳峙。雖無太華、鷄峰石笋之秀拔，而整嚴固自過之。未幾，抵閣門，閣已毁，基尚存。過閣，兩旁有石刻頗多，聞有漢刻，有拓工正在工作。惜余不能下觀。後車行山上。兩旁古柏甚多，聞係明物。每樹上掛有"禁止剪伐"木牌。山高，然上尚間有水田。入劍門後，又成起伏高下之"平地"，無大岩壑矣！將至劍閣縣城，司機因私載客，懼被查，命余及子强、宏海下走里餘，余等頗不懌。非不願走路，乃不願有所避匿也。入城，午餐。城内頗整飭，商業似頗繁盛,惜余等匆匆,未及細觀。城門口有壁報,見十三日電,敵人已犯信陽。然仍有浠水電,言蘄春仍在我手。廣元商鋪門上,皆有粉白大隙地五六,均書抗敵標語。劍閣無此,標語皆書於方紙燈籠上,各家皆然。至武連驛,車稍停,即走。過劍閣後,時有微雨。至梓潼境內,有石牌坊,上題"七曲山九曲水文昌聖地",柏林甚廣,廟貌巍峨,知爲張惡子廟所在,亦未能下瞻謁。抵梓潼,城內街道頗寬整。至站後,司機因有所避忌,不願余在車旁,余乃忿然決定明日改乘公路車。但明日有車否,則未可知。住潼江飯店,尚整潔。王、張、呂諸君,則繼續前行。途中修路民伕甚多,男女老少均有。

十八日,四點餘,大家即預備起,余遂未能睡。五點餘亦起。彼等出發後,余乃雇花竿,返游大廟。大廟者,土人以稱七曲山張惡子廟,離此地二十里。出城未遠,道右有孝子墓。據同治九年碑,孝子名曹路兒。四歲即失父。爲其母蒲氏撫養。稍長,略謀升斗以養其母。同治八年,母死,孝子哭泣愈恒,翌日枕其母尸,亦歿。時僅十四歲。再進,左離公路,走原來大路。路尚寬,疑亦經修治,非最古之蜀道也。至一村,名水觀音。村頭有閣,祀水觀音。神前有泉,曰劍泉。據碑言:泉因五丁遺劍得名。五丁在此,遇五婦人,化爲蛇,攢入山。五丁拔之,山崩泉出。故此地仍名五婦里神泉鄉。"劍泉晚照"爲斯邑八景之一。云云。再前,愈登愈高。路復與公路合。將近七曲山,路右有鑿崖佛像數十,地名千佛崖。未停留,察其有年月與否。再進,即入柏林。翠柏頗茂密。據乾隆五十年碑言:乾隆四十五年,邑人潘淳因從前柏林毀損,發願補栽。自是年起,至四十九年,共栽一萬八千株。將死,遺命子孫,完未竟之願。其子孫繼續乃業,共植兩萬四千株。乃於五十年,請官出示保護,遂立此碑。然林中大多株,粗僅愈兩圍,似後又有損失補種矣。道旁有民國後禁伐木碑,未詳讀。廟在路右,殿閣甚整齊。廟産甚豐,爲一委員會管,辦理學校。有碑紀事。僧人僅四,年給甚薄。然依賴香火,尚頗富貴。余未至廟,遇一少年和尚,入城,衣飾頗翩翩也。正殿後,有桂香殿。殿前巨桂二株。和尚言爲帝君讀書之所。右上登,尚有數殿,均整齊,惟無古碑,僅見乾隆七年者。寺僧言:碑損毀甚多!扁聯亦多被焚燒!乾隆七年知州聊城安洪德立碑,略言:前聞人言,廟中有張獻忠像,緑袍金臉。乃張賊來此時,見張氏子孫所懸扁中,有與彼同姓名者,遂止不殺戮。張氏子孫怵其威,乃塑其像於此。山間嘍囉歲時來祭享,以求其殺人放火之冥福。安氏此次因出差到此,搜至風洞樓上,見其像至猙獰,決爲獻賊像,乃急白之當局,命工人碎其像,棄之轍中,使人馬踏其上,云云。有晋柏,在廟斜對面坡上。以欄護之。前後亦有數殿。柏似已枯,且傾斜,他生柏承之,得不倒。枝葉交互,未能辨知此柏尚有活枝否。有民國初年縣署僕人盗木受罰碑。但此樹身上有傷痕,似屬尚新,疑盗此木者,不僅此僕也!木僅兩三抱,亦未能臆斷其果爲晋柏否也。此數殿中及本廟殿中,尚頗有畫壁。雖未極精妙而尚不失典型。然柏前殿中畫像之目,均被人啄去!此地倚山臨水,柏林繁茂,風景甚佳。"七曲晴嵐"爲邑中八景之一,晋柏亦屬八景中,下二字余忘之。晋柏前有盤陀石碑,然未知石何許。出,購食物食畢,遂歸。到城内,則廣元車已到。余因來晚,未能搭上。有三十三號車,正在修理。站長云:"修理畢,今日或可開,最晚明日可開。"

然今日未能開。午後，余到城中街內一游。讀貼出之十四日報，《復興日報》，則敵人犯廣東頗急，似已登岸。美有一艦隊到港。歐僑已從廣州退出。珠江口門封鎖。敵人進攻，有惠陽、潮汕、大鵬灣各處！陽新西南排亭亦進攻頗急，云云。信陽東、南，及東北，均有戰事。今日此地逢場，余鄉稱逢集，此間稱逢場。人頗熙攘。黨部前有壁報，但未注明日期。觀其所述，似非最近新聞。門前又有黑板，上用粉筆將近日戰場畫出。城西北隅有一公園，尚不甚小。內樹木不少。門前懸牌，如民衆教育館及無綫電收音室之類頗夥。館長室、館員室甚備，但遍尋不得館所在！有室中，頗多木匠正在修理木器，然則館或正在籌備中歟？余入門時，見一人問守衛者，近數日收音否，答言未收！匆匆一閱，遂出。時三點許，晚餐，又小雨一陣。晚同室中住有一楊君，詢知在上江影片公司服務。該公司租賃影片，分散各處。據言：四川外縣有電影者，有二十餘縣云。

十九日，早晨大霧，後晴。未六點即起，收拾行李，到車站。則今日車仍不開！蓋此地有一三十三號車，需修理，今日本可開出，但昨日所至者，亦有零件不全者，因彼已賣票，而此票尚未賣，乃將此車零件移用於彼車，此車則需待綿陽車來，帶來零件，即可開出。今日又需要停一日矣！到城內一游。旅館南不遠，有石基木質牌坊，乃爲明嘉靖給事中贈太常寺卿何光裕所立。據其後裔所題記，何公乃"因開馬市於大同"，"直諫盡節"。隆慶中，昭[1]雪追贈，並允立忠節坊，建忠節祠。坊"乾隆丁丑""重建"，"道光己

---

[1]編者注："昭"，原誤作"照"。

丑”“補修”，“光緒七年”“培修”，“民國十四年”“培修”。觀其題記，則何氏子孫尚盛，紳衿不少；惟題記則甚不高明！城有南門二。一與北門應，大約係通汽車時新開。舊南門偏西，正應西街。二門外皆無多人家。舊門外土地祠前，尚留紅軍戰報及當日學生活動大綱。二門間城內有禹廟，門已封。對門爲女子小學，但現駐兵。西街南北行，多商鋪。從西街向西，爲城隍廟街。廟前有戲臺，後隔扇雕刻描金。兩旁有看樓。因有武裝者立門首，未入觀廟。西隔壁爲岳忠武廟，雖院中有人雜居，而正殿神像後坐位亦復描金若新。再西轉北不遠，即爲西門。門甚僻，外無人家。再由西街過黨部門首，則昨日所見黑板上所畫地圖及貼報，均已收去。大約昨日因逢場，故陳列之。又到公園一轉。從北門內轉東，則爲文廟所在。廟空閑，未甚破壞。餘神牌皆不見，獨先師神牌，仍丹金輝煌。前有炷香。廟中有雍正中平青海之告太學碑。東鄰爲文昌帝君廟，規模過文廟！前有戲臺，隔扇亦復雕刻鏤金。據在各廟中所見，則當年民力尚充裕也。臺右亦有看樓。再東至城隅，則爲小學，舊日書院所在。循東城墙南行，見一小廟，內有三大神臉，金色獰怪，獠牙出口外！一人正在殺雞祭。神前木柵欄上五六尖端，均着雞毛雞血！余問殺雞人，此何神？答言阿彌陀佛！以余臆測，殆獻賊之流亞也！東門外有市街。歸，午餐後，出，遇傅君，係昨日乘花竿自廣元至此。至寓少談，同出訪交通部運輪局張君。張住公園事務所，名文元，字子乾，安徽和縣人。原肄業於安大預科。後在鐵路上服務，轉到公路服務。傅君眷屬，與彼同來此，後赴蓉，故往問其安抵成都否。答言路上甚好，早到蓉矣。張將到汽車站，代打聽車。歸。稍休息，再尋傅君談，後傅君來認門，即歸。張君來，言明日可有車，但係一轎車，價須加倍。問余是否願行。余無定見，同找傅君商議，決定明日趁此轎車行。又同往見此地陳站長。陳言三十三號車，現等零件，帶零件車，現住魏城，明早可到，修理畢亦即開出，但明日開否，尚未可必也。歸早寢。〔今午見多人在旅館開會。主席爲本縣第一區區長，外有省政府派來委員，乃係設法醫治麥之黑穗病者。所講尚清楚。到會者，大約爲保長。共商進行辦法。①〕

　　二十日，夜中聞有滴水聲，以爲天又雨，心甚不寧。折身從窗外視，則星光滿天，乃安寢。晨起，到站。七點鐘動身前行，但行李未能隨來，當隨三十三號車來。余不甚願，但登錄行李人堅謂是車今晚亦必到成都。此人並將隨此車來成都，故余對其言疑信參半。遂行。開出十餘公里，魏城車已迎面來。然則三十三號車，今日雖未必能到成都，而開出似可不成問題。魏城距綿陽、梓潼相等，本地人稱各六十里。從此至成都，里已較大。雖未達一公里合一里八之舊標準，亦未達每里半公里之新標準，然已超過每公里合二里半之標準。從梓潼至綿陽，路甚壞。有民伕正在修理。將至綿陽，登船過涪江。同車宋君謂四川人讀"涪"如"伏"。至綿陽站，車須修理。余等下早餐。傅君上午甚好，午餐甚多，下午登車後，則屢吐，至成都後，吐瀉交加矣！余等十點餘到綿陽，兩點後車開。此後直至成都，路甚好。車行亦甚快。未幾，又渡一河。然此次余等未下車，車直開至船上，倏忽已過。此後又渡二河。然因余當時未詳紀錄，至寫此日記時，不過四五點鐘，而已忘却今日所渡之第三河，

---

①編者注：此爲天頭文字。

爲在羅江、德陽間耶？抑在德陽、廣漢間！但記其地名黃須河耳。此次余等下車，上小船渡。渡後，石灘頗廣，灘上有甚長多孔之廢橋一。過德陽時，見關於漢姜詩之牌坊一，因車快，未能知其詳，疑其故里也。未至廣漢十八里，渡最後之一河，船人言名石潼江。雖亦下車，然甚可不下車，亦倏忽即渡。此外河尚多，但均有橋，不以舟渡矣。將至廣漢，有橋頗大，上有棚覆，名金雁橋。過廣漢後，有向陽橋，亦斯類。再前，有鎮，題彌牟鎮三大字。然宋君言，本地人僅知此地名唐家祠，不知其彌牟鎮也。再前，過新津。見道旁標語，知爲川省之實驗縣。再前有一鎮，名天迴鎮。自羅江後，地已平。沿途過大村鎮不少，余均未及問，僅著有大字示鎮名者。再前即近成都。有一橋，宋君言名司馬橋，即司馬相如題"不乘駟馬高車，不復過此橋"處。至成都站，太陽正將入山。循宋君指示，入城，住於五洲公寓。傅君有家在此，然因夜中不容易找，且彼吐瀉痛苦，亦來同寓。後派人找到，離公寓不遠，乃雇車歸。余出外晚餐，菜件甚大。余今日在綿陽車站，讀所貼出十九日之《新新新聞》，知信陽確不守，敵人且將犯桐柏，被擊退。敵機四十架，狂炸南陽城關！惠州失陷，正激戰中。我空軍在廣東一帶活動，擊落敵機三十架云云。余閱後，心頗不寧。至成都後，讀本日晚報，知黃石港附近，戰事激烈。敵企圖由通山犯咸寧，但未得逞。廣東方面在羅浮山一帶激戰。

二十一日，早起，閱報。出訪真如。學校言彼近日身體不好，未到校，乃往彼廣益小學寓中訪之。彼近患腳氣，艱於步履，他無所患。問北平舊友，在此者，有黃離明、徐中舒、朱孟實等，並聞森玉亦在此地。出訪離明，未遇，留一片。歸公寓，打電話故宮博物院辦事處,問森玉,回答到昆明去了。問辦事處此間何人負責,答言那君。電話聽難明,余以爲叔平在此地,往訪之,始知錯誤。那君余在南京曾見過,然記憶中已模糊。談次,知叔平在重慶,森玉在昆明墜人力車傷髀骨頗重。前些時博物院運古物車,在寶雞與一火車頭碰上,僅碎不重要之磁器一箱,餘無所損云云。辦事處在大慈寺中。寺規模甚大,但無古碑。後殿有丈六銅佛,身後有"永鎮蜀眼李冰鑄"七字篆文,殊可笑人。前殿東首門上有扁,上刻同治六年重建寺募緣啟,内言:"唐肅宗時,上皇幸成都,沙門英幹施粥救貧餒,願國再清。敕建大聖慈寺九十六院八千五百區,賜田千頃,載於《佛祖統紀》。明末獻賊據成都,大慈寺僧悉衆以拒,致遭兵燹。""清順治"年重修。云云。此啟下題"新都縣寶光寺住持真印和尚"。歸,午睡片時,出到中山公園。園規模不小,花木也不算少,然布置無方,頗欠清趣。出到車站取行李。歸寓那君來。彼與公路局尚熟,願代張羅車票。去後,余出晚餐,後到各書局前一游。遇張申府,彼自西安飛來。晚寫平中家信一封。綜觀今日早晚報,黄石港情狀不明。大冶一帶戰事異常劇烈。信陽我軍反攻。敵大約南攻武勝關。西繞似未必。廣東甚緊急,羅浮山似已越過,敵正急攻增城。似此則武漢恐將於半月内退出。

二十二日,夜中雨一陣。晨起,整理箱中衣物。衣已又有痲氣!將皮箱騰出,拿至皮件鋪子收拾。出到華西大學,參觀其博物館。遇館員林君。林名名均,字則原,資中人。本校畢業生。據林言:叙南一帶,發現磨光石器不少。但未發掘。理番一帶,曾獲彩陶數片,與甘肅所出相類,不知其爲輸入之孤件耶?抑爲本地所產生?

將來繼續研究，可明此點。廣漢西北數十里，前因發現磨光石器，乃往發掘，約十日，得陶片不少，與黑陶時期者頗相類。餘漢墓甚多，出明器及俑不少。談後，遂往參觀。館中品物尚不少。廣漢所出灰陶多，紅陶只一件。石器大而薄。外有松石綠珠。林君言，安德生謂彼意此比殷虛早，比城子崖之黑陶較晚。余意亦與相近。理番數片，完全爲甘肅式之彩陶。館中搜得摩些、囉囉、苗族、羌族、僰人各邊疆小民族之東西不少。有一遂寧奇字碑之拓片一張，尚未能辨爲何種文字。林君言羅念生住川大文學院之菊院，即往訪之。門房言彼住外面上汪家拐三十二號，乃往，見彼夫婦。他的小孩，已能走路，身體甚健實。又遇徐敦璋君。名元鳳，曾爲法學院長，現爲法學院某系主任。徐君言二十年曾在尹默處見余，余則不甚記憶。與念生同出。念生引余游百花潭。有江，可泛舟。隔江，竹樹叢茂。過一橋，曰青羊宮橋。雇小車，各乘其一，往草堂寺。車獨輪，一人推之。然不如吾鄉之土車。此車不放在輪上。輪部凸出，坐時置腿間。前有脚蹬，後有靠背。坐上不難過，而推車人因車身低，易前見路。不似吾鄉推土車者之不易見路也。草堂寺門口有兵把守。經念生與之談，得其允許，遂入。有一扁，題曰"古梵安寺"，規模弘闊。杜公祠在旁院，然地方亦大。廟中多竹，多楠，有老桂。楠樹高竦參天，竹林遮蔽天日。有溪，可通船。工部在日，所住草堂不知有如是之風景否。正殿中祀工部，左祀放翁，有刻石記其緣起。乃始於嘉慶十七年，楊芳燦主其議。右祀宋涪州別駕黃公，不知是山谷翁否。刻石中，有陽明先生七絕一首。然詩意與杜公之草堂似無關係。出後，又游青羊宮及二仙庵。二廟相連，規模均弘闊。二仙一爲呂純陽，二爲韓眞人，當係湘子。余在武漢所游廟，雖巨刹亦無院落，心極不快。此間廟宇不惟殿室高廠，且院落皆修廣，令人氣爽。念生言，春日來看花者，人極多。時已五點，遂入一園中飲茶。園爲數軍人所開。入城，念生請到西御街花近樓晚餐。饌頗精潔，亦不貴。飯後出，微雨，欲購一《廣東圖》，不得，遂歸。今日早晚報所載，武漢人民已有秩序退出。大冶似已失守。鄂城發現敵人。北岸擬攻浠水。豫南，商城敵分三路進攻麻城，擬突破大別山之綫，正激戰中。信陽敵繞攻平靖關，欲迂迴武勝關。游河尚有敵人。粵則增城已退出，我由東莞出擊。下午離明、林則原、那心如 名志良。及一蒙思明君來訪，均未遇。

二十三日，夜中聞雨聲。晨起時不雨。往取皮箱。因念生勸同游灌縣，遂擬將行期展緩，乃往與心如商議，問所定票，是否可推後兩日。心如答，須損失國幣一元，餘無損失，遂決定明日赴灌縣，觀都江堰。往川大，念生在門前相待，並已代吾購《廣東地圖》一張，至爲可感。入，參觀川大所藏之古物。其漢畫極有精品。此地之畫與南陽及山東之作風均不同。今日爲魯迅逝世二周年紀念，成都文藝及學術界開會紀念，余等亦往參加。遇葉石蓀及熊佛西。往念生家午餐。後又同念生出游武侯祠。遇申府。祠在南門外，門前題"漢昭烈祠"。前殿祀昭烈，北地王配享。正殿祀武侯。後有昭烈之衣冠冢。因劉湘停柩於此，不能入觀。飲茶後，出，雇人力車，往望江樓。樓在東門外，濱江。薛濤井在樓畔，現闢爲公園。地方不大，而拱把之竹，到處成叢，直干雲霄。今日星期，故游人甚多。出，到川大農學院址一游。地甚寬廣。川大正在此作新建築，擬全部移此。國難如此嚴重期間，川大乃建築值數百萬之校舍！其園內菊花正開。匆匆一觀，出，回寓。欲訪佛西，念生因到青年會之便，打聽住址，來電話通知在成平街七十四號。晚餐時，微雨，然仍往。將余所著二劇本，各贈一本。歸後，文濤來談。彼自重慶來此，已數日。廣州於前日已經退出，敵人於昨日入市。退避太快，殊出人意外。平靖關已失。似此則武漢之退出，當亦三五日內事矣！此後抗戰，將入最艱苦階段。然敵人並無足畏。最後勝利，我軍仍有把握！

二十四日，昨晚念生訪問結果，言到灌縣每日有三次車：第一次上午八點，二次上午十一點，三次下午兩點。並且昨晚文濤去後，因已疲乏，故寫日記後，即就寢，未檢點什物。夜中有雨聲。早晨不雨。起檢點什物，並寫頡剛信一封。發出，並發平中家信。未畢，念生來電話，言八點車已趕不及，答以即往彼寓，同趕十一點鐘車。到外用早點後，即往。羅太太亦擬同游。到車站時，剛十點，而票已賣畢！必待下午，始可前行！余等乃將名字登記。畢，即到郊外一游。是時，居然微有太陽，在成都已屬非易。玩至將十二點，又入城午餐。餐後，余先到車站購票。念生夫婦續來。二點開。成都盆地，樹木均叢茂，竹居三分之一以上，松柏科植物居四分之一以上，餘不及半。路大致尚良好。初上車時，人滿。將到灌縣，僅餘四人。途中見受訓之高中學生不少。過郫縣及其他數小站。成都距灌縣爲五十四公里。四點後到。灌縣街市整潔，馬路甚平，商務繁盛。住靜觀旅社，每間房每日三毛。定居後出游。過永濟橋，入離堆公園。園規模弘廠，布置亦佳勝。伏龍觀居其端。前殿祀李冰。過後殿，憑欄下觀李冰所鑿江口，懸崖削壁，波濤汹涌。時天已晚，不能讀碑。此公園除近日人爲之布置外,有內外江之交流,有二千年前宏偉之工程。西北兩方群山遠抱,氣象萬千。希望他日升平後,此地可闢爲全國之游覽區,每逢春秋佳日,或寒暑假,全國人士來此,以瞻仰吾先民之弘功,吾壯美之山河,則其有裨於人智,當匪淺鮮。出,晚餐。早寢。

二十五日,昨夜仍有微雨,晨不雨。此間天氣,率多如是。出早餐後,雇花竿往游青城。共雇二乘。余與念生替換坐。每乘價二元五毛。余先步行往游二王廟。廟在城西門外。灌縣半城在山上。不過永濟橋,前行,沿山半坡,西行,出西門。半里許,有□□□①,上有閣,可登臨。出閣,未遠,路右有碑二。一碑刻佛像多坐,記年月處已剝蝕。一碑上刻"深淘灘,低作堰"之六字訣,下有文載是訣相傳爲李冰所遺。"漢晋以降,率用是法。永嘉間,李公嬴深鑱之。唐宋承之。宋約潛則尤詳。世享其利。元始肆力於堰,無復深淘之議。"後即力闢專致力於堰之非策。繼言彼仍遵深淘之訓以成功。記年月人名處亦剝蝕。然以文意考之,似清碑也。再前,路左濱江處,有丁文誠公祠門。但門後無祠,且亦無地作祠,未知何故。不遠,即底二王廟。俗名二郎廟。略言二郎者,李冰之子,助其父治水有功,故立廟祠之。余欲尋得一碑,考二郎說之所出,但未有所得。據旅行指南所述,則前殿所祀爲冰子二郎,後殿祀冰夫婦。廟甚巍奐,後殿工程未畢。正入門處,又有大書"深淘灘,低作堰"六字,爲嘉慶廿三年知灌縣事王夢庚所書。兩旁有"光緒元年署水利同知中州胡均撰并書"之"遇灣截角,逢正抽心"之八字聯。左壁上有光緒元年知灌縣事

①編者注:原於"有"後空闕約三字。

胡圻所撰之"六字傳,千古鑒。挖河沙,堆堤岸。分四六,平潦旱。水畫符,鐵椿見。籠編密,石裝健。砌魚嘴,安羊圈。立湃闕,留漏罐。遵舊制,復古堰"。此二胡之所書,當係治水之經驗談。但余門外漢,讀時未能全明。正壁上又有光緒丙午(三十二年)成都知府文焕所題,與胡圻所書主要者完全同! 但附加者,略有不同! 或係一不學無術之滿人冒充風雅,因而剽竊前人之所爲,亦未可知。廟門內有光緒十一年"導江游觀子溫"所書之放翁《離堆伏龍祠觀孫太古畫》及《神君歌》。正殿神背後,有塑丁文誠公像,翎頂公服,奕奕有神。時念生夫婦已到,照像後即出。過竹索橋。橋架於岷江上,材料只二物:曰竹,曰木。柱板之類均以木,繩索之類均以竹。木板下用粗竹索十條承之;上用較細竹索兩條管之;每板間再以細竹索束之。外以大竹索固於柱上。柱用木,立於水中。橋當柱處高,離柱遠處低,其勢然也。過五六柱(?)而橋盡。如有多人同時走,搖簸頗甚,行者惴惴! 過橋,順江南行。過觀音堂,村有三王宮。西望老君山若屏,山半有老君廟。再前玉堂場,爲一大市集,道路修整。稍息,午餐。再前,離江向右行,過環山崖,梅子坪,邱家臺,東堰。左轉,過定江橋,橋已破。再前,上元宮,斗婆庵,馬家幺店子,過福壽橋,至長生宮。宮祀范長生。碑言范名寂,字無爲,號長生。蜀晉時隱居不仕。李雄亂時,集鄉里避亂青城云云。又言宋姚平仲始奏請建廟,明末毀,清復建。道士言范與諸葛同師,則屬附會。蓋范修天師道,與諸葛之純粹儒者不同。且范當李雄時,雖年老望重,爲雄所尊重,而與諸葛當未能相及,無緣爲同學。余疑青城之顯名自范始。道士所傳青城張道陵之遺踪,未必有歷史價值。據道士言,宮原藏經板,現移成都二仙庵。選購一藤杖，價五角。由此前行，即入山。過赤城閣，青城礀，西蜀第一山。後者爲藤柏合構之亭，後題"天然閣"三字。再前，怡樂窠，引勝。引勝製同天然閣。再前，天然圖畫。有碑題"義士徐開龍死節處"，並言咸豐十一年，九月九日禦藍逆，死之。駐鶴莊與天然圖畫鄰。再前，一亭無名。再前，泠然亭，凝翠橋，奧宜，五洞天，翼然亭。過集仙橋，至天師洞，爲一大廟宇。本擬在此住宿，因長生宮道士言最上之上清宮有"萬盞明燈朝玉皇"之奇，午夜可見，乃繼續上。洞祀張道陵，旁有東漢銀杏，粗可數抱，雖未必爲東漢而固千年以上物。樹皮有如乳下垂者。據道士言，此乳垂至地，即再生根，理亦或然。廟前有石碣，上刻吳稚暉先生所題"青城天下幽"五大篆字，後言四川有三峽，有劍閣，有峨眉，或奇，或雄，或秀，而青城之幽，則爲各處所不能及。余至天師洞，雖山勢佳勝，而尚未領略幽趣。過洞上行，山勢緊環，道路崎折，樹木陰翳，始見此山獨具之幽。山石裂縫，高下十數丈，爲擲筆槽。再前，朝陽洞，距天師洞、上清宮各半。洞前豁然開朗，可望成都平原。據言天清明時，可見成都城。再前壯懷臺，即至上清宮，宿焉。道士言，宮距山頂六百步。時念生夫婦已疲，余乃獨上，至絕頂。上有二亭，以備晴日上觀日出。此山在附近，不爲最高。以余臆測，當在千五百公尺上下。歸廟，晚餐後，天已定黑，聞已可看神燈，不必午夜，乃同出山門外遙觀。近處螢火甚多，然遠處之熒熒者，當非螢火。三三五五，或明或滅，若遠若近。雖無千百盞而自屬奇景。余聞人言其爲山下之燈火，念生則聞人言爲樹葉之發光。要之，此中絕無神秘，然尚值得爲科學家研究之一對象也。此處尚可觀日出，然余至蜀已十數日，見日者無幾次！且今晚陰沉，時霏霧絲，得觀日出，非所敢望矣！廟中晚餐，頗有肉數味！且廟中蓄豬，與俗人全同矣！余生平不畏犬，但頗小心，故從未被犬咬。今晚因向和尚問廁所，忽有犬向余腿一咬即奔去！幸余穿頗厚，未受傷。

二十六日，晨醒未起，念生來叫，言可觀日出，乃急起，衣着未整，亦未盥洗，急上山，則天際少有雲帶，日尚未出。北望見高峰，戴雪，突出山後。念生前言成都天氣清明，能見西康之雪山。然此峰頗近，似在百里內外。昨日聞抬花竿人言：過灌縣卅里，至楊子里，即入大山。高三十里。高處無樹木。其所言或即余等所見。且此雪當爲近日所落，非萬年不融之積雪也。但日光照之，光色瞬息變幻，雖不及天山之偉觀，然管中窺豹，亦足令人神怡。須臾，日光躍出雲間，大地皆溫，而初晴霧濃，村落如島浮海上！余輩“萬方多難此登臨”，而天公固復厚我！歸廟，整衣，盥洗，到廟附近一游，並照像。返，早餐畢，即下山。取他道，過玉清宮。宮爲新修，入內一觀。自宮下，路較斗峻，故較近；景物較幽。此次游青城，非余初計，爲念生拖引至此。景物幽夐，固自佳勝。但知武漢淪陷，即在日中！一遇佳景，而武漢即來目前！始感知“花濺淚，鳥驚心”之情趣！出山未幾，即底馬家幺店子。念生已前去，令花竿俟余。至上元宮，抬夫走不動，入室吸鴉片，久候不出。余坐溪旁洗足，足已乾，而彼等仍不出！乃繞室呼之，乃出。責之，彼等言：“抬那一位先生，不燒烟就可以抬攏；像你老太爺這身量，不燒幾口烟，怎麼能抬攏呢？”余亦無法。過玉堂場，彼等又歇，飲茶，吸旱烟，力催之始行。過此，不循原路，當渡江。渡江時，念生相待，望見，急催，乃趕上船。念生言再半點鐘，最後一次車即開。過江後，尚有三里餘！其夫人已先往購票矣。過江後，念生上花竿，余竭力追隨。五里始到車站，出了一身大汗，幸尚有五分鐘。羅夫人俟余等至，始購票。登車，兩點開。在車上時假寐。羅夫人言見壁報，武漢已退出！且大火！此事雖所預知，而心中終覺怏怏，未能自振。下車後，念生又約到麥鄉吃飯。店雖名麥鄉，而常食仍供米！飯後，別歸。借報觀之，并讀晚報。武漢果於昨日退出，今日敵人已入。打電話給心如，請其購票。頗疲乏，早寢。

二十七日，起早飯後，往訪念生。前日往游時，帶國幣十元，不甚敷用，由念生墊付，今日還三元，取回《廣東地圖》及箬笠。到成平街，訪佛西。佛西約到吳抄手午餐。成都以小館著名，吳抄手即其一，以麵食顯。到大慈寺，訪心如，取回汽車票。歸稍眠。念生來。同出訪朱孟實，其住址不合，因未得見。又往賴湯元吃湯元，此亦成都著名小吃之一。念生又買本地雪茄烟一包相贈。又往買錶一支，治濕氣藥水一瓶，乃別歸。讀晚報，重慶電話言據港電，日本國內一般渴望於耶穌聖誕節前結束戰事，但官方頃發公報，警告人民，請勿抱樂觀態度。并稱："目前時局，已無作任何談判之可能性。"陸相坂垣聲稱："在華軍事行動，非至新政府組成之後，決不停止。并謂於必要時，不惜進兵至中國遼遠之區域。"

二十八日，夜中三點餘醒，出外小便後，歸寢，但聞有聲搭搭然，心頗惡之。初不過恨其擾睡耳，乃不眠之後，側耳靜聽，則知此並非移物聲、走路聲，而為一種機械聯續之音。打電報耶？打字耶？均未可知，心甚疑之。起聽，則在樓上，在余房正上面（余房在樓下)。欲出視其有燈火否,遂開門出,而門甚響,聲音頓止,余心更疑。至東北隅(余室在西南隅),上望,亦無燈火,遂入復寢。仍聞微弱數聲,遂止。後余窗外忽明,後隨暗。余心甚不安,不易成寐。時已五點。後稍寐,而天已微明。聞樓上履聲橐橐,似將去,余即起。問茶房樓上客何狀,彼等所言,不甚相符。或謂學生,或謂商人。未幾即有一人下樓,帶不少行李,雇人力車去,余固無辭以阻之。又聞賑房中人,據言,共住三人,去一人,尚有二人。余告之故,並促其注意,而彼等均畏事,總想往余身上推。余方急起身,而彼等招一人下,請余訊問。此人據言朱姓,如皋人。余言余本一旅客,並無權利訊問他旅客。但當此非常時期,凡一切中國人,均當小心。如彼對余有疑,亦可向余訊問;現余對彼等有疑,亦將訊問。後遂説出所疑,向彼訊問,彼所答非所問,堅不承認。余亦無法。彼等欲去,余止之,促旅館呼警察來,後同到派出所,及分駐所報告。彼等問訊,甚無法度。且意希望余不問。余仍無可奈何。後因彼二人自稱教育界人(三人一朱衝濤,據言爲灌縣義務教育屬行區教務主任;一馬眉伯,據言係雙流臨時小學校長;一吴舒國,係已去之一人,係新都縣政府之一科長),乃同往教育廳。余將詳情告楊廉廳長,請其繼續偵察。遂出,早餐,歸公寓,稍息。出,逢此二人亦返公寓。亦未知下文如何。時余車票已退,再派茶房往買票,據言明日票已完,須後日始能啟行,又言明早可到車站去買。因弄不清楚,遂往問心如。彼命打電話,亦問不清楚。余乃自往東車站問站長,據言,每日開五車,城内僅預賣一車坐位。餘四位坐位,可臨時買。早來即可。乃返告心如。出訪念生,遇徐敦璋,告之故。彼今晚將見綏靖公署要人，囑其轉告，請其繼續偵查。余細思：此事實太可疑。大約因余啟問，知被余識破，乃命一人先去，將可疑之件均帶去。及余出問，彼等固有恃以無恐。希望將來能問出水落石出才好。同念生夫婦出，同到及時公司，換昨日所購票。余獨往游文殊院。此廟念生言有特色，然余不甚了了。規模頗大，但與成都他寺相類，並無碑碣。後殿有藏經樓，和尚言藏北藏、南藏各一部。上有數幅繡佛，尚佳。和尚言成都有四大叢林，即昭覺、文殊、寶光、草堂四寺。出前院，見正整理爲軍人所預備之棉衣，而不少已朽爛！殊堪咨嗟！歸，稍息。將六點，念生來，同出晚餐，仍彼爲東。畢到春熙飯店，問士林，則尚未來。歸，念生八時去。寢時九鐘餘。敵攻德安，戰事激烈。湖北敵擬攻咸寧。廣東敵在軍田、兩龍圩、太平場綫。又謀犯新豐、河源、紫金。博羅、增城、惠州一帶，已展開大游擊戰。

廿九日，六點起，即到車站。七點開。所謂成都平原者，比吾鄉之高下起伏較多。過十三公里道牌，有"簡州北界"石坊。至龍泉驛，有站小住。再前，斬龍埡！無站，亦稍停。至九點廿分微雨。過龍泉驛，山又較峻。近簡陽，又較平坦。簡陽離成都六十八公里餘。站上賣豆瓣醬者不少。早餐。再前，過資陽。再前，過資中。又有球溪河，係大市鎮，有站。因記憶力弱，忘其在資中北與南矣！至內江，三點餘，即止宿。內江離成都二百十公里餘。因處蓉、渝中心，商務繁盛。城臨沱江。城內亦高高下下，則此間城大抵皆然。城石已拆去一部，墊修公路。城內公路甚平。據所見者，此地有簡易鄉村師範一，中學一。影院不止一家；銀行四五家；新式理髮館若干家；男女浴室一家。又有電燈，有排印整齊之

《内江日報》。殆成大埠。此地人言：離成都五百八十里，重慶五百四十里，瀘縣二百八十里。今日車行尚佳，惟時不然火，須大家下來推動，始能然火。推車時情形，頗可爲此時抗戰之象徵：大家下車齊推，極易推動，而有人願下，有人不願！頗願雇鄉人推，有人勇敢推車並出錢者！有人亦不推車，亦不出錢者！穿高跟鞋之女士，下車即怕"泥爛"，遑言推車！歸結大家仍全下，一大部分人推車，用力頗不齊一，亦雇有鄉人，居然將車推動；鄉人拿錢，又亂嚷嚷！良久始止！大約亦有拿重份者！此真可爲吾國抗戰之最好圖影矣！

三十日，夜中雨未息，後稍止，聞大風，方幸風可吹雲散，而大雨遂來！客愁又向雨聲添矣！幸尚止一陣。早起，上車。吾輩所乘者，爲第一次車，而二次三次開後始開！未遠，即過江。地名黄金壩。江左岸有市鎮。今日車仍推數次，始達隆昌！離成都二百五十公里許。過此六公里，車正下坡，前有卡車，忽停，後有人言，當時有人在卡車前，故停，未知確否。吾等車距離過近，停車不及，遂碰上！吾輩車碰壞後，卡車"揚長"去！吾輩無法，遂步返隆昌。吾步尚健，僅有一少年，走過吾前！餘均隨後！苦殺高跟鞋塗脂抹粉之女士矣！吾輩至站，約十點。隆昌車站打電話至内江求救，答言即派車來。然兩點後，再打電話問，答言尚未修理完竣！至一點餘始至！余在午餐時，一同車徐君，成都人，年五十五歲，爲某軍中職員，與余同桌。彼言未走過路，今日大苦！餐時計算甚精，飯換數次，但僅食八分錢！餐後，即問烟館所在，往"舒散"！談及宇垣一成自殺事，彼竟謂宇垣與坂垣爭攻廣州事，坂垣勝利，且軍事亦勝利，宇垣自慚其主張之"對不起天皇"，乃自殺！中國那有如此人物? 云云。余告以日人瘋狂,頗無足畏! 彼亦若信若疑矣! 但此人自言:要練習走路,因爲如不練習,則空襲時將吃大苦矣! 來車更不好,但隨一機匠,隨時修理,故尚可前行。過安富鎮,有站。鎮距隆昌二十三公里,距榮昌十三公里。再前,榮昌,修理移時。再前,太平鎮,無站,停,上水。鎮去永川四十里。至永川,天已黃昏。

卅一日,早起時,有霧。七點餘,車開。希望機匠仍隨,但無有。過馬嘶鎮後,鎮有站。車又停下,油箱漏油,甚劇! 余戲與同行者言:今日至重慶,止要不晚過昨日,余絶不生氣! 時大家尚全望上午十一點到也! 然竟有天幸! 無修理人與器,不知如何搓弄一回,箱竟不漏! 遂又前行。過永川,路頗平,但南望,山頗高。過來鳳驛,有站,爲一大市鎮。再前,壁山。再前,青木關。過關,即入巴縣境。再前,又翻山。過一小鎮,有站。曰山洞,已見重慶四郊之游覽車,頗見時髦士女。再前,車過一小洞下,至重慶時,將十二點。車站毫無檢查。遂雇一人負行李,至通俗讀物編刊社。見社中諸同人。頡剛前數日已前往昆明。餐後,社中請一袁□□①君講蘇俄通俗文化之經過,余亦列席。後又晤郭本道君,山東霑化人,在燕京大學研究哲學,又在河南大學教書,山東大學作院長。談時,其思想尚相當深刻。晚社中諸君子請余在館子内晚餐,與郭君同往。返,晤查勉仲。勉仲約出到□□池②洗澡。同行者,有魏元光君,爲國立中央工業職業學校校長。歸後,同一非及紀彬談社中事及國事。寢頗晚。與勉仲同

①編者注:原於"袁"後空闕二字。
②編者注:原於"池"前空闕約二字。

室。接曲令鐸信一封，平家信一封，桂雲信一封，甘肅科學教育館信一封，中蘇文化協會四川分會信一封。

十一月

一日，醒頗早。上午天雨。翻閱上月報紙。社中請羅北辰講兵役保險，余亦列席。張維華來，言潤章前數日來渝，未知去否。午餐後，往訪立武，未遇。問潤章，則前數日已回昆明。返，本道又來，以所編哲學講義孟子部分來質，隨便閱數頁，大致尚好。晚餐後，往訪盧逮曾（今日始知其字吉忱），遇見，並見宗怡。問知沅芷近往漢中工作，介眉、伯剛在立法院，大壯則與彼等同住青年會。遂往訪大壯。談至將十點，歸。又同一非、勉仲談，睡仍不早。

二日，晴。補作前四日日記。吉忱、宗怡夫婦來談，並將於明日下午六點請吃飯。下午讀前日報，本道來談。本道持國立中央編譯館館長陳可忠一片，言陳希望四日余能到館見同人講演。余允考慮後再答。晚餐後，一非來談，再讀舊報而已。

三日，陰（此後在重慶各日，不書陰晴者，皆陰天也）。寫令鐸信一封，桂雲信一封。本道來，余允明日到館講話。下午寫潤章信一封，雪亞信一封。又寫杭立武信一封。潤章信航空寄出，立武信派僕人送往。晚接立武回信，言明晚九點來談。五點往訪葆光，談片時後，與彼夫婦同赴吉忱夫婦約。在坐者，僅介眉夫婦、大壯、毅夫數老友而已。

四日，毅夫來。談多時後，約到彼寓，晤其同鄉一王君，係大夏大學創辦人之一。後又約同到冠生園吃飯。歸，稍眠。本道來，同到編譯館。晤陳館長，先約看館內工作。今日講演題目爲《我國人從前對於少數民族政策的檢討》。講畢，有鄭鶴聲君來談，以其所著《中學歷史教學法》及《歷史教學旨趣之改造》見贈。社中有一會，討論圖畫通俗問題及抗戰軍事問題，余亦參加，立武來，匆匆數語，言西北西南二考察團暫行緩辦，先籌辦川康考察團，正在招考云云。即去。歸。晚將餐，一非言王泊生來訪，未遇，現在下邊，是否可相見？遂下樓相見。泊生言很多舊戲，均係明末遺民以象徵寫法抒其種族之痛。如宇宙瘋、鋤美、樊麗華、佘太君、王寶釧等劇，均屬是類。彼舉例甚多，但余對於舊劇，甚生疏，未能判決其假設能成立否。後又與一非、紀彬談社中事，頗晚，始寢。接到中華全國文藝界抗敵協會信一封，言六日下午二時在第一模範市場永年春開茶話會。

　　五日，翻閱王研石所著之《被日寇囚繫半載記》，自晨至晚，畢之。上午十點許有警報，但今日霧頗大，料其未能來。十一點半解除警報。據晚報，敵機入川陝者四十餘架。梁山有空戰。下午見張柏齡先生及其弟彭春先生一談。前聞南開有汽車將往昆明，余頗願附搭，以免到貴陽等車之麻煩。但今日據張言，前數日已開去。將晚，泊生夫人來室中看勉仲，勉仲不在，因坐談片時。

　　六日，早霧，下午晴，天氣頗熱。本擬訪稚暉先生及張道藩次長，但介眉來，遂談。同出早餐。往青年會，看《赤子效軍》電影，係俄國片，情節頗佳，但既無說明書，中文翻譯錯誤甚多，且太簡略，致觀眾多不易懂，殊屬遺憾。訪大壯，大壯約到燕市酒家午餐。余要求三人不得過一元，後加至一元五。然吃下來，仍超過三元！國難如此，即吾輩亦尚未能儘量節約也！在青年會，見毅夫，毅夫言下午伯聰將來寓過訪。問其大約幾點，答大約五點。餐後，到文藝界抗敵協會茶話會。晤道藩、老向、老舍、子祥、蓬子等多人。道藩言教育部給余之聘書，已寄昆明，問余接到否。彼尚以余爲自昆明來。余答以將赴昆明，彼始爽然。四點後，余先出，出時與道藩約，明日午後四點，到部往訪。急歸，則伯聰及毅夫已前來，不遇而去！毅夫留字，言伯聰明午請吃飯。休息，晚餐後毅夫又來，約余同晚餐，余言已用過。彼往冠生園晚餐，約余同往坐談。彼餐後，同到伯聰寓，晤談。伯聰非如余之絕對主戰及樂觀者。現在國際情勢，最近亦不能有變化，且各方面均有困難，誠如伯聰所言。但余與彼主張最大之差異點，爲敵人兵力將來達最大限度，吾國局處西南，尚能繼續抗戰，獲得最後之勝利，而彼則頗以爲無能爲力也。十點，彼以汽車送余歸。

七日，早餐後，往訪稚暉先生，因公共汽車，過三次，人均全滿，擁擠上車頗不易，乃改乘人力車往。其地甚遠，余又僅知爲曾家岩舊十七號，下車後，尋覓不易，及尋到而稚老已出！乃留字而歸。稍休息，伯聰交來潤章信一封。到伯聰寓午餐。後又同毅夫到中蘇文化協會所主辦之慶祝蘇俄建國二十周年紀念大會。因人太多，無坐位，立又妨害後面人視綫，遂出。遇石青、幼僑，遂往彼寓中談。歸，將五點，聞稚暉先生曾來訪，未遇，交來玄伯來信一封，又玄伯給魏子杞信一封。子杞余不記憶爲誰，尚待訪問。自元來訪，本道同一同鄉李鴻音君字由孚，中央軍校普通學總教官。來訪，均未遇。最糟者，接到道藩信一封，始憶及今日下午四點與彼之有約！幸來函爲彼改期，改於明日下午四點在教部會晤。晚餐後，同紀彬、林舒、芒甫諸人同往觀《雪中行軍》電影，俄國片，紀念會贈票。情節甚好。有説明書，中文翻譯亦較佳，故尚易懂。歸，寢較前數日爲早。蒲圻、嘉魚我軍已退出。

八日，晴。翻閱上次參政會關於改良下級行政機構各議案，未畢，有警報，出到公園下層防空洞旁，待多時，並無緊急警報，遂又上登。遇石青及勉仲，石青言此地避轟炸頗佳之各種理由，遂又留談。後又同往燕市酒家午餐，入門後警報始解除。午餐，石青爲東，余又申限于塊半錢之議，二人均言必可辦到。後又加入一奚倫君，安徽當塗人。結果離三塊不遠。聞楊仁輝近來此，寓青年會，往問，不知所住何號，未尋得。訪毅夫，亦不遇。途中又有警報，仍往原處避。此次有緊急警報，入洞，洞中尚有水，且人多，悶熱異常。歸，午眠。起往訪道藩。問以部中擬命余作何事。且與約至滇後，三二日後即來信，決定來否。出訪葆光，又找到介眉、自元，同到錦江晚餐，余重申二元之議，然結果將及四元。看晚報，今日上午成都有空戰。下午係有一敵機從成都返，竄至廣源□①，擲數彈。餐後又到葆光寓，談至十點，始歸。今日張西曼來訪，未遇。崇陽退出。

九日，霧。早餐後，往訪毅夫，未遇。訪叔平，則前數日已往貴陽，視察山洞能藏古物否。在辦事處晤劉官諤君。河北棗强人，前北大學生。取回潤章信一封。訪自元。自元約余及介眉同到蜜香午餐。餐後，同自元到基泰訪仁輝，未遇。又同到一公園前茶樓上飲茶，此茶樓較高，可望大江及江南岸。聞稚暉先生亦嘗在此

①編者注：原於"源"後空闕一字。

飲茶。但今日多霧,且有煤烟,雖南岸峰巒,烟霧中尚大概可見,而煤烟殊討人厭。歸。聞老向、子祥、崔竹溪、崔惟吾、_{後崔係}《時事新報》_{經理}李鴻音君來訪,均未遇。仁輝來談,知南陽秩序尚好,人心亦不驚慌。惟朱專員處理泌陽一帶官逼民變事,甚操切不得當。程主席頗不以為然,尚未知下文如何。文青、子衡二人在此時仍能安心作學術工作,殊堪欽服云云。通山亦退出。

十日,夜中溫度特別高,雨。全日時雨時止。下午覺寒,室內降至十六七度。上午竹溪、崔惟吾、李鴻音等均來談。崔、李曾與頡剛約辦一《文化周刊》,問余意見如何,余答贊成。彼等請余至滇,再同頡剛商議。毅夫亦來,約今晚到伯聰寓晤談。下午一非來談,對於《時事新報》提議合作事,頗有戒心。緣此社中重要編輯薛農山君,聞係托派,頗慮墜入漩渦。余囑以將近數月之《時事新報》翻閱一過,察其是否作黨派之攻擊,再與頡剛酌之。晚到伯聰寓,並見毅夫、竹溪。將本社請行政院補助經常費呈文交伯聰。我軍在廣州反攻,南海、博羅有克復消息,廣州附近二十里處有戰事。

十一日,天氣仍如昨日。一日無多事,精神不佳,僅看報看地圖而已。晚室中降至十四度。八點餘,陶行知被請來社中談話,其所談與本社意見大致相同。南海、博羅克復,已經證實。龍門敵退走。

十二日,晴。往訪稚暉先生,談及玄伯所托二事,吳先生言此事在此時,太不相宜。出,訪立武,未遇。在兩路口等汽車,過五次,乃四次均因人滿未停!一次雖停而人太擁擠,未能上!乃雇人力車歸。到寓,社中飯剛開過,乃稍息,又出午餐。餐後,往青年會訪老舍、子祥、西曼,均不遇,將各留一片,始發現皮夾忘在飯館中,復往,幸主人尚爲余保存,未失。歸,吉忱來,帶來希聖一請柬,明日下午六點請在暇娛樓晚餐。午睡醒,一非來,言張子文來訪,並送上河南同鄉會信一封,《抗戰文藝》及《抗到底》各一本。同鄉數人係約於今日上午十點在過街樓三元廟市立第二小學茗談,並籌商同鄉會組織事宜。余知已過遲,未能往。下樓與子文談時局,頗有新知。晚餐後,往訪石青、幼僑、行知,皆不遇。晤雲亭,言石頭已考上附中。出時遇女師大舊學生蘇同文等三人,立談少許,遂歸。接中國教育電影協會信一封。我軍進至距廣州七里,從化爲我軍開復。廣州包圍之勢已成。今日報載有一軍事家徐君,觀察敵人主力在江北,企圖取襄陽、荆門、南陽各距點以威脅西北云云。

　十三日,訪石青、幼僑,談少時,彼等將赴河大同學茶會,約余同去,余因與河大毫無關係,乃歸。一非言,本社同人明日將往游北碚及北溫泉,問余能同往否,余甚願往,但未知竹溪所打聽之汽車票,何時能有,決晚往問之。下午四點,僕人執叔平片來,余答以請上,彼答言已去,余大詫異,問其經過,彼言門房將名片給他,人已早去,蓋門房接片後,並未來問余在否,即行擋駕,殊足使人不快。六點到暇娛樓,除希聖、吉忱外,見孟真、楊振聲、吳景超等多人。早出,坐轎子往伯聰寓,問伯聰、毅夫、竹溪,均不在家,遂出。路遇竹溪。談次①,知彼自有汽車,運機器到貴陽,後日準行。然彼另有三輛,因照會尚未辦妥,必遲至本星期末始能開。

————————————

①編者注:"次",原誤作"決"。

決定余明日彼游北碚，同其第二次車前往貴陽。擬順路往訪叔平，但轎夫不識高家莊路，且時已將九點，乃歸。此日及後二日日記當日未記，二十八日始就記憶所及補記。

十四日，早餐後，往民生公司碼頭。勉仲今日有事，未能往，約明日往，然送余至碼頭，亦以認路，以便明早不迷。船每日開往嘉陵上游，兩次。第一次五六點鐘開，開往合川，到北碚亦停船。第二次，往北碚船，則八九點鐘始開。余等所乘，爲到北碚船。船上人頗擁擠。但均有竹凳以坐。出重慶後，兩岸皆山，風景甚佳，頗多闊人園林，綿延頗遠。重慶大學及中央大學均在左岸上余等逆江上，實江右岸也。建築。紀彬帶書多本，將在船中讀，余取去，不令讀，勖以讀自然界大書。二點後，兩岸山更險，蓋已入小三峽界内。三點餘，到北碚，爲一大村落。至旅館中，稍休息，即出游。街道大致整潔。公共體育場寬廣坦平，游戲人不少。過體育場，入公園。園跨山面江，風景絶佳。山名火焰山，爲一邱阜。竹木茂美，布置楚楚。山上有盧作孚氏所辦之兼善中學，並有一□□中學①移此。又有禽獸若干種。内有一金錢豹，頗高大。窟内有一床，彼即枕床沿，若人之睡。余等在欄外唤之，彼睜目一視，旋復睡去。園中有墓二，疑爲名人之紀念，然觀墓銘，毫無事迹可述，似係有錢之平人，果然則似不應在此以"玷"染風景也。下山，晚餐。今日笑庵身體不佳，未能追隨余等游。

十五日，早起，乘游船，溯江到北温泉。聞由陸路到北温泉，

---

①編者注：原於"中學"前空闕二字。

亦僅十數里。水中多石，航行匪易，有時需游人全下，始能逾險！約一點餘即至。捨舟登陸。石磴層叠，林木茂美。入一山洞，名余忘之。鐘乳垂垂，曲折甚多。然旅行指南言中有小洞，甚深，無人敢探，余等却未見。出洞，再登，入温泉公園。園爲一寺所改。規模弘敞。有碑，無古者，亦未記寺建於何年月。有餐堂，遂吃飯。飯畢，登縉雲山。山有九峰，獅子峰最高，余等乃望之而趨。沿途多有富人別墅，亦有正在建築者。山腰略有稻田，有數農家點綴其間。山漸高，路漸幽。有不准狩獵牌。聞山中有豹，余等未見。問路人離峰巔若干遠，答言二里餘。二里餘，果至一漢藏教理院，即縉雲寺，太虛法師爲院長。時余等甚渴，遂入寺飲茶，所飲爲此山有名之甜茶，餘味若甘草。問寮僕，離峰巔尚若干遠，答言四五里。出廟，石磴峻屬，躐級直上，約六七百級，已達峰巔！然則如路人與寮僕所言互易，則大善矣！無高度表，不知高度若干。然以余臆度，此地下船處海拔當得七八百公尺，峰巔離兩千公尺當不甚遠。山巔有石寨遺址。稍休息，即下。今日社員均能鼓勇登絶頂。下山，遇勉仲，彼今日未明即起，乘往合川船早來，在温泉已游已浴矣。余等亦入浴。有浴池，有游泳池，余未敢入游泳池。浴罷精神一爽。出雇船回北碚。晚餐後，再到體育場一游。内有民衆學校，聽講者十餘人。此地從前爲盜匪巢穴，乃自前數年割江北、壁山、巴三縣之地畫爲試驗區，經盧作孚氏之慘淡經營，遂稱勝地。此地尚有一研究科學機關，及其他建設，余等因明早須歸，未能遍觀。

　　十六日，六點起，勉仲即來，言船已開去，彼親見之，然余等堅信尚有船到重慶。勉仲再往問，言八點尚有船開。到埠頭附近，

立而早餐。畢登船，八點開。途中翻閱同人所帶日人石川□□①
著《未死的兵》的譯本，盡其大半。勉仲、紀彬在磁器口下船。十
點許，船抵岸，聞有警報，人心頗驚慌，下船後問人，幸非真。至寓
讀報，知敵人退出惠陽。稚暉先生於余離渝時來，留下介紹信一
封。午餐後，本意稍息即往訪叔平，然毅夫來，言竹溪汽車此時開
行，余如能走，或可趕上，否則需再待五日。然則余只可待下次去
矣。毅去後，自元來，言丁山有著作，將賣與本院，已與頡剛言之，
囑向頡剛問成否。羅繩武及一李女士(李，臨汝人)來談。繩武
近在武勝一中學教書，談及那邊地方情形之糟，尚遠不如南陽，慨
嘆者久之。社中接行政院信，批准每月津貼二百元正。

　　十七日，晨餐時，竹溪來，言汽車昨未行，今日即將開，問余能
同行否。余疑三五日後，未必有車，遂決行。但叔平終未得晤，遂
寫一信道歉衷。將玄伯給魏子杞信，加封給與。匆卒檢點行李
後，遂別同人過江南岸。同搭車者有常德丁菁齋推事。丁名珩，前任
貴州高法推事，現調雲南。比國各大學留學。車未開時，余與丁君先步行，
已過二公里，路旁休息待車，良久未來，遂又轉回里許，在路旁，各
用麵一碗。後始知原載機器太重，須卸下一部分，故遂遲來。車
開時十二點。沿途無平地。有一段，"廣柑"樹彌野，果滿枝頭，
令人心愉。再前，山漸高，土似亦漸瘠。行八十餘公里，過綦江縣
城外。時學生正在排隊游行，高呼口號。後面抬許多寒衣，旗上
書"獻寒衣三千件"字樣。車至此，均在谷內傍河行。此後尚沿
河谷，行頗遠。河尚有一節通舟。宿於東溪，爲一大市鎮。旅店

---

①編者注：原於"石川"後空闕二字。

不少,然甚擁擠。今日行百三十餘公里。

　　十八日,六點起,但因竹溪對於機器有所整理,故啟行時將八點。過崇溪河,入貴州境,至松坎早餐。此地爲屬桐梓之一大市鎮。沿途雖山景頗佳,而無田可耕,山上喬木亦少！以勢度之,非不能生,乃人謀之不臧。再前,過釣絲岩、銅鼓源後,曲折蚓道,引至高山頂。再前,谷寬居然里許！有田可耕！此小平原中有桐梓縣城。桐梓在黔北頗有名,非有他故,乃由近日所出"大頭"之多！過此,山勢較夷,尖峰叢立,崔、丁均謂廣西山多如此。至遵義,已過六點。往長江旅館。因竹溪對機器,仍須叫工加楔以防其跳躍,菁齋助之,故晚餐時已過九點。下午陰重,峰巔多雲封。

　　十九日,眠未佳,夜間微雨。五點餘即起,行時七點。遵義附近平地尚不少。聞遵義富庶爲黔省第一,遠超貴陽,附近有平地,或亦其要因之一也。至螺絲岩,汽車生毛病,後又將螺絲一枚墜於汽缸中,修理多時,始能前行。過烏江,見教育部之□君①新自長沙來。此地名養龍站(?),離貴陽九十七公里。江北岸新修行人游憩飲餐之所,頗寬敞。内壁上畫地圖及各種表格甚多。惜無各縣烟民占全人民百分率之表格！如有必令人驚嘆無已！余問一推車者,此地百人中癮君子若干？彼答:九十餘!!雖其言未足爲典要,然亦足證烟民之多！惟地圖雖粗略,然可糾正亞新圖公路過鰼水縣境之誤。貴陽附近,地勢稍平,但山上樹太少。至貴陽,五點始過。在車站停數刻鐘。進西門,開至廣州印刷所門前,停下。余等下車。竹溪有事,請陳濯之<small>仲騫之侄,現在印刷所幫忙</small>。送

－－－－－－－－－－

①編者注:原於"君"前空闕一字。

余出城至同樂社，住下，與竹溪同室。晤孟和及周濟美。孟和前染惡性瘧疾，即古所謂瘴氣。近日始愈，將往重慶。余初意與濟美未晤面，及晤面後，始知係舊識。飯後洗澡。寢十點。同樂社之組織，或可稱爲省政府之招待所，内吃飯洗澡，均尚方便。

二十日，將明，醒一時，起將八點。餐後，同竹溪進城，到印刷所，取手杖。訪菁齋，晤彼夫婦。又遇一湖南張君，服務於中央播音臺。再到印刷所，竹溪囑一李君（北平人）同余出購棉袍棉褲材料。返印刷所，竹溪約余及丁、張、陳到天津館午餐。路上遇張西山及前在師大畢業之女學生。館前臨銅像臺，有周西成氏之銅像。聞周氏在日，軍紀尚嚴明，故黔人對彼感想尚佳。餐後，又遇盧光彬及李啟桓，均師大畢業生。餐後到裁縫店作衣。又到西南運輸公司，訪吳琢之（均同竹溪），將稚老介紹信交與，請代設法購票，吳囑其課長胡維元（紹興人，亦留法同學）設法。歸社，稍休息，孟和來談。後菁齋夫婦來談。晚竹溪請同寓晚餐，余又在列。餐後與孟和談，寢頗晚。

二十一日，上午未出。與孟和談，西山來談。中午菁齋夫婦約余及竹溪在銀宮午餐。餐後陳濯之引余及西山出南門。過浮玉橋，至翠微閣。入門，有涵碧亭。亭在南明河橋上。再進，道右，即甲秀樓。據乾隆四十一年碑，樓“爲明都御史江公之所創始，而我朝德水田山薑先生踵而修之者也”。按田爲康熙間貴州巡撫。樓踞鰲磯上。中有鄂文端公題詩二首，商邱陳淮上石。又有乾隆壬子陳氏題鄂公紀功鐵柱詩。序言“雍正七年……丹江、古州、八寨、九股諸苗悉平。黔中人士銷平苗所獲兵械，鑄鐵柱云云”。但柱上年則爲十年。又有一柱爲嘉慶二年鑄。時雲貴總督爲勒保。出樓,再前進,爲萬佛寺。正殿中間有一銅塔,上小佛像甚多,寺因以名。但佛像首多爲軍士削去!有永曆十年鐵鐘,又有一同年碑。寺內有茶坐,亦可用飯。余等遂飲茶。茶樓前臨南明河,樹木不少,風景頗佳。出,欲登觀風臺,因上有軍事性質,被阻,未能上。時已五點許,然仍繞東城外,登東山。山不高。上有寺。有貴州佛學院及佛教會木牌。走至前殿,再高,則因有航空委員會辦公處,不准上。山腰有亭,稍休息。時太陽已落,且風不小,遂下。去時,走石路,較捷而崎嶇。回時由公路,則屬康莊。進東門,天已定黑。本有張伯勤君即在菁齋寓所遇之張君。約在新亞酒樓吃飯,但余當時忘地名,且時已晚,乃約濯之及西山到華北飯店吃晚飯。店爲一山東張君在某中學教書。所開。店中夥計,多屬鄉人,有穰東人,有三十里屯人。歸寓七點半。孟和來談。

二十二日,西山來,同出到省立圖書館,開館時間,上午爲六點至八點半!問故,始知因空襲,不得不然。查書目,則志書均無有!問人,答言有此類書,可下午來問管書人。出,在大街上遇陳崑山,同出東門,到一野茶館飲茶。後同到華北飯店午餐,崑山爲東。崑山言去年有軍人在合肥作軍事防禦工作,發現楚莊王墓,有文字可考云云。但楚莊時文字,非軍人所能認識,且彼亦無葬在合肥之理。或係他時(如南唐)之一墓,爲人所誤解歟?又同到圖書館,問志書,則言已由民廳提去!尚有《黔南叢書》可查。檢書目,惟有二集及七集有關文獻,乃七集尚未印出,二集亦被省府提去!遂出,到商務、中華、文通各書局詢問,均無與貴州文獻有關之書,僅在商務購得滇人夏光南所著之《元代雲南史地叢考》一本。別二君,獨到北門內茶樓上飲茶。又出北門,入西北門。時天已定黑，乃入一小鋪晚餐。取所作衣。

二十三日，爲崑山寫介紹信四，介紹於香齋、東秩、芝亭、兼恕諸人。進城，見崑山及其學生王君。稍談，同出到天津館午餐，王君爲東。後同崑山到螺蜔山，欲游陽明先生祠，亦因軍事關係，未能入。又同到甲秀樓，萬佛寺，飮①茶，遂晚餐。余爲東。然今晚竹溪曾約在廉潔食堂七點晚餐，遂往陪。在坐者僅張雨蒼一人。張爲貴州公路局秘書主任，前兩日在街上曾遇見，竹溪曾托彼問票，今日彼言三兩日內有車到昆明，可有票。餐時，城東南隅有火災。歸，慕陵、維本、冠斌（光彬所改）、朱豫卿（名家濟，蕭山人）同來談。去時已十一點鐘餘。

二十四日，十點餘，正欲出，乃雨蒼有電話來，言今日下午一點有車到昆明，問能動身否？彼旋來寓，囑余往購票，彼往尋竹溪，告以行期。余往尋西山，到中國旅行社接洽，到上海飯館午餐。同坐者有陳子寬貴州公路局修理廠廠長。及他人。（雨蒼爲東？）歸檢行李。王松生來。彼前在修文訓練保甲，現事畢，將往織金。稍談數句，即往車站。僅將票價交旅行社劉同仙君，並無票。車開時兩點半。路旁尚稱平地。過清鎮及平壩，抵安順，時六點已過。宿於德生榮。同餐者有雲南五十八軍往長沙送兵官長二人。共送兵千七百五十人，從昆明到長沙，中央僅發款萬五千元，每人每日伙食僅一角五分，而沿途百姓仍提高物價，士不宿飽，言之慨然。貴陽距安順九十五公里。

二十五日，昨晚早寢，而店主人之母與其子及媳口角，致誤睡

①編者注：“飮”，原誤作“吹”。

多時。蓋老婦有癮,正在戒除,然寢前尚欲吸,其子媳阻之,故致口角。終吸多口,始漸靜肅。早起,天並不大寒,而老婦前已擁炭爐! 因旅行社尚有車輛未來,故上午未開。早餐後到城內一游。此地在前清爲一府治,故商務尚爲繁盛,街道亦平坦。內有農民銀行、電影院、話劇團等組織。機器出品較重慶價較廉。有一廟前,牌樓上四字曰"指血日鮮",入內,觀神像,甚威毅。問人則言係財神。疑有歷史,但碑已倒,面貼地,不可讀! 有萬壽宮,汽車站在內。東城較高,有文廟及武侯祠。祠內有短期小學。此地婦人赤足挑擔工作者甚多,不盡苗民也。地多石,柱墻均用之,間有雕刻,但未工細。下午一時許,車復前行。過鎮寧,路漸入山。此前則峰巒亦多,惟道旁尚稱平夷。離貴陽百四十一公里,道左有一大瀑布。再前,過關嶺場,爲一大市鎮。附近山頭樹木茂密。有女學。再前至永寧,宿焉。地離貴陽百九十二公里。地古爲州治,現屬關嶺縣。同寓有一孫繼光君,昆明人,乃一苦戰臺兒莊、德安之健兒,曾兩次受傷,現請假省母。談次,知前綫壯士之苦痛,多爲後方人士之所未能想像者!

二十六日,睡不佳。六點,有汽車上人催起,匆忙收拾畢,上車,即開。今日所行路,均爲大山。將到盤江,有一石佛,高如生人,立道側。江上有大橋。江旁有殉職人員紀念碑,蓋修橋時殉難之職工也。再前過安南,購食物,食之幾飽,但西山則未能食,今日青年,嬌氣者頗多,奈何! 奈何! 至普安午餐。復前,山上多松,不似以前之童秃矣! 四點許,至盤縣,因距平彝尚有八十一公里,且尚多山,故遂止宿。地離貴陽三百五十三公里餘。安置後,同西山出到城內外一游。盤縣山城,繁盛處在東關。今日逢場,時已將暮，人尚擁擠。五日一場。城內高高下下，街道逼窄。商鋪不多。

二十七日，天明起，到車站，則車已有開出者。西山所坐車，即已開出。余等因昨早車上人到旅館喚起，故頗大意。既無可如何，乃令西山擠余所坐車上。途中趕上前車，始換坐位。起時，稍霏霧絲。啟行後，大霧瀰漫。下午則放晴，天朗氣清矣！過盤縣後，山多有松。黔滇交界處名勝境關。盤縣距平彝八十一公里，邊界距平彝十餘公里而已。平彝汽車站似仍屬黔省公路局。滇省檢查亦在平彝南門外。余等在平彝午餐，時十一點。過平彝則大山已盡，路途亦平坦。小山間樹木較多，風景較佳。近人游記多毀黔譽滇，實亦不爲無理。車過霑益、曲靖，均未停。過馬龍，稍停。再前，過易隆，地屬尋甸。余之車夫再餐，余則僅飲茶，後即長驅入昆明。余自過寶雞後乘汽車多日，無若今日之痛快者！易隆後尚有楊林一站，地屬嵩明，未停，至昆明，已將八點。下車，雇人挑行李，入城，到本院辦事處，潤章在港，未歸。晤尹、甄、劉、李諸君子。劉雨樓又引余等至西域樓晚餐。歸，住於登華街本院之寄宿舍。雨樓交來秉琦、教育部、中央黨部、政治部、陝西考古會、南陽國學專修館、玉湘、全叚信各一封，文青信二封，平家信一封。未能盡讀。

二十八日，晨起，慕光、爾玉均來談。到辦事處早餐。晤頡剛。同頡剛、慕光同訪張建設廳長，爲請其向市政府囑托本院向市政府接洽黑龍潭漢黑水神祠房屋事。出，視森玉病。遇寅恪、莘田。歸，午餐時，晤劉朝陽諸人。下午僅午睡及閱信，補作日記而已。海帆來談。晚餐後，仍繼續補日記。六點餘晚餐時，建功來，未遇。今日天晴。

　　二十九日，晴。上午建功、頡剛、莘田、鄭毅生、張漢良均來談。下午同朝陽、西山同到翠湖公園一游。園不小，樹木亦繁茂，布置亦尚楚楚。飲茶。後到通志局内地質研究所所借房，晤克強。出到昆華圖書館一檢書目。欲尋《讀史方輿紀要》雲貴部分一讀，但書目上僅有《紀要輯要》一書，且因時已過四點，彼四點半即關門，未及取閱而出。歸。稍眠。讀《元代雲南史地叢考》。晚與西山閑談而已。

　　卅日，晴。早餐後，欲購省城圖，未可得。在華山西路見民國元年所立之"明永曆帝殉國處"碑。到柿花巷四號，晤建功、莘田、毅生、子水、邱大年、黃國聰、湯錫予諸人。同建功出訪膺中，又訪芝生。芝生已出門，見其夫人及淮西夫人。淮西夫人帶有季芳之照片，乃欲辦護照以作歸計者。但今日尚未能找出。出到雲南服務社午餐，建功爲東。後獨到靛花庵中央研究院辦事處訪寅恪，未遇。訪濟之。談良久，乃歸。有一廣東梁成彬君訪西山。梁係留日學生，去年抗戰後始歸者。與略談日本事。晚餐後，元胎來談。餘時翻閱《元時雲南史地叢考》而已。

十二月

　　一日，略有雲，布置房屋，西山移住對面。寫道藩、竹溪信各一封，尚未發。午餐時，有警報，未一時，即解除。晚慕光言，防空司令部出有壁報，略謂十一點餘，滇東北境，聞有飛機十餘架聲音，後東南境上亦聞相似聲音，但均因霧大，未能辨爲何機，遂發警報云云。下午到圖書館售書處，要一書目。午眠。建功來談，言四日即當起身往海防接碧書。朝陽來談。晚寫平中家信一封。晚較寒。

二日，本所預支國幣二十元，命西山往昆華圖書館購買關於雲南文獻書籍。接子臧信一封。彼因院中將彼停薪，有所陳述。出到建功寓。又晤從吾及元胎等。與從吾及建功同出，到小有天午餐，從吾爲東。又到從吾寓談，至三四點後始歸。借來《漢書·地理志》關於越巂、益州、牂柯各郡者一本。芝生前來，未遇，交來家人像片十五張。晚餐後，從吾來，同往訪春舫，見其夫婦及小孩。歸，十點。昆明晴日多，此後不注陰晴者，皆晴日也。

三日，上午將所寫信發出。又將轉交頡剛信，子臧托轉交頡剛邠州大佛寺照片及子臧致余信，請西山送給頡剛。閱報查地圖而已。下午午睡未起，昆華圖書館送書來。起，頡剛來談。同頡剛出訪迪之。又訪聞在宥，不遇，留一片。晚餐後閱《滇繫》。彥堂來談。今日頡剛約明日同往游西山。

四日，起，早餐後，同錢臨照君出西門到篆塘。到時八點三十五分，但頡剛未來。俟至將九點半，彼始同其夫人、女公子及元胎來。坐動物研究所所包之船。始開時，水尚不寬，過一小橋，曰白馬橋。約二十餘分鐘，過大觀樓前，因時已不早，未及登臨。過此，即已入草海界域。海面展寬，但水不深。湖濱及湖中闊人之別墅不少。至十一點半，抵蘇家村。下船到本院與滇建設廳合辦之水產研究所。見爾玉及一顧君。據言工作剛開始，搜到之魚類有十四種。大致此間之水產種類遠不及江、浙之豐富。此後並當研究種類貧乏之原因，及補救之方法等類。湖底植物亦采集若干標本，以俟植物所同人之鑒定云云。所在樓上，樓下爲小學。雖僅三間而布置亦自楚楚。小院中，花木頗繁茂。余等帶有食物，遂取出大嚼。餐畢登山。此帶竹木甚繁茂。馬路上段已成功，下段還有需要修理處，然汽車已可通行。到雲棲寺，遇慕光，彼眷屬即寓寺中。寺規模甚大。據天順六年碑言：“昔有寺，曰圓覺，元延祐玄峰通禪師之所建也。”至天順中重修，改名華亭寺。民國後，唐繼堯重修，改名雲棲。現土人仍呼華亭寺。據唐題扁額言：本擬改爲“護國雲棲寺”，乃修繕時，發土得一碑，亦有“雲棲”名，竟前後冥合云云。殿中佛像皆新塑，但大致尚不差。廟中外來寄居已滿。然將來或能騰出數間，余家屬到時，或暫居此，亦未可知。據言此寺有僧二百餘，並有一英人在此出家。飲茶後，與慕光及其小孩同出，游太華山寺。寺規模較小，山門已倒塌。然此地別饒静趣，不如雲棲之喧囂。有一小閣，頗便登臨。閣後有一康熙皇帝題扁額，曰“世濟其美”，當時頗疑其不似禪寺之賜額，晚歸後，翻閱《滇繫》，知此爲皇帝賜雲貴督臣范承勳之扁，不知緣何，移懸於此。再前，約二公里，至三清閣。此地山岩壁立，道路逼仄。至閣前已登七十餘級。遇叔永，談次，知彼係由港往渝，中途過此。由閣退出，左折復上，又一二百級，過“別有洞天”，此爲一小洞，入後穿出，則路在壁立之岩上鑿成，外留一薄層，游人不致栗懼。上半時開時合，由開處，可遠眺全湖。過一小石坊，顏曰“龍門”，右有一洞，内鑿奎星、文昌、關公各神像。洞前有一石桌，略可周旋。路至此已盡，不能再前。此一段磨崖題詩詞甚多，但無甚古者。有明傅宗龍題字。至最後一段僅有道光丙午題字爲最古，未知此段爲道光年所鑿否。洞前立眺全湖，氣象萬千，遠非杭州西湖之所能比擬！潤章前來西山，言此西山不亞於北平之西山。但彼並未登山，如能游此段，定嘆遠過，豈止可比擬而已耶！由三清閣前直下，全爲石級，行走匪易。臨照言："上次從此上，疲乏萬狀；此次下行，大致尚好。"至山下。太陽已將入山。五點許，返棹歸來。日落時，山色湖色，紫碧映對，静穆叶和，令人神肅。日落後，氣候變凉。後又有微風，温度想不能越百度表之八度。同行者均覺微寒。惟月明如晝，天湖皆碧，心曠神爽。慕光之二公子、四公子高歌《義勇軍進行曲》及"向前走，莫退後"數闋，又不啻水精宫中，聞獅子吼也！抵篆塘時，已七點半。入城，到西域樓晚餐，慕光爲東。歸後頗倦，稍閲書，即寝。

五日，夜眠頗酣。今日聞在宥來訪，未遇。上午看報，鍾期志來。期志爲鳴皋之長公子，去年在平大工學院畢業，現服務於滇緬路。彼持雲甫信來。問訊知雲在平，境遇仍如前困，頗爲慨嘆。下午稍眠。出同慕光往市政府，見翟市長，接洽黑龍潭房屋。歸途遇春舫來談。

六日，晨，達三來談。閲報。翻閲《滇繫》。下午睡。起往交涉署，領得請護照表格及請求書式。到雲大訪聞在宥，不遇。餘時仍翻閲《滇繫》。精神頗疲，早寝。

七日，睡甚酣。早餐後，往訪達三。又與彼同訪森玉。下午眠。芝生來談。以彼所著之《新理學》見贈。是書乃係欲成一家言者。彼去後，略爲翻閲。五點半後，達三來，同到海棠春，赴春舫約。在坐者，有從吾，希淵的太太，劉□鈞[①]孟津人，前留學歐美預備

———————

[①]編者注：原於"劉"和"鈞"之間空闕一字。

學校學生,現爲修理飛機廠廠長。及毛以亨。毛前曾爲余向潘保安處處長寫介紹信,余初以爲不識,僅因從吾、春舫諸人之關係,乃彼言十八年時,彼曾代表法學院出席平大校務會議,與余等聚談數點鐘,在坐者有幼漁,並談及注音字母,余亦全不記憶。今日又有迪之之招飲,遂於七點往。在坐者,熟人有叔永、企孫,又有龔教育廳長、張福延。字海秋,劍川人,中央大學農學院教授,對於《説文》及語音頗有研究。尚有數位,雖經主人介紹,已不記憶。席中,龔廳長談及滇越鐵路,近日法人絶不允運軍火,即汽車亦不准運,現在輸入軍火均由滇緬公路云云。歸後,仍翻閲《新理學》。燧初來談,寢時已十二點。

八日,翻閲《新理學》。下午寫文青信,未畢。晚仍續翻《新理學》而已。物理所有一望遠鏡,朝陽時用觀天象,余今晚用窺木星及月,得看木星之衛星。今午丁仲良來,未遇。

九日,將旅行中之日記補寫完竣。將與文青信寫完。晚慕光請客,在坐者,院外有王外交部特派員,金城銀行吳經理,叙昆鐵路工程師陳(或沈)君,湖南麻陽縣、雲大教員田君,齊雲卿;院内有韻剛、燧初、漢良及分派到物理所研究之褚君。寢時已十一點。今日溫度似較高。

十日,夜眠不佳。早晨略有雲,後仍晴。上午翻閲《滇繹》。下午將所填表及像片送給交涉署,請辦護照。收護照費二元,代收印花税費一元,代收法委簽字費貳元四角。到華山南路及正義路購買雜志、鞋、胰子合等物。晚漢良請吃便飯,余吃飯後始往。彼與燧初、雲卿及海帆之夫人正插麻將!余到即開飯。飯後余亦代漢良插四牌!此雖小節,彼等也未見有何大輸贏,然當前綫將士喋血鏖戰，而吾儕猶從容游戲，亦殊不應該耳！起坐，即歸。西山來談，言近有人自山東來，言敵人後方實力殊爲薄弱；游擊隊遍地，偽組織勢力不出濟南市。但我游擊隊各自爲政，無大連繫，情勢散漫，殊爲可慮！寢時十點半已過。

十一日，微陰，下午微雨數點。早餐後，同西山出，欲游圓通公園。西邊門有武裝同志守衛，言不准入。問是否他部分能入，有他武裝同志答言下午一點後可由東邊門入。乃辭西山，獨訪芝生。芝生近方著《新事論》，已成四篇，刊于《新動向》中。彼有單刊本，擬全體完成後，再訂本贈友。余不及待，請其找出，以便早讀。在彼寓午餐。又閱《唐河縣志稿》，頗爲蕪雜，修正殊不易。出到圓通公園。園内多石，如笋之爭矗，頗饒奇趣。園北抵城，可登。園中高處，因軍事性質，不允登。前門内爲圓通寺。内有市立圖書館及兒童圖書館，但書均匱多。出門，遇希聖。歸底寓時，芝生文已畢讀矣。其所言可謂富於健康的意識（bon sens）。稍眠。翻閱昨所購之《世界知識》及《戰時日本》。接文青信一封。

十二日，終日有雲。請辦事處雇一馬車，與頡剛、朝陽同游黑龍潭，並看龍泉觀房已空否。潭在城北偏東，但車出西門，再轉東。路中間見滇緬鐵路正在動工修築。潭離城十公里餘，馬車不快，一點三刻可達。有壯丁千餘，正在受訓，作向左轉向右轉等類工作。他們住在觀中，出名片，得允許，始許入游。紅梅、臘梅均已開。紅山茶花亦正開，色甚鮮艷。此廟以漢祠、唐梅、宋柏、明墓著。漢祠者，因相傳此地爲漢黑水祠遺址，未知確否。唐梅、宋柏，雖無明證，而觀其根幹非數百年古物不可。明墓者，爲明末昆陽生員薛爾望名大觀。先生全家投黑龍潭殉國，寺中道人葬之於此。觀前有先生祠。墓前碑未詳先生就義年月。但就祠中戊午年（民國七年）陳榮昌所刻祭文觀之，似在永曆帝遜緬，謠傳崩逝時。此地現名龍泉公園。潭水環注，竹木叢美，群山繞抱，風景極佳。游罷，往訪農林植物研究所蔡玄彭君。名希陶。彼言壯丁下月底可訓練完畢，屆時即可騰出。余問：此屆訓畢，是否另訓別屆？彼答：省政府意，此屆畢，即當改訓自衛軍。自衛軍住在各人家中，操畢即歸，似可不用此房云云。同蔡君出到浪口村，頡剛在此村新租房，今日來寫摺子。蔡君亦住此村，與頡剛同房東。吾等在蔡君家午餐。蔡夫人亦清華史學系畢業生。餐畢，往觀頡剛新房，尚未修理完竣。余與朝陽在村中觀村中農作，顧、蔡往寫摺。畢事後，余與顧、劉同往龍頭村，中研院歷史語言研究所辦事處在焉。晤思永、濟之、璋如及其餘各位。稍談，聞彥堂患發燒，遂往視之，彼疑爲瘧疾，尚未知是否。是時已四點半，即歸。車夫因待余等，終日未飯，頗多怨言。抵城內，已將七點。同到西域樓晚餐。余爲東。至車夫與之酒錢五角，彼已甚悅，無後言矣！餐後，與頡剛往訪雲卿，未遇。今日《雲南日報》載滬訊，據俄文報言，近日東三省反正軍人，至少亦有十萬人。殺戮敵人軍官以千計！敵人極爲慌恐云云。未知確否。

　　十三日，早餐後。往訪雲卿。出到華山南路，欲買一《益世報》，而商鋪門均尚未啟！歸，頡剛來。今日精神不佳，僅翻閱《滇海虞衡志》。下午雲卿來談，言近日言和聲浪頗高，殊爲堪慮。希望不至成爲事實。余堅信敵人實無奈我何，即今日有賣國者，率爾投降，——今日何和之可言？除投降外，敵人能與我和耶？——此不過延長我國混亂之局面，敵人終亦無奈我何！晚，爲濤從上海到。彼上月十日自北平動身，談及北京近況，知北大已開學，範村被迫就職，不勝慨然。接玉瓔明信片二。

十四日，因頡剛約爲《邊疆週刊》寫一文，未完。上午，雲卿來談，言明日准行。下午，侃如、沅君夫婦來談。湖南田君及一四川李君來室坐片時。克強及頡剛來談。晚，建功、碧書及小孩等均來。碧書昨日到。後從吾亦來。

十五日，五點一刻醒時，見靠床牆上有光，輪廓分明。出外視，則樓梯燈已滅，月光在地，不能辨爲何光。睡下，始注意東南一大星，光由彼發出，乃又起，登三層樓一望，因余對於宿名已經遺忘，不能辨其在何宮。歸復寢，天色不久即明，此地冬夜較短也。早餐後，到建功寓，彼一切尚未安置就緒，待買鍋作飯！余乃約其闔家到小有天午餐。同出到圓通公園一游。去時，正門尚未開。至識字甚多，不識者猜度説出，猜對者也不少。歸，稍眠。燧初同院內同人六位，自下手包餃子吃，請余等爲客。到者有海帆、叔陶等。叔陶係今日自河內來遇上者。問知玄伯消息。且聞彼等喪父，因時局不能歸。仲良來談。據其所言，希特萊尚非大資本家傀儡，共產黨所詬辱，亦有過甚者。但彼所持之帝國主義，終必傾覆，仍屬毫無疑問。去時已十一點。接北大信一封，言十七日開四十週年紀念會，並"歡譜舊雨"云云。

十六日，今早大星明如昨。朝陽言係金星。但星光能照影，則余尚第一次見之。今日續前日所作文，尚未畢。將晚，出到民衆教育館。館在舊文廟中，現點綴成公園，內有茶坐、浴室、電影等。院中陳列所擊下之敵機，但損壞不成機形矣！廟尚整齊。有雍正年四戰勝告大學碑。康熙年訓戒士子文碑，則東西兩碑，完

全相同,左右對峙。大成殿内堆積電影坐。倚北墙七龕,中龕至
聖,左右四配,再左右十二哲,極左右有二空龕,不知當日何祀。
閲書室内在舊明倫堂中。出到光華街商務書館,檢得數小書,願
購,始發現出時忘帶錢包! 出到五華山舊書店,此爲昆明惟一之
舊書店。遇錫予、元胎。歸,晚餐後,到建功寓,問碧書以義詮與
其母齟齬狀,彼不願深談。接王子强自綿陽來信一封。

十七日,上午寫樂夫信一封,未發。下午往參加北大四十周
年紀念。説話者,有希聖。説話本其長技,但政客氣頗重。内有
不成話處,如嘲弄作民衆運動人,謂"如翻成 pronoun,即變成我下
鄉勸你打他"。這一類的話,未免太好笑了。歸,少休息,又到邱
家巷夢麟家内宴會。今日到會諸人,如余歲數者已不多有!

十八日,因慕光言市政府對於本院請求黑龍潭房屋事,已復
函不允,余等商酌後,擬盡最後之努力以圖挽救,乃同訪范大夫,
請其打聽真實原因後,再謀辦法。彼醫院中醫生多中法畢業生,
均識余面,而余對彼等皆未能認識。出訪守和、孟和,均往游西
山,未遇。在守和客廳内初見紅崖磨崖刻石拓片。到建功寓,彼
夫婦均不在家,惟有小孩。稍坐,出,將歸,路上遇碧書,又復邀歸
彼寓,遂在彼處午餐。後同乃、至出護國門,過聚奎樓,到郊外游。
樓爲袁嘉穀"大魁天下"立。郊外有水溝,溝中間有水,溝兩旁有
堤。堤上有柏,爲清末岑毓英督雲貴時所栽。現樓旁正修岑、崔
二公植樹紀念石坊。崔爲當日道員,坊上有名,余已忘之。仍回
建寓晚餐。

十九日,完成前所作之一文,名之曰《我們對國内寡小民族
所應取的態度》。然《邊疆周刊》今日已出版,頡剛上星期五已將

前半取去登出。下午勉仲、海帆來談。雨樓同其女公子來稍談數
句即去。今晚爾玉及子固請在歐美同學會晚餐，在坐者多為留法
同學。接 Book store 信一封，言秉琦托其寄書，現彼托東方匯理銀
行寄來，請持匯費往取云云。

　　二十日，寫平中家信未完。到商務印書館購《古代斯拉夫文
化》《莫斯科十年記》《暹羅古代史》《檳榔嶼開闢史》《苗荒小紀》
《沈寐叟年譜》《西洋教育通史》《丹麥的教育》各一本，用去國幣
五元一角五分。下午翻閱《莫斯科十年記》至晚，畢之。是書作
者英人 Wicksteed 居俄十年，彼既非共產黨，但對於蘇俄尚不缺乏
同情，故其批評尚頗公正。晚頡剛請在海棠春晚餐。在坐者，勉
仲、侃如夫婦、建功夫婦、賓四、元胎、朝陽諸人。

　　二十一日，睡不佳。往訪森玉。談次，始知此次西北科學考
查團之漢簡，並未失落，且正在香港印刷，為之一快。下午翻閱
《苗荒小紀》畢之。將晚到翠湖一轉。晚朝陽請在新雅飯館晚
餐。在坐者，除余外，僅有頡剛夫婦。歸未幾，迪之來。去時已十
一點半。

　　二十二日，晨起，到翠湖一轉，氣清天朗，令人神爽。終日翻
閱《檳榔嶼開闢史》。下午克強來談。後又到翠湖一轉，遇頡剛、
賓四。晚餐後，訪仲良。遇一陳君名紹源，字雨辰，法 Dijon 大學公法、政
治、經濟博士。

　　二十三日，陰。翻閱《古代斯拉夫文化》。《益世報》編輯牛
若望君來談。下午建功夫婦及小孩來。頡剛及在宥來。菁齋來，
彼前兩天才到，苦於找不出適當價錢的房子。天將晚，余又往翠
湖，走至雙節西坊，將由小路轉回，暮色迷離中，面前似草地，舉足

一踏,乃係一大池! 余立時傾倒! 幸水不深,急行爬出,然已全身沾濡! 急歸,衣服換了許久,遂將晚餐耽誤。到西域樓用餐。出訪達三,未遇。晚有晴意。

二十四日,八九點後漸晴。早餐後,到翠湖一轉。往視昨晚所墜之池。出城,到建功新寓。同建功及小孩到野地一轉。日色清朗,和風拂面,若北中春分前後天氣! 繞灣約一二里,甚助食欲。在彼寓午餐。歸,借來廿二年《燕京學報》一本。翻閱在宥所作《論字喃之組織及其與漢字之關係》未完。後翻閱《西洋教育通史》。

二十五日,晨起到翠湖一轉。早餐後,同西山步行往大觀樓。出西門,過篆塘,又過一村,名白馬鄉。樓離寓所不過七八里。雖名"大觀樓",實爲"大觀園",因樓外園址頗大也。且此園山水雄偉,《紅樓夢》中之園,何能望其肩背? 寶二爺見到,何敢作"山無脉,水無源"之譏誚? 以此知人爲園,雖窮極精工,終未能擬天然園之萬一也! 在樓外樓飲茶時,遇勉仲及其女弟子三人,尚有一福建陳君爲聯大教員。"樓外樓"殊非佳名,乃各處競用。此地園內園外,用此名者竟有兩家! 欲至園外之樓午餐,乃其樓不可上! 遂至其對門飯館,雖樓上向山一面之窗太狹,頗妨臨眺,而樓既可上,一斑終勝於無! 如能將窗放大,春夏之際,稻麥萬頃,青山外圍,即此小樓亦頗大觀矣! 飲茶西山爲東;吃飯余爲東。仍步行歸。午睡,後略翻閱《教育通史》而已。見膺中一片,但未知人何時來。晚微陰。

二十六日,陰寒。然下午溫度,大約離十度尚不遠。稍翻《教育通史》。因報上言從明年正月一號,新書店將一律加價一成,將出,時十點餘。購一世界地圖及英文辭典,出至街上,則各家門尚未開! 遇思永、莘田,均言此地上午書店全不開門。余問何故,答言爲空襲故。又問余至此一月,並未見空襲一次,何以仍不開? 二人亦止能一笑。再前,幸到商務印書館,彼已開門。購書人已不少。因買《世界形勢一覽圖》一本,《英華合解字彙》一本,《歐洲戰後十年史》一本。前二書價已加過。共出伍元四角。下午翻閱《戰後十年史》,從吾來談。今晚侃如夫婦請六點在厚德福晚餐。燧初請七點在海棠春晚餐。乃先赴陸請,坐中有頡剛夫婦、朱自清夫婦、沈從文夫婦、叔永、孟真、□□①諸人。七點一刻同頡剛出到海棠春,客人甚多,本院及雲大同人爲多。歸已九點餘。再翻閱《戰後十年史》,寢時已十二點。接玉瓖信片一。

二十七日,夜眠不佳。中午放晴,晚又轉陰。出訪從吾,遇錫予,同出午餐,到津津則已關閉! 到東月樓,則非到兩點,無飯吃! 不得已,則往小有天,錫予爲東。餐後與從吾同到建功寓。與建功及其小孩同出訪瞻思丁墓。墓在往巫家壩公路邊,離文奎樓里餘。墓方。一方鐫“元咸陽王瞻思丁墓”數大字;一方鐫師範所節之《元史·瞻思丁傳》;一方鐫袁嘉穀之修墓記;一方鐫阿剌伯文,所語云何,余等均不識。外有一袁□□②所書之楊一清謁瞻思丁墓詩。但碑刻于一康熙四十□年碑後,且用二舊碑夾之,使其不倒,以致康熙碑下截不可見,“四十”下字亦不可見,均屬不合。且康熙碑爲瞻墓最古之文獻(餘均民七修墓時所刊),頗不宜忽視,會當設法拓出。此地爲回教人叢墓,聞因將改設新市場,

---

①編者注:原於“孟真”後空闕二三字。
②編者注:原於“袁”後空闕約二字。

限令遷移，現遷移將畢事。別建功，歸。聞從吾言彥堂因患傷寒，入惠滇醫院，乃同往視之。醫院中無登記簿，無姓名牌，遍尋不可得！遂步行歸。晚稍翻閱《戰後十年史》。

二十八日，陰，間霏霧絲。今日始將前數日所寫之平家信寄出。天氣甚寒，早八點半許，室內八度，室外六度。余素畏脚寒，今年因此地不寒，毫無禦寒具，致脚無法使熱。下午睡時，又未蓋好，起後，身體惡寒，乃寫信與建功，派人往將碧書來時所帶之衣取回。晚餐時，出遇燧初，同到華山西路北頭小羊肉鋪吃一點東西，余爲東，然連酒資僅二毛。別燧，到正義路購毛襪兩對，氈帽一。歸，食一 ASPIRIN，八點即寢。

二十九日，陰，溫度及霧絲如昨日。昨日因發熱，却眠甚酣。早起，已愈，然終日未敢多食。今日報載蔣委員長廿六日在總理紀念周訓詞，登載未完，大致暴露近衛宣言之陰謀，深斥言和者之不明大義。以此與近數日內汪精衛出走河內之事相比，可澄清近多日"言和"──投降──之空氣。止要這一班止顧自身生活條件，昧於國家大計之混賬亡八旦失了勢，我們的國家民族自有辦法！午間頡剛約在其寓中吃飯，與茅盾晤面相談。在坐者尚有朱佩弦、丁仲良及頡剛之房東吳君。吳，義烏人，在雲大教書。茅盾將同杜重遠到新疆，推進文化事業。談至四點鐘。出到建功寓談，在彼處晚餐。至八點，歸。又同西山談，寢時已十二點。接到 Karlgren 之 *Notes on a Kin-ts'un Album* 一本。

三十日，夜眠極不佳。今日天漸晴。精神不佳。所中經頡剛手購《四部備要》之史部，書店送來。西山點後，余分類放在架上，遂致耽誤午餐。約西山到西域樓小餐，余爲東。下午睡，仍不佳。翻閱《續資治通鑑》宋金交戰事之後一部分。十點寢。接潤章信一封。

　　三十一日，寢仍不佳！全日精神不振。午前睡未着。午飯少吃。下午幸睡一兩點鐘。然醒後，覺身似有微燒，疑或染瘧疾。出穿翠湖到翠湖北路，轉至青雲街，遇仲良，到彼寓談。歸。同人之餃子團，今日又集會。余晚餐吃他們的三個餃子，兩碗稀飯。飯後同生物所之李君在月下談片時，月色佳甚。接院中通知，元旦放假三日。將晚，建功及小至來，約明日到彼寓午餐。

一九三九年

元　月

一日,因昨晚曾作八段錦之六段,故睡眠尚相當安穩,此後當繼續爲之。早餐後,出買一《雲南日報》,且看且行,遂至慕光寓。時已九點餘,慕光家人始起,慕光聞余喧噪,始起。談次,臨照亦來。談至十點餘,出,到建功寓。今日建功僅約從吾。十二點餘,從吾來,午餐。後同從吾出到巫家壩,見有傅、沐、藍三公祠,入門,讀碑,知内有吳井。然此時内有武裝同志,出,言内爲航空學校,不許參觀,遂出。又前行半里,時已五點,遂返,登"柏堤",過狀元樓,步行入城。找吃飯地方,過東月樓、小有天、中華飯店,均無坐!(東月樓門外尚有多人等坐!)止好到雲南服務社,僅有坐。余爲東。遇方國瑜君。方,麗江人,師大畢業,現服務於雲南通志館,對於鄉邦文獻深有研……①來訪。接獅醒信一封,言已失業,請代設法云云。

二日,早……②,知中常會議決將汪兆銘開除黨籍。近數日,已微聞汪携眷逃河內,即知其已與中央決裂。現竟通電主和! 名曰建議,而先公布,始致電中央,實屬通電! 今日有何和可言? 名曰言和,實投降之別名! 汪氏竟能無恥至此,亦殊可怪! 中常會用快刀斬亂麻辦法,實屬至當。方國瑜來,從吾來,又約西山談。四人同到服務社午餐,國瑜爲東。餐畢,同到翠湖公園海心亭飲茶。又同出北門,至蓮花池附近,觀"明永曆帝灰骨處"碑。進城,從吾別去。余與西山到國瑜家稍談。國瑜以彼所著之《唐蒙兩國信使錄》《明修雲南方志書目》《碑跋三首》,及《西盤大新寨人頭筐及木鼓》《佧民代表在南大與我國勘界委員集會之盛況》二照片見贈。歸。未幾,吳玲及張蔭麟同來,又約往服務社晚餐。吳、張二人,未知何人爲東。餐畢,又到正義路某店吃可可。聯大亦竟無廿四史! 今日蔭麟竟將所中新購之《宋史》借去! 此事經顧剛預允,本無法拒絕。但公家書由私人借出,殊所未合,當商議一法限制之! 接玉瓔信一封。

三日,終日翻閱《續通鑑》之宋亡史。雲卿自重慶來,一兩天即往上海,將護照托彼帶往。晚春舫及子固來。子固、爾玉、海帆、燧初明日在新雅請雲卿,約余作陪。

四日,續閱《續通鑑》之宋亡史。下午建功來。晚在新雅吃飯,除雲卿外,尚有漢良、爲濤、蔡無忌等。接令鐸及桂雲信各一

①編者注:原稿此處五六字殘闕。
②編者注:原稿此處三四字殘闕。

封,文青信一封。

五日,午餐後,從吾來,約同游海源寺。因省志館在彼所,前日已與國瑜約定矣。乘人力車往,出西門,北行,約十里許。後半路均行"柏堤"上。寺在北山根。省志館在寺右之龍主席別墅中。先到館,晤國瑜及方矔仙先生,方名樹梅,晋寧人,年五十八。聞國瑜言:彼對於鄉邦文獻在滇首屈一指。繼游寺。有宣德癸丑年碑,言寺爲元托歡普化所建。山腰有洞,乃別矔仙先生,同國瑜登觀。高可百公尺以上。洞不小,内石鐘乳甚多,若人者,若白菜者,若冰溜者,形形色色,蔚爲大觀。内有范承勳、許弘勳諸人題字。外一題字,國瑜言,年爲永曆,然審其字,則爲"永寧孫□□",前兩行之第二字,頗似"曆"字,未知確否。從吾言:從來未上過如此高度!其登臨之興,可爲太淺薄矣!下已兩點餘,在露天茶坐,購米粉條各兩碗食之,余又食豌豆凉粉半碗,均國瑜强付錢。茶坐臨海源河發源處。河爲昆明附近六河之一,下游灌田不少。歸至城中,四點已過。王振鐸字天木。來談。彼亦得英款補助,分到中央研究院作研究工作。彼生於資産階級中,尚不爲其階級意識所囿。接安華信一封;雪亞信一封,附有其令弟茂寅所著之《簡單防毒概論》一本;郭伯恭信一封。晚餐後到翠湖一游,月光如晝,游人頗多。

六日,終日讀《續通鑑》之宋亡史。菁齋來談。晚餐後再到翠湖,今日稍有雲,游人較少。

七日,上午達三來談。畢讀宋亡史。接樂夫信一封。晚再到翠湖。今日無雲,游人較昨日多。

八日,上午往訪菁齋,不在,見其夫人,據言彼已往菜市買菜,且彼本意今日來訪，同往訪君亮云云。因稍待。未幾，遂同出南門金碧路訪君亮。菁齋所得住址乃自毅夫夫人：門牌不符，住一西藥房後，而藥房名僅合一字！惟路名及在藥房後不誤！然余輩終尋到！菁齋與君亮雖係近同鄉，互相知名，而尚未識面，故余為之介紹。稍談，君亮約往再春園中午餐。餐畢，別二人，到建功寓。坐至晚，歸。晚餐時，晤潤章，乃今日自河內飛來者。年餘闊別，快談至晚十鐘。潤章交來秉琦信一封。今日報載白劍笙演說，有二事可以注意：一事，為新軍略決定派遣正式軍□分之□到敵人後方作游擊戰或運動戰；一事，為香港來客言：我國法幣，不及二元，即換港幣一元，敵幣則需六七元。前事定確，後事敵幣價未知確否，會當詢之潤章。又白料戰事大約三年可畢，云云。

九日，終日翻閱《續通鑑》之宋開國部分。今日報載我將反攻離石，而我軍却在離石東之交口，大獲勝利，此蓋即新軍略之運用矣！前數日，敵人攻陷大寧、吉縣、鄉寧各處，余頗為河防憂慮。近數日，敵已後退，蓋其企圖又已失敗也。接樂夫信一封，桂璋信一封；樂信內尚轉來建功信一封。樂夫因前在西安包紮古物時，因考古會無款不能購箱，故將不重要之發掘品，散置地上，而考古會又來信催收檢，似彼當日未負責任，故異常憤慨，繼續來兩信以洩其怒。

十日，上午翻閱《沈寐叟年譜》，得一疑竇：余常為外舅箕樵公作家傳，據所聞於季芳者，謂公自霍邱調省後，藩司頗希公賂，遣人示意，公佯不省，以故不遣公回任，使之署理霍山、績溪各瘠缺以苦之。以年考之，似係子培先生居位之日。豈子培先生恃名世之材而細行尚有未檢歟？抑其幕府中有不肖之人出而撞木鐘歟？抑外舅與寐叟學派不同而外舅骯髒，未肯自屈，遂被抑置歟？
會當再詳考之。下午精神不佳，午睡起後，出訪一亨，但未找着居
仁巷！欲訪寅恪而途中適值其外出！遂往訪孟真。未久，潤章亦
來。談論時局，知所謂日本通者，有患恐日病者（如高宗武之主
張絶不能戰）及虛憍自大者（如王芃生之言去年十月日本經濟不
崩潰即輸腦袋）之兩極端。時寅恪已歸，然已十二點半，乃上樓
一見面，約他日談，遂出，到西域樓晚餐，潤章爲東。

　　十一日，上午爲《益世報》寫一星期論文，僅開一頭。下午整
理途中賬目以作報銷。晚與潤章談所中事。接雲南民族學研究
會信一封，言本月廿一日下午二時將在雲大至公堂開會。今日下
午頡剛來借電報本子，問後知彼丁外艱。

　　十二日，陰。微雨。下午漸止。街上有泥。全日作工作日記
及整理賬目。耽誤午餐，往服務社去吃。在城固時，命樂夫寫一
略賬，彼委之桂璋，但桂璋本領亦不佳，故三賬數目參差，致費心
思。直至晚十點，始有頭緒，然亦不過有頭緒而已！院中送來美
庚款會催報銷信兩紙。

　　十三日，時陰時晴。上午將本所財政狀況寫一概略。吳文藻
來談。下午往訪森玉，並見子植，彼新從上海來，往重慶過此。又
見北平圖書館中萬、范、鄧諸君。森玉一定要請我們吃飯，止好隨
之到小有天。後到兒童書局，購得《兩千年中日關係發展史》第
一册，歸略加翻閲。收到籽原寄來漢畫拓片四張。

　　十四日，夜中聞雨聲，今日時雨時止。上午繼續翻閲《發展
史》，畢之。書考證尚有獨到處不少。下午牛若望來信催星期論
文。乃竭下午及晚力畢之。題曰《我的兩個建議》。畢時九點

半。下午春舫來談。

十五日，今日時晴時陰。上午未出，僅在寓中看報而已。今日《益世報》有一專電，言石友三軍隊已抵□□（大約係察省一地），傅作義已返綏遠，均積極擾亂後方。此信若確，當係一好消息，因今日保衛寧夏、蘭州，當戰於察、綏境內也。下午子植來，孟真來。同出訪賓四，彼於今早往宜良。晤錫予、從吾、子水等。同從吾談至晚，始歸。接牛若望一封，獅醒信一封，潤章交來玄伯信一封。

十六日，晴。早餐後與潤章談所中經費情形。返寫獅醒信一封，復院函請其復中華教育委員會，述明補助費項下工作情形及所擬餘款用途。午餐後，同潤章談嚴與經、張、劉不合情形，請其注意，以免增加誤會。四點餘建功來談，並交回所刻所中圖書石章。

十七日，上午讀《漢書》。下午寫給文青信一封。接到逸光信一封。益世報館送來稿費二十元，交原人帶回，請其合上次稿費全捐作寒衣費。下午六點，一亨在共和春請客，在坐者有海帆、潤章、從吾、春舫、羅隆基、蔡無忌及一曾坐江山縣長一十二年之□君①。讀《益世晚報》，知我軍於十四日連克夏縣、聞喜，殲敵逾一聯隊。夾馬口、吳王渡之敵後路已斷，向東潰退。似此，則汾南敵渡河企圖，又被粉碎矣！

十八日，因昨晚喝兩杯濃茶，終夜睡不佳。讀《漢書》。到商務書館，購《十駕齋養新錄》一部，《後漢書補注》一部，《先秦諸子

_____

①編者注：原於"君"前空闕約一字。

繫年》一部。下午翻閱《諸子繫年》。晚頡剛來談本所將來預算及計畫事。寫中舒信一封，樂夫信寫尚未完。

十九日，因今日上午十點，潤章約余及頡剛商議所中事，故頡剛九點即來，先商議一大概。十點同往。決定者，爲本所經費每月八百元。續聘人員亦大致決定。下午仲良來談。翻閱《諸子繫年》。晚潤章在院中請客，余因數次赴宴席後，必多飲茶，多飲茶則睡眠必不佳，故吃過飯，始往陪客。本院外有洪波、頡剛，院外熟人只有孟和、無忌。餘雖記其姓爲胡、李、潘、常等，但號均不記憶。接到益世報館送來寒衣捐九十三元二毛收條。

二十日，潤章約下午四點半鐘再同頡剛到院商本所事。將樂夫信寫大致已完。下午到院再商。潤章不願因一二人增加薪水，牽動全局，且希望人愈少用愈好，故對昨日議定案件，又有修正。接昆明文協分會信一封，言明日午後五時半，假省黨部俱樂部開第二屆全體理事會，請到會參加。請西山用所中名義，草一信，復郭伯恭。近數日敵人似已配備妥當，將開始進攻。今日據報載，則敵攻京山頗急，花縣亦在進攻。我軍急攻河津及臨汾。前日報載敵在廣東增加四師團，未知確否。如確，則敵重力當在廣東矣。接到適之所著 *Japan's War in China*。

二十一日，將樂夫信再續完發出。又寫教育部長信一封，璧還聘書。商務印書館信一封。請其將《叢書集成》後半部寄昆明。平家信一封。後二信未發出。五點後赴文協分會開會，在彼間聚餐。散會時已九點。今日接玉瓖一片，益世報館一請帖，請明日晚餐。敵人兼攻天門。我軍對侯馬取大包圍式。

二十二日，翻閱適之所著之 *Japan's War in China*。早餐後往

訪森玉,未見,晤子植,言明日即行。午間國瑜來談。想到西域樓
吃麵飯,坐已滿。乃到小有天午①餐。返寓。兩點到雲大,開雲
南民族學研究會成立會。同彥堂出,遇子植,同到中研院辦公處,
晤禹銘、孟真諸人。見禹銘在大理附近所搜集之石器、陶器多件。
又同彥堂、子植,出到本院辦公處,想打一電話給益世報館道謝,
但彼無電話,遂止。同到西域樓,無坐,乃坐車到再春園,晚餐,人
甚擁擠,彥堂爲東。步行進城,同到森玉寓談,歸時,已十點半矣。
再托彥堂給中舒信,談文青工作地址事,但歸時接中舒信,言事已
允許。

二十三日,早餐後,到中研院辦公處找彥堂,將中舒來信示
之。並遇寅恪。歸,同西山出雇人力車,到浪口村訪頡剛。除頡
剛夫婦外,又晤蔡玄彭夫婦,及宓賢璋之夫人,至宓則昨日進城未
回。看房子兩三處,均不甚夠住。鄉間梅花正開。三點後,步行
歸。途中遇宓君,立談片時。進城時,已六點餘。晚餐後,頗疲
乏,九點即寢。接中研院聘書一封,並轉頡剛聘書一封,係繼聘余
等爲通信研究員者。鄉間密蜂甚多,蜂密價不過兩三角錢一斤。
蜂均穿穴入墙。始以爲在室內養,繼知非是,但尚未知如何養。

二十四日,上午讀《漢書》。達三來,贈余以旅行貴州者之照
片十餘張。下午,因昨日寅恪擬借羅香林之《大唐創業起居注校
記》,而是文在《史學集刊》第二期中,乃在院中所存出版刊物中
檢出送往,但彼已出門,未遇,將雜志留下。歸時禹銘在西山室內
談,乃同談。後同出到小有天晚餐,西山爲東。晚仍稍翻《漢書》

----

①編者注:“午”,原誤作“早”。

而已。據禹銘言：大理、洱原、鶴慶各縣夷民名"民家"，無文字，語言與漢語相同者不少。人種與漢種頗相近。相傳即從前之烏蠻。段氏仍爲巨族。楊姓亦極多。孟、蒙、高等未聞。麗江土人名"那西"，即所稱之摩些。習漢化，在外在官者不少。學校亦甚發達。婦女頗美，且孔武有力：負百餘斤之木材，日行八十里，入市賣，以爲常。大理山間有平原，曰花甸坝，長一二百里，寬一里至三五里不等，尚荒蕪。相傳爲土人原居地。接教育通訊周刊社信一封。後係陳禮江署名，乃徵求稿件者。但信乃係去年十月廿五日所發，轉教育部，轉城固，始至此。又接華縣咸林中學、少華女學信一封，乃因前數年余曾捐十元，寄來收條。

二十五日，終日讀《漢書》。上午羅倬漢來談。晚報言我敵在北海有炮戰。聞人言秉琦已於二十一日過港赴海防，大約不久可到。

二十六日，昨日晚報北海炮戰之説未證實。仍讀《漢書》，並參讀《後漢書》之《律曆志》。下午將所中之書，鈐蓋印章。晚餐後仍繼續，完其一半。接石頭信一封。將午三輔及林寶洛大夫過寓，立談片時。接院中聘書及所中各同人聘書。交西山請其分寄或留交。

二十七日，仍繼續鈐蓋印章。過午，將余室中書印畢，又將印交西山，請其加蓋。上午三輔來談。言廣西將公路澈底破壞，且限敵人來時，平地三十里内居民全退去，山地二十里内全退去，故敵人欲攻南寧，頗不容易。彼意敵人在瀾洲島，建大飛機場，或將企圖以飛機控制西南交通綫。又言敵人用燒夷彈，將桂林周圍完全點着，出入不易，故損失甚大。最厲害一次，共有四十五處火頭！然因彼處有天然之防空洞，且警報甚捷，故數次人民損傷者，僅百餘人。但餘者現均無工可作。又言其老母於家鄉（鄂城）失陷時，隨其二兄出逃，但現在下落不明，殊可慘傷，云云。將午文協一會員來，請余作文。余却忘其姓名。下午海帆來稍談。晚余請餃子團諸友吃餃子。因今日爲廢曆臘八節，團中並備臘八粥。餐後到翠湖一游，月雖仍在下弦，但頗明也。接通俗讀物編刊社寄來新出版之《四勸》一本，諸社員來報告社務信一封。據報西班牙之 Barcelona 已因叛軍壓迫退出。

二十八日，早餐後到世界書局購圖畫兩套，備贈乃、至之用。到金城銀行，將薪金零數二十一元九角五分取出，整數千元存入儲蓄櫃。往金城時，以爲在金馬碧鷄坊東，走頗遠，問巡警，始知在西，乃返，遇咨禹。出到建功寓，只有小孩在家。待少時，碧書購米歸。在彼間午餐。餐半，建功返。餐後未久，從吾亦來。談至旁晚，同出到巫家壩一帶小游。又歸晚餐。九點許乃乘車歸。西山來，以蔡玄彭致顧剛之片相示，言黑龍潭之壯丁已畢業退去，請早與市政府接洽搬往。西山談少時，已將十一點，乃急籌備就寢，亦未作八段錦。就寢時，十一點半已過。

二十九日，眠不佳。早餐後，與潤章一談黑龍潭房子事，請其知會市政府，彼仍函范秉哲，請其代知。出到建功寓，問其是否能同往黑龍潭。彼願往，余因碧書尚需時，乃往購手杖。返則建有同鄉劉、郭二君正在室内談。後淮西夫婦亦來。稍後，時已十一點半。乃出。郭君擬同游，乃先到二二消費合作社午餐。畢已十二點半。坐車往。到，顧太太在黑龍潭門前，惟顧剛則往機器場訪友。游廟。壯丁果已去。但移來則尚需一番大掃除。時已四點，頡剛前數日所言魯索坡之新房，已不能往觀。幸頡剛歸，立談數句。頡言有西南運輸處，亦覬覦此房，須早日多人搬來，始佳。歸入城時，日落。秉琦今日到。晚談所中事，及都中事。寢時，已將十二點。接長兄、二兄信一封，平家信一封。

三十日，眠較佳，但醒早。早餐時，見頡剛昨日托蔡玄彭帶來信。係致潤章及余者，信如昨談意。以示潤章，遂同出訪秉哲，不遇。歸，將書籍、器具雇人挑去。西山先去。兩點餘，再到慈群醫院，見秉哲，托其早日轉達市長，彼允今日往談。淮西來訪，未遇。並尋牙醫生收拾牙托。歸，寫平家信一封。晚潤章宴杭立武，余爲陪，仍晚餐後始往。在坐者有正之、孟真、洪波、慕光。所請有頡剛而未來。坐中談鋒最健者，爲孟真、正之。孟真雖怕共產黨而尚識輕重，正之對於共黨尚有相當諒解。散後，與潤章、慕光商議黑龍潭房子事，頗久。決定手續未完成以前（秉哲上次傳翟市長言，不需要別種手續，今晚來言，房子絕無問題，但需要再去公文，並敘明無學生，不致損壞房子。彼即呈省政府候批下，即可照撥），暫不掛牌子，暫不去人。西山先回，留一勤務看東西。余明日往黑龍潭一次，將詳情告訴頡剛。歸，寢時又將十二點。

卅一日，眠尚佳。坐人力車到黑龍潭，另雇一車爲西山回時之用。先到廟中。後同西山到浪口村，始知頡剛前日自潭歸時，跌一脚，脛骨出枸。現雖對好而不能走路。在彼寓午餐。後同顧太太到魯索坡看房子，房尚未完功。歸黑水神祠，細看廟中房子。三點餘歸。到寓後，事務課不肯付車錢，余甚氣，親往質之，則彼等均已出。只好先付。明日當與之質於潤章。餐後到翠湖一轉。今日《雲南日報》載敵自雷州半島西之安鋪登陸，餘報未載，未知確否。接玉瓖信一封。

二　月

一日，廣西桂林行營對於敵自安鋪登陸消息，正式否認。上午三輔來談。一文協會員來談，其姓余已忘之。下午到商務印書館，購《容齋隨筆》《詩品》《東西洋考》《陶説》《西漢紀要》各一部。到建功家，談至晚，在彼寓晚餐。餐後看郭君所帶之歐洲各國照片。歸九點半。接通俗社寄來《抗到底》一本，《中蘇文化》一本，内均有一文，以余名發表，大約係澤民手筆。

二日，全日翻閲《容齋隨筆》。上午秉琦談冀中政府事頗詳。下午惟一自迤西歸，談。晚同西山、秉琦到翠湖一轉，月光如晝。寢時十二點。

三日，因睡晚，眠不佳。早餐後，坐車往慈群醫院，至則牙醫生告假，遂廢然而出。到金碧公園。步行歸，途中遇壽彝。彼於上月二十八日到。遂來寓談。下午，翻閲《東西洋考》。秉琦來談。海帆來談。晚餐後，同秉琦出到雲大，聽——或者可以説看——"義勇軍的母親"趙老太太講演。因爲我們的目的，是瞻仰她的丰采，所以聽幾句後，即出。到翠湖，月明正圓，故更明。返九點半。上午森玉來訪，未遇。

四日，眠較佳。早陰，後漸晴。再到慈群醫院，則牙醫生尚病，未能修理。約以彼將修理好後，用電話來通知。到建功寓。初意談一點鐘即返，然談遂忘時，及視錶，則已十二點餘！遂仍在彼處午餐。餐後歸，稍休息。起，欲爲《邊疆》寫一短文，未成。

秉琦來問勤務到黑龍潭飯錢事。晚餐後，同秉琦到翠湖一游。返，秉琦再來談彼家事。惟一來談。寢時已十二點。

五日，終日有雲。早餐往訪從吾，則已往宜良。歸，天木來談。下午達三、春舫來談。建功來，言家人來游翠湖，視余能去否，見室內有客，即去。六點許，李、劉去後，余往翠湖，至海心亭，則建全家及郭君均在。談及昨晚月光之佳，因今晚尚可有月光，遂邀諸人到西域樓晚餐，餐後再到翠湖賞月。月光甚佳，但八點後，漸爲浮雲所蔽，遂出。余上午購《書的故事》《錶》《文件》各一本，擬贈乃讀。前二本余前閱過，知其甚佳，因後一書，在同一印刷中，意其亦佳，故亦購來。午間翻閱，知相差頗遠，乃止以前二本贈之。歸後，勉仲來談。

六日，仍有雲。據報載，犯中條山之敵，似已完全失利，即將退去。上午翻閱上月十六日至二十五日之《大公報》。天木來談，壽彝來談。接壽彝從在宥處交來鴻庵致余及頡剛信一封。去年十月十九日發，視郵□①，則本年一月卅一日始達昆明！郵件遲延，遂致如斯！下午寫通俗社各同人信一封，平家信一封。晚餐後，到正義路買韤子一對，到翠湖一轉，時月已東升。

七日，今日據報載：晉南敵似將增援再戰。西班牙政府軍或將瓦解。英方將以投資方法誘佛郎哥捨意歸己。往修牙，畢，索三十元，與之二十元。歸，翻閱《容齋隨筆》。下午何鵬毓來談。何字耀南，南陽城內人，北大學生。據言在北平及南陽均曾見余，然余不甚記憶，惟其面孔尚熟。余從別處聞其人尚勤學，有志著

①編者注：原於"郵"後空闕約一字。

述。慕光來談。將昨寫二信發出。給清甫寫信，尚未完。晚稍閱書，秉琦來談。寢時十二點已過。《益世報》載敵人於近日在山東，攻陷數十縣，殊爲可慮。蓋山東游擊隊素欠聯絡，少政治工作，爲人民所不喜，余素聞之。如此，則恐須有多時之混亂。近日人多注意西北、西南之戰事，實在敵人積極進攻，並不足畏，掃蕩後方，乃更毒辣。然新秩序發生於混亂中，只要多數青年努力，敵人終無奈我何也！

八日，近日每日有雲，豈此爲昆明春日之特殊天氣乎？此後非有他變化，不復記。完寫清甫信。開始與玄伯信，未完。餘時閱《容齋隨筆》而已。

九日，多雲，時有風。晨微雨數點，晚落一小陣。上午續寫玄伯信，仍未完。下午仲良來談。去後，休息，遂幾至五點。起後不過閱《容齋隨筆》而已，晚仍續閱。晚餐時，從吾來，未遇，留一請帖，係十八日正午，在宜良之岩泉上寺。在帖面留字，言可十六日同往，廿一日回。並言同鄉劉金寶同來。

十日，晴。上下午續寫玄伯信，仍未完。上午，沙國珍來談。沙字儒誠，此間回教徒之一領袖，爲愛資哈爾大學中國學生部部長，並在開羅美國所立大學中研究教育。不久仍將往埃及，現將赴重慶，頗願余爲寫介紹信數封云云。下午碧書來，轉來子祥信一封。晚閱《容齋隨筆》。

十一日，晴。晚餐歸時，見北方黑雲頗普遍，九點許，遂大雷雨。始立春即鳴雷，可謂異事。然此地近日雲均如春夏之交，氣候頗似北平季春，則鳴雷或亦非異。當問本地人，始可知之。全日不過閱《容齋隨筆》。五點出訪從吾，未遇。頗思理髮，而店中人頗擁擠，遂不入。街中遇建功全家及郭君，又遇一亨，在商務印書館遇子水。接獅醒信一封，請一證明書，以使在教育部登記。即時寫成，但尚未發。當余出時，從吾及錫予來，乃兩相左！從吾留字而去。接教育部信一封，乃因余交還聘書，允予注銷職務者。報載敵昨早由海南島登陸。

十二日，訪從吾，不遇。見錫予、元胎。出，遇國瑜，問以鳴雷事，據言此間立春後鳴雷，即不為異。訪寅恪，在坐遇叔雅。同出到金碧路金碧加非館午餐。寅恪為東。出到建功寓。碧書接季芳信，言其三姑於一月三日到北平。建功接汝鏞信，言在重慶。但彼母子尚未互知行踪也。

十三日，再訪從吾，仍不遇。返崔皋九來談。繼寫玄伯信仍未完。發獅醒信。下午接文青信一封，內附荊三林信一封，漢畫研究計畫書一份，工作綱要一份，上古朔閏表一份，評金文曆朔疏證一份，又附與彥堂信一紙。上次所來文藝協會會員來，外有一人，彼所介紹之姓名，余未聽清。彼等約本晚到海棠春，陪陶行知，因晚不敢在外邊吃飯，辭之。晚餐後，往訪叔雅。歸，對於戰事前途有所推測。

十四日，陰，時微雨。有雷。早餐後，出尋報國寺郵局，未見而歸。續寫玄伯信，未完。下午從吾來談。同出，到中華書局、商務印書館一轉。余僅購得《中國社會經濟史集刊》一本。同出南門，到一回回小館，晚餐。此館以壯雞著名。從吾為東。發平家信一封。森玉來訪未遇。

十五日，陰。後雨雹。叔雅來信言有要事，請即往。俟雨止往，則絕無何事，僅欲請余及寅恪吃飯，而寅恪又因病不能來，乃同出到金碧咖啡館午餐。遇浮筠（新自貴陽來）。歸，到世界書局，購溫度表一，《西南邊疆》一本。歸後翻閱。稍眠。醒後接頡剛來信一紙，言黑龍潭房子，如不速決定，恐將有捷足者先登，請速設法。因與海帆、慕光談。決定海帆往訪范秉哲，問其究竟，並告以本院願出租金之意。並決定余明日到黑龍潭，見玄彭及頡剛，詢其究何所見聞。後天余再同慕光往，分配房屋用途，即將移往。又訪從吾將告以未能如期往宜良之意，未遇。見錫予，稍談，並請轉告。晚餐後，往訪海帆，將詢其究竟。數轉詢問，始知其住城外，乃雇車往。彼未在家，因稍待，後大雨傾盆，未幾止。歸。去時還時，均明星滿天！秉琦來談。寢時，已過十二點，未及作八段錦。

十六日，晴。往黑龍潭，訪玄彭，彼未到所。到廟中一巡視。出到浪口村，晤頡剛，聞亦無他説，不過恐有變動而已。到蔡家，見蔡夫人，玄彭進城未遇。在頡剛寓午餐後，往龍頭村，訪彥堂，見後，彼亦將入城，乃同出，叫人力車先回，余則同彥堂搭聯大之汽車歸。待車時，晤璋如等。進城後，同彥堂到圓通公園飲茶。彥堂爲東。借彥堂《曆法通志》一本。歸一翻閱。晚餐時，潤章已自迤西歸。餐後與談黑龍潭房子事，彼堅主得市政府復書前，未能移往。與之辯頗久，氣不能平。今晚洗衣婦人，亦頗可惡，令人氣殺。終晚氣未能平。仍未作八段錦。

十七日，再與潤章談，告以運往黑龍潭之書籍，如房子問題有變化，可運別處，但絕不往城內運；城內任何房子，也絕不要；如將來基本書籍問題無變化，吾於兩月後，即離本院，萬不在此尸位素餐。十點餘，同慕光雇車再到黑龍潭。因至時已過午，乃先到浪口村。見頡剛、玄彭。在頡剛寓午餐。稍談。即返黑龍潭。將房子巡視一周。慕光意物理研究室擬設在西樓下。玄彭言，東樓下層，當爲廟中保留，上層可用。出到農林植物研究所稍坐。上午天晴，下午陰頗甚，恐天雨，乃早歸。晚八點許，本市作防空練習。

十八日，往訪森玉。遇守和。歸，彥堂來談。並將其所著《研究殷代年曆之基本問題》之稿本送來看。下午睡起後，因明日爲陰曆元旦，情緒甚無聊賴。餃子團約吃餃子，然因過年有小孩，始稍熱鬧有趣，乃出城訪建功，在彼寓晚餐。歸九點餘。過金馬碧雞牌樓時，路旁坐苦人一大列，意爲難民，殊堪憫嘆。寢時，十一點已過，仍未作八段錦。

十九日，忽晴忽雨。再到建功寓。遇森玉。又有郭君郭君名可大，字樂生。及其弟學航空者，及同鄉二人。談及海軍腐敗多端，令人痛心。午餐後，雨，後晴。同森玉及建功家人到田中一轉。森雖稍跛，然已可離拐。歸，五點。接汝鏞信一封。將往晚餐，路遇叔雅，拉往西域樓，則人極擁擠。只好返叔雅寓稍談，及八點往，則言材料已賣完！然是時顧客尚有數起，強之始能找出一部分東西吃。歸九點。今日便血發頗重。寢十一點。未作八段錦。

二十日，時微雨。完寫玄伯信。下午菁齋夫婦來談。彥堂來談。晚西山因過年未得吃餃子，必欲補吃，乃拉余及秉琦同往西域樓吃。歸復尚文汝鏞改名。信一封。

二十一日，晴，有雲。上午，翻閱上月底及本月初之《大公報》。到外面欲買信封，而鋪子仍未開門。下午，因無書可讀，借西山所借之《小方壺齋輿地叢鈔》一觀。讀《康輶紀行》。叔雅約往其寓閑談。同至西域樓晚餐，叔雅爲東。歸，畢讀《紀行》。時十點半。寢時將十二點。

二十二日，晴，較暖。室內十四五度。早餐同西山到翠湖一轉。新葉肥大者已不少，鳥語啁啾，春氣彌滿矣。歸。從吾來談。翻閱《小方壺齋》內之《綏靖西藏記》。下午彥堂來談。以其所書之對聯見贈。對文爲"后羿一弓足射日，楚人三戶亦亡秦"，其所新撰。彼去後，出理髮。理髮館中人甚擁擠，俟之多時，幸預知帶書一本可讀，不甚焦急。召亭請在金碧晚餐。在坐者，爲海帆、慕光、潤章，外有一江君、范君。召亭言夢麐自重慶返，言彼間大家頗樂觀，因知敵人受過訓練之兵不過三百萬，本意以百萬對中國，二百萬對俄。現在中國已用到百伍十萬，而尚無法解決。欲再進攻，必須再加五十萬，而百萬對俄，太感不敷。故敵人無進攻能力云云。此種計算，大致近是。步行歸，九點半。翻閱《清季兵爲將有的起源》一文。寢時仍十一點已過。

二十三日，早餐後，再到翠湖一轉。終日精神困倦，不能嚴正工作。翻閱《奉使俄羅斯日記》。將彥堂所贈聯及籽原所贈漢畫送鋪子令裱。下午昨日所見之范君，因明日即將赴法留學，范係學數學者。來辭行。潤章言："今日見龔廳長，問以黑龍潭房子事，彼言即可前往，然則已不妨遷往；但須知會范秉哲一聲，余十六日往渝，明日無暇，請君明早前往一次。"晚與秉琦、西山談，不覺至將十一點。寢時約十二點。接文協分會函，約明日上午九點開會。

二十四日，昨夜眠不安適。九點到慈群醫院，范大夫未到。坐待之頃，遇牙醫袁君，問余牙現狀若何，余答稍活動，彼答因尚未錊上，今日即可錊上矣，因往錊。出晤秉哲，告之故，彼言或可再等一二日，今日市長即在彼寓吃飯，即當問其究竟。因約明日

再來取回話。出到建功寓稍坐。聞森玉或已起身赴黔。歸，午餐
後稍眠。起，文協三團員來談，余均忘其姓。彼等約余到文協分
會，於下星期六下午三時半講話，允之。題目俟一二日後定。彼
等去後，精神仍不能聚，乃出訪達三、從吾，皆不遇。往森玉寓問，
果已啟行。途中遇穎孫，立談數語。歸，林□□①來談。守和來
談。彼擬出圖書館及本院合作辦法數條，囑與潤章一談。晚餐
時，與潤章談。潤章原則贊成，但內有數項，尚須更問清楚。又談
房子，及余往安南、河內各事。又子臧有與潤章及余信，對於彼之
減薪事，有所抗議。前日叔雅請余與守和約期同往訪，後竟全忘！
今日過圖書館辦事處門，始憶此事，但忘與何人有約！苦思不得！
數鐘後，與守和談，始憶及爲叔雅命！余之健忘如是，其亦苦矣！

　　二十五日，近二三日，天氣變暖。今日室內至十六七度。早
餐後步行出城，已樂就陰凉地行。將玄伯信發出。到慈群，晤李、
范二大夫。范言，昨日市長臨時未至，故無復音，然亦可往云云。
出訪守和，未遇，雇車至其辦公處，仍未遇，留一片。遇子水，同到
聯大宿舍，訪從吾，談。又晤錫予、賓四。將同出午餐，遇建功，遂
邀同往。時子水已去。到小有天，人多無坐；至津津，尚未開；乃至新
雅。時人尚少，稍待始有飯吃，則人已滿矣。仍從吾爲東。餐後，
聞建功言東嶽廟有廟會，乃同姚、錢、魏往。廟已改成工廠，神像
全無，而鄉人仍循舊例，在廟後哭臨，獻紙錢。紙上書明"奉化"
人名，及冥間收資人名。哭甚慘凄，然亦有不哭者。到狀元樓外。
聞北邊操場內有村人因過年而打鞦韆爲戲者，但現已無有。到建

――――――――――

①編者注：原於"林"後空闕二字。

功寓休息，仍步行歸。從從吾處借得《漢書補注》各志。讀《禮樂志》未完。

二十六日，早餐後，同西山、秉琦往游大觀樓。從篆塘以船往。至遇王育伊。王亦所中名譽編輯，然余不識，蘇、張言如此。因上次見園外稍遠有廟，此次擬往探，至前，阻水未能過。今日村人結婚者頗衆。余等見門外置"天地桌"，兼花轎已到，遂欲觀禮，然新人至，即入一船中；而外邊風頗大，村人又將桌移入院内。余等久候，新人不出船，乃又返園，至聚漁村，午餐，育伊爲東。餐後，又到園内稍玩，即又乘船歸。歸時，往游者如鯽矣。入城，從故攤上購永曆錢一，"曆"下從目作"曆"。興朝錢二。"興朝"爲孫可望年號，亦育伊言，余未憶。即此三錢，育伊前數日已見之，擬購，因主人未在而止。歸後，眠。起，略觀《禮樂志》，外商議移黑龍潭雜事而已。

二十七日，畢讀《禮樂志》，始讀《郊祀志》。午餐時，院中接到一信，信紙爲軍政部學兵幹部訓練班，來信借黑龍潭房子。午睡後，往與慕光商議辦法。疑彼等已與市政府交涉，而市政府向本院推，乃決定答應一部分，但須向市政府報告。正談間，彼方有劉君來，余與慕光、雨樓接見。談次，知彼與市政府並未接洽好，余等告以本院不反對，但無權出借，須告市政府。彼去後，遂與慕光同到市政府見瞿市長，與之言，彼答不能出借。歸，即備公函，並請雨樓送往，告知一切。晚餐後，遲習儒來問星期六之講演題目，及鐘點，題目定爲"文藝的平民性"，鐘點定下午三點半。遲君滄縣人，來數次，此次始知其姓名。又問知前日同來者，一爲馮素陶，負責編輯《戰時知識》，東川人。一爲楊亞寧。《雲南日報》記者，劍川人。

另一屢來訪之瘦小青年，爲沈沉。雲南人，未悉何縣，在審計處服務。去後，再讀《郊祀志》兩葉。

二十八日，同爾玉、雨樓往黑龍潭，坐人力車往。每車來回三元，比年内約貴一元。園内戲臺前有賣茶飯棚三。余等遂午餐。餐後，爾玉往訪郝景盛，余與雨樓同上，觀工程所宜。看守人不在，殊屬可惡。下至黑龍宮，見景盛。問玄彭，則未至。入稍坐，又與爾玉、景盛同上，逛畢，下，飲茶。歸途中，始見看守人，嚴屬申斥。入城，五點始過。洪波病，入慈群醫院。晚，續讀《郊祀志》。

三　月

一日，續讀《郊祀志》，畢之。續讀《食貨志》。將午，頡剛來。頡傷足，今始愈，但尚無力。又約余及秉琦、西山午餐。到雲南服務社、小有天、中華飯店、津津，有無坐者，有未開者。後乃至□□□①。途中遇穎孫，約同餐。晚餐後，頡剛與育伊及一鄭君來。後建功來。

二日，畢讀《食貨志》。到中華書局購《賈子新書》《新語》《鹽鐵論》《申鑒》《淮南子》《呂氏春秋》各書。下午到建功寓。去時，見西山處有援庵所著之《湯若望及木陳忞》一文，遂借讀。途中畢之。在建寓晚餐。今日秉琦又病。近日病者頗多，當特別小心也。接玉瓔信片一，季黻寄來救國通告一紙。

三日，全日對於明日講演構思，未大看書。上午曾到翠湖一

---

①編者注：原於"至"後空闕約三字。

轉。將午,穎孫來,又約惟一同談。又同出到西域樓午餐。余爲東。出時,寅恪來訪,未晤。下午叔雅來談。將晚到關岳廟前一轉,購得興朝錢一,冪有一工字。晚與秉琦談。聞高陽又失陷,漢奸方在到處搜括!

　　四日,上午再到翠湖一轉。繼往商務印書館,見人甚多,余未購物。到五華山舊書鋪,購《琵琶記》《長生殿》各一部。下午將午睡,頡剛同楊成志來。楊爲中山大學教授,係研究民族學者。繼阿旺堅贊同其夫人及意課長來,楊先去。阿氏將返西藏,希望其歸後對於中、藏親善,有所貢獻。余與頡剛擬明日午刻在海棠春與之餞行。彼等去後稍眠。起,遲習儒來言已來過,因余午睡未人。遂同往省教育會,聽講者約四五十人。晚餐,則爲同桌吃飯諸君,因余等下星期一將往黑龍潭,乃爲余等餞行。餐後,歸寓,讀前月十幾之《大公報》。

　　五日,上午壽彝來談,言沙儒誠來函,言希望余爲彼向詠霓寫一介紹信,允今日寫,請彼明日來取。中午同西山往海棠春。到時,別人尚未到。所請客除阿夫婦、意科長意名意希博真,字彬如,爲清西藏辦事大臣裕剛之女,本蒙古人,其母爲西藏人。外,有楊成志、聞在宥、吳文藻及西山。文藻未到。余請阿找出一本西藏人自寫之歷史,帶來,余等可請人譯成漢文①,則與中藏關係推進上利益甚大。彼言北平有一本,或可設法帶來。餐後,成志將爲大家拍照,因同到民衆教育館,彼間花木頗盛。拍畢,余與在宥、頡剛又到阿寓稍坐,見意之太夫人。阿出示西藏現行幣,因贈每人大銀幣一枚,小

---

①编者注:“文”,原誤作“人”。

銀幣一枚,銅幣一枚。銅幣大小略如内地銅元大小。十五值小銀幣一。小銀幣與大銀幣大小幾相等,但甚薄。二小值一大。出,同到民權街□□書店①,購船山《經史論八種》一部。又到華山西路、武成路拐角處之茶館飲茶。今日下午,國瑜請在彼家中晚餐,遂同往。在坐者,除余等三人外,有寅恪、士能、莘田、膺中,及其他各位。歸時,八點餘。寢時十一點,未作八段錦。接石頭信一封。

六日,夜睡不佳。上午爲沙儒誠寫詠霓信一封。今日本擬往黑龍潭搬家,因尚有瑣事未完,移至明天。下午將送裱之漢畫及對取回。晚同院中同人出燈謎若干,懸掛於黃公東街門口,打的人尚未少,揭去者十數條。

七日,收拾行李,與劉雨樓談應籌備各事。將銀行存摺交諮禹,請其設法寄北平家中五百元。聞現每次寄,最大數僅能到百元,故只好陸續寄。然終將算飯賬事忘却。動身時,十一點。到後,在潭旁亭內午餐,時兩點半。傢俱由庶務課張君押來,未幾即到。布置一切。晚餐前,到外面廟西稍作一轉。餐後,請方丈來寓一談。方丈段姓,昆明人,頗老實。九點餘,即寢。

八日,早起時曾獨上廟後最近山頂。此小山完全爲墓所占。最上有雍正中廣東巡撫楊文斌之墓。山腰有小塔,曰定風塔。今早溫度僅八九度! 城内每早總不在十三四度下也。早餐後同西山到浪口村,晤頡剛夫婦。訪玄彭,不遇。西山往龍頭村,余獨歸,到農林植物所,見玄彭夫婦。督率聽差將樓上打掃。下午玄

---

①編者注:原於"書店"前空闕約二字。

彭夫婦來。頡剛夫婦五點鐘來。餘時打箱整理書籍。讀《續通鑑》元亡部分。

九日，仍續讀《續通鑑》。親督聽差打掃樓上及掃院子之一部分。總辦事處之甄君來，帶工人安玻璃。今早天微陰，溫度爲十一二度。今日西山進城帶來近三日之《益世報》。我軍已退出鍾祥。露透社稱兩邊死傷均有六七千人。比例爲一比一，自開戰以來，初次有此紀錄云云。

十日，早起，獨到廟後東邊龍雲岳丈之墳上一轉。墳尚未完工，然局面頗大。觀石坊上對文，似此李公之可稱述者，除其爲龍氏之岳丈外，並不甚多也！仍督工友掃除，時親下手，因彼工作聊草已甚，須親示之準的也。下午壽彝來，帶來一考查計畫，希望補助旅費及工作費，允爲考慮。天木及崇武來。餘時讀《續通鑑》。晚餐後，同西山到廟西小山坡上一轉。歸時，遇景盛自城內來。問前日爾玉代建設廳約他所作之事情成否，答言名義不小，但薪金僅百二十元，彼有一妻，二小孩，不敷費用。然則彼亦頗有習氣矣！今早溫度仍在十度下。

十一日，終日續讀《續通鑑》。有陳君將李西屏命，言將於本月二十五六七日辦喪事，借用廚房及客廳，允之。下午學生幹部訓練班之劉君携一另外軍官，來廟。據劉言，彼已與市政府接洽妥協云云。彼等去後，寫一信告慕光，請其轉告市政府並請其設法保存院中所擬用之一部分。派管士齊進城。

十二日，仍續讀《續通鑑》，畢之。並翻閱《明史紀事本末》靖難部分。上午頡剛來。下午學生幹部訓練班搬來。管士齊自城內返，接到近二日《益世報》，文協分會信一封，慕光信一封。嚴信言今日或見市長，將與之言，潤章大約今日回滇云云。報載中英協議維持貨幣價格，英借五百萬鎊，中由國家二銀行借五百萬鎊。又言，日軍進攻鄂中，乃欲牽掣兵力，以便利其進攻西北之計畫。如果其揣測不誤，則吾鄉或不易幸免也。晚命人送余及西山之片子與訓練班長官，問其有暇時，即往拜訪，回言，今晚無暇，明早彼來。近二日早，溫度皆在十度上。

十三日，上午檢《漢書·地理志》交趾、九真、日南各條。下午寫大哥、二哥信一封。晚續檢《漢書》。今日天氣頗暖，室內達十八九度。訓練班官長並未來，余亦未往。

十四日，續檢交趾、九真、日南各條，並檢《水經注》鬱水部分。已叙至四會浦，即今廣東四會縣。後又叙日南各處！甚矣，酈道元對南方地理之隔膜也！秉琦搬來。帶來前昨兩日之《益世報》，桂璋來信一封。晚借西山之鄂盧梭所著之《秦代初平南越考》，讀之。後又與秉琦談。睡時已十一點半。

十五日，昨晚睡後有蚊，直至三點餘始睡着！今日將蚊帳支起，或可免蚊之擾亂乎？續讀《初平南越考》，畢之。繼讀西山所借給伯希和所著之《交廣印度兩道考》。秉琦將如四川省母，明日動身，今日進城。寫一信與諧禹，請其付五十元與秉琦，以便還通俗社，然秉琦去時，忘帶此信。管士齊進城送之。

十六日，再讀《暹羅古代史》。頡剛來。管士齊從城內回，帶來潤章信一封，言今日下午四點在本院總辦事處，向各研究員報告全國教育會議經過，希望余及頡剛能到。午餐後，到浪口村，頡剛堅執步行同往。至小東門外，三點五十分。頡剛腿有點痛，遂入茶館飲茶並稍休息。入城坐車，到總辦事處四點半。報告頗

長。大致教育部所提案,統制性均頗大,會議中修改後,較爲緩和
云。又言重慶方面,對於戰局前途,均甚樂觀云云。與頡剛同出,
到會仙樓晚餐,頡剛爲東。讀晚報,知德兵不血刃而亡捷克! 詫
異萬分。德固狂妄,而捷克人民及執政,均如此喪失自信心! 覺
得無人幫助,即無抵抗之可能! 存如此心理,何能配爲獨立民族!
出外購皮鞋、布鞋、襪子各事。仍宿登華街宿舍。與秉琦談。寢
時十二點。

十七日,五點醒。今早本欲回黑龍潭,因欲與潤章一談,乃到
日月新早餐後,往訪潤章,則已外出。遂出訪建功。碧書病,然已
將愈。在彼寓午餐。郭樂生強余寫字,遂寫范文正公《漁家傲》
詞貽之。歸寓,眠。起,到街上購《文摘》及《抗戰文藝》數本。鍾
澤珠來寓,彼新自北平來,因來晚,將友人所介紹之事耽誤。現正
失業,請余設法。余因此間教育界不熟,乃寫一介紹信與勉仲,請
其代設法。到總辦事處,潤章尚未歸。出,遇朝陽,邀之同往西域
樓晚餐,乃朝陽強爲東。歸寓,與秉琦談,又到總辦事處,與潤章
談。寢時,仍將十二點。在城內二日,均未作八段錦。

十八日,仍五點醒。到勸業場一小鋪早餐後,遂雇車歸。中
途讀報及雜志,不覺已至。昨報言德接收捷克國庫現金兩千七百
萬磅(德原有不過六百萬磅)! 今日報載德在其他方面,可能獲
得之一千萬至二千萬磅現金,尚不在內! 獲得最佳之軍械足敷最
近代化軍隊四十師之用! 乃捷有如此之財力與武器而不能用!
甚矣,精神喪失之無法救治也! 餐後眠。後月涵及經農並朱之家
屬同來。微雨一陣。今日接李培炎爲安葬其妻,請柬一封,乃時
爲昨日,已過期矣。歸後知前日已接到。又晚餐後出外,遇景盛,

與談,知彼將就此間林務處處長職,似尚不至如余前日所想之有習氣也。

十九日,陰。早餐後到浪口村,頡剛尚未歸。接翻《暹羅古代史》。下午有中央研究院化學研究所之吳學周、字化予。余柏年、柳大綱字紀如。來訪,係因該所有暫時不用書報數十箱,在城內恐有被轟炸之危險,欲在廟中借一房存於此地,前已與潤章言之,潤章請來訪予。因領他們看房子。寫石頭一信,桂璋一信。

二十日,仍陰。寫平家信一封,畢之。畢翻《暹羅古代史》。下午有吳康字敬軒。夫婦、梁方仲夫婦、梁係中研社會科學研究所副研究員、黃達樞、字翰雲,東莞人,中山大學研究院修業。及王女士亦在中山大學研究院修業。來訪。吳在民十一二年間曾相識。現多年不見,談及尚能憶起。現彼任中山大學文學院院長,兼管研究院事務,因謀與本所謀學術上之聯絡。頡剛亦來。晚寫潤章信一封,請其允許鴻庵在北平研究蒙藏史。寢時已十一點。未作八段錦。

二十一日,晴。今日西山因參考書的緣故,進城,大致須俟一星期後,始能歸。讀《史記》《漢書》朝鮮、南越、閩越、西南夷各傳。

二十二日,讀《後漢書》南蠻、西羌各傳。下午頡剛、彥堂、天木等來談。

二十三日,欲為《益世報》寫一星期論文,檢書查關於捷克斯拉夫事。下午草文,未完。

二十四日,續昨所草文,尚未全完。將晚,頡剛來。

二十五日,早起續完前文,遣楊森進城送文稿,購物,寫一信與西山。下午益世報館派人來取稿,則已送往。又由農林植物研究所勤務交來芝生信一封，係請將縣志稿子拿來以避轟炸者。翻閱《史記》殷、周各本紀。頗覺"蠻夷要服，戎狄荒服"二語有特別意義。周均屬四夷，何以蠻夷列於要服，而戎狄獨列於荒服？且西周都鎬及犬丘，而逼近之戎與狄乃列於荒服，或因蠻夷二方性情剝擾，而戎狄特別強悍，故對於東南兩方，尚可以要服之法治之，而西北兩方，僅能羈縻之歟？寢時已十一點。

　　二十六日，眠不佳。欲覆核《諸子繫年》一部分之論辯。乃翻閱《史記》六國世家及各年表。頡剛、天木及中研院歷史語言研究所之潘君（尚有一位，余忘其姓）同來。去後，木天夫婦來。言文協將在下面亭子開會。午餐後，出廟，遇淮西夫婦。來稍坐。景盛來談。馮素陶來催參加開會。往，到者六七人，在坐者有一副師長王炳章君字雲九，曾在台兒莊作戰受傷。三點，彼等去後，乃讀從城內取來近五六日之報。敵人近攻南昌甚急，已竄擾安義、奉新各縣矣。接尚文信一封。

　　二十七日，繼續覆核《諸子繫年》之年月。西山過午返，將賬開過。後又去。西山交來潤章復函一封，對於鴻庵留平工作，不表同意，且言明日下午將與汪敬熙同來，並請知會頡剛。汪爲英庚款委員會所派，考查該會所協助之機關。

　　二十八日，醒頗早。繼續覆核《繫年》。錢書用《紀年》及諸子改正《史記》部分，均極精密。其他部分有奮臆處。如逢澤之會，錢力主梁實主會，與秦無干，證據殊不充分。蓋關東諸侯，魏固強大，而西與秦戰，則未嘗勝。秦在孝公前，已東遷都櫟陽，圖與關東諸侯爭中原。惟因"僻在雍州，不與中國諸侯之會盟"，故受夷翟之遇，非其國力尚未充實。且國力之強，固自有漸，如秦斯時仍爲弱國，無由孝公之後，忽爾銳不可當。且此時魏所能劫，小國耳，韓耳。燕雖小，地遠無關。趙則極力欲弱之，而終未得。錢言趙之强大，自武靈王，固極有理。但趙究非韓比。齊、楚忌魏之强，日思削之，國勢不弱於魏。秦則累戰必勝。觀魏惠成不數年中，再與秦會，殆將以此謀紓西顧之憂乎？綜計此時，齊、楚國力皆不弱於魏，秦更無論。惟魏亟用其民，故見强而速弱。秦固未能號令魏，然魏亦何能號令秦？且所謂之諸侯，大約亦小諸侯，無大國。惟逢澤爲魏地，稍屬可疑。竊疑戰國初期，周之餘灰，尚有熱氣，五伯之餘風未泯，故新强者，仍思藉尊王爲名。秦雖强大，爲魏所畏，錢氏孝公猶不爲中國諸侯所重，語殊無稽。而與東方諸侯聲氣未接。宋之盟，楚靈王求諸侯於晋，此次或亦有相類事。發動於秦而成功於魏。既非盟會，無先歃之嫌。謂秦主之固可，謂魏主之，亦未始不可。但此時秦力實强於魏，魏實畏秦，稱此會與秦無干，則斷然不可。他如主張洞庭、湘、沅在江北，則根據幾可云毫無，不值一駁。十點後，潤章及敬熙已來。派人請頡剛，來此午餐。談至三點許去。潤章謂聞言上次西安轟炸，程頌雲受重傷，或已殉國！今日報言已戰於南昌郊外。今日特別暖。寢時室内尚十六七度。

二十九日，睡不佳，上午精神未復，可云無工作。下午仍繼續覆核工作。

三十日，仍繼續覆核工作。將午，宓賢璋來。晚讀《國語》之《越語》。

三十一日，吾意徐偃王爲楚莊王所滅（據《淮南子》），即係魯宣八年楚滅舒蓼之事，蓋“舒”“徐”古同音。徐即爲群舒之一。全係小部落，未成國家，且與當日之中國隔絶，故事不聞於上國，但傳於東南各處。後交通方便，始傳於中國，而事已久遠，未知當中國何時，遂誤爲楚文王時(《韓非子》)。周穆王時，或有徐戎之患。秦、趙傳説其祖造父，對於時間，亦不甚清楚，遂誤爲同時，而偃王乃成周穆王時人(《史記·秦本紀》)。余因此遂欲一考群舒與徐之關係，又思必須將楚全部歷史整理清楚而後可。因讀《楚世家》及《左傳》之關於楚事。開始即遇丹陽之問題。余久疑丹陽在丹江之陽，蓋當今淅川及郧縣一帶，不在枝江附近，遂又讀《水經注》江水、丹水、沔水各部分，丹、沔附近，毫無楚都踪迹。然余疑仍不解，當繼續考之。將午，管士齊來，送來清甫信一封，雪亞信一封，樂夫信一封，潤章信一封。翻閲《左傳》中楚事。

四　月

一日，繼續翻閲《左傳》。相信吾對於徐偃王之假設，可以成立。

二日，繼續翻閲《左傳》。頡剛來。未幾，彦堂同蔣復璁、滕若蕖來。稍談，遂同到頡剛家午餐。借得《韓非子》一部。後又同到龍頭村，歷史語言研究所。同彦堂借《集刊》一本。出到魯索坡，別頡剛。稍前，彦堂同蔣、滕進城。余歸後，翻閲頡剛所帶回近數日報章。知南昌已於上月廿九日退出。歐局則張伯倫已改采包圍德國政策。時天氣頗熱，余在床上讀報，幾於赤裸。西山歸，帶來馬少華信一封，希望余能給《民國日報副刊》寫稿子。重慶文協選舉票一封。並交來益世報館稿費二十元。晚間起寒風，氣温驟降低。晚早眠，未作八段錦。

三日，余早晨起後，每日登山穿林走數里。今日登山，見山焚燒，綿延數山頭！毀壞松苗，不下數千株！前數日晚，余自魯索坡路上歸，見火一列，在山高處，尚疑爲機器廠中電燈之光，未疑爲燒山也！今日陰，氣溫甚低，晚，至十二三度。終日翻《水經注》淮水及泗水在今安徽部分，未得若何關於徐舒之材料。晚與西山閑談而已，寢時已過十一點，仍未作八段錦。

四日，夜中寒冷若冬。晨五點後，雷雨一陣。早晨室內不及十度，外面僅五度餘！雨，中間冰雹。然不久即止。終日因過寒無法工作。冬衣全上身，後僅翻閱各史《地理志》。晚餐後，到外散步，遇景盛，聞所燒林木，大部屬於陳鵬九。鄉人恨之，乃焚其林！人愚竟如此。

五日，陰。時雷時雨，寒逾昨日。讀《呂氏春秋》。

六日，陰，早出，見山巔有雪。午後，落霰一陣，寒如昨日。續讀《呂氏春秋》。

七日，仍陰。晨霏霧絲。寒如昨日。續讀《呂氏春秋》，並翻閱《錢曉徵年譜》。將寢時，溫度已較高。

八日，漸晴。續讀《呂氏春秋》。西山進城。下午有警報。敵機到者有人言八架，有人言二十三，有人言廿七。城內未擲炸彈。所炸者爲巫家壩之航校。敵機被擊落，有人言一架，有人言三四架，未知其詳。余晚餐後出游，見有人騎腳踏汽車，來此地附近尋找落機，則有被擊落者，固自可信。

九日，陰晴不定。今日聞仍有警報。景盛來談。續讀《呂氏春秋》，畢之。前數年讀時，患太快。此次余讀，雖未敢急迫，且對於高誘注，亦字字讀過，但仍嫌不够精細。晚李厨借來一昨日晚報讀之，則義大利又在阿爾巴尼亞進兵！昨日敵機來者，確爲廿三架，被擊落者三架云云。

十日，陰晴仍不定。上午及晚，抄録《國語》中殷以前事，畢之。下午西山自城中回，言今日仍有警報。觀所帶回自三日至九日報。近數日戰事有轉機：前數日，高安及新會皆已失陷，現均已克復。阿爾巴尼亞都城似已陷落。英與波蘭同盟，已成功。接到玉瓖信片一。又接牛若望信一封，係爲《華僑日報》徵稿者。

十一日，陰晴不定，時微雨。抄録《韓非子》中商以前事，畢之。

十二日，天氣如昨。早餐後，到浪口村，將請款書交頡剛，請其交潤章閱後，托人譯英文。借得《古史辨》第五册及《三皇考》。又請其代找書記。下午將《左傳》中關於殷以前各節夾條以便檢查。頡剛冒雨來查字典，並交來賢璋信一封，希望得一書記幫忙，允許爲彼找一臨時書記。晚未作八段錦。

十三日，陰晴仍不定，然未雨。今日隨便亂翻一點書籍。李希平之地師陳君來談。近日因痔瘡爲患，故工作未能積極進行。將休息一星期再説。上午壽彝來，後往龍頭村。聞今日下午仍有警報。因明日將派楊森進城取報，晚寫建功信一封，問其受驚狀況。芝生信一封，取縣志稿。

十四日，晴。有雲。今日溫度頗高，晚起南風陣陣，頗大。整理書籍。十時許，芝生親來送縣志稿。下午一時餘，歸去。芝生言昨日蒙自受轟炸。余今日不過稍翻《十駕齋養新録》而已。

十五日，氣候如昨，但無風。稍看縣志稿。甄翰臣及張鴻吉來。張爲物理所助理員，江蘇興化人，余前未識。接到文協開會信一封,繩武通告結婚信片一,戰時教協信一封,商務印書館復信一封,鴻庵信一封,潤章信一封,石頭信一封。又接《戰時知識》一份。讀近數日報,知歐洲甚緊張。

十六日,上午稍翻閱縣志稿。下午王天木、王崇武、陳槃來談。去後,同西山登廟後山,期達最高處,然北望尚有高者,時已不早,遂從西邊下,過花峪溝,歸,六點半。

十七日,翻閱《通鑑》北魏爾朱榮、高歡、宇文泰鬥爭部分。

十八日,翻閱中孚先生所著《河南第六行政區疆域沿革考稿》之唐河縣部分,並以手下所有之書核之,對於本縣沿革,始大致明白。見訓練班今日所貼壁報,知英人已將直布羅佗與西班牙接連區域封鎖,美國急將定於大西洋練習之艦隊調往太平洋,英、法、俄將締軍事同盟。歐局緊急情形,可見一斑。

十九日,全日僅翻閱《讀通鑑論》。上午賢璋來談。下午讀近數日之報,知歐局愈形緊張,德國在近數日中,或將再有發動。接石頭信一封,建功信一封,劉雨樓信一封。又接辦事處信一封,爲明日下午四時半本院行總動員宣誓事。

二十日,上午雇一馬進城。至城內,約下午一點許。城內甚熱,而宿舍在樓上,此地房屋又只用一單層瓦,簡直如上蒸籠!午餐後,稍息,即同頡剛到總辦事處,行宣誓禮。從諮禹處,取伍拾元,與潤章談。出,將去年玉瓔所贈繭紬,送洗衣店中染,價四元。晚餐後到建功寓,並遇從吾。彼二人明日將到宜良,約余同往。歸寓,將十一點,熱氣尚未退。從建功處接到由平寄來《紀年表》一本,《抗到底》一份。

二十一日,六點起。出外,則尚無賣吃食者。歸,雇車往車站，途中遇從吾。至站，有賣吃食者數人。余飲牛奶一碗，内“寨三果”，又食一小鷄蛋麵包，價七毛。到宜良四等車來回票（有效三日），兩元六角。離昆明不遠，即入山。過呈貢，鐵軌傍陽宗海子而進。有隧道十五。第十四者最長，約行兩三分鐘。餘均甚短。軌道旋轉於山谷間，施工非易。至後，乃往巖泉寺之下寺。自車站至山根寺中，約行二十分鐘。寺中樓上，亦頗熱。蓋宜良車站高度不及千五百公尺（昆明站千八百九十六公尺），且下寺附近樹木尚少，故比昆明更熱。午餐後，稍眠。起飲茶畢，即同進城。城離寺二三里，繁盛區在北門外，街道尚平。二子爲覓房子（以備眷屬有空襲時，可到彼間躲避），尋得一徐君（其父爲民衆教育館館長）同進城内看房。城在山半，車不能入。歸時，暑氣稍退。晚餐後談至十點餘，寢。

廿二日，早餐後往洗澡塘村洗澡。村離寺七八里。沿途多仙人掌，高五六尺，幹粗有至三四圍者，均正開花。北中未嘗見此花。前二十餘年，聞澤生言，此物生六十年後，始可開花！自此始知此物之能開花。後在新疆友人家，曾見此花，問之，知六十年之言不足信，然亦過數十年矣。彼物亦不過高二三尺，粗僅逾圍而已。竊意此間植物生長速，達五六尺者，或僅十餘年。問人，則答三二年即高大如此！不惟開花，並能結果。果可食，土人名曰仙桃，以陰曆六七月熟，云云。村有溫泉。溫泉未量，然似在百度表三十八九度之間。有大池，有分間小池，完全相通。余所下小池，即有四五出泉處。痛快大洗，宿垢一清。聞從吾言，據《宜良縣志》，境内有溫泉七，但現所知者，僅有四。可寶村之溫池太熱，前晚將水引於他所，次早始可洗。彼間有新式旅館云云。歸十一點餘。今日讀《荆駝野史》中之二種，一記崇禎甲申年逃難事，他一爲《汴圍濕襟録》。余與建功先歸，從吾則過城内定房子。見趙連城，名逈搏，北大畢業，現在西南聯大法學院教書。同登中寺，連城即在彼間住。自下寺至彼住處，據言共二百二十二級。途中樹木陰翳，古藤懸掛，風景甚佳。不來此，虚此一行矣。下午餐。有鷄，有魚，頗屬盛設。餐畢，即到車站。車本應兩點即到，但今日誤四五十分鐘，到昆明，六點半。同到建功寓，晚餐。後，余進城購剪、梳、槐角、書各事。歸建功寓，宿焉。

廿三日，將十點，出購物，理髮。接文青信一封，中央編譯館信一封，館聘余爲哲學名詞審查委員，並寄來哲學詞初稿一本。到辦公處，再取錢三十元。午餐後歸建功寓，本意今日歸黑龍潭，但尚有數事未辦，且天熱，乃止。四點許，到郵局爲石頭寄一本《高級英文法》，但今日爲星期日，未能掛號，須明日再來。又往東寺街，購土布一匹。歸晚餐後，又出購點心等。

廿四日，到中央銀行，購救國公債十元。到中國銀行，欲將前在武昌時所購公債百元之收條換成債票，但彼尚未知此等手續應由何處行接辦，須去信漢口該行辦事處，問明始可。出到郵局寄書。歸建功寓，即雇車歸黑龍潭。至十一點餘。晚審查《哲學名詞》十餘頁。接平家信一封，秉琦信一封。《戰時知識》一份。近兩日便血頗重。

二十五日，昨夜因天熱，臭蟲甚多，眠不佳。午餐時，叔雅令弟天達來，持叔雅信，言前所談事，已由力子稟委員長，委員長頗注意，催促辦理，希望最近進城一商。允以大後天進城。下午覆核《紀年表》之春秋部分，未畢。

二十六日，臭蟲雖比前夜較少，然仍捉住一二十！眠仍未佳。不過午眠尚好。幹部訓練班有新招學生一二百到廟。全日，覆核《紀年表》之春秋部分，畢之。今日楊森進城，取來近三日報。下午讀過。我方繼續攻勢。似此以戰爲守，始能守得住也。裱糊匠來糊窗。接到總辦事處抄來收件兩份：一爲市政府允許借房子事，二爲中華教育基金委員會不允將補助餘款改爲印刷報告經費事。又本所致管理中英庚款董事會請款書，已由總辦事處印出代發矣。接到本所鈐記及劉雨樓回信一封。去信爲西山寫。今日風轉從東北來，天氣頗凉爽也。下午漸止。

二十七日，陰晴不定，並曾微雨數點。上午將《紀年表》之春秋部分再覆核。頗想將《史記》世家中能考出者均儘量補入。翻閱後，知僅餘一杞。杞年之可考者，僅爲陳滅當湣公之十五年及其亡年。因自陳亡年向上試行排比。結果，武公元年當魯莊之九年。上即謀娶公。《史記》言"謀娶公當周厲王時"，而魯莊九，距厲王居彘年已一百五十八年！即照《世本》補入成公一代十七年，而仍相差甚遠。魯僖二十三年"杞子卒"，據《左傳》爲成公，而據《史記》是年爲靖公之二年，相差二年。又《史記索隱》引《左傳》莊二十五年杞成公娶魯女，有婚姻之好。然《春秋》是年雖有"伯姬歸於杞"之文而實無傳，更無論其是否成公。如成公果在位十七年，則離莊廿五年，尚有卅二年。又《索隱》謂成公卒於僖二十二年，亦與《春秋》及《左傳》不合。又明言"杞後陳亡三十四年"而計年數僅有二十四年！甚矣古書之茫昧也。下午寫樂夫信一封。晚寫劭西及季谷信一封，石頭信一封。

二十八日，騎馬進城。到時十一點餘，叔雅見余至，始起床！

談次，知彼因公超潑冷水，遂致於於本事有所疑，余力勸其作，遂定先去信香港大學馬季明、許地山，求其同意，以香大名義往日本購書，然後函力子請其直接寄錢到香大。約叔雅到金碧午餐，然仍叔雅爲東。畢，又到彼寓稍談。四點已過，仍騎馬返。至六點半。今日李韻友來黑龍潭，送化學、植物等所箱件，並看修理房屋工程。然余未遇。

二十九日，覆核《紀年表》之戰國部分。潤章來，視察接電綫事宜。陪他翻西邊山坡，以步計廟至電綫距離，大約千二百公尺左右。又同觀胡英房子，及鵬九植牧場之房子。

三十日，仍覆核《紀年表》，大約畢業。知賓四之《諸子繫年》，於年月方面，致力雖勤，而武斷固頗多。社會科學研究所來索《史學集刊》，因僅有第三期，且尚未到，請西山寫信復之。下午僅將私有書籍加蓋圖章而已。

五　月

一日，今日患腹痛，困睡多時，午飯晚飯未吃，僅五點鐘吃麵兩小碗。晚體溫三十八度。吃阿斯匹靈一片，九點即寢。今日西山進城。

二日，夜眠頗酣，早起，體溫復元。終日不過翻閱《十駕齋養新錄》。將午，壽彝隨運北平圖書館關於西南文獻車來。運在樓上。後又命車夫將前日所運來之箱件，運上中層西殿中，許以另給酒資。乃運一件後，即堅不肯運！只得中止。又因西殿中爲農工植物研究所工作之木匠，不肯移他室中，乃到浪口村，請玄彭命其移居，彼允明日與之語。

三日，夜睡仍佳。派楊森進城購物。與劉雨樓寫一信。外寫淮西一信請其截留匯款一部交平寓。前因考春秋戰國紀元，見敬王、元王、貞王年數之聚訟及皇甫謐所主張敬王、貞定王之元年末年，均比《史記》年表早三年，因疑春秋後百年中，各國年數均有問題，則如《史記·十二諸侯年表》所列共和元年在西歷紀元前八百四十一年者，是否足靠，或可再上推兩三年？後思楚國年世，似無大問題。今日乃將《楚世家》、二《年表》及《左傳》互校，結果除楚文王卒年《史記》與《左傳》有二年差異外，餘年數均無問題。其所紀事，《史記》與《左傳》所紀年數，相差亦不甚多。或者因一《楚》紀年，仍可維持二《年表》之總年數爲無問題乎？今日西山歸。讀近數日報紙，知近日南昌附近，戰事激烈。近三日皆未作八段錦。接文抗協會信一封，言於本月一日在大觀公園樓外樓舉行茶話會。今晚天氣熱，可穿單衣。臭虱極活躍。讀書時，走至書上！翻書背面，又得其二！墻上帳上捉到一二十！睡時已十一點。今日雇人將箱件運入西殿，然木匠仍未搬。

四日，睡不甚佳。然非因臭虱。臭虱之能入帳中者，與他日仍相差不遠也。前數日便血已愈，今日又起！終日精神懶散，不過翻閱《茶餘客話》及《吹網錄》而已。西山再進城。楊森歸，帶來近二日之報紙，知鄂中大戰又正展開。接雨樓回信一封，總辦事處抄來北平圖書館來件一封。

五日，翻閱關於重、黎問題。西山自城歸，帶來驪先密電一封，希望余能回河南辦黨務。初意毫無所動，已擬出辭謝電稿，並已譯出。然以後心頗亂。因此間頗舒服，辦黨極苦。辭謝不去，豈非避苦擇甘？且余前願作救國工作，因事權不在手，遂辦不通。
今日事機至前，而又畏縮不前，則國家又何賴此類人耶？但他一
方面，黨部方面，腐敗已久，余個人能力，是否能革變其一部分，殊
屬可疑。余知人之明太差，余前拋棄直接救國工作，此爲主要原
因。余今日依然故我，而冒擔重任，豈非仍蹈"於人無益，於己有
損"之覆轍？但再一轉念，吾鄉能辦黨之人物，豈非歷歷在目？
何人能稍愈？如此一思，實至苦痛！無法解決，乃決定明日進城
與建功一商。晚心不寧已甚，未作八段錦。睡已不早。今日晚餐
後散步時，見西面山火大然，綿延數里，美麗已甚！初意只爲林木
惜，後思事頗可疑：一、今日無風，如非有人故意多處放火，何能延
燒若此？此地近機器廠，勿乃有奸細在此，點火以爲敵人空襲之
目標乎？二、今夜又終夜有月，更屬可疑。愈思愈不安。覺寧可
過於小心，萬不可過於大意。遂決定往訪機器廠長（雖不認識），
促其注意，務須於十二點鐘前，完全撲滅。挽西山同往。而夜中，
廠方將路用鐵絲闌着，未能過，且火勢已較小，又余等前聞彼村人
言，即當往撲以免延燒林木，似不致然至夜半。心稍慰，乃歸。心
有二事，故增其亂！甚矣余之無能也！

六日，早餐後，步行入城。初行時，有雲，尚涼爽。後太陽出，
頗熱。至已十二點。與建功及碧書談，碧書竭力主張前往。建功
亦言可往，但言國民黨對於共產黨之真正態度，似宜與當局先談
一下，然後決定，以免將來後悔。余今日本已傾向不去，此一困
難，余尚未想到。欲先商，而往來路費約需四百元（飛去，汽車
回），擔任費力。以去年驍先之口吻度之，先談似無同意之希望，
更令人憚於嘗試。遂決定將辭電打出。然余心頗自咎，如此逃避

大時代,實覺無能可耻! 無已,止好加緊工作,決定於半年中將擬著之《我國歷史中之傳聞時代》寫出。再半年將擬著之《教育罪言》寫出,或可以稍報國家於萬一乎? 歸,坐車至崗頭村,餘步行。至六點半。頡剛當余未至前,帶來近日法文報十份,潤章信一封,潤章轉來玄伯信一封。晚看法文報數張。九點餘即寢。

七日,上午續審查哲學名詞。下午稍眠後,同西山登山,視察前晚然燒區域。此部分本無多樹。所有者,將死十分之六七!

八日,天陰。頗涼爽。終日繼續審查哲學名詞。下午見幹部訓練班所粘今日之報,知英國張伯倫尚在弄滑頭的把戲! 實在他的政策,除促進戰爭以速資本階級之没落外,尚能有何種其他的效果!

九日,昨晚十點餘將寢時,微雨數點,今日陰晴無定。余早晨出到山谷中出野恭,後即小雨,余已登陳鵬九園內,乃疾奔,而面前又橫一大溝! 時雨頗急,止好在梨樹下暫避。雨時鬆時緊,余奔數次,始抵寓。後雨數次,然地皮未能全濕也! 繼續審查哲學名詞,上午畢之。下午閱法文報。接中山大學信一封,聘余爲文科研究所歷史學部校外名譽導師。接二哥信一封。未作八段錦。

十日,仍陰晴不定,時落雨數點。楊森進城,將入訓練看護學校,院中工作辭去。寫平家信一封,二哥信一封,清甫信一封,文青信一封。仍未作八段錦。

十一日,昨晚將眠時,大雨淋漓。今早晴。僅翻閱《瓮牖餘談》數則。與西山同到浪口村,訪頡剛。遂在彼寓午餐。托他到總辦事處預支百元,以便預購三月之米。歸後,則楊森因雨樓之勸,回來服務。帶雨樓信一封,言此事。又帶來報若干份。下午不過看報。晚，看報，讀《淮南子》三四葉，抄關於古史者兩條而已。今日李厨又有去意。

十二日，終日抄《淮南子》之關於古史部分。子倫從家鄉來，即令其回所服務。彼談及近日攻信陽之主力，即爲南陽各屬之民團，余心中不禁興奮。給頡剛寫信一封，因昨日請其知會願來作書記之張君即可前來，今日因子倫之回所，已不需要彼前來也。寫雨樓信一封，爲請其購買子倫所用紙筆墨等事。建功信一封，爲托子倫將所縫夾衣取來事。三信皆托子倫帶去，因彼需進城取行李，後日始能來也。壽彝亦來，言彼家屬已移來蒜村。

十三日，晨間露頗重。午後雲雷，然未雨，後復晴。終日仍繼續抄《淮南子》之關於古史部分。下午吳珞同一湯君、湖南湘潭人。一羅君浙江義烏人。前來。湯君在社會科學研究所服務，係來商議借房事件。余言史學所須占房頗少，無問題，但不知物理所、化學所需房若干，請其再與潤章商議。

十四日，將明時大雨淋漓。後即時雨時晴。仍繼續抄《淮南子》。上午孟和同一沈君及頡剛同來看房子。子倫來，帶來新衣。外有建功信一封，乃係前所發請派人取衣者。頡剛轉交來關斌信一封。下午彦堂同陶雲逵夫婦、勞貞一同來。彦堂贈余紙烟五合。後大雨，陶夫婦衣服過薄，雲逵借余一綿背心，陶夫人借余一大夾襖被之。雨止後，陶夫人因大夾襖不能走路，乃換一小夾襖，步行回城。余送之至蒜村，轉至魯索坡歸。

十五日，仍陰雨。命子倫抄《左傳》，楊森抄《論語》關於古史部分。余個人僅下午及晚抄一小部分。上午夢麟夫人同多人來游潭，到室内稍坐。下午潤章及巽甫、正之、企孫同來。吳正之言近日報載敵人竄入新野、唐河，又被擊退云云。雨稍止，乃去。

十六日，陰雨連綿。余等三人繼續抄録。余畢《淮南子》部分。楊森畢《論語》及《孝經》部分。晚僅同子倫、西山閑談。今日農林植物研究所舊勤務李忠堯願到本院服務，請余向雨樓寫一介紹信，因草數字與之。近三日因陰雨，未作八段錦。

十七日，雨終夜不止。上午仍繼續，下午漸止。終日翻檢《禮記》中之顯著古史材料，畢之。所得之少，出意料外。晚又翻檢《周禮》。西山今日下午往頡剛處，帶來一信，言子臧因減薪事，對於總辦事處有麻煩，希望余能去信勸之。然子臧性情乖張，余勸亦無用，只有從辦事手續上尋法解決耳。今晚只作四段。

十八日，漸晴。上午到浪口村，見頡剛，與商子臧事。決定一方面，暫用行政手續，先將未發部分薪水停發；他一方面，由余去一信，說明原委，並勸其改正收條。下午繼續翻檢《周禮》及《大戴禮記》。今日楊森由城內取來近六日報，全晚讀報。知鄂中戰局正緊。新野縣城於十日失守，十一日克復；唐河縣城於十三日失守，亦於次日克復。桐柏方面，亦有戰事。現新野方面，已無敵踪，唐河方面，則祁儀、湖陽尚有敵人未退，云云。接到師大所出玄同先生赴告一紙，甄漢臣轉來秉琦信一封，文抗分會信一封。

十九日，終日翻檢《公羊》《穀梁》二傳。古史材料，幾於全無。接到友梅及其令郎敦義信一封。今晚仍未作八段錦。今日因李厨多次作弊被發見，遣之去。寫子臧信一封。

廿日，時出日，時落雨，但不大。西山進城，寫一信與潤章，爲子倫薪水事，又寫一片與諮禹，請交西山三十元帶回備用。又十日所寫四信①，亦今日始托西山帶去付郵。翻檢《詩經》《爾雅》《尚書》《周易》。《爾雅》僅得一條，且不重要。《詩》《易》不多。《書》當全讀，不能刪節，然亦摘錄數條。接淮西信一封。

廿一日，時落雨數點。余對於《儀禮》，向未讀過，今日開始讀二卷，以後當逐卷讀一遍。西山返，育伊同來。在寓午餐。後崇武亦來。彼等去後，稍眠，景盛來談。彼新自重慶歸，言被敵機轟炸死者，不下二三萬人，可謂慘極。又言蔣先生出席言（景盛係出席生產會議者），依軍事經驗言，我之最後勝利，已有把握。現在之所當注意者，爲戰後善後各問題。則又不禁爲之興奮。晚餐時，頡剛來，帶來前日昨日兩日報。讀後，知敵在唐河大約已退淨，棗陽亦有收復消息。

廿二日，終日檢閱《山海經》之關於古史部分。此經大致可知云先秦之傳說。內稱太皞、炎帝而無伏羲、神農名，南方無黃帝傳說，西方無太皞、少皞傳說，東方無炎帝、后稷傳說，均與余假定相合。惟書中錯簡甚多，尚須整理。中午物理所之盛君及李韻幽來。送到物理所之箱件多具。見幹部訓練班所貼之昨日報，知棗陽已克復，桐柏亦似無敵踪，我軍進逼隨縣。似此，則敵人在鄂北進攻，可云已失敗。英、俄互助，尚未妥協，此似因二國民性不同，故尚未合，非有根本齟齬也。

二十三日，今日讀《逸周書》，並自摘抄其關於古史部分。秉琦來。接到平家信一封。又崧亭已去世，接到其追悼會籌備會信一封。又接玄彭一信，仍係木匠不願搬房事。秉琦搬來。

---

①編者注："信"，原誤作"日"。

二十四日，繼續讀《逸周書》並抄録，畢之。頡剛來。

二十五日，翻檢《墨子》《莊子》《荀子》之關於古史部分材料。前二畢，後一未畢。上午月涵、企孫同二人來，一顧姓，一忘之，想均其清華同事。景盛自重慶來航空信，今日始接到。子倫交來繩武信一封。繩武對於現在鄉間封建勢力之仍極頑强，深表憂慮。且彼初聞唐河失陷消息，覺宛中、襄、樊均不能守，深覺焦慮，不知危險期已過。晚餐後，出散步，經過議事村、魯索坡而返，月光甚佳。歸來已晚，又檢書兩本；今日因臭虱頗活躍，加緊捕捉，故睡時頗晚，亦未作八段錦。

二十六日，今日晴陰無定，時落雨數點。因夜中眠不佳，今日精神頗差（因床初靠板壁，故臭虱極活躍。中夜，捉得二十許！昨晚、中夜、今日上午所捉，當在六十以上！）。翻檢《吕氏春秋》，亦未能畢。下午因精神不佳，僅閲《日知録》若干條。今日楊森進城，寫建功信一封，取回《抗戰文藝》一本，芝生兄弟信一封。問其得家信否（因其鄉祁儀鎮曾淪陷一次也）。答言尚未。取到近數日報，晚間讀之，知隨、棗均已克復，日人自認因衆寡不敵退兵，則鄂北戰事，已告一段落。英、俄互助協定，原則上兩方已同意，不久即可簽定。接樂夫信一封。

二十七日，將《抗戰文藝》中所載余所著之《軍民合作》短劇改正誤字，送與學兵訓練班，請其斟酌上演。今日僅將《吕氏春秋》未完部分，翻閲完畢。外翻閲《日知録》一兩卷而已。秉琦進城，始托其將哲學名詞審查稿本寄出。

二十八日，翻檢《晏子春秋》《戰國策》《公孫龍子》《鄧析子》《商君書》《尹文子》各書，材料均少。午餐後育伊、天木來，育伊並贈余利用、弘光、隆武、崇禎錢數枚。午睡時,叔永來,未見。三點後,同西山往探後山最高處。約走十里,仍有更高峰,遂止。余等所至峰,上有民十八陸軍測量局所栽石標,上有十字以志方向。此峰在廟前,並不能見。高度揣想約五百公尺,海拔當已超過兩千五百以上,松苗仍茂。谷中有馬牛羊數十頭。歸七點。早寢。未作八段錦。

二十九日,午後大雨一陣,後即晴。讀《陸賈新語》及《賈誼新書》,畢之。秉琦從城內歸,帶回近數日報紙,大略一讀。戰事無大變化。上午訓練團有一萬姓軍官湖北黃岡人。來談。

三十日,讀《論衡》,完其九卷。昨夜雨,日中晴。

三十一日,昨夜仍雨,日中仍晴,晚又雨一陣。續讀《論衡》,盡十九卷。今日子倫進城,予假以十元。

六　月

一日,陰,時雨。繼續讀《論衡》,盡二十六卷。下午子倫從城中來,帶來劭西所著之《方志今議》一本,《戰時知識》一本,北平圖書館與所中信一封。又帶來近數日報。敵軍近數日與我軍在潛江城郊外作拉鋸戰,然則有一部分敵軍竄渡漢水矣。

二日,天氣如昨日。續讀《論衡》,上午畢之。下午借閱阿特麗女士所著之《日本在中國的賭博》,未完。下午精神不佳。今日李韻幽來,並從城內帶來泥水匠二。交來桂璋信一封,《本院工作報告草稿》一份。

三日,天氣仍如昨日。續閱《日本在中國的賭博》,上午畢之。此書對於日本社會的分析部分甚佳。下午僅隨便翻閱《中興將帥別傳》一兩卷而已。閱昨日報,知我對潛江已合圍。今日天氣頗寒,室中温度十三四度。一、二、三三日均未作八段錦。

四日,終日霏霧絲。翻閱《左傳》《史記》《書經》之古史部分,得三義:一、堯讓天下於許由之傳説與堯遜位於岳之傳説,同出一源。許由即大岳也。"四"恐係"大"誤。二、高陽氏疑屬東方風偃集團,因庭堅後人封於今安徽北部,而彼即屬於高陽氏。三、檮杌爲顓頊後人,重黎亦然。重黎楚祖,而楚史即名檮杌,疑重黎與檮杌均屬南方苗蠻集團,後者亦楚祖之一,故楚史取以爲名也。

五日,陰晴不定。終日精神不佳。隨便翻閱《漢書·地理志》《唐摭言》《中興將帥別傳》等書而已。然發見漢琅邪郡有高陽縣,疑此爲高陽氏之故地。如此猜測不誤,當可證明余高陽屬於風偃集團之假設。下午秉琦進城。看訓練所貼今日報,則漢水南形勢,似尚嚴重。希望近數日内有轉機也。

六日,氣候如昨日。仍隨便翻書。始知蚩尤冢及廟均及東方:廟在壽良,冢在壽張。壽良改名。闞鄉城中,均可證明蚩尤屬於風偃集團之説。始注意到殷人禘舜,《祭法》改作禘嚳,因當時已不識"始祖所自出"之義,覺其不合,而妄改之。可證明余"始祖所自出"非始祖之父而係始祖所從出之氏族 Heros 之説。今日西山亦進城。中院木匠,今日始去,始能將門鎖閉。

七日,上午晴,下午雨。仍隨便閲書,且毫無所得!李韻幽、白劍秋來送化學所器具。白歸,李留。昨日頡剛給西山一信,信未封口,余見之。内言彼患感冒,不能爲此期《邊疆》作文,擬請余及壽彝作。今日又與余來一信,重申此事,作信答應。下午寫幾行,即止。

八日,陰晴無定,將晚雨。西山、秉琦皆歸。讀近數日報。敵近日在離石、中陽一帶,又大進攻。但被我軍截擊,敵鋒已挫,云云。余爲《邊疆》作文,乃欲對前些天一苗人魯格夫爾君的來信,作一答復,而西山未歸,未見原文,甚形不便。今日西山歸,找出原信,已經登過,且頡剛已答復,余仍專就歷史觀點,再作答復。但未完。

九日,陰,然未雨。繼續寫文,勉强完畢。今日接雨樓信一封,玉瓖來片一。國民外交協會分會通知一紙,言今日午後歡迎美大使,請余及頡剛到席。化學研究所來箱件六十,搬運進廟,異常麻煩,直搬至十日上午三點,始勉强運盡。眠至七點,壽彝遣其侄來取稿,乃起改正誤字,並署題《就歷史的觀點向魯格夫爾先生説幾句話》。精神不佳,隨便翻閲一點雍正《硃批諭旨》而已。今日韻幽來,化學所箱件又來一批,但彼所終未來一人!接石頭信一封。今日時雨時止。

十一日,眠頗酣。仍隨便翻閲《硃批諭旨》及《先正事略》數卷而已。見先正制行及治學之精嚴,殊覺感愧。氣候如昨。

十二日,昨晚因搬運箱件人的喧噪,睡着頗晚,且不甚穩。上午精神仍不佳,下午較愈。今日雨住時不多,然韻幽返城,楊森帶油布往送。余與牛若望寫一信,請其囑將《益世報》改送黃公東街十號,因登華街無人經理,有人亂拉,遺失太多也。信托韻幽帶去。爲玄同先生寫一紀念文,尚未完。晚餐後,訓練班文藝組的學生何君,保山人。來言《軍民合作》劇已經排演,將在途中與鄉人演奏宣傳。談次,彼始知爲余所作,乃邀余往指導。彼等只念劇詞，並未排演動作，余勸其將應有動作，亦須先行練習，且勸其用雲南土話來演。彼等約明日下午排演動作，約余臨時再往指導。

十三日，陰雨連綿。上午將玄同先生紀念文寫完。下午秉琦進城，托他帶去。中午韻幽、濟慈、臨照及盛君均來。韻幽因監視今日運到箱件，住下。精神仍不佳，稍翻《史記》及《國語》而已。未作八段錦。接羅倬漢信一封。

十四日，上午時微雨，下午晴。寫桂璋、石頭、樂夫信各一件，又寫季芳及各小孩信。晚餐後同子倫、西山到蒜村找壽彝。看其所租房子。

十五日，陰晴不定。復關斌及王敦義信各一封。秉琦歸。下午楊克強及其一同事畢（？）君來談。地質所已移龍頭村東之瓦窰村。接到近日之《大公報》及《雲南日報》多份。叔雅片一，北平圖書館信一，《盧溝橋事變以來中日戰事史料蒐輯計畫書》，北平圖書館、西南聯大《合組中日戰事史料徵輯會工作報告》，《圖書季刊》各一本。看報。晚與秉琦談事局，不覺至十二點餘。未作八段錦。

十六日，翻閱《圖書季刊》。訓練班學生出發一大批。來數十人。惟一及會計課鄭君來檢箱件。韻幽歸。秉琦、西山亦進城。晚與子倫談論而已。

十七日，寫繩武信一封。上午看東院殿中及中院東殿皆空出，命木匠將東院殿收拾，想將傢俱移入，但晚訓練班又來一大批學生，重復占住。西山歸。

十八日，想給玄伯寫信，初開一頭，士能、仁輝及一羅君來。後伯蒼及仲良來，在寓午餐。下午守和、彥堂及凌純聲來。翻閱

《硃批諭旨》之田文鏡部分。

十九日，昨及今日皆晴雨不定。楊森進城。秉琦歸。翻閱《硃批諭旨》之鄂爾泰部分。下午往浪口村，看頡剛病，彼患不定期瘧疾，勸其此類疑難病症，千萬不可用中醫誤事，因昨日聞西山言，頗疑其用中醫，實在並非如此。接子臧信一封，建功信一封。

二十日，氣候如前。翻閱《西風》及《西風副刊》。子倫進城。

二十一日，氣候如昨。今日爲舊曆端陽，晚餐吃餃子，大家齊動手包，余尚爲第一次學包。終日翻讀《史記》《尚書》前兩三篇。晚翻閱《聖武記》數章。下午范九峰來，持守和信一封，言有一部分書，亦將送來，且願在此廟中，或鄰村中，找一住處，托壽彝在蒜村找。晚餐後，出散步，見栽秧農人，尚患水不足也。子倫極早即歸。

二十二日，夜中大雨，日中時雨時止。晚餐後，出散步，返向北時，止看面前，以爲明日可不雨，不料雨自東南來，沾濕淋漓！寫玄伯信未畢。

二十三日，仍時雨時止。惟一、韻幽、漢良及鄭君來。漢良來時，余晝寢未見。中研院考古組同人全體來，看本院考古組工作。聞高曉梅君言孟真亦有三集團之説，與余説相類。暇當往問其詳。復守和信一封，言替范九峰定房事，本交韻幽帶進城送去，後因定錢尚未交，恐有反覆，暫止，俟交後再送。接文青信一封，係上月十五日寫，略報告敵陷新、唐事。讀前昨二日報，知敵人又在汕頭登陸以應援津事，巷戰頗烈云云。敵自上星期起，封鎖津英租界，頗難解決。英蘇同盟，大約日內即可簽訂。如此迅速，亦受津局勢影響耳。

二十四日，陰晴不定。閱崔東壁《上古考信録》《夏考信録》《商考信録》。崔先生對於古代之非一統，見之極明，洵稱卓識。下午克强及其夫人來稍坐。

二十五日，陰雨不定。閱《豐鎬考信録》及《別録》。上午王敦義及其弟，尚有旭賓之子，三人同來，在寓午餐。下午兩點餘去。見彼等所持今日報，則敵又自定海登陸。寫完寄玄伯信。擬午餐後坐一回頭車進城，而車夫不能待，遂止。

二十六日，讀《王政三大典考》中關於禘祭部分。崔氏力闢“不王不禘”及“王者禘其祖之所自出”二義。第一點確鑿不易。第二點崔氏不信《國語》，實由其過信經書。然讀其書，更知余對於“所自出”三字之釋義，毫無足疑。朝陽及鴻吉搬來。余與秉琦即坐其回頭車進城。至城內，約六點餘。訪建功，則家人皆出，稍待，即歸。在彼寓晚餐。見伯蒼及立庵。談，不覺已過十二點。止好止宿。

二十七日，早餐後，與伯蒼暢談。後與伯蒼同訪芝生、淮西。在芝生寓午餐。出同到圓通公園小坐。後獨訪叔雅談。遇佩弦。遇馮素陶，來稍坐，言明日將於省黨部開會討論辦一通俗刊物事，雷明遠亦將在坐，請余到會，見之。出到辦事處，見雨樓。出到正義路一帶，購物。到小有天晚餐。理髮。歸登華街寓所。今日購《“神明的子孫”在中國》一書，讀一部分。玄伯信發出。

二十八日，到勸業場小鋪中早餐。再訪叔雅。其一友人約同出早餐。余雖餐畢，然同去，又吃魚生粥一碗。十點半到省黨部，未幾，雷明遠來。今日爲文協對彼之歡迎會。彼發言極誠懇。指出應永久避免磨擦與分裂，及在民衆教育方面努力以改換其以升官發財之腐敗觀念二義。彼因另有講演，先去。余等對籌辦出通俗刊物事頗久。到會者有勉仲諸人。出到一小飯店中午餐，素陶爲東。到辦事處，晤慕光、臨照諸人。取到六月份薪水。到中央銀行，買救國公債二百元。歸到建功寓。畢讀《"神明的子孫"在中國》。此書爲意人 Vespa 所著。彼前爲張作霖作特務工作，後被迫給日人作特務工作，故對於敵人之惡謀毒計，知之甚悉。雖彼對於敵人，因被强迫，恨之刺骨，筆鋒中頗帶情感，而大致不失情實。吾人素知敵軍閥之狂妄，卑劣慘毒，而尚未料其至於此極！建功請余及從吾、立庵、伯蒼晚餐。餐畢，大家去後，又與立庵談至十一點，始歸登華街寓所。接到鴻庵自河口來電，言明日可到昆明，請伯蒼明晚到車站一接。爲郭可大向迪之寫介紹信一封。

二十九日，到勸業場小鋪中早餐。到建功寓，晤碧書，談彼找房子事。亦晤伯蒼。歸寓，雇車，遂回黑龍潭。到時已將一點。閱《上海——冒險家之樂園》。

三十日，翻閱《世界知識》。下午讀《鐵流》。接守和信一封，告范九峰近未能來黑龍潭。接士能信，係介紹營造學社社員莫君_{新會人}。來廟測照三清殿。

七 月

一日，晴雨不定。續讀《鐵流》。西山進城。鴻庵來。下午同他到蒜村訪壽彝，又到浪口村訪頡剛。接石頭信一封，由城固轉來李卓吾信一封。

二日，翻閱《東壁遺書》。閱報。接到益世報館信一封。下午天木來，言聞城内謠言大起：略謂汪逆威脅龍雲，迫其早日宣布態度，或將於七七紀念日有所舉動云云。秉琦、鴻吉均進城。西山歸。止聞敵人將轟炸昆明，並未聞別種謠言云。

三日，仍翻閱《東壁遺書》，始識東壁先生家庭之大略。韻幽、劍秋來。

四日，將本所書架移樓上，並將北平圖書館之書箱打開。終日忙於查閱上架，然尚未完。下午魯鴻瑾來，言其姊鴻珣有錢需由北平向此間匯，問余是否向平寓兌錢？是否可截取？答以也可兌一部分，然不能超過五百元之數。聞訓練班學生明日出發往貴陽。

五日，全日繼續昨日查閱上架工作，至夜十時後始畢。微雨。

六日，樓上上午已布置完畢，下午將寢室亦換至樓上。初換畢，而大雨傾注，房子漏有多處，幸不久即止。晚稍翻閱《咸同貴州軍事史》而已。

七日，仍稍翻閱《咸同貴州軍事史》。近兩天咯嗽頗甚，工作效率幾等於零！在如此時期而未能加緊工作，奈何？奈何？今日爲濤、漢良、劍秋、韻幽來。帶來近日報紙多張。下午及晚，讀報而已。接益世報館信一封，北平圖書館信一封，郭伯恭信一封，總辦事處信一封。總辦事處信爲七七獻金事，余獻金廿元。

八日，未大工作！嗽未已。今日劍秋來，言明日即可搬來。

九日，仍未大工作！但嗽小愈。鴻庵同其夫人及小孩來。接樂夫信一封，内附扶萬信一封，言鍾德昌家中不願其遠來云云。

十日，時雨時止。嗽雖未全止，然已大愈。對於禘祭，稍掀小部分書，但未能構思。惟頗疑郊禘二祭，原無大差異。接玉瓖片一。劍秋搬來。朝陽昨日發燒,今日愈,疑屬瘧疾,坐劍秋回頭車,入城診治。

十一日,寫平家信一封,寫玉瓖信,未完。楊森進城。昨日秉琦無病而服一片金雞納霜,立時發熱,且全身腫癢。今日熱退,但癢未愈。下午入城。

十二日。擬將《國語》及《左傳》比較異同,並列爲一表,開始未畢。中午知西山又病,發熱至三十九度二,乃雇車入城診治。楊森返,帶回報多張,下午閱報而已。英蘇協定,前雖言不日簽字,而至今仍有困難。

十三日,上午繼續《語》《傳》比較,仍未完。下午同子倫、劍秋、鴻吉登山,比上次所至又多高一山頭。下山時,始則一綫蜿蜒,繼則崖斗路絶,止好三足四足,牽草扶樹,逶迤而下。幸草厚,無大危險。惟劍秋初次登山,危懼殊甚。將抵山跟,大雨傾注。幸到一尹老家得稍避。此地名石關,亦屬於花峪溝。後雨住,遂踏水泥而歸。余鞋早破,無足惜者,然仍有護足之用。如此天氣,如此道路,當以余鞋爲最適宜矣!沿路民居疏疏落落,道路曲曲折折,蒼蒼翠翠,禾稼茂茂盛盛。風景固自佳絶。到寓七點。獅醒自一點來訪,直待至此時。彼在某兵工廠籌備處服務,請余出證明,以便請委任狀,因書一紙與之。今晚止宿於寓。

十四日,上午《語》《傳》比較工作完畢。下午秉琦歸。言西山病頗重。續完給玉瓖信。讀今日報,時局無大變化也。時大雨,時出日。

十五日,午後大雨傾注,室中多漏。檢《楚辭》《司馬法》《吳子》中關於古史之材料。《韓非子》中之材料雖已抄過,而體例未合，乃重行檢尋，未完。上午賢璋來談片時。頡剛有信來，取鄭逢源所作之《丘虛考》。並言其"瘧疾雖愈，而又添新病"，亦未言何病。

十六日，昨晚因室漏，睡不佳。今日上午將繼續檢尋《韓非子》，而精神不給。下午朝陽歸，帶來方矅仙信一封，約二十一日同頡剛、國瑜游晉寧、盤龍諸勝。在宥同來，談。三點去，歸寢，亦未能眠。劍秋進城，托彼將平家信及玉瓖信發出。璋如來談。今日時雨時晴。

十七日，夜眠甚酣。秉琦進城，寫一信復矅仙。下午鍾澤珠來，彼現在中正醫學院會計課服務。午睡後，范九峰來，言仍將來此住。托壽彝再爲其尋房子。餘時翻閱《雲南通志》而已。劍秋返，鴻吉進城。讀近三日報。敵人九路攻晉南（據政治部所公布，爲五路，中央社訊爲九路。但五路即爲此九中之五，想因餘四路勢力小，故未記），死傷頗多，攻勢已挫。戰事仍繼續。氣候如昨日。

十八日，氣候如昨日。檢完《韓非子》。檢《儀禮》亦畢之。內明白之材料極少。秉琦歸。接玉瓖片一。

十九日，氣候如昨日。近日痔瘡未愈，心中頗悶悶，今日未大工作。鴻庵來，交到頡剛信一封，重申游晉寧之約，糜岐信一封，柱子信一封，內有家人像片三張。西山病愈歸，交來潤章帶來玄伯信一封，及玄伯所著之《中國婚姻制度的幾種現象》。

二十日，擬雇馬進城，然馬來時，已十一點餘！遂午餐，起行時已一點餘。西山已就齊魯大學史學系主任，帶行李進城。二馬：一馬負行李，一馬余二人換騎。途中雨一陣，幸到村中一避。

鐵路北路上有水尺餘。至，晤潤章。返登華街，與西山同到勸業場路西一小館中晚餐，余爲東。到建功寓。彼於禮拜日即將搬往鄉間，然余因明日即將往晋寧，將所帶銀行摺子交碧書暫存，却忘回時，彼等已下鄉！亦見伯蒼。歸後，與頡剛稍談。矑仙函約余等二人明日十點半到文明街一美術館前見面，並吃飯，飯後啟行。

二十一日，仍同西山到勸業場早餐，西山爲東。到建功寓，請其去時將摺子交給伯蒼以便轉交。彼處所存石頭衣服，亦請其交伯蒼，因彼不久即將赴城固也。歸，同頡剛往文明街，亦矑仙已在汽車前待，並已將汽車票全買好。未幾，國瑜亦來，遂同到甬路街一小館中午餐。午餐未久即起身。汽車行一點半以外即至晋寧。昆明南郊外尚有栽秧者。路過呈貢城外。呈貢城內圍一小山，人家不多。近城一村矑仙指言爲明末詩僧蒼雪和尚故里。過呈貢爲歸化廢縣屬，今屬呈貢。至晋寧車站，矑仙之五弟已同人來接。彼帶人將行李先挑歸，余等即進北門一游。城內商業並不繁盛。聞仍因咸、同兵燹元氣未能恢復！余讀《咸同貴州軍事史》，知當時貴州兵灾，極慘極酷，疑雲南尚不至是。但矑仙、國瑜均言，此次雲南所遭慘遇，絕不下於貴州！或且過之！兵禍之慘，令人心痛！到城東南隅文廟，內現爲工業學校，近由昆明疏散到此。現已放假。地方尚相當寬廠。西隔壁爲教育局及通俗教育館。局長段姓。出，謁張滇洲先生祠。張名鵬昇，乾嘉年間人，官至濟南府知府及刑部員外郎，有循聲，且通律持正。舊祠已毀，近年提倡重修，矑仙與有力焉。出西門，矑仙强拉入茶館，飲茶，吃包子，時余不飢，然仍食一包子，味甚佳。此後均於十月四五日補記，故頗略也。是日晚觀矑仙之學圃，一小園，內刻石頗多，有西房三間。彼擬於今冬蓋北樓三間以藏書。

二十二日，游盤龍山。山在城東十許里。大路可通汽車。路南有小山曰應山，聞因爲回聲，故名。路北小山曰象山。廟規模頗大，現爲西南聯大所租，但未用。山爲元盤龍祖師所開，有元碑二。前接引佛殿内，像及壁畫均佳。另有一部分即係矓仙所倡修，名已忘之。正殿供佛、老、孔三大教主。在此地大雨傾注，山中看雨，至饒静趣。雨住後始歸。過應山後，路南有一舊曰象山書院。蓋晋寧城小，故置書院於此。咸、同年間，慘遭兵燹，城内遂空出多地，書院無置此之必要，故已荒蕪。余同矓仙一往視。

二十三日，與矓仙、國瑜、頡剛往游天女城。矓仙五弟樂耕亦同游。城爲晋李毅女秀所築，故俗名"天女城"，地在方家營西四五里，離湖濱不遠。城前有一村，名已忘之。村中有瓦礫遍地，但絶無有繩紋者。村北有一岡阜，上面相當地寬廣。相傳城建於上。村北登岡處有寬道，兩旁稍高似係人工所開。俗曰"天城門"，大約爲天女城門之簡稱。進門不遠，有廟，内有小學校，現無人，門扃未能入。廟附近雖不少陶片，但既無繩紋，或係近年修廟時之所留遺。再上漸至岡頂，則陶片極少，不類古人居處。岡上尚有流水，小渠縱橫，有已墾地。岡上望湖，風景甚佳，爲一最近人墳塋。門前有大石，衆疑覆面有字，雇人掀起，則無有，爲之爽然。到處搜尋，幾全無迹兆！惟最後始注意到：門之兩旁有四石分列。石若本地碑上所覆之帽，上作屋頂形。其所刻檐間之瓦當紋，實石非瓦，則如長安附近所遺漢瓦之雲紋（即當地古董店所稱之雲板頭）。此種簡單幾何圖案紋，漢後未見。晋去漢未遠，爲當時遺物，可能性固甚大也。回方宅後，查《徐霞客游記》，徐氏當日游時,亦見此石。且此後接瞿仙信,言樂耕搜訪結果,得有漢磚,則此地爲李秀所堅守之寧州城,當屬可信。惟天城門或非城門,僅係衙署前方。其重要建築之衙署,或即在今日學校附近。城則包有全村,或至村南也。下岡,向西南行,又至一村。村似名"金山寺"。寺爲古刹,規模不小。有昆明學校疏散到此。本日未上課。有殿祀土主,傳此土主,即爲李毅。又前過一村,似名鳳鳴(或鳴鳳)村,爲清四川按察使李因培故里。不遠又有一村,村有廟,亦爲前所言疏散學校教職員所居。後聞頡剛言,此廟前,見一漢磚,但當時余未注意及之。游至此遂歸。

二十四日,往游城南玉案山。山在城南二三里,相傳爲莊蹻所建之滇池城。到南門外不遠,即見鄉人屋基有帶花紋漢磚。雖不及在城固時所見之多,然亦頗有數個。過一小河,即抵山。此地名山,實非山,平地較高而已。地在道左,上多近人冢墓。不少陶片而無證驗。再進,有一溝,崖間得漢磚,繩紋或幾何花紋。外又有一溝,俗名護城河,以地勢準之,名亦近理,或有所受之。據此二端,地爲漢滇池縣遺址所在,當屬可信(亦即漢益州郡治)。謂爲莊蹻所建城,或亦不誤。蓋晉寧地處滇池東南隅。縣城附近山,名者,東曰蟠龍,西名望鶴,而玉案適處其中。山現西北距湖約十里。然據瞿仙言:其所居之方家營(在城西北三四里,正在玉案山與滇池中間)元前尚在湖中,經咸陽王賽典赤疏導運河,始灘成陸地。今據玉案下望,除數個疏落之①丘阜外,一平如鏡。秦漢以及戰國末年水面尚能達到山根是一定的。從玉案向東北

①編者注:原於"之"後衍一"之"字。

望,蟠龍環衰,如螃蟹之一螯;向西北望,從望鶴迤邐北上,丘阜斷續,以至天女城,似其他之一螯。玉案恰如蟹腹,由二螯之保護,真一城居之善地。莊蹻從東方來,駐軍於此,漸成聚落,誠一最近情理之假設矣。又有遺物之證據,則此地爲戰國末年及秦漢之一都會,實亦不成問題。至李秀之移置新城於一螯上,則又有説:是時中原板蕩,蠻夷蜂起,非地勢險狹,無從堅守。此地當日當係突出湖中之半島。夏秋雨期,或已變成孤島。進可以戰,退亦易守。較之玉案之三面受敵,固當遠勝。吾今日親身勘查,而後知古人之謀慮深也。

二十五日,乘汽車同返昆明。上車前,昆明小學王校長引余觀北門外之古塔。塔如北平白塔式而較小,余未能斷定其年月。塔後有關帝廟,隔扇門上刻龍及二十四孝,刻工精巧,非近時物。或係清初明末物。下車後,將請矓仙及國瑜晚餐,但矓仙有公事,須下午往海源寺,未能來,僅約國瑜到翠湖北之小館中晚餐。

二十六日,留城內一日,與頡剛訪潤章,欲與談鴻庵加薪事,未遇。又與頡剛到開明書店此間分店。樸社出書,全歸開明代售,請其將《歐洲哲學史》稿費直接送至本院辦事處。

廿七日,同頡剛、西山、鴻庵到冠生園早餐。出訪伯蒼。又到才盛巷訪建功,遇毅生,問之,知彼住在三轉灣,但號數未知;又謂莘田當知之,遂訪莘田。在彼寓遇彥堂、立庵。略談,同到東方飯店午餐,莘田爲東。餐後到三轉灣益興巷訪建功,交來銀行摺子,而余圖章又帶錯! 終未能取錢! 遂往商務印書館取出第四批之《叢書集成》。到宿舍後,遂雇車歸。途中雨數點。蒜村附近有泥,頗不易走。晉寧及城內氣候頗熱,多出汗,至寓後,始得痛快洗濯，精神爲之一爽。晚間談，早眠。寢時雨。

廿八日，眠甚酣。將《叢書集成》上架。下午，九峰來。晚月光甚佳。

廿九日，眠仍甚酣。翻閱《十七史商榷》。鍾澤珠來，言將往路南雲大附中服務。俞季川夫婦俞爲魯鴻瑾丈夫。請余及子倫、秉琦晚餐。餐後，月光如晝。歸後，愛月不願即寢，在廊下飲茶清談。就寢時，或已過十二點。接頡剛信一封，談下月四日講演事。劍秋進城。在俞寓讀今日報，知美已通知日本，廢止商約，日本金融已受影響。

三十日，晴。仍翻閱《十七史商榷》。下午萬斯年來談。接頡剛信一封。晨，子倫進城，晚歸。下午秉琦進城。

三十一日，中夜雨。全日陰雨，亦時止。仍翻閱《十七史商榷》。接長兄信一封。劍秋返。讀今日報，載敵人又分三路進攻泌陽、桐柏。但似非大舉，且攻勢已挫。

八　月

一日，欲考張巡果爲南陽人抑河東人，但手下僅有《舊唐書》《新唐書》及《通鑑》，遂無結果。後讀《通鑑》安史亂事，亦未能完，然始知唐國力至此時已太疲憊：盡李郭之力，終無奈史思明父子何，必須再借回紇力始能聊草完事！此中必尚有深密的原因，尚未發見，頗耐人深思也。幹訓班學生又來一班。

二日，與鴻庵談中亞各部族歷史上一切問題。接臞仙信一封，內有詩數首。接關斌信一封，還國幣十元。秉琦歸。接白良臣請帖一件。

三日，未大工作，上午與鴻庵談西遼紀年各事。朝陽及一莊君來。朝陽已接中山大學聘書。莊君亦物理所職員。彼等下午即返。賢璋來談。檢查《孫子》中之古史材料，僅得兩條，抄出之。良臣請今日下午六時吃飯，未能往。時微雨。

四日，眠不佳。九點，騎馬進城。至城內，已十一點半。見頡剛，知今日講演，定於十二點半開始。即與鴻庵到辦公處取上月薪水。出門則遲習儒來迎，同到勸業場午餐。習儒已用過，余爲東。餐後，與習儒同到雲大，共講一點半鐘。題目爲《文藝怎麼樣才能達到通俗化?》。並無新意，不過將舊日所常説者另外組織一下，再説一過而已。歸登華街，同頡剛訪潤章，未遇，出購物。還登華街，蔭麟訪頡剛，相遇，略問重慶近況及國際消息（因彼新自重慶來），即仍乘馬歸。途中，問趕馬人，知鴉片價在十元以上，而蒜村一村癮未戒者，尚有七八十人！每人每日消耗總在五毛至一元左右！抵寓將七點，即大雨傾盆！還西山百六十元。

五日，時雨時晴。楊森告假進城。全日看《夏伯陽》。書似從英文轉譯。原名爲 Chapayev，因演其影片時誤譯，譯書者因名已通行遂亦仍之。寫的尚好。

六日，氣候如昨日。未大工作。上午漢良夫婦來。下午聞有警報。天木及高、號曉梅。潘二君來談。楊森返，帶回近數日報。晚閲報。知近日法幣落價頗劇，頗爲憂念。與秉琦談。寢時十二點已過。接平家信一封，知季芳近仍患心臟病，亦滋憂念。

七日，眠不甚佳。聞壽彝言鄉人傳昨日板橋被炸，未知確否。將午錢臨照、顧公緒來，據言昨日敵機至婆兮即返，然則板橋被炸之説當不確矣。下午北平圖書館派一岳君先送書來。後岳君返，九峰移來。子倫、秉琦皆進城。翻閲《前聞記》《碧里雜存》，又《東谷贅言》數則而已。今日天晴。聞幹訓班明日將出發。

八日，日中晴，晚大雨。幹訓班出發，對面樓尚有數人未去。子倫歸，帶來報紙多張，終日閲報而已。獅醒來，出樂夫復信，言其廿六年七月份薪水已由萬玉代領去，請余寫一信與會計課補發八月份薪水。因寫一信與諮禹。彼又言燒焦煤比炭賤幾一倍，因寫一信給雨樓，請其成噸購買，派人送來。午間動物所顧君來檢其箱件。

九日，時微雨。將《叢書集成》加蓋圖章，因時加翻閲，故僅完其四分之一。臨照歸城内，秉琦歸寓。

十日，氣候如昨日。將圖章加蓋完畢而已。

十一日，因檢《紀元表》，遂閲《北史・柔然傳》。後遂閲各史《安南傳》。九峰下午將進城，因泥滑摔一脚仍返。功叙因欲到魯索坡尋房，爲之寫一信與梁方仲，請其照拂，然終未得。功叙進城，莊明山來。

十二日，翻閲各史之高麗、日本等傳。九峰上午進城。楊森告假進城。

十三日，翻閲《中日二千年關係史》。九峰返。秉琦進城亦摔一脚。

十四日，睡不甚佳。洪波、漢良、法岐來。法岐數年未見，年未四十而髮白多於余。下午因劉、張交涉房子事，與之同找玄彭，遂同往蒜村。近數日，皆時雨時晴，雨且大。

十五日，鴻庵請午飯吃餃子。頡剛爲元胎作冰人，亦歸，得相

見。然因雨泥濘，殊難行也。餐後即歸。遇社會科學所湯相
□①，遂同來。未幾，潤章同孟和來看房子。子通及覺明亦來談。
子通仍在湖南大學教書，來此旅行，談次知湖湘近況。覺明在浙
大教書，送家眷來此。潤章交來鴻庵聘書及信各一封。劍秋
進城。

十六日，臨照及其夫人、小孩，功叙來。秉琦回。下午錢家及
明山進城。功叙留，楊森返，帶報多張。下午及晚，閱報而已。接
樂夫電一，電碼錯誤太多，致電告之。接仲良信一封，雨樓信
一封。

十七日，昨夜雨，西院墻倒塌。上午仍翻閱報紙。下午孟和
來信，介紹麥叔武、葉建造商議開始興工事宜，同來者尚有一施
（或史）君。葉君擬常川駐此監工，請給一住處並辦公桌椅，且請
加入伙食。允以暫借一間房、一張桌，至椅則因無剩餘，請自行帶
來。伙食因人數已達八人，俟看能借到圓桌面與否再定。稍翻閱
《禮記正義》之《王制》篇，並看楊向奎所著之《論封禪起源及以祖
配天》稿子。近多日因痔瘡關係未嚴正工作。現雖未全愈，而自
明日起，當再開始工作。晚借秉琦之《蘇俄共產黨歷史》翻閱數
十頁。鴻吉來。

十八日，上午仍忙着計畫收拾對面房屋。下午檢閱《管子》
中之古史材料，畢之。晚繼續閱《蘇俄共產黨史》。《管子·乘馬
篇》言："凡立國都，非於大山之下，必於廣川之上，高毋近旱而水
用足，下毋近水而溝防省。"與余實地考查之結果相合。

①編者注：原於"相"後空闕一字。

十九日，作夜因對面室内喧鬧，睡着時已晚。上午寫樂夫、子臧信各一封。下午王敦義來，言彼與郭祥芝、張静吾於二十一日請吃飯，謝之。麥、葉二君來，言後日即將動工。讀《史記·河渠書》及《漢書·溝洫志》。子倫下午進城，帶復仲良一片。

二十日，時微雨。寫漢口中國銀行辦事處信一封。復關斌信，未完，鴻庵夫婦及小孩來，送饅頭，且言賢璋不懂事，喜占小便宜，相處不合，擬搬家云云。午餐後仲良、伯蒼來寄放行李。劍秋歸，帶來報多張，九峰又拿來本日《朝報》一張。讀之，知歐陸風雲，殊爲緊急。德對但澤，有必取之勢，且進而要求波蘭走廊。又主張開四國會議以誘英、法。英官方言無蘇、波參加之會議均屬無用，則英態度已變。又東京會議已決裂。近日外匯有轉漲。接春藻及泛弛電，言西北聯大請余作歷史系主任教授，因此間不能離，復一電辭之，托伯蒼拍出。子倫早歸，秉琦下午進城。

二十一日，昨晚對面室内仍喧噪，約過十二點鐘仍未已，余起，請其低聲，始已。上午檢查舊信，找出上月芝生寄來一信，余不知何故，並未開封，今日開封，始知係報告吾邑陷落一切情形。下午翻閱矓仙之《滇南碑傳集》。晚閱月初之《大公報》。接樂夫航空信一封，始知前日來電，乃欲請余向春藻一介紹也。功叙進城。明山同眷屬搬來蒜村。

二十二日，昨日即大便帶血，今日更甚，故今日工作又復甚少！在《元史》中檢得關於唐河縣史料幾條而已。

二十三日，今日大便血止，惟痔劇於前日！上午秉琦返，帶回報及信。接伯蒼信一封，節常電一封，玉瓖片一紙，慕光信一封。壽彝言今日沙儒誠請客，問余能去否。辭之。完關斌一信，又寫春藻一信，答慕光一信，均托壽彝帶進城。閱報，則晋城已克復，則敵此次掃蕩晋東南計畫又已粉碎。東京會議尚未正式破裂。英、法、蘇之軍事會議又暫告停頓。下午翻閱《蒙兀兒史記》，檢得本縣史料數條。

二十四日，晴。翻閱《元史》，搜查本縣史料。下午有警報，同九峰、鴻庵到廟外一游。

二十五日，晴。仍翻閱《元》《宋》二史，搜查本縣史料。九峰進城。

二十六日，晴。早聞人言德人已占波蘭走廊，乃急借農林所昨日之報一閱。下午九峰返，帶來本日之報。結果知此項尚係謠傳。但得一意外而極重要之新聞，則爲德、俄結互不侵犯條約，於二十四日已簽字！二十三日知德對俄放款二萬萬元，然尚以爲不過信用放款，不意時局有如何重要之變化。而今霹靂一聲，德、蘇互不侵犯條約遂已簽字！此舉蘇俄外交可謂得相當大的成功。因爲，第一，它西顧無憂，可專力以對付東亞的局面；第二，如歐局凶惡，彼可坐觀成敗，收漁人之利。至於英國外交，可謂畫時代的大失敗。因爲自此以後彼除非再向德國磕頭，即當與法、波等國單獨與德、義等國作戰。如出前者，則一百餘年的霸權完全墜地！歐陸任德獨霸，亞洲發言權亦遠不及蘇俄之有力。如出後者，則制勝無把握，戰事開始，必受巨大的損失；戰事延長，帝國將有瓦解之虞！至對於東亞，則敵人更陷孤立，我國毫無不利處。閱今日報，則歐局緊張，已到最後關頭。德駐華沙大使館人員已經他去！波已全體動員！德京則到處安設高射炮！巴黎已實行疏散人口！倫敦已實行燈火管制！美已通令游歐僑民，無事者早日退出！世界大戰已間不容髮矣！晚聽無綫電，尚無開火新聞。又知前日警報，實係汽車警笛誤會，殊屬笑談。

二十七日，晴。上午翻閱箭內亙所著《元朝怯薛及斡耳朵考》及《元代蒙漢色目待遇考》。秉琦進城。下午讀前數日報。接到樂夫、節常及春藻信各一封。

二十八日，晴。寫平家信未完。下午同壽彝、鴻庵、子倫、九峰往松花塸北馬家庵，訪賽典赤墓。壽彝曾從龍頭村同友人去過，故請其為鄉導。然彼未能認識，故繞路頗多。正路應出廟，翻東邊山坡，向北，過工場附近；再前，過張家寺；又前，過鳳陵山；過谷，上東坡，即至，約六七里。然余等上廟東坡後，向南又東過議事村，再前過張家村，而九峰已疲乏，不能前行。鴻庵、子倫從此前進，路大致不錯。而余與壽彝則翻一坡，始抵鳳嶺山。山為一村，報恩寺在焉，明副都御史趙汝濂號雪屏。葬焉。現寺已毀，為陳价購去。陳去世後，即葬於此。寺萬曆碑已仆，或不久即磨去也！趙公墓碑下半字已滅，尚立牆側。其墓則已不可見，未知是否為陳建墓時所毀。現陳墓仍在動工，局面不小，未知何年何月再為他人所毀也！出寺，遇陳孫，名廉（現在尚志小學五年級肄業），殷殷給余等引路。據言彼家原籍開化，其祖父始移居此。購此山時，山坡均童，現在則林木翁蔚、果樹成蔭矣。賽墓有方牆環之，內有二墓，壽彝言東北隅者為賽墓。墓上有一石，上刻波斯字，然此石似後鑲①上者。疑他石內或亦有字也。壽彝據一碑，言賽典赤共有三墓：一在成都附近，一在西安附近，一即昆明城外

---

①編者注："鑲"，原誤作"礦"

東南隅者。此墳尚未述及。又據人言:昆明東南者真,此爲其纏頭冢,陝、蜀爲衣冠冢,然亦未能明也。稍息,即返。途過鳳陵山,購梨食之。至寓,六點餘矣。前數日余托伯蒼爲子倫找功課教,今日壽彝持伯蒼字來,請其自往接洽,而子倫又變卦,不願在此地教書。苦勸無效! 彼人甚執拗,亦無他法,只好任之而已! 今日午間物理所之嚴、錢兩夫婦,辦事處之劉、陳、殷及中法教育基金委員會之趙均來。後均去,鴻吉亦去,獨嚴、錢留。接樂夫同樣電二封,仍係代春藻勸往西北者。近數晚月色皆極佳。然睡時仍有雨聲。

二十九日,時落雨成陣。完寫季芳信。又寫糜岐一信,擬與柱子寫數行,却未開始。下午閱報,知歐局仍緊,德擬索回戰前疆域,不索亞爾薩斯及婁蘭。日本平沼內閣倒,繼組閣者將爲陸軍大將阿部信行云云。接春藻信一封。

三十日,氣候如昨,雨更陰沉。翻閱《綏寇志略》,找關於本縣史料。寫柱子信一張。秉琦自城內歸,言聞此間兩鐵路,經費頗困難,有歸併起來,先築一條之議。蘇俄借款,已將成功,內含速築西北鐵路一事。現已加緊測量,雙方並舉。並聞此借款成後,孫哲生將任駐俄大使云云。政府速築西北鐵路,實屬正辦。路綫雖比叙昆、滇緬更長,而上隴後,除新疆之天山外,即無大山,工程較易。惟甘新之交,人口稀少,徵工辦法,殊不能行。歐局密雲不雨,恐尚有多日,始能判別出來果戰否也。物理所之錢歸,張及盛來。

三十一日,晴。子倫爲震寰入學事,進城,爲之寫一信給勉仲,請其幫忙,因震寰之入學證書由航空寄來,而郵差乃壓至一二十日始行送來，以致耽誤考期！故不得不請人幫忙也。又寫一信給諧禹，從本月薪水內先取四十餘元備用。全日工作殊少。九峰進城。

九 月

一日，晴。今日幹訓班又到一二十人。將午，物理所之鍾君來，言有預行警報，但子倫、九峰、臨照後返，言並無警報。今日藉逛山以避警報者頗多。余從前雖擬將教育簡成三級，而因國民教育共九年，包括今日之初小、高小、初中三級，功課性質，如何分別，對於此點，殊有所疑。今日思之，最初數年，不必用校舍，各處游行施教，游行遠近以年級分。近者三四里，逐漸加遠至六七十里，則周圍百餘里，了然心目矣。習字用樹枝畫於砂土上以教，算術亦如之。五年級以前，無歷史、地理等科。歷史僅有兒童歡喜可歌可泣之故事；地理就其所見者與之講解而已。至六年級（十一整歲後）始增加校內功課，約占三分之二。與以比較系統之知識。八年級、九年級，則加增生活技術。似此則幼稚教育，除前二年，兒童未能遠行外，餘亦可與國民教育打成一片矣。翻閱《丹麥的教育》，未完。接樂夫信一封。

二日，晴。工作甚少！將午，九峰來言：聞從城內來之友人言，歐戰已暴發；德飛機轟炸瓦薩云云。此間無報，明山、劍秋均從城內來，而未帶來本天之報！心殊不樂。後始借得本日報，閱後知德、波於昨日上午九時開始衝突。但澤被德占領。德從東普魯士、西來西、斯洛瓦克三道攻波蘭，波蘭數城受轟炸。波機亦曾於德某城擲彈。英王已批准總動員令。法嚴令巴黎人口疏散。義尚進行和解，恐無效果。又言南斯拉夫、羅馬尼亞、匈牙利、保加利亞將棄釁修好以抵制德，義頗贊成其事。此事爲哈瓦斯電消息，未知確實程度如何。似此則歐陸大戰似已無可避免。前日合衆電言歐陸動員總數已達八百萬！雖或稍有誇張而離事實不遠。人類愚昧瘋狂以至於此，何勝浩嘆！

三日，晴。九峰拿來新出土齊、隋、唐墓誌拓片十三張，以十三元購得。内有一張君謙誌，其曾祖延興，唐州泌陽縣令，則與吾縣之史料有關。見游人持本日報，九峰追求得之。載二日英法駐德大使曾下一最後通牒於德，限其即時退出波蘭境。並言是日即當下旗歸國。法亦下總動員令。德對波轟炸九十餘次，飛機被波擊落十餘架。至陸軍衝突，似尚無大勝負。訪魯鴻瑾，請其再寫信，問兑款事。午餐方半，叔永、月涵來談。下午看隋蔣慶誌，因彼從征高麗，翻閱《隋書》及《通鑑》關於征高麗事，二書多有不同，亦未能判其是非。晚餐後出廟門，遇陳衡哲夫人，立談片時。又與爲濤談。前數日陸續來二勤務，今日又陸續去！人之難用如此！秉琦進城。

四日，翻閱所購墓誌拓片，無特別重要者，亦未詳考。午間，有李小緣君_{南京人。金陵大學教授及中國文化研究所專任研究員。}來訪，在寓午餐。慕光、韻幽、耕雨來。嚴、李歸，盛留。報載昨日上午十一時十五分，英、德已開始戰爭狀態。波蘭莫錫基總統任斯米格里資上將爲陸軍總司令，並着於總統出缺時繼任總統。此種態度殆以應希特萊之宣言：如彼戰死，即以戈林繼任；再戰死，即以赫斯繼任；再戰死，則由黨元老擇最勇敢之人繼之也。又言法教育總長自請離職入伍。此類表示，頗似我國春秋末年之風，與十九世紀丰度大不相類。吾常謂十九世紀似春秋，將來即變似戰國，觀此益信。《雲南日報》載塔斯社通訊，言近日意在阿比西尼亞遭受意阿戰爭爆發以後最大之失敗，有上將、上校、多數將士被俘。阿都以外所有接近山脉之區域均不屬意軍統治云云。未知確否。今日楊森進城，本日歸。

五日，上午僅督率同事，掃除院中地。下午稍翻閱《綏寇紀略》。閱報，知法與德亦開始敵對狀態，但不取宣戰方式。英正式宣戰。義大利似不願加入戰爭，法、義界前數日已封鎖，現又開放，則法與義當有勾結！義大利真不愧爲 Machiavel 之故鄉哉！秉琦歸。

六日，陰。翻閱《四庫全書纂修考》。接到文青、全嘏、節常各來信一封，及文青寄來其所作的《張騫年譜》，《陝南調查日記》，《漢故郎中趙菿殘碑拓片》及其《考證》，《郭旗牌村塡曲》五闋。全嘏寄來其所整理成之《汧水古迹調查報告》。報載莫索里尼已宣布其守中立！又言法軍已攻破西可佛里陣綫二十餘處，後者傳自舊金山，似未必靠得住。西可佛里陣綫建築固多缺陷，但立時攻破，亦似太早計矣。

七日，陰雨。稍翻閱《莊子》及《明紀》。

八日，因明日爲本院十周年紀念日，院中以車來接，乃於午餐後同漢良、劍秋、耕雨、秉琦、功叙諸人進城。余乘車至崗頭村後步行。至城內，往見潤章，據言重慶方面，對於歐戰，持悲觀論調者甚多。未預備吃苦，而忽遇此意外事，其持悲觀，實無足異！見真甫新從法國返。後與劍秋同到美的小食堂晚餐，余爲東。晚宿登華街，與賢璋同室。

九日，與賢璋同到日月新早餐，余爲東。往中法中學訪眞甫。談至九點半，冒雨到院，不久開會，未約外賓，通信研究員到者僅有正之一人。余被迫談余四年乃一節之迷信。攝影、聚餐後談至兩點餘，出，訪建功，未遇。訪希淵，未找到門。乃訪芝生，在彼寓晚餐，遇勉仲。芝生言：據家鄉來人說，此次新唐戰役，開始湯恩伯軍敗甚狼狽，幸孫連仲軍趕到，始轉敗爲勝云云。又言湯軍之敗乃受十三軍之影響，因此軍係土匪改編，遇敵即潰，故不能支。仍宿登華街。

十日，再到日月新早餐。往三轉灣訪建功，未遇。往才盛巷，乃見之。又見伯蒼、立庵、膺中。出到明和春午餐。訪達三，未遇。歸登華街睡中覺。素陶同二人來談出版通俗刊物事，一蔣姓，一忘之。達三來，同訪希淵。彼病傷寒及氣管炎等，幸均不甚重，談風尚健。出到翠湖海心亭飲茶，美的小食堂晚餐，武成路及華山西路拐灣處茶館再飲茶，均達三爲東。

十一日，到勸業場一豆漿館內早餐。到才盛巷見建功及立庵、伯蒼。同建功到□□□①午餐，建功爲東。返才盛巷晤毅生，未談。晤川島，略談。與建功同赴火車站，兩點開車。過兩小站，至西莊下車。時天頗熱，初下車時，無人可雇，手提什物，步行里許，至官渡，遇一馬村居民，請其代挑什物。余則與建功到鎮上一游。走五里許，至馬村，建功寓焉。此馬村爲上馬村，亦名龍馬村。商業學校疏散到此。建功房東孫君少仙爲北大研究所舊學

---

①編者注：原於"到"後空闕三四字。

生。建功住房僅兩間，亦未用人。乃亦能挑水如村女！

　　十二日，同建功全家及孫老太太雇船過草海，至五甲、六甲、七甲各處一游。七甲有尼庵，頗大，內有小學。村離省城南門十五六里。

　　十三日，與建功步行到下馬村湖邊。距離約四五里。緣堤行，風景頗佳。村較上馬村潔清。然因歸時頗熱，脫衣手持，遂將袋內鴻庵之名章失去！今日本擬回城，因孫少仙堅欲招待余，遂中止。彼請晚餐。在坐者有其父，及一施君，一孫君。施前中央大學學生，現任一中學校長；孫爲其族人，本村小學校長。聞其父終日悶睡，似對其子不適意。至少仙則材具平庸，而頗喜大言，然亦不能令人信之也。

　　十四日，早餐後，歸。到後，至美的小食堂午餐。至登華街寓舍，壽彝來談，借百元。去後午睡。醒，素陶來談，約晚飯於彼家。去後，因聞壽彝言石曾院長來滇，乃至黃公東街，問其寓所，西門役包全言，僅留一日，已去矣。歸寓，素陶又同魏君夫婦來，同往彼寓。魏，湖南人，在河南中學教書，新從鎮平來。所言戰況，與前日芝生言相類。且言孫連仲初單人坐汽車到南陽，謂民團能守三日，即有辦法。而西三縣之民團果拒敵三日。後孫軍開至唐河河西伏焉。敵人炮擊，堅伏不動。敵人過河，受我軍襲擊，遂大潰敗，不可收拾。又言孫軍紀律極嚴明，現駐桐柏一帶云云。餐後，又有蔣君、張君至。張名嘉棟，字良材，舊師大學生，現爲教廳一科科長。又有一軍人，余忘其姓。遂共談出版通俗刊物事。素陶擬名爲《大家看》云。

　　十五日，因昨日將手杖忘在素陶家，早往取。路遇育伊，知守和已歸。到大都會早餐，來物甚慢，不終餐而出。往訪守和，希望圖書館有中西文之中國學書借與本所用。彼言有一部分，並當再細查。出，到明和春再餐。後遂雇車回黑龍潭寓。日間頗熱。接到中孚信一封，慕光交來英文待簽字信一封。又《抗日模範根據地》一本，《新疆日報》《新西北》《戰鬥日報》《犧牲救國》各一份，蓋尚文寄來。前曾接《戰時青年》數份，亦尚文寄來，而余收件時殊憒憒！與建功談，竟言未接彼件，殊可笑也。歸將至時，遇九峰進城。

十六日，終日閱《大公報》而已。魯鴻瑾來，言其姊五百元已交到平寓。

十七日，夜起便旋，天黑如墨。未幾即大雨傾盆，室中仍漏。上午仍淅瀝不住。然九峰竟冒雨歸。過午，守和來談，蓋城內雨較小也。接石頭信一封。

十八日，時翻閱歐洲歷史。晚讀本日報，知蘇俄兵侵入波蘭境，殊堪詫異。同人多以為彼將與德合謀瓜分波蘭，然余覺彼執政者，似尚不致笨拙至是。但俄今日即在歐洲加入活動，殊嫌太早。此等變化，殊難理解，必須再遲六七日，或可判斷其含誼也。接河南同鄉會信一封，言十七日於東道雅集社開成立會，請到會，然時已過一日。

十九日，精神不佳。上午與漢良、洪波商議請客事。秉琦進城。餘以《閱微草堂筆記》消遣而已。

二十日，下午鴻庵持來彥堂贈所中及余個人之《周公測景臺調查報告》各一本，因即翻閱。今日李保進城，寫一信與劉雨樓，請其代定《新華日報》一份。秉琦回。

二十一日，夜中夢父母均尚康強，且夢中以爲均過八十，心中私慶，醒來始知均棄養多年，傷哉傷哉！終日檢《説苑》中史料。晚餐後出散步，遇洪波自城内歸，言院中恢復經費七成之舉，已告成功，且並不再九折。

二十二日，陰雨。終日未工作，僅翻閲《閲微草堂筆記》而已。

二十三日，終日陰雨。九峰拿來圖書館中新印《吳愙齋尺牘》一部，因翻閲數本。全書均係與陳簠齋之簡，關於考古材料甚多，所中當購一部也。寫平家信一封，將匯票寄往。

二十四日，終日霖雨，幾無止時。上午翻閲《吳愙齋尺牘》，下午看報。近數日湘北新墙河一帶戰事頗急。羅馬尼亞總理被刺。

二十五日，霖雨滂沛無休期。今日本院在黑龍潭三所請客，客人爲蔡玄彭夫婦、陳封懷夫婦、俞季川夫婦及汪□□①，但蔡夫人因雨未來。九峰大醉。

二十六日，雨下午稍止，但晚又復傾注！翻閲《歐洲戰後十年史》，感到波蘭一方面由於狂熱的愛國心，一方面由於法國無理的扶植，強併多地，以致民族複雜，釀成一種先天不足證！故此次解體之快，實亦由其自取。讀昨今二日報，知敵已強渡新墙河，在新墙、汨羅二河間，戰事異常激烈，敵軍死傷已約萬餘人。我軍於北方進攻，擊敗敵人後，克復桃林（臨湘南，至汨羅北之桃林，似尚未失）。汨羅南則亦有一部分由營田上岸之敵，正激戰中。

---

①編者注：原於"汪"後空闕二字。

二十七日，陰，然僅早微雨一小陣。仍翻閱《歐洲戰後十年史》。九峰進城，鴻吉來。敵人已過汨羅，但與營田登岸敵未能會合。如三二日內無轉機，恐十日內長沙有危險矣！夜間甚寒。早起時室內十度左右。下午至十一二度。

二十八日，陰，時霏霧絲。仍翻閱《戰後十年史》。九峰歸，始將平家信托洪波帶進城發出。匯票分六，仍寄其三，恐取款時郵局閱封套有麻煩也。敵我仍在歸義、新市綫相持。

二十九日，陰。上午稍閱《吳窗齋尺牘》。下午秉琦進城，交他國幣伍拾元，請其代交寒衣捐。看國瑜所作《釋十二支名義》，大致尚好。晚餐後同同寓諸君，到蒜村看各同事。洪波、臨照進城不在，僅見明山及漢良、壽彝。歸與劍秋講珠算。

卅日，陰。上午閱昨日報，查地圖。翻閱《歐洲近代史》。下午讀今日報。日軍此次攻湘北，共分三路：中路進攻新墻、汨羅正面；西路由營田等處上岸，以攻我汨羅軍之背，且與中路會合；東路由通城、修水間繞攻平江以接應中路。現在其東西兩路，未達目的。中路則已渡汨羅，最前進點至福臨鋪。現因其兩翼未成功，故保衛長沙或能有轉機；然長沙附近，似已無險可守，故危險尚大。德人傳華沙守已將無條件投降。

十 月

一日，下午稍見日光。昨夜睡不佳。近日精神疲乏，未能工作，殊可悶人。上午看報。鴻庵及其家屬來，言昨日與賢璋無禮之女僕衝突，同住不便，須另外找房子云云。下午稍閱《歐洲近

代史》。並看今日報。我軍於福臨鋪予敵人以重創。然湘陰已
於上月廿七日失守。至我軍右翼在龍門廠附近亦敗敵人。軍委
會發言人言長沙非軍略上要地，似有必要時可放棄之意義。

　　二日，晴。下午四五點鐘已後，又稍轉陰。昨夜因對面室內
有人吃酒畫拳，至十二點後始已，故睡眠仍不佳。近日身體不佳，
主要爲痔瘡及少用功即困乏。八段錦已三個半月未作！自六月半
後即全停。當從今日起，按規矩作，希望早日恢復，早日工作。閱本
日朝報，湘北戰事，與昨日所報戰地，仍大致相同。敵人損失已達
兩萬。蘇俄所分波蘭地，哈瓦斯電對於前數日電有修正：略言蘇
俄所得僅爲小俄羅斯、白俄羅斯舊地；維爾納亦將還於立陶宛。
此消息似比較足信。如此措置，俄人尚有辭以執也。看壽彝所著
之《賽典赤瞻思丁傳》，大致皆佳。

　　三日，晴。昨夜睡尚佳。上午賢璋來。午後王敦義同同鄉諸
人來，余因午睡未遇。敵人在湘北，被我軍截爲若干段，然其左翼
已抵平江附近，長沙危機尚未出也。晚與秉琦談時局，頗爲愁悶。
寢時已將十二點。

　　四日，陰。時霏霧絲。睡亦尚可。晨起，思時局，覺困難雖不
小，而均有克服法，遂恢復余素日樂觀論點。寫平家信一封，再寄
匯票三。物理所鍾君來，騎來一院中爲此地諸先生購自行車一，
價三百五十三元（車三百四十五元，鈴八元）！雨樓有一信告知
此事。然今日鍾君仍騎此車歸。本日報載我軍已克復福臨鋪、金
井、上杉市各地，敵軍潰退。似此則長沙危機或已過去。又東京
露透電謂敵陸軍部發言人言日蘇雖已成立協定，而蘇仍在東方增
兵，運到飛機、坦克車甚多云云。又電言蘇俄擬集巴爾幹各小國，

在其勢力下，成立中立集團。觀近日各小國與蘇俄使節往來之頻繁，此訊當確。似此，則蘇俄之企圖已漸明了，不復爲謎中之謎矣。又我軍往炸漢口飛行場及庫，敵人損失，似相當重大。

五日，晴，且頗暖。始將上次到晋寧游之數日日記，補起，然遺忘已及半！將午從吾及元胎來。從吾以近出之《治史雜志》一本見贈。晚翻閱《雜志》中從吾、賓四及楊志玖所作之數篇。今日報載我軍克復湘陰。慕光夫婦來。又有一長沙梁君同來。化學所有一廈門李君來。九峰、子倫進城。接壽彝信一封，言購書事宜。

六日，時晴時微雨。至晚則雷雨交作，且間少數冰雹。復樂夫、節常信各一封，石頭信一封。將晚，魯鴻瑾來談。大雨兩陣，睡時滿天星斗。九峰返。

七日，陰，時微雨。閱文青寄來之《陝南調查日記》，及《張騫年譜》。彼所作尚有推斷太快之處。看余文豪所作《元明時代雲南的内地化》。彼略言自元以前，漢、唐對於雲南，不過羈縻，毫無實權，實則並非如此。因記憶不清，乃略翻前後《漢書・西南夷傳》及《三國志・蜀志》中之與雲南有關者。

八日，陰，讀幾篇《尚書》。湘北戰事，已經移於新墻、汨羅之間。敵人此次進攻，已經完全失敗了。城内下午有警報。秉琦進城。鴻庵言壽彝病，恐係肺病，需要長期休息而彼個人經濟力又絶不允許！傷哉！後問壽彝，則言非肺病，不過神經衰弱而已。

九日，漸晴。因前日發現《説文》缺一本，今日因整理書架，不惟未尋出《説文》，又發現《楚辭》亦缺一本，心頗不安也。下午有一中山大學研究女生王慶菽來問有無關於唐代史料書籍，只好

答以無有！再翻閱《日本在中國的賭博》。九峰言，聞陳封懷聽
叔永由重慶得來消息：湘北之戰，一切高級將領，因長沙地形不易
守，均不願任指揮。獨陳辭修將軍自願往前指揮，遂獲大捷云云。

十日，晴。上午與鴻庵談，閱報。下午因天氣甚佳，遂與鴻庵
共登廟前所望見最高山頭。

十一日，晴。晚轉陰，且較暖，豈將再雨乎？畢閱《日本在中
國之賭博》。讀《盤庚》及《禹貢》。我軍克復修水，東逼南昌，西
逼岳陽。然則敵人之受創甚矣！接《益世報》轉來寒衣捐收條。

十二日，昨晚睡時仍復滿天星斗。今日晴。讀《呂誥》《洛
誥》《多士》《多方》。看《新華日報》，不抨擊德而抨擊英法，一反
平日之論調！隨蘇俄以變，毫無定識！可勝浩嘆！晚與秉琦談時
局，已晚，未作八段錦。子倫歸。

十三日，晴。再讀昨日四篇及《君奭》《立政》。下午在門前
略騎自行車。門前農人已刈稻。昨日接到總辦事處函，催作本所
所藏及新購之圖書儀器報告，因異常貧乏，本日秉琦已將其作成。

十四日，晴。檢閱《韓詩外傳》及《法言》古史材料，幾等於
無，不過有若干對古史之意見而已。下午洪波、臨照、漢良來商議
勤務伙食及廚房燃料問題。接建功上月十九日之信片一，盧伯屏
之赴函一。

十五日，晴。讀《康誥》。下午，同劍秋、秉琦、子倫，到花峪
溝西北之高山上一游。山上可望見西邊壩。晚餐時，多吃飯一
碗。晚不作八段錦，早寢。

十六日，晴。讀《大誥》《酒誥》。接總辦事處信兩封：一封爲
軍政部對於軍需及兵工製造等類問題，向各研究機關有所諮詢，

本院辦事處乃請研究員及助理員加以研究，並將研究結果於最短期間送院；一封仍因此事，定於十九日下午三點在總辦事處會議辦法。接玉瓌片一。晚讀《大公報》，寢時將十二點。秉琦進城。

十七日，晴。讀《酒誥》《梓村》《顧命》。昨夜睡大甚佳。秉琦歸。

十八日，上午晴，下午雨，不大，並落冰雹一陣，大小如綠豆黃豆。晚則月出，惟東方天涯，尚見電光。讀《顧命》《呂刑》《文侯之命》《費誓》《秦誓》各篇。鴻庵家眷搬來。

十九日，晴。午餐後搭中央研究院汽車，入城開會。各研究員及副研究員均至。會中所談，余與鴻庵皆外行，敬聽而已。院中約晚餐於大都會。餐後，同鴻庵往訪建功於才勝巷。亦晤元胎、曉宇及立庵。元胎談賢璋無賴狀，至悉，殊足感喟。曉宇在十九年爲女子文理學院秘書，佐余二月，後即不常見。今日見面，但憶其姓李，其字後問建功，始知之！十點過後，歸宿登華街，接樂夫信一封。

二十日，晴。昨夜睡甚不佳，中夜即醒，與鴻庵談，遂不能眠。與鴻庵、景盛同到日月新早餐，景盛强爲東。出獨到總辦事處，與潤章談。出到金城銀行取錢三百二十元。又到中央銀行詢問公債票，則尚未到。遇元胎，同往買鞋及他物。到一清真館午餐，元胎爲東。歸，午睡片時，遂雇車歸。因運書及麵，故雇三車。雇價本每車兩元五，但因物稍多，車夫不願來，鴻庵與争不可；卒換一車，價加至每輛三元，始能來。還魯鴻瑾五百元。接黃仲良信一封。晚早寢。昨今兩日，不作八段錦。

二十一日，晴。上午何鵬毓來談。彼現已畢業，在南菁任課。

自言近治明史,但尚未能集中於某一問題。勸以將《明史》細細讀畢後,可集中於西南各省問題,以便利用當地材料。德昌從城固來。下午因今日爲廢曆重陽日,乃與九峰、秉琦、蓮塘、子倫、德昌、鴻庵同往金殿。此地離寓所七公里餘。廟在山上。山比龍泉觀後山較高。因仿武當山之中峰建築,有銅殿一大間,故俗名金殿,真名則爲太和宫。前聞係吳三桂建,然考碑,知爲萬曆壬寅,由巡撫陳用賓及黔國公沐□□①所創始。康熙年(或係癸卯,記不清楚)或與吳氏有關。咸豐九年回亂時,由鄉團據守,後被破,完全焚燒;事平後復興,故今日山上廟宇,已無以前盛況。其右邊院爲財政廳所占。山上樹木尚茂,風景尚佳。惟聞山上無水,取水須在二三百石級之山下。歸寓,正六點。路遇子水。接郭伯恭信一封。晚看報。未作八段錦。壽彝來,未遇。然將前日所認爲遺失之《説文》一本送來,且言《楚辭》一本亦在彼處,甚慰。彼並代借《尚書今古文注疏》四本送來。秉琦進城,劍秋晚歸。

二十二日,晴。上午壽彝來談。與鴻庵、壽彝同訪季川、鴻瑾夫婦,談組織小學校及合作社事。梧梓同李、傅二君來,未多談,育伊來,亦未談。下午閲報而已。子倫進城。

二十三日,陰。讀《金縢》《大誥》。《大誥》疏中引《漢書》中王莽所作《大誥》相證,然翻《漢書》中《莽傳》及《本紀》,均無有,未知在何卷中,甚悶悶。秉琦返。

二十四日,陰。同鴻庵到龍頭村,欲訪孟真談借書事,而孟真已進城。見彦堂談。亦晤曉梅、思永。後到彦堂家午餐。又獨往

①編者注:原於“沐”後空闕二字。

瓦窰村訪克强，並晤尹贊勳。彼自言曾在北大聽余課，但余殊未能記憶。參觀克强在禄豐所獲三叠紀恐龍化石，凡二具，一大一小。此化石較古於希淵在天山所獲得者，在亞洲爲最古。以世界言，則僅有南非洲所獲者比此更古耳。又見其在同層中所獲最古之哺乳動物化石。世界尚有一具，與此同古，而遠不及此完整，亦可云驚人之大發見矣。歸。季川、鴻瑾夫婦來談。接王雲五來信一封，因前數日曾與一信，問其有阿剌伯及蒙古字母否。答言現無之，惟寫出後可製鋅板相代。接建功一片，言鴻庵圖章在藤椅墊中尋出。

二十五日，漸晴。昨晚與秉琦談時局至十一點，亦未作八段錦。今日看書頗不軌則。翻閲《兩周金文辭大系》。

二十六日，晚，晴。仍翻閲《兩周金文辭大系》。大盂鼎中言"敏諫罰訟"，問題與《康誥》相類；前叙"叔酒無敢醶"，又言"我聞殷㒸命，隹殷邊侯田雩殷正百辟"，與《酒誥》問題、説法，完全相合，則此盂當亦曾從事於殷、衛之間（殷、衣、衛三字，古音同，義亦相同），"女妹辰又大服"之"妹"定即"明大命於妹邦"之"妹"，亦即《詩·鄘風》"沫之鄉矣"之"沫"。郭沫若對經書不熟，不得其解，妄爲猜測，謂盂妹爲康王后，頗屬可笑。惜余手下無拓片，不能作一釋文。又知《書》之"曰若""粤若"，即金文中之"霅若"。

二十七日，晴。核周武王伐紂年月，知《史記·魯世家》爲一説，《漢書·律曆志》中所引之《世經》及今本《竹書紀年》爲一説，古本《竹書紀年》又爲一説。古《紀年》及《世家》説僅差十餘年。餘一説則相差至八九十年之多，且與《孟子》"由周以來，七百有餘歲"之說不合，當不足據。潤章來，在此午餐。又有于(？)、霍二君來，潤章言其均係在清華教物理者。據報載，近數日晉西戰事甚緊，鄉寧、隰縣均失陷。接作詔信一封，總辦事處信三封。又行政院致本院公文一，誤送此地。

二十八日，晴。未多工作，僅隨便翻書而已。秉琦進城，帶信一封於建功，請其將寄石頭衣包送於秉琦。

二十九日，晴。今日星期日，且天氣極佳，故游人甚多。矔仙來，在寓午餐。鄉間無物買，比在彼家之款待優渥者相去真懸殊也。其所集之《滇南碑傳集》，取去，將加入采集來源。覺明來，帶來元胎爲余所刻之石章一。楊森告十日回家假。

三十日，晴。今日因痔疾幾未工作。接黃仲良信一封。秉琦返。

三十一日，晴。將明時有風，晨凉。僅稍翻閱《西藏佛學原論》，及看文青所著《漢故郎中趙菿殘碑考釋》。文青所著，推斷過於大膽，尚多未能成立之處。接義詮信一封。

十一月

一日，晴。將午孟和來，介紹其同事吳半農君。接桂恒、子倫信各一封。

二日，晴。上午訪吳半農吳，涇縣人。談。茶花又已開。

三日，晴。隨便翻閱《明紀》明將亡部分。接武昌中國銀行辦事處復信。

四日，晴。復子倫信一封。下午農植所汪、蔡、陳、俞四人請本院同人及社會所同人九峰等茶會。晚同秉琦談所中事宜，決定今年提出千二百元購買書籍，明年購書費定爲每月二百元。止作四段。然就寢時十二點已過。

五日，晴。午餐後同劍秋往崗頭村登山，到虛凝庵。庵在一山環中，局面不大，然從山口可望滇池，景物幽閑，足稱勝地。庵由尼姑主持。對聯中有"猶景新都舊史氏"之文，當係楊升庵氏曾住此間也。出廟後，登山。離地面高約四五百公尺。此山自花峪溝南下綿亘，至省垣附近始畢。俗名長蟲山，而此地爲其首，蓋過白龍潭後，山稍低再起，故遂得長蟲首之名。下山已在白龍潭北。至寓將六點。晚九點後即早寢，不作八段錦。接一亨請柬一，平家信一封。季芳對余痔瘡甚爲掛念，但不贊成余之作八段錦。內有胖子信一張。秉琦進城。

六日，晴。上午止看報。下午獨登廟後之五老峰。隨帶《閱史郗視》一本，閱畢。書爲李恕谷先生著，頗有特見，但史識不及船山之弘深。今日天幾無片雲，日暖風和。至山頂，解衣作日光浴，頗稱一快。

七日，晴。下午仍登山曬太陽，翻閱《通鑑》唐懿宗部分。秉琦返。

八日，晴。續閱《通鑑》。

九日，晴。續閱《通鑑》。接子倫信一，接樂夫寄來秉琦所作《調查渭水流域報告》。痔瘡破，流血不少。

十日，陰。夜中微雨。續讀《通鑑》。大便帶血不少。

十一日，晴。早晨室內略過十度而已。仍登山曬太陽，讀《通鑑》。大便仍帶血。

十二日,晴。昨晚因與鴻庵多談子倫近日單思狂事,過九點。後只作八段錦之四段。夜中睡不甚佳。早餐後,訪臨照不遇。遇蓮塘。歸,訪玄彭,則彼病傷風,未能起床。與汪發瓚談。在鴻庵家午餐。下午璋如來。臨照亦來。接清甫信一封,總辦事處信一封。

十三日,陰,時微雨。續讀《通鑑》。便血不止。晚與秉琦談,已晚,不作八段錦。

十四日,微雨終日,晚遂滂沛大下。復清甫信,未完。便血不止。不作八段錦。

十五日,大雨,僅午前後住一二小時。早晨溫度降至十度下,下午再降,晚不過七度而已!在此等溫度下,即余無病,亦難工作矣。不過看報,談天。近日德國頗似有犯荷蘭中立以攻英國的企圖,故荷、比紛紛作戰備。今日消息,似較緩和,然德既不願冒大犧牲攻法之馬奇諾陣綫,而又無法停止不攻,則荷地方總甚危險也。蘇、芬談判停止,但未破裂。敵人對美之經濟制裁,頗爲危懼,盡力向美屈膝以求幸免,但彼戴着軍閥的"烏龜殼",對於"東亞新秩序"的迷夢,無法清醒,則其與美之談判亦殊難成功耳。不作八段錦。便血不止。接潤章信一封,子臧信一封。因寒早寢。

十六日,漸晴。仍續看《通鑑》。下午九峰來言看今日報,敵人在北海及龍門港登陸。接石頭信一封。便血不止稍愈。在鴻庵家晚餐。未作八段錦。

十七日,陰晴不定。續看《通鑑》。便血尚未止。僅作四段。

十八日,氣候如昨。今日早晨身體不快,又晨出時頗冷,而余赤足,亦未穿棉褲,故下午更狼狽。晚體溫三十八度二。服阿司匹林,早寢。今日報載,北海方面,似不甚緊要;防城似已失守。便血未止。

　　十九日,氣候如昨,有風。晨起體溫三十七度二。腹中有痛。下午大愈。腹痛亦輕。便血亦止。看《續通鑑》。接玉瓌信片一。

　　二十日,晴。病愈,但腹痛未全止。續看《續通鑑》。報載敵人竄至欽縣北近廣西境上。接樂夫信一封,通俗讀物編刊社信一封。

　　二十一日,晴。腹痛較愈。看《續通鑑》。

　　二十二日,腹痛全愈。早晨微雨濛濛,若吾鄉春分、清明節之春雨。上午與鴻庵、秉琦談所購書問題;下午社會科學研究所請本所三所、農林所、圖書館同人茶會。主人頗善組織,談笑甚歡。晚細讀《續通鑑》澶淵盟部分。

　　二十三日,晴,夜睡匪佳。早餐因擬訓飭李寶事,與劍秋大衝突!歸結止好將李寶逐去。自慚愊隘,終日意不釋然。

　　二十四日,晴。重復便血!昨日曾登山包曬太陽,前次便血,亦在曬太陽數日之後,是否有關係?懷疑未明。下午到山包後一游。歸,開始寫《徐偃王考》。

　　二十五日,晴。便血又止,然則或與曬太陽真有關係矣。繼寫《徐偃王考》,甚少。接建功信一封。秉琦進城,托發清甫信。又寫數字寄範九,請將上月份薪水交來若干元備用。子倫歸。

　　二十六日,陰。時霏霧絲。午間彥堂夫婦及小孩同聚賢來談。下午去。晚看孟真之《夷夏東西說》。《徐偃王考》又寫若干行而已。晚在鴻庵家晚餐。

二十七日，氣候如昨。早餐後，往尋壽彝未遇。歸有一農林所職員馮君因折花，與本院職員大衝突。彼後又來折花數次，也没有理他。彼叠次來，適見小人之小而已。下午開會研究辦小學及合作社及對農林服務事。本院出席余與鴻庵；社會所來一楊君；農林所來汪發瓚、蔡玄彭、俞季川。討論結果，辦學校，因小孩太少，再與家長商議。辦合作社偏重食品部。與農村服務，均再舉代表商議。散會後與汪談其所中職員折花事，請其禁止。接洪波信一封，命李寶復歸。接盧宗濩信一封。今日聞南寧已陷落，報上未載。然敵人愈深入，損失愈大，非惡消息也。

二十八日，晴。甚暖。將晚大風。繼寫《徐偃王考》。洪波來談。接社會所信一封，要本所《史學集刊》第三期，然本所亦仍未接到。秉琦返，言聞此間當局因南寧陷落，大震。會議結果，請中央統籌全局，派兵來滇以固邊防。

二十九日，夜甚寒。終日陰，時微雨。室內温度不過七八，外僅五六。然余仍勉寫《徐偃王考》二千字。又便血，然昨日又在太陽祖臂多走，或真與陽光有關係也。接到西北大學地質地理系寄來地理教學一本。

三十日，下午漸晴，然晚寢時又轉陰。繼寫《徐偃王考》。下午天木來談。便血未停。接玉瓖自平涼來片一。今日開始入鴻庵家伙。

十二月

一日，這兩天天氣，可以一言括之，曰晴天而多雲霧。便血漸止。續寫《徐偃王考》。臨照來言子倫仍亂七八糟地給朱女士寫信，可謂痴極。蘇、芬戰端又開。

二日，早醒，全日精神不佳。夜將明時微雨。終日天氣如前數日。繼寫《徐偃王考》。午後學兵隊官長張君奉主任命，來借對面小樓，因已住人，拒之。

三日，眠較愈。天氣如前。今日禮拜日，未工作。早餐後同鴻庵及其小孩到花峪溝購肉菜等事。早眠。

四日，晴。眠頗佳。續寫《徐偃王考》。下午地質所宋君來，送龍泉公園曬藍圖一張。學兵隊官長王君來。王名貴義，沁陽人。來仍爲借房事。余與鴻庵告以此三廟房屋大略。覺明來談。

五日，夜中頗寒，然余厚蓋，並不覺冷。起七點半，室內僅五度。大霜如雪，止水中有薄冰。終日日光清明，溫度仍轉高。續寫《徐偃王考》。接關斌信一封。

六日，早起室中七八度。出，見霧封山根，即廟後小山頂亦不見。但下層却無霧，後漸晴。上午閱《古史甄微》。下午寫《徐偃王考》，畢之。將二萬言。明日尚須修正。將午有盧君，接洽抄《拉斯丁書》事。接建功信一封。閱報知吳子玉將軍已去世。吳晚節大義凜然，不爲敵人利誘威脅。下視汪兆銘輩，真松柏之與蓬蒿矣！

七日，晴。仍大霜有薄冰。今日將所寫修正畢。采納鴻庵意見改題曰《徐偃王與徐楚之爭雄淮南》。伯蒼來取其箱件，在鴻庵家同午餐後，又同游陳鵬九的園子。接到通俗社信一封，《戰時青年》一本。

八日，晴。早餐後到龍頭村，與孟真談借書事宜。又見彥堂、璋如。在彥堂家午餐。前聞孟真對於予三集團説,有相類之議論,問其是否亦如蒙文通主張炎帝屬南方集團,答言"是的"。問其證據,彼因近不治此,已不記憶。且言對前説亦多未滿意。余覺蒙氏證據,多用後期材料,殊難成立,傅亦未必有新證據,余説已無困難。然燈下讀書,讀至《山海經》最後一條,始遇困難。按其言,不惟祝融出炎帝,且共工、后土,均出祝融,是炎帝果爲南系矣!此説未足使吾投降,然已遇像樣之困難,須努力以解決也。

九日,晴。思昨日問題,已得解決之希望。蓋此三集團鄰處,雖各獨立,而關係頗複雜。且當日係女系男系互相蟺蜕的時代。《秦本紀》中所記祖先,即有女性,周祖姜嫄,均其證據。但此證據尚不充分,當繼續搜求。下午寫平家信一封。接師大將開三十周年紀念會來信一封。

十日,陰。大便又帶血不少!寫石頭信一封。與臨照再談子倫事。

十一日,晴。大便稍帶血。本意下午進城,車未雇成,遂止。寫樂夫、作韶、漢口中國銀行、無忝、仲良信各一封。燈下讀《山海經》,作札記數條。鴻庵因生活太貴,又想告假一年!

十二日,晴。早餐後同鴻庵到廟後小山,繞至陳鵬九園子,談鴻庵生活問題。回,雇車進城。至一點鐘已過。到美的小食堂午餐。吃了八毛錢,尚未甚飽!到院中,見潤章,談所中各問題。又見海帆、惟一及辦公處各位。取薪水五十元。出到中華書局、商務印書館各處,買幾本小書。晚餐吃牛肉小鋪,吃了六毛。到才盛巷,訪建功,遇賀子昭,然余誤認爲鄭昕!後與建功談,始知誤。九點餘歸。與臨照談,知中國近年有二天才:一金壇華羅庚,係一少年數學家;一湖南王竹溪,係一少年物理學家;均對於學術很有貢獻。

十三日,陰。頗寒。到日月新早餐。到五華山舊書店,購殘《皇清經解》一套,價兩元伍。訪潤章,則已出。出到芝生家談,在彼寓午餐。同出,訪國瑜未遇。同到中日戰事史料搜集會。遇張德昌君。張,林縣人,在聯大經濟系任課。又見從吾、守和。同芝生、從吾出。到靛華巷口。芝生去,與從吾同到前歷史語言研究所辦公處。從吾、錫予、寅恪、莘田、毅生等,均在彼間寓,皆晤談。彼等強留晚餐。晤壽彝。給三十元,請付盧君,使其早製被褥,可到本所服務。同從吾、借從吾《漢書補注》。錫予到雲南服務社,彼二人欲洗澡,無坐,先去。余留理髮。價八毛。歸,晤臨照。彼言與朱女士約,於星期日上午往訪之。接師大校友會將於十七日上午十點開會通知。德昌進城購物,晚宿此。

十四日,天將明時及上午時霏霧絲,下午漸晴,早同德昌到日月新早餐。到辦事處,同潤章談所內事體,大致規定。出到華山南路購《新動向》《今日評論》《戰時知識》各一本。又到商務印書館購三上義夫《中國算學之特色》一本。出到壽彝寓,請其到商務館將《國學基本叢書》《史地小叢書》中之未購者,全體買來。出,到一廣東小鋪中午餐。以希淵住在大東門裏,往訪,不見其街道。細思,始悟彼住小西門裏!乃到才盛巷,晤建功、碧書及二小孩。下午即在彼寓。建功研究趙菿殘碑拓片。過六點出,余將請他們吃晚餐。建功言有一翠湖春尚便宜,遂往。然到時已關門!乃同到碧書所住之湖濱飯店晚餐,余遂變爲客!餐後稍談,即歸寓。今日將前日所寫之信,除樂夫一封外,均命德昌往發出。又在會計課取薪水六十元,五十元借給鴻庵,寄與侍峰之女公子。

十五日,晴。仍在日月新早餐。後到辦公處同潤章談所中事。出遇鴻庵已來。歸寓。秉琦亦來。商量購書事。接西山信一封,想約鴻庵到成都華西大學作研究員。余意可由華西與院中交涉借人。午刻同二人到小有天午餐。秉琦搶爲東,余又落後。又到辦公處,與潤章談鴻庵事。潤章堅不放行。囑余函頡剛,言本院可與華西合作,由華西送一部分錢,鴻庵仍留此,給華西一部分工作。遇李曉生,二十餘年闊別矣。同潤章往與夢麟作吊。遇君亮、鎮略等多人。後與從吾、建功出,同到五華山房,購《南渡錄》一部,價八毛。遇錫予、寅恪、元胎等,建功先去,余等同到商務印書館購書。見其楊經理。挑書。但天氣已晚。乃約明日重來。元胎先去,余與陳、湯、姚到同義樓晚餐。寅恪又强爲東,余又落後!同出,寅恪先歸。湯、姚來寓談。今日接國瑜信一封,言師大開會事。子倫進城宿此。大便又有血不少。

十六日,晴,早餐後,訪達三,未遇。到商務館檢書,又到中華書局,見其經理楊君名世華,浙江嘉興人。與談,亦挑得書數種。購《倭營歷險記》一本。出找開明書店辦事處,不見,未知移寓何處。返寓,劉永彬字郁文。君來談。劉君在西安見過,然余記憶已恍忽矣。出到會仙居午餐,叫一炒子鷄,一菠菜豆腐湯,吃飯,價至二元!問其詳,則子鷄一元二,湯三毛,白飯五毛!訪希淵,談至四點許。在彼寓遇一天津李君,巴黎美術學院①之學生也。出到辦事處,要信紙信封,遇一齊君,在叙昆路工作,一李君,在某銀

---

①編者注:"院",原誤作"生"。

行工作。齊君言叙昆路現已借得法國款，前數日簽字。返寓，秉琦來談。七點潤章請客。在坐者，寅恪、鈞任、公超、守和、曉生、金甫，外有一朱君，係某醫學院之院長或主任，新自上海來。本院有臨照及余二人。接尚文信一封，大約在建功信內附寄，由建功送來者。接石頭信一封。壽彝來，未遇，留字而去。大便無血。

十七日，晴。同臨照到日月新早餐。路遇矔仙。同到朱汝華女士處談子倫事。出獨到省教育會，赴師大同學慶祝會，余爲主席。余致詞時，以師大窮爲題，申明抗戰時期窮幹苦幹之重要。後通過改同學會爲校友會，舉定七人，與舊同學會幹事負責籌備。聚餐畢，已三點半。急雇車到北大慶祝會，則已散會。又稍坐聽餘興。同建功、碧書及小孩等，到湖濱旅館。建功往赴同學會聚餐。余即在旅館晚餐。後同他們到翠湖步月。送小乃歸才盛巷。路遇國瑜。歸寓，甚疲憊，早寢。午間接國瑜交來矔仙詩一首。

十八日，陰，時霏霧絲。壽彝早來，同出早餐。餐後彼即去商務、中華交涉買書事。到辦公處取薪水二十元。返寓，寫頡剛信一封，加寫樂夫信一張。碧書同小孩來。同出。余往郵政局發信，又到小有天午餐。後即到才盛巷。下午與建功家人閒談而已。同出到同義樓晚餐，余爲東。餐後歸寓。寫平家信一封。今日馮素陶來，未遇。

十九日，半陰。壽彝來。言鴻庵仍欲往成都。告以詳細經過，請其勸諭之。達三來。同出，余早餐。又同往購信封、石硯。同歸，談。去後，寫一信與伯聰。臨照來談。菁齋同其同鄉廖君來談。廖亦法留學生。去後，出發平家及伯聰二航空信。到小有天午餐。到才盛巷，碧書在家，請其再與季芳寫信談路途事。到光華街義聚和藥莊,購得銀翹解毒丸四丸。到五華山房一轉,遇子水。訪叔雅,在彼寓晚餐。始知北齊杜弼亦一思想家。遇一北平陶君,清華畢業,現在聯大任課。談至十點,始歸。今日中華局派人來取款,寫數字與楊經理,告以尚有一兩部重出書,但尚未查出。一二日内查出,即當將支票送去。從吾來,未遇,留字而去。

廿日,仍半陰。從吾來,同出。余早餐後,同到商務印書館。再檢書數種。《十通》前以爲未寄到,其實此間尚有三部!乃命即送。歸,鴻庵來,仍希望往成都之議,斥其非是,兼摘頡剛之荒謬以示之。彼答歸與其夫人商議後再談。出到西域樓午餐。返,下午翻閲《梵天廬叢録》。三點許,朱汝華同其弟來,將子倫嚴厲申斥,子倫默無一語。朱女士遂去。然子倫意似仍未悟。今日經鴻庵、子倫之事,心甚不怡。乃往訪芝生。尚未歸,乃與馮太太談,待之。歸後在彼寓晚餐。談至九點餘,歸寓,則子倫已寢。

廿一日,仍半陰。全日翻閲《梵天廬①叢録》。早餐後到才盛巷,建功待余喚始起。未幾,碧書亦來,言有預備警報,遂同出,到東關外。過十二點,無警報,遂歸。在建寓午餐。將歸時,遇伯蒼,又稍談。歸。壽彝來,言鴻庵定欲往成都,亦只可任之而已。惟一來,邀同到西域樓晚餐。惟一爲東。返又同惟一談。接季芳信一封。遲習儒來,未遇。

廿二日,半陰,時霏霧絲。晨,商務館人來清檢書,從吾亦來,稍立談,即去。然商務館人實未能清檢,遂去,約下午來,然終未來。余以四五點鐘工夫清理出來,大約缺一本。餘時仍翻閲《梵

---

①編者注:"廬",原誤作"録"。

天廬叢談》。將晚，往訪建功，未遇。還訪菁齋，稍談即出。早晚餐皆在西域樓。晚臨照來談。今日仍有預備警報，但當時余僅聞街頭小兒言，未注意。

廿三日，終日微雨。早餐後，到辦事處取本月薪水。將寄尚文二百元，乃歸寓寫一信與之。雇車往中央銀行。薪水取出，匯票填妥，而時已將午，收款櫃收款人面前尚堆票甚多，拒絕再收，有人求之，亦不允，余知不可爲，乃出，到壽彝寓，談。同出。余過小有天，入午餐。遇周□□①，係前兩月自上海來者。彼又介紹一同鄉張鴻德君。張，澠池人，在白龍潭醫校服務。出到郵局購三百伍十元之節約建國儲蓄券。本欲購乙種之不記名者，但因票尚未到，遂改購甲種。歸，壽彝來。將所購書再複點一次。商務館人亦來，將所缺之一種，請其補來。又退回重出之一種。九峰來談。去後，領商務館人李君，到會計課。又到事務課稍談。出，到光華街，再購銀翹解毒丸十丸。路上泥甚多。到大都會晚餐。晚翻閱《梵天廬叢錄》而已。今日天氣頗寒。

廿四日，陰。甚寒。早餐後，訪叔永，問其是否知玄伯所作之《古邦序》何在，答言是經適之手，彼不能知。在彼坐，亦遇孟真，言北研院擬向中研院借書事，前已會議通過。出到西域樓午餐。到兒童書局購書數事，爲贈大瞻及朔壘之用。又購一歐戰地圖，地名尚多。又購手電筒之電池、布鞋、銀硃筆等事。但遍覓白芨，均無未切者。歸。海帆來，言教育部陳部長將於廿七日到黑龍潭參觀。到美的小食堂晚餐。到辦公處見秉琦，囑其明日來將所購

──────────

①編者注：原於“周”後空闕約二字。

書包裹,運往鄉間。歸,仍翻《梵天廬叢錄》。此書任便掇拾,無大精采。不過天寒未能工作,亦可消磨時間而已。

廿五日,上午有晴意,下午仍霏霧絲,晚仍有晴意。早餐後到翠湖一轉。返到辦公處,請範九無論如何,將六百元支出,定《叢書集成》,因恐新年加價也。問翰忱是否到大觀樓赴文協會,始知日期爲昨日,然則昨日泥濘遍地,恐已流會矣。到美的小食堂午餐。返。建功同俊升來,稍談。尚有□①位,大家亦未介紹姓名。建功言《雲南日報》有號外言南寧克復。往訪壽彞。歸,秉琦已將所買書上包上簍。因南寧捷音,甚興奮,遂同往辦事處,出十元買酒菜,請大家慶祝。餐後又談片時,返寓。聞外有群衆歌聲,呼聲,出,則有火把游行,但人不甚多。余隨至馬市口,乃歸。

廿六日,昨晚頗暖,今日又微雨,後變雪,天氣甚寒。後聞本地老人言,多年未有此寒也。閱《朝報》,則昨日南寧訊,係訛傳。昨日由《雲南日報》先出號外,《中央日報》不察,又抄發其號外!前報不足言,後報太不自重矣。又言敵人圖犯鎮南關及龍州,大敗於鴨子灘。始以爲不過向彼方竄而已,查地圖,知鴨子灘已在龍州南。此係中央社稿,不致有訛。然則此事亦頗嚴重矣。遇申伯、景盛,申伯約往大都會午餐。畢即雇車,出城,路上頗有泥。抵寓,已四五點。聞今日《雲南日報》本報自造之專電,又有克復龍州之消息!然《朝報》昨晚尚有自龍州之來電,並未失陷,克復何來?晚晴,月光皎潔。

廿七日,晴。夜甚寒,眠未佳。今日陳部長來所視察,十二點

---

①編者注:原稿此字無法辨識。

半到。其所最注意者，爲化學所，次爲物理，至本所則不甚留意。下午及晚，考《山海經》所言帝俊事。

廿八日，夜較暖，眠亦較愈，但醒早。晨大霜，然全日大陰，仍寒。仍讀《山海經》。下午作《帝俊考》，開一頭。與鴻庵一信，令其歸談。

廿九日，夜醒多時。陰。天寒。遣楊森進城，與鴻庵信，而鴻庵則於廿六日歸，因受寒，臥病在家中！晚乃知之，往視其病。終日翻閱《西學東漸記》《暹羅王鄭昭傳》及《占婆史》。

卅日，近數日，夜晴而晝多雲霧，故溫度未能高。又值炭貴，真喚奈□①。今日午間城内有警報。來避者甚多。聞緊急報已發，但敵機未至。上午□□②，下午翻閱《桯史》而已。接作詔信一封。

卅一日，天氣如前。壽彝來。終日翻閱《山海經》。接到平家信一封，尚文信一封，中日戰事史料徵輯會新年二日預展請帖一。又接總辦事處通知，言陳部長將於新年二日中午十二時半，請各高等教育機關及研究機關負責人在雲大致公堂餐叙商討各種教育問題，即請出席參加云云。

---

①編者注：原稿此字無法辨識，疑爲"何"字。
②編者注：原稿此處約二字無法辨識。